# Jean PROUVÉ et PARIS

Éditions du Pavillon de l'Arsenal
Ann-José Arlot, *Directeur de la publication*
Picard Editeur
Chantal Pasini, *Président-Directeur Général*

Ouvrage et exposition créés par le Pavillon de l'Arsenal
mai-août 2001

**Commissariat général** : Pavillon de l'Arsenal
Ann-José Arlot, *Directeur Général*
Coordination de l'ouvrage : Amélie Evrard
Coordination de l'exposition : Alexandre Labasse
Documentation : Antonella Casellato, Martine Pitallier
Préparation des séquences des films : Tové Wallsten

**Réalisation du « Répertoire des œuvres de Jean Prouvé à Paris et alentour »**
Martine Pitallier, Amélie Evrard, Loïc Aublet
Ce travail a été effectué à partir des recherches antérieures de
Jean-François Archieri, Dominique Clayssen, Peter Sulzer et avec l'aide de
Dominique Hervier, Conservateur régional de l'Inventaire d'Ile-de-France.

**Ouvrage**
Graphisme : François Caracache
Conception de la couverture : Pavillon de l'Arsenal
Photographie de couverture : Archives privées
Secrétariat de rédaction : Julie Houis et le Pavillon de l'Arsenal

**Conception scientifique de l'ouvrage et de l'exposition**
Laurence Allégret et Valérie Vaudou, architectes et enseignantes,
assistées de Rafaël Magrou, architecte et journaliste

**Recherches iconographiques** : Claire Lafforgue, Jean-François Messager
« Gros plans » : L'analyse des bâtiments a été réalisée avec la participation
d'Emmanuel Caille, Catherine Coley, Rafaël Magrou et Thomas Heuzé.
**Recherches audiovisuelles** : Rafaël Magrou

**Exposition**
Scénographie : agence Du Besset - Lyon, architectes, Gilles Ringuez et
Sébastien Duron, architectes assistants
Graphisme : Architecture et Communication 2.26
Montage des films : Section d'Architecture de l'Hôtel de Ville, Max Cyrille

**Reportage photographique**
Jean-Marie Monthiers

**Reproductions d'archives**
Claude Philippot

**Réalisation et montage de l'exposition**
Direction du Patrimoine et de l'Architecture de la Ville de Paris, Service
technique du Génie civil et des Aménagements intérieurs ; Direction de
l'Aménagement Urbain et de la Construction, Mission Communication

**REMERCIEMENTS**
Le Pavillon de l'Arsenal et les concepteurs invités remercient tout
particulièrement :

Catherine Prouvé, qui a apporté son aide et son soutien à la préparation
de l'exposition et du catalogue.

Philippe Jousse, Enrico Navarra et Patrick Seguin, pour leur active
participation,
Doriana Mandrelli et Massimiliano Fuksas, pour leur aide précieuse,
ainsi que :
Joseph Belmont, Gabriel Chouckroun, Catherine Coley, Christian Enjolras,
Paolo Giaccio, Aydin Guvan, Michel Lombardini, Jean-Philippe Mercier,
Alfred Pacquement, Rodo Tisnado,

et Architecture Studio, les Archives départementales de Meurthe et
Moselle, les Archives modernes d'Architecture en Lorraine, l'Association
des Amis de Jean Prouvé, l'Inventaire Général d'Ile-de-France,
les galeries Jousse, Seguin et Navarra, le Musée national d'art moderne,
Centre Georges-Pompidou, La SCE Jean Prouvé.

Le Pavillon de l'Arsenal et les concepteurs invités remercient les directions
et services de la Ville de Paris, ainsi que les institutions, sociétés et
organismes ayant contribué à la réalisation de l'exposition et du catalogue :

La Direction de la Voirie et des Déplacements de la Ville de Paris ;
la Société Anonyme de Gestion Immobilière ;
Les Archives de Paris ; la Bibliothèque Historique de la Ville de Paris

L'Académie d'architecture ; l'ADAGP ; les Archives municipales de Nancy ;
la Bibliothèque municipale de Nancy ; le Centre audiovisuel de Paris ;
le Conseil Régional de l'Ordre des Architectes d'Ile-de-France ; le Forum
des Images ; l'Institut Français d'Architecture, Archives d'architecture
du XXe siècle ; l'Institut National de l'Audiovisuel ; l'Institut pour
l'histoire de l'aluminium ; le Ministère de la culture et de la communication,
Direction de l'Architecture et du Patrimoine ; Mirage illimité ; le Musée
des Années 30 de Boulogne-Billancourt ; le Musée des monuments
français/IFA ; le Musée de la publicité ; la RAI Sat - Art ; la Société civile
des auteurs multimédias

ainsi que :
les Aéroports de Paris ; l'Ambassade du Japon à Paris ; les Archives du
monde du travail à Roubaix ; le Centre d'essais EDF, site des Renardières ;
le Centre EDF-GDF de Clamart ; le collège Fabien à Saint-Denis ;
la Direction régionale des affaires culturelles Ile-de-France, Centre de
documentation du patrimoine et de l'architecture ; l'école Boulle ; l'école
primaire Jules Ferry à Palaiseau; l'école primaire Louis Pasteur à Orgeval ;
l'Ecole vétérinaire de Maison-Alfort ; les Éditions Messene ; Emmaüs ;
l'Établissement public de Marne-la-Vallée ; la Fondation Nationale des
Sciences Politiques, Institut d'études politiques de Paris ; le Groupe
scolaire George-Lapierre à Alforville ; l'Institut Français des Pétroles ;
Lieurac productions ; le lycée Paul Poiret à Paris ; le lycée professionnel
Turgot à Montmorency ; les Mairies de : Alforville, Antony, Argenteuil,
Aubergenville, Blanc-Mesnil ; Boulogne-Billancourt, Bouqueval, Buc,
Chambourcy, Charenton-le-Pont, Clichy, Courbevoie, Elancourt, Ermont,
Guyancourt, l'Haÿ-les-Roses, La Verrière, Melun, Mesnil-le-Roi, Meudon,
Montigny-le-Bretonneux, Morainvilliers, Moret-sur-Loing, Orgeval,
Rueil-Malmaison, Saint-Étienne-du-Rouvray, Saint-Cyr-l'École, Saint-Denis,
Saint-Maur-des-Fossés, Saint-Michel-sur-Orge, Sarcelles, Sucy-en-Brie,
Trappes, Villejuif ; le Musée du Louvre ; l'Observatoire de Paris ; le Parc
des expositions de Villepinte ; Pechiney ; la préfecture de Police de Paris ;
la RATP ; la Régie Renault à Flins ; la SIPAC ; le Service du cadastre des
Hauts-de-Seine ; la Société Historique de Morsang-sur-Orge ; l'Usine
Saint-Gobain Isover.

Que soient ici remerciés :
Robert Alaux, Marie-Claire Armengaud, Mme Baelde, Philippe Bancilhon,
Dominique Belloir, Marc Béri, Véronique Blanchard, Mme Bock, René
Bodin, Géraldine Bonetti, Jean-François Bonne, M. Bontemps, J.-C. Boulet,
Emmanuel Bréan, Nicolas Brizé, Maryse Brudey, Armance Bugniet-Cury,
Mme Caillaud, M. Campestrini, Marie-Edith Canton, Gérard Carayon, Guy
Carrard, Claude Carrau, Robert Carton, Patricia Casse, Nathalie Cenzi,
Fabien Chébaut, Olivier Cinqualbre, Hubert Collin, Sylvie Correge, Gilbert
Coste, Jean-Pierre Cousin, Pierre Couturier, Geneviève Crespo, Jean-Pierre
Dauverné, M. Décomps, Michel Delpeuch, Emmanuel Denis, Jean-Marie
Drot, Isabelle Duhau, Claire Dupas, Omer Edwiges, Monique Eleb,
Mme Elguediri, Alain Esmery, M. Even, Mme Evrard, Mlle Fagnoni,
Mme Faure, Odile Fillion, Christine Filloles, M. Fontes de Aguiar,
Mme Force, Jean-Pierre Fourcade, Sébastien Frémont, Véronique Garrigue,
Mlle Gauthier, Françoise Gauthier-Prouvé, Philippe Gazeau, Paolo Giaccio,
M. Gohon, Denis Grandjean, Mme Grossetête, Rémi Guinard, Florence
Hachez-Leroy, Elisabeth Henri, Jacques Herrgott, Dominique Hervier,
Brigitte Ibello, Mme Imbeau, Emmanuel Jacquin, Mlle Jajoux, Franck Joris,
M.L. Jousset, Pierre Jullien, Mme Kirsch, Marilena Kourniati, M. Lamalle,
M. Landrevi, Henri de Langle, M. Lannoy, Laura Langabardi, Sabine
Lavignotte, Mme Le Main, Anne Legoff, Mme Lejeune, N. Leleu,
Mme Lemitre, Bertrand Lemoine, Mme Lepechoure, Christiane Leroy,
Jean-Pierre Levasseur, Christine Liebowich, Jacques Lucan, Geneviève
Madore, Guillaume Marchand, Mme Marchand, Mlle Marin, Bernard
Marrey, Mme Martin, M. Mascaro, Jean-François et Jacqueline Mélon,
Sandrine Mesquida, M. Metayes, Mlle Meynckens, Danielle Michoud, Marc
Mimram, Mme Milliard, Pierre Monnet, Gaston Monot, Mme Morot-Raquin,
Béatrice Navarre, Mme Neurisse, Jean-Claude Nicolas, Alexandre Noble,
M. Nolland, Jean-Louis Nouvian, Bernard Ogé, Fatima Oussi, Gaël
Parravicini, Frédéric Pascaud, Mathieu Perrier, M. Petrazoller, Mlle Poirier,
Lylian Pothron, Françoise Pradalié-Argoud, Isabelle Quentin-Heuze,
Raymonde Riff, Alain Rivière, Mireille Rivière, Jean-Pierre Rodier,
Jean-François Roudot, Hervé Roux, Béatrice Salmon, Danièle Sonnet,
Christine Sorin, François Stahl, M. Stienne, Antoine Stinco, Laurence
Suchetet, M. Tessaro, Stéphane Turini, Pieter Uyttenhove, M. Veil,
Mme Verger, Patrick Vie, Sabine Vigoureux, Christian Vouillemet,
M. Welcomme.

Les commissaires scientifiques remercient pour leur aide et leur soutien :
Stéphane Bigoni, Gwenaël Delhumeau, Jean Deroche, Jean-Michel Dossier,
Marie Dujardin-Nadaud, Guilhem Eustache, Louis Fruitet,
Anne Kakko-Chiloff, Laabid Harfouche, Claire Lafforgue, Jean Le Couteur,
Martine Liotard, Jean-François Messager, Pascale-Jeanne Morisseau.

Pavillon de l'Arsenal
21 boulevard Morland, 75004 Paris
ISBN 2-907513-73-7

Picard Editeur
82 rue Bonaparte, 75006 Paris
ISBN 2-7084-0610-8

© ADAGP, 2001
Tous droits réservés

# Jean PROUVÉ et PARIS

Sous la direction de
Laurence Allégret et
Valérie Vaudou

Cet ouvrage a été publié à l'occasion de l'exposition
*Jean Prouvé et Paris*
Mai – Août 2001

Éditions du Pavillon de l'Arsenal / Picard Éditeur

Jean Prouvé dans son atelier
rue des Blancs-Manteaux
(D.R.)

# AVANT-PROPOS

**Jean-Pierre Caffet** • *Adjoint au maire de Paris*
*Chargé de l'Urbanisme et de l'Architecture*
*Président du Pavillon de l'Arsenal*

« *Un jour ayant rassemblé des photos de ce que j'avais fait, j'ai décidé d'aller passer trois jours à Paris...* »
**Jean Prouvé**, 1929.

Jean Prouvé, 53 ans après, reçoit le Grand Prix de l'Architecture de la Ville de Paris.
Sa contribution à l'histoire de l'architecture du XX$^e$ siècle est aujourd'hui reconnue.
L'année 2001 marque le centenaire de sa naissance. À cette occasion le Pavillon de l'Arsenal rend hommage à l'œuvre de cet artisan, ferronnier de formation, devenu industriel, constructeur, ingénieur et architecte. Pionnier de la création industrielle française, Jean Prouvé se consacre à la recherche et à l'innovation.
Cet ouvrage, rythmé par les étapes importantes de sa vie, permet de découvrir l'homme, inventeur lucide, optimiste et humaniste. Autodidacte respecté par ses contemporains architectes et ingénieurs, il a contribué à enrichir l'architecture parisienne d'un vocabulaire nouveau.
Je souhaite que de nombreux talents continuent à s'exprimer aujourd'hui dans la capitale et apportent leurs contributions ingénieuses et pionnières à son embellissement et à son rayonnement.

# SOMMAIRE

5    Avant-Propos
**Jean-Pierre Caffet**
*Adjoint au maire de Paris chargé de l'Urbanisme et de l'Architecture*
*Président du Pavillon de l'Arsenal*

11    Préface
**Catherine Prouvé**

12    Répertoire des œuvres de Jean Prouvé à Paris et alentour
**Pavillon de l'Arsenal**

34    Jean Prouvé et Paris
**Laurence Allégret, Valérie Vaudou**

36    Jean Prouvé exposé
**Dominique Lyon**

CHRONIQUE
39    **1901-1929** Formation parisienne et premier atelier

47    Jean Prouvé raconte « Jean Prouvé, constructeur »
*propos recueillis par* **Guy Olivier** *et* **Nadine Descendre**

CHRONIQUE
57    **1929-1932** L'artisan, de la ferronnerie à la serrurerie

GROS PLAN
65    Ferronneries

CHRONIQUE
75    **1932-1937** Expériences structurelles et premiers chantiers parisiens

GROS PLAN
83    L'aéroclub Roland Garros, Buc

89    Expliquer l'idée constructive
**Jean-Marc Weill**

CHRONIQUE
99    **1937-1939** L'industriel, diversification de ses activités

GROS PLAN
105    Maison du Peuple - marché couvert, Clichy

Fortune critique, réception et paternité dans l'œuvre de Jean Prouvé, ou Qui a commis le crime de la Maison du peuple ?
113 **Guillemette Morel-Journel**

CHRONIQUE
127 **1939-1945** Une période de recherches

GROS PLAN
135 De l'habitat nomade à la maison

CHRONIQUE
145 **1945-1949** Paris à Nancy, essor de l'industriel

GROS PLAN
155 La Fédération nationale du Bâtiment, Paris

CHRONIQUE
163 **1949-1952** Application du système coque, des maisons de Meudon à l'Observatoire de Paris

GROS PLAN
171 Les maisons Métropoles et les maisons Coques, Meudon

Construction et invention.
Jean Prouvé et l'architecture moderne en France 1925-1975
179 **Joseph Abram**

GROS PLAN
193 La Méridienne de l'Observatoire, Paris

CHRONIQUE
199 **1952-1953** L'inventeur dépossédé, perte du contrôle de Maxéville

GROS PLAN
207 L'immeuble d'habitation du Square Mozart, Paris

Un meuble - un bâtiment. Approches et incidences
213 **Philippe Potié**

GROS PLAN
221 Le mobilier

239 Passion de collectionneurs,
entretien avec Philippe Jousse, Enrico Navarra, Patrick Seguin
*propos recueillis par* **Alexandre Labasse** *et* **Rafaël Magrou**

CHRONIQUE
249 **1953-1955** L'alternative : la direction d'un bureau d'étude avenue Kléber

GROS PLAN
257 Le Pavillon du centenaire de l'aluminium, Paris

265 Du culte des monuments au patrimoine école
**Axel Venacque**

CHRONIQUE
277 **1955-1957** Création à Paris de la Société des Constructions Jean Prouvé ;
un autre champ d'exploration

GROS PLAN
287 La maison des jours meilleurs - Abbé Pierre, Paris

CHRONIQUE
293 **1957-1967** Consécration et insatisfaction

GROS PLAN
307 L'école nomade, Villejuif

315 Jean Prouvé : culte ou modèle ?
**Rémi Rouyer**

CHRONIQUE
327 **1967-1984** Un expert sollicité. L'atelier des Blancs-Manteaux

GROS PLAN
341 Le Cnit, la tour Nobel, La Défense,
L'Unesco bâtiment V, le siège du PCF, Paris

359 Jean Prouvé et les artistes
**Catherine Prouvé**

365 La matière et l'esprit
**Laurence Allégret, Valérie Vaudou**

366 Bibliographie, filmographie

(Archives privées)

# VIF
# VIF ET BREF
# RAPIDE AUSSI.

**Catherine Prouvé** • Février 2001

Rythme vital qui scandait le mouvement familial.
C'est le tempo qui me reste. Je ne peux me souvenir de mon père sans me rappeler cette vivacité.
J'imagine son sourire, retenu mais pas coincé, à l'idée d'un centenaire...

Rapide donc, mais pas sec. Pas du tout.
Courageusement généreux tout au contraire.
Car au-delà d'une certaine limite, la générosité demande du courage : quand on donne avec tant de spontanéité, il faut accepter que l'on puisse être dépouillé. Il faut savoir trouver de nouvelles ressources au plus profond de soi, pour donner encore. Il faisait partie de cette espèce-là.

Poli. Dans le sens le plus humaniste du terme.
Et chaleureusement accueillant.
Un voyageur, un étudiant, un curieux poussant la porte de son bureau, le trouvaient disponible, ouvert à la nouveauté qui entrait, malgré la nécessité du travail. Ne parlons même pas des amis. Peut-être était-ce la famille qui devait se restreindre : il y a des limites à l'élasticité du temps.

Certains l'imaginent austère.
C'est un contresens, me semble-t-il. Je dirais plutôt concentré. Et il avait matière à concentration : sa simplicité était fruit de l'essentiel, résultat d'une synthèse. Cela ne se maîtrise pas dans la frivolité, qui n'était effectivement pas sa caractéristique première. En revanche, son humour m'a souvent réjouie.

Avoir une perception globale, c'est cela qui permet d'être bref.
L'œil acéré assurait une vision décapante. Il n'était pas toujours confortable d'être pris pour cible. Même si la critique restait discrète, à son image, et néanmoins piquante.

Ces adjectifs, selon mon point de vue, modèlent l'homme qu'il était.
Ils s'adaptent tout autant à son écriture construite.

# RÉPERTOIRE
## DES ŒUVRES DE JEAN PROUVÉ À PARIS ET ALENTOUR

Pavillon de l'Arsenal

| | |
|---|---|
| **1925** | **Exposition des arts décoratifs**, Paris → deux portes en fer forgé pour le pavillon « Nancy et l'Est »<br>P. Le Bourgeois et J. Bourgon architectes<br>*Installation éphémère. Pavillon détruit, portes non localisées* |
| **1927** | **Villa Reifenberg** → grilles<br>4, rue Mallet-Stevens, Paris 16ᵉ.<br>R. Mallet-Stevens architecte<br>*Existant. Privé*<br>(Documentation générale MNAM-CCI fonds J. Prouvé) |

| | |
|---|---|
| **1927** | **Maison Mallet-Stevens** → rampe intérieure d'escalier<br>9, rue du Docteur-Blanche / 12 rue Mallet-Stevens, Paris 16ᵉ<br>R. Mallet-Stevens architecte<br>*Existant. Privé* |
| **1927** | **Maison Martel** → rampe intérieure d'escalier, cache-radiateur<br>10, rue Mallet-Stevens, Paris 16ᵉ<br>R. Mallet-Stevens architecte<br>*Existant. Privé* |
| **1927-1928** | **Maison Gompel** → porte d'entrée<br>32, boulevard Suchet, Paris 16ᵉ<br>R. Mallet-Stevens architecte<br>*Bâtiment existant. Porte déplacée* |
| **1929** | **Garage Marbeuf pour les Établissements Citroën** → rampes, balustrades et certainement la grande baie vitrée<br>32-34, rue Marbeuf, Paris 8ᵉ<br>A. Laprade et L. Bazin architectes<br>*Garage modifié. Réalisations Jean Prouvé supprimées en 1952* |
| **1929** | **Chapellerie Delion** → balustrade, vitrines, poignées, miroir triple, encadrement d'étalage<br>avenue des Champs-Élysées, Paris 8ᵉ<br>Roubille architecte<br>*Magasin transformé* |
| **1929** | **Galerie DIM (Décoration intérieure moderne)** → rampe<br>Paris<br>*Non localisée (source : P. Sulzer)* |

| 1930 | Immeuble de rapport → portes
7, rue Méchain, Paris 14ᵉ
R. Mallet-Stevens architecte
*Existant*
(Coll. Pavillon de l'Arsenal) |

| 1930 | Stand de J. Prouvé à la première exposition de l'UAM au musée des Arts décoratifs à Paris → meubles, portes, vitrine d'exposition
*Installation éphémère* |

| 1931 | Cité des Informations de l'Exposition coloniale à Paris → cabines d'ascenseur en tôle d'aluminium
J. Bourgon architecte
*Bâtiment détruit* |

| 1931 | Musée des Arts africains et océaniens → grille en profil d'acier et fer forgé
293, avenue Daumesnil, Paris, 12ᵉ
A. Laprade, L. Jaussely et L. Bazin architectes
*Existant*
(Jean-Marie Monthiers) |

| 1931 | Société des Pétroles Shell → portes, cloisons amovibles
29, rue de Berry, Paris 8ᵉ
L. Bechmann et R. Chatenay architectes
*Bâtiment existant. Cloisons démontées* |

| 1931 | Messageries Hachette → cloisons amovibles, cabines d'ascenseur
rue Balard rue des Cévennes, Paris 15ᵉ
J. Démaret architecte
*Bâtiment détruit* |

| 1931-1932 | Révillon Frères → cloisons métalliques amovibles, rampes d'escalier, cabines et protections d'ascenseur, portes
42, rue de La Boétie / 3 avenue Percier, Paris 8ᵉ
C. Grandpierre architecte
*Magasin transformé* |

| 1932 | Laboratoires Bottu → porte d'entrée
Paris
M. Lebout architecte
*Bâtiment détruit* |

| 1932 | Stand J. Prouvé à la troisième exposition de l'UAM à Paris → cloisons amovibles
*Installation éphémère* |

| 1932 | Hôtel particulier du prince Aga-Khan → main courante d'un escalier
rue Scheffer, Paris 16e
R. Herbst architecte et décorateur
*Non vérifiable* |

| 1932 | Banque d'Intérêts privés → portes
Paris
L. Bechmann architecte
*Non localisée (source : P. Sulzer)* |

| 1932-1933 | Immeuble → fenêtres à guillotine
1, rue Lord-Byron, Paris 8e
J. Desbouis architecte et ingénieur
*Existant*
(Jean-Marie Monthiers) |

| 1932-1939 | Tours et immeubles en peigne de la cité de la Muette → menuiseries métalliques
Drancy, 93
E. Beaudouin et M. Lods architectes
*Bâtiments détruits* |

| 1933-1934 | Compagnie parisienne de transport → fenêtres à guillotine, baies cintrées, œils-de-bœuf, protection d'ascenseur, grille d'entrée etc.
2, boulevard Diderot, Paris 12e
*Bâtiment existant. Réalisations supprimées* |

| 1934 | Rocher central du zoo de Vincennes → cabines d'ascenseur
53, avenue de Saint-Maurice, Paris 12e
C. Letrosne architecte
*Installation rénovée. Réalisations supprimées* |

| 1934 | École des Sciences politiques → fauteuils de l'amphithéâtre
27, rue Saint-Guillaume, Paris 7e
*Existant*
(Jean-Marie Monthiers) |

| 1934 | Stand des Ateliers Jean Prouvé à la première exposition de l'Habitation au Salon des arts ménagers à Paris
*Installation éphémère* |

| 1935 | Compagnie parisienne de distribution d'électricité (CPDE) → meubles, cloisons et portes coulissantes et des centaines de bureaux
rues de Vienne et du Rocher, Paris 8e / rue de Rennes Paris 6e
U. Cassan architecte
*Bâtiments existants. Intérieur transformé. Mobilier dans les musées et chez les collectionneurs.
Aujourd'hui : EDF/GDF* |

| 1935 | 5ᵉ exposition de l'UAM → prototype de cabine de paquebot en acier<br>Avec M. Gascoin, décorateur<br>*Installation éphémère* |
|---|---|

| 1935 | Hôtel de ville de Boulogne-Billancourt → cloisons mobiles<br>de la salle des fêtes, cloisons métalliques, guichets, cabines téléphoniques,<br>portes sur escalier RDC, agencement des bureaux, ensemble de la serrurerie<br>(guichets, rampes, portes, fenêtres)<br>26, avenue André-Morizet, Boulogne-Billancourt, 92<br>T. Garnier et J. Debat-Ponsan architectes, réalisation Ateliers Jean Prouvé.<br>*Bâtiment existant. Rampes, garde-corps, porte d'entrée conservés*<br>(Inventaire général d'Ile-de-France. cl. Ayrault) |  |

| 1935 | Stand des Ateliers Jean Prouvé à la deuxième exposition de l'Habitation du Salon des arts ménagers à Paris → fenêtre coulissante en tôle d'acier inoxydable<br>*Installation éphémère* |
|---|---|

| 1935-1936 | Aéroclub Roland-Garros<br>Buc, 78<br>E. Beaudouin et M. Lods architectes, V. Bodiansky ingénieur, Ateliers Jean Prouvé constructeur<br>*Bâtiment détruit* |

| 1936-1939 | Ministère des PTT → portes en tôle pliée<br>20, avenue de Ségur, Paris 7ᵉ<br>J. Debat-Ponsan architecte.<br>*Existant*<br>(Erika Sulzer-Kleinemeier) |  |

| 1936 | Stand des Ateliers Jean Prouvé à la 3ᵉ exposition de l'Habitation organisée avec l'Architecture d'Aujourd'hui → fenêtre coulissante type BP, cloison métallique, mobilier<br>*Installation éphémère* |
|---|---|

| 1936 | Stand des Ateliers Jean Prouvé au Salon d'automne de Paris<br>*Installation éphémère* |

| 1937 | Exposition internationale des Arts et des Techniques à Paris<br>→ Cabine sanitaire, Le Corbusier et P. Jeanneret architectes, C. Perriand aménagement intérieur<br>→ Escalier à limon central en tôle pliée du pavillon de l'UAM, G.H. Pingusson, A. J. Louis et F. P. Jourdain architectes<br>→ Studio flottant pour la commande de jeux d'eaux et de lumières, E. Beaudouin, M. Lods, architectes<br>→ Kiosques à journaux.<br>→ Meubles de jardin en acier et Plexiglas de la terrasse du pavillon de l'UAM dessinés par J. André architecte.<br>*Installations éphémères. Mobilier dans les musées, les galeries et chez les collectionneurs* |

| 1937 | 5ᵉ Salon des arts ménagers à Paris → présentation de mobilier scolaire à la demande de l'OTUA<br>*Installation éphémère* |

| | |
|---|---|
| 1937-1939 | Maison du peuple et marché couvert<br>Boulevard du Général-Leclerc, rues Klock, Morillon et Martissot, Clichy, 92<br>E. Beaudouin et M. Lods architectes,<br>V. Bodiansky ingénieur-conseil, Ateliers Jean Prouvé constructeur<br>Rénovation en 1983 : modification du soubassement (RDC)<br>*Existant. Bâtiment restauré*<br>(Jean-Marie Monthiers)  |
| 1938-1939 | Immeuble d'habitation → menuiseries métalliques<br>avenue du Maréchal-Maunoury, Paris 16e<br>C. Palacci architecte<br>*Non localisé (source : P. Sulzer)* |
| 1939 | Stand de la SNCF au 29e Salon des Artistes décorateurs à Paris → tables, bureaux, cloisons, etc.<br>A. Szivessy architecte<br>*Installation éphémère* |
| 1939 | 6e exposition de l'Habitation au Salon des arts ménagers à Paris → présentation de la maison BLPS<br>(du nom de ses concepteurs E. Beaudouin, M. Lods, Jean Prouvé, Forges de Strasbourg)<br>*Installation éphémère* |
| 1939 | Musée d'Art moderne de la ville de Paris → cache-radiateur en tôle pliée et grillage<br>11, avenue du Président-Wilson, Paris 16e<br>J.-C. Dondel, P. Viard, A. Aubert et M. Dastugue architectes<br>*Bâtiment existant. Réalisations supprimées* |
| 1941-1943 | Fédération nationale automobile → cloisons<br>2, rue de Presbourg, Paris 16e<br>J. Démaret architecte<br>*Bâtiment existant. Réalisations supprimées (aujourd'hui Comité français des constructeurs automobiles)* |
| 1945 | Compagnie Granval → porte à deux vantaux<br>Saint-Cloud, 92<br>*Non localisée (source : D. Clayssen)* |
| 1945 | Première exposition de la Reconstruction → étude et réalisation d'une maquette de maison métallique surélevée, étudiée avec M. Lods en 1944 pour le concours de l'OTUA<br>Gare des Invalides, Paris 7e<br>*Installation éphémère* |
| 1946 | Salon d'Automne à Paris → présentation du projet tout acier des maisons pour la Sarre<br>*Installation éphémère* |
| 1947 | Exposition Saint-Gobain à Paris → pavillon à sheds 8 x 4 m<br>*Installation éphémère* |
| 1947-1948 | Village-Exposition du ministère de la Reconstruction et de l'Urbanisme (MRU) → maison à portique sur pilotis, préfiguration de la maison Métropole<br>Noisy-le-Sec, 93<br>*Installation éphémère* |

| 1947-1951 | Institut de recherche de la sidérurgie (IRSID) → halles d'essais, cloisons, huisseries, mobilier, portail
34, rue de la Croix-de-Fer, Saint-Germain-en-Laye, 78
R. Coulon architecte, O. Caplain collaborateur, réalisation Ateliers Jean Prouvé.
*Bâtiment rénové. Portail à l'angle des rues du Président-Roosevelt et du Fer-à-Cheval conservé.*
(Coll. Pavillon de l'Arsenal) |  |

| 1948 | Mobilier pour l'exposition de l'Habitation au Salon des arts ménagers à Paris
*Installation éphémère* |

| 1948 | Exposition de mobilier au Salon des Arts décoratifs à Paris
*Installation éphémère* |

| 1948 | Mobilier de l'École polytechnique
rue de la Montagne-Sainte-Geneviève, Paris, 5e
*Mobilier remplacé* |

| 1948 | Centre d'essais en vol de la Direction du génie civil
Brétigny-sur-Orge, 91
*Existant. Aujourd'hui bureaux de la base 217 de la Marine de Brest* |

| 1949 | Organisation européenne de coopération économique → cloisons amovibles
rue André-Pascal, Paris 16e
J. Démaret architecte
*Bâtiment existant. Cloisons démontées. Aujourd'hui OCDE* |

| 1949 | Fédération nationale du bâtiment → façades, fenêtres à guillotine, cloisons intérieures
7, rue La Pérouse, Paris 16e
R. Gravereaux et R. Lopez architectes
*Bâtiment existant. Réalisations démontées. Éléments conservés dans les musées, les galeries et chez les collectionneurs* |

| 1949 | Maisons métalliques → 10 de type Métropole et 4 de type Coque (chantier expérimental du MRU)
83, route des Gardes, Meudon, 92
H. Prouvé et A. Sive architectes, Ateliers Jean Prouvé constructeur
*Existant. Menuiseries remplacées, extension en maçonnerie traditionnelle pour certaines*
(Jean-Marie Monthiers) |  |

| 1950 | Exposition de l'Habitation au Salon des arts ménagers à Paris → présentation d'un pavillon de type Meudon
*Installation éphémère* |

| 1950 | Société française de radio-électronique (SFR) → laboratoire sur le toit
Paris
Béri architecte
*Non localisée (source : D. Clayssen)* |

| 1950 | Société française de radio-électronique (SFR) → laboratoire, portes palières, portes d'ascenseur, baies vitrées<br>Levallois-Perret, 92<br>*Non localisée (source : D. Clayssen)* |

| 1950 | Groupe scolaire → fourniture d'un modèle d'école avec logement de fonction<br>1, rue Flamande, Bouqueval, 95<br>H. Prouvé architecte, Ateliers Jean Prouvé constructeur<br>*Existant. Transformé en foyer rural ; logement de fonction démonté*<br>(Inventaire général d'Ile-de-France. cl. Décamps) |

| 1951 | Exposition de l'Habitation au Salon des arts ménagers à Paris → présentation d'une maison de type Coque<br>*Installation éphémère* |

| 1951 | Observatoire de Paris → salle méridienne, salle des chronographes, bureau<br>avenue de l'Observatoire rue Saint-Jacques, Paris 14e<br>M. Rémondet architecte<br>*Existant. Ne sert plus d'Observatoire aujourd'hui.*<br>(Sébastien Frémont) |

| 1951 | CEGEDUR → cloisons<br>avenue Marceau, Paris 8e ou 16e<br>*Non localisé (source : D. Clayssen)* |

| 1951 | École vétérinaire → cloisons<br>Maison-Alfort, 94<br>Péchin architecte<br>*Bâtiment existant. Cloisons démontées* |

| 1951 | Maisons Janicot → deux maisons Coque<br>7-9, allée Orly-Parc, Le Plessis Trevise<br>Construites par Messieurs Janicot, entrepreneurs avec des composants de Jean Prouvé<br>*Existant*<br>(C. Enjolras) |

| 1951 | École à Aubervilliers, adaptée par la Studal<br>Aubervilliers, 93<br>*Non localisée (source : D. Clayssen)* |

| | |
|---|---|
| 1951 | École expérimentale → façades, baies basculantes<br>place au Pain. Montmorency, 95<br>E. Beaudouin architecte<br>*Existant. Aujourd'hui lycée Turgot*<br>(Coll. Pavillon de l'Arsenal) |

| | |
|---|---|
| 1952 | Station de métro Franklin-Roosevelt → aménagement<br>du quai de la ligne 9, Paris<br>*Existant. Projet de réhabilitation*<br>(coll. Pavillon de l'Arsenal) |

| | |
|---|---|
| 1952 | Salon des arts ménagers à Paris → présentation d'une classe d'école industrialisée<br>*Installation éphémère* |
| 1952 | École Boulle → façades métalliques<br>9, rue Pierre-Bourdan, Paris 12ᵉ<br>A. Laprade architecte<br>*Existant*<br>(Jean-Marie Monthiers) |

| | |
|---|---|
| 1952 | École<br>Orgeval, 78<br>*Non localisée (source : D. Clayssen)* |
| 1952 | Colonie de vacances, de type Coque pour la Ligue de l'enseignement<br>Melun, 77<br>*Non localisée (source : D. Clayssen)* |
| 1952-1953 | École Fabien (sept classes)<br>Saint-Denis, 93<br>A. Lurçat architecte<br>*Non localisée (source : D. Clayssen)* |
| 1952-1954 | Cité universitaire → mobilier<br>Antony, 92<br>E. Beaudouin architecte<br>*Mobilier dans les musées, les galeries et chez les collectionneurs* |

| | | |
|---|---|---|
| **1953** | **Musée du Louvre** → portes accordéon<br>99, rue de Rivoli, Paris 1ᵉʳ<br>*Bâtiment existant. Portes démontées* | |
| **1953** | **Immeuble de logements** → façades et portes<br>29, rue Jean-de-Beauvais, Paris 5ᵉ<br>P. Herbé et J. Le Couteur architectes<br>*Existant*<br>(Jean-Marie Monthiers) |  |
| **1953** | **Faculté de médecine** → sièges d'amphithéâtre<br>45, rue des Saints-Pères, Paris 6ᵉ<br>*Existant*<br>(Lucien Hervé/Archipress) |  |
| **1952** | **École** → fourniture du système constructif de type Coque<br>8, avenue de Stalingrad, Palaiseau, 91<br>Heaume architecte, Ateliers Jean Prouvé<br>*Existant. Aujourd'hui Centre de prévention Hygiène et Santé*<br>(Inventaire général d'Ile-de-France. cl. Décamps) |  |
| **1953** | **École**<br>L'Haÿ-les-Roses, 94<br>*Bâtiment démonté* | |
| **1953** | **Extension du groupe scolaire Reine Astrid (1935)**<br>→ deux classes de type Coque.<br>Rue Bixmule, avenue de la République, Aubergenville, 78<br>Bertholet architecte, Ateliers Jean Prouvé<br>*Existant*<br>(Inventaire général d'Ile-de-France. cl. Décamps) |  |

| | |
|---|---|
| 1953 | Maison de la Tunisie de la Cité internationale universitaire → mobilier en bois et aluminium des chambres aménagées par C. Perriand, châssis en aluminium de la verrière de l'escalier boulevard Jourdan, Paris 14ᵉ J. Sebag architecte, C. Perriand et Ateliers Jean Prouvé *Verrière existante. Mobilier dans les musées, les galeries et chez les collectionneurs* (Jean-Marie Monthiers) |

| | |
|---|---|
| 1953 | Maison du Mexique de la Cité internationale universitaire → mobilier boulevard Jourdan, Paris 14ᵉ J.-L. Medellin architecte, C. Perriand et Ateliers Jean Prouvé *Mobilier dans les musées, les galeries et chez les collectionneurs* |

| | |
|---|---|
| 1953-1954 | Immeuble de logements → façades 5, square Mozart, Paris 16ᵉ L. Mirabeau et D. Gondolff architectes *Existant. Bâtiment restauré* (Jean-Marie Monthiers) |

| | |
|---|---|
| 1954 | Pavillon du centenaire de l'aluminium Port du Gros-Caillou, Paris 7ᵉ H. Hugonnet et A. Copienne ingénieurs, Ateliers Jean Prouvé concepteur-constructeur *Démonté puis remonté à la Foire de Lille de 1956 à 1993 ; partiellement remonté au parc des Expositions de Paris-Nord Villepinte, Seine-Saint-Denis, en 1999* (Jean-Marie Monthiers) |

| | |
|---|---|
| 1954 | Groupe scolaire et logements de fonction → éléments de type Coque, façades, cloisons rue des Peupliers, Le Mesnil-le-Roi, 78 R. Lopez architecte, Ateliers Jean Prouvé constructeur *Existant. Prochainement réhabilité* (Institut pour l'histoire de l'aluminium) |

| | |
|---|---|
| **1954** | **Église Notre-Dame-de-Grâce** → structure et toiture |

**1954**  **Église Notre-Dame-de-Grâce** → structure et toiture
angle des avenues de Juvisy et Paul Vaillant-Couturier,
Morsang-sur-Orge, 91
R. Faraut architecte, Jean Prouvé ingénieur-conseil.
*Existant. Visite le samedi de 10h à 12h*
(ADMM)

**1955-1958**  **Institut français des pétroles, bâtiment des écoles**
→ hall d'accueil (verrière, sas d'entrée, escalier), salle de restaurant sur le toit
(structure et couverture), mobilier de l'amphithéâtre
angle rue de l'Est avenue de Bois-Préau, avenue N. Bonaparte, Rueil-Malmaison, 92
P. Dufau architecte en chef ; M. Bertrand, F. Delage et M. Stenzel architectes
d'opération ; J. Prouvé ingénieur-conseil, réalisation Établissements Voyer
*Bâtiment existant. Mobilier remplacé ;*
*salle de restaurant transformée en bureaux.*
(coll. Pavillon de l'Arsenal)

**1956-1958**  **CNIT** → façades
Parvis de la Défense, 92
B. Zehrfuss, R. Camelot et J. de Mailly architectes,
N. Esquillan ingénieur, Jean Prouvé ingénieur-conseil
*Existant. Restauré dans l'esprit initial*
(Olivier Wogenscky)

**1956**  **Maison des jours meilleurs** (pour l'abbé Pierre) → présentation de la maison-témoin
sur les quais entre le pont Alexandre III et le pont des Invalides, Paris
S. Kétoff ingénieur, Jean Prouvé concepteur-constructeur
*Installation éphémère.*
*Remontée à Rouen, projet d'installation au Centre expérimental de L'Isle d'Abeau, 38*

**1957**  **Abris de quais de la gare d'Austerlitz**
place Valhubert, Paris 13e
Étudiés dès 1953 par J. Prouvé, réalisés par la Studal
*Existant*
(ADMM)

| 1957 | École « nomade »<br>Villejuif, 94<br>J. Masson et R. Guidici architectes, S. Kétoff ingénieur,<br>Ateliers Jean Prouvé concepteur-constructeur<br>*Démontée, partiellement remontée en 1967<br>par M. Silvy architecte, rue Pasteur à Massy (91).<br>Aujourd'hui société d'informatique*<br>(D.R.) |  |
|---|---|---|
| 1957 | Régie nationale des automobiles Renault<br>→ hall de réception (façades, structure de l'auvent, porte d'entrée, structure de l'escalier, mezzanine intérieure)<br>Flins-sur-Seine, 78<br>B. Zehrfuss architecte, réalisation Les Constructions Jean Prouvé associées à l'entreprise Goumy & Cie.<br>*Existant. Aujourd'hui hall Georges Besse.<br>Mezzanine et escalier modifiés.*<br>(Inventaire général d'Ile-de-France. cl. Vialles) |  |
| 1957-1958 | Cité HLM Emmaüs Pierre Montillet → façades<br>Le Blanc-Mesnil, 93<br>G. Candilis architecte<br>*Bâtiment existant. Façades démontées* | |
| 1958 | Salon des arts ménagers à Paris → présentation de la « maison saharienne »<br>Atelier LWD architectes, aménagement intérieur C. Perriand,<br>réalisation CIMT-J. Prouvé<br>*Installation éphémère* | |
| 1958 | Usine Roclaine → façades<br>Saint-Étienne-du-Rouvray, 77<br>A. Gillot architecte, réalisation CIMT-J. Prouvé<br>*Bâtiment existant. Façades démontées. Aujourd'hui usine ISOVER Saint-Gobain* | |
| 1958 | Stabile de l'Unesco → mise au point du socle avec l'artiste<br>place de Fontenoy, Paris 7ᵉ<br>A. Calder sculpteur<br>*Existant*<br>(Jean-Marie Monthiers) |  |

| 1959 | Collège technique du vêtement → façades
19, rue des Taillandiers, Paris 11e
J. et B. Ogé architectes
*Existant. Aujourd'hui lycée Paul Poiret.
Prochainement réhabilité par O. Boiron*
(Jean-Marie Monthiers) |

| 1959 | Collège Jean Moulin
avenue de la Résistance, Chaville, 78
R. Egger, J. Belmont, M. Silvy architectes
*Existant*
(Olivier Wogenscky) |

| 1959-1961 | Aéroport Orly sud → auvents des terrasses du 6e étage, portique et péages d'accès aux terrasses, façade et superstructures de la galerie marchande 1er et 2e étages du terminal
Orly, 94
H. Vicariot architecte, J. Prouvé ingénieur-conseil, réalisation CIMT Goumy.
*Existant. Portique et péages d'accès aux terrasses démontés*
(Inventaire général d'Ile-de-France. cl. Décamps) |

| 1959 | Cité « Les Pâquerettes » → panneaux de façades
Nanterre, 92
Sébillotte, Darras, Kopp et Nicolas architectes
*Bâtiments existants. Façades démontées* |

| 1959 | Gymnase
Cachan, 94
S. Kétoff et G. Candilis architectes
*Bâtiment détruit* |

| 1960 | Foyer des jeunes travailleurs → façades
123, boulevard de Charonne, Paris 11e
Raymond et Agard architectes
*Existant. Aujourd'hui Foyer d'étudiants Charonne*
(coll. Pavillon de l'Arsenal) |

| | | |
|---|---|---|
| **1960** | Lycée technique Descartes → façades des salles de cours<br>avenue Lavoisier, Antony, 92<br>E. Beaudouin architecte, Jean Prouvé ingénieur-conseil,<br>réalisation CIMT-J. Prouvé<br>*Existant*<br>(Inventaire général d'Ile-de-France. cl. Décamps) |  |
| **1960** | École primaire de la Châtaigneraie → panneaux de façades<br>3, chemin des Écoles, Chambourcy, 78<br>Egger, Silvy, Belmont, Dick et Perillier architectes,<br>J. Prouvé ingénieur-conseil, réalisation CIMT-J. Prouvé<br>*Existant*<br>(Inventaire général d'Ile-de-France. cl. Décamps) |  |
| **1961** | Pavillon du Centre national de l'enseignement technique<br>(foyer d'étudiants « Pavillon des étrangers ») → façades<br>61, avenue du Président-Wilson, Cachan, 92<br>P. Abraham architecte, J. Prouvé ingénieur-conseil,<br>réalisation CIMT-J. Prouvé<br>*Existant. Aujourd'hui Pavillon des jardins*<br>(Inventaire général d'Ile-de-France. cl. Décamps) |  |
| **1961** | Piscine couverte de M. de Rothschild<br>rue de l'Élysée, Paris 8e<br>Galea architecte, J. Prouvé ingénieur-conseil, réalisation CIMT-J. Prouvé<br>*Non localisée (source : D. Clayssen)* | |
| **1961** | Bureaux de la CIMT<br>Aubervilliers, 93<br>*Bâtiment détruit* | |
| **1963-1965** | Foyer protestant de la Cité internationale universitaire<br>→ façade en mur-rideau d'aluminium<br>8, villa du Parc-Montsouris, Paris 14e<br>R. Le Caisne architecte<br>*Existant. Aujourd'hui École supérieure de travail social*<br>(coll. Pavillon de l'Arsenal) |  |

| 1963 | Siège social de la CIMT (Compagnie industrielle de matériel de transport) → façades
5, rue du Commandant-Pilot, Neuilly-sur-Seine, 92
Deschler architecte, J. Prouvé ingénieur-conseil, réalisation CIMT-J. Prouvé
*Façades démontées. Éléments dans les musées, les galeries et chez les collectionneurs*

| 1963 | Église Saint-Paul → structure, façades, éléments de remplissage de la toiture
allée du Colonel-Rivière, rue Marc Sangnier, L'Haÿ-les-Roses, 94
P. Picot architecte, J. Prouvé ingénieur-conseil,
J. Colas Guerin et A. Ripeau vitrail.
*Existant. Salles paroissiales modifiées en 1991*
(Inventaire général d'Ile-de-France. cl. Décamps)

| 1963 | Centre d'essais EDF « Les Renardières »
Moret-sur-Loing, 77
J. Le Couteur architecte, façades CIMT-J. Prouvé
*Existant*
(Jean-Marie Monthiers)

| 1965 | Salon des Artistes décorateurs au Grand-Palais à Paris
→ présentation du prototype du Club des jeunes
J. Perrottet et J. Deroche, AUA architectes,
J. Prouvé ingénieur-conseil, réalisation CIMT-J. Prouvé
Bâtiment remonté angle rue des Celtes, route de Cormeille, Val-d'argent nord,
Argenteuil, 95
*Existant. Aujourd'hui garderie d'enfants*
(Inventaire général d'Ile-de-France. cl. Décamps)

| 1965 | Résidence d'étudiants → façades de quatre bâtiments
8, allée de l'Université, Nanterre, 92
J.-P. et J. Chauliat architectes, J. Prouvé ingénieur-conseil,
réalisation CIMT-Jean Prouvé-Quillery.
*Un bâtiment intégralement conservé, projet de
réhabilitation des façades : permis de construire 1999,
Dubosc et Landowski architectes*
(coll. Pavillon de l'Arsenal)

| 1965-1966 | Tour Nobel (tour Roussel-Marion-Hoechst) → murs-rideaux<br>La Défense (Puteaux), 92<br>J. de Mailly et J. Depussé architectes,<br>réalisation façades CIMT-J. Prouvé, réalisation de la structure CFE.<br>*Existant. Réhabilitation en cours, Valode et Pistre architectes*<br>(Jean-Marie Monthiers) |  |

| 1966 | Centre sportif Pierre-Brossolette → façades<br>51, avenue Pierre-Brossolette, Saint-Maur-des-Fossés, 94<br>F. Madeline architecte, J. Prouvé ingénieur-conseil,<br>réalisation CIMT-J. Prouvé<br>*Existant*<br>(Inventaire général d'Ile-de-France. cl. Vialles) |  |

| 1966 | Groupe scolaire Paul Éluard → façades<br>allée Paul-Éluard, Val-d'argent Nord, Argenteuil, 95<br>Dubrulle architecte, J. Prouvé ingénieur-conseil,<br>réalisation CIMT-J. Prouvé<br>*Existant*<br>(Inventaire général d'Ile-de-France. cl. Décamps) |  |

| 1966 | Lycée polyvalent Jean-Jacques Rousseau → structure, façades<br>rue Jean-Jacques-Rousseau, Sarcelles, 95<br>J. Belmont architecte, J. Prouvé ingénieur-conseil,<br>réalisation CIMT-J. Prouvé et entreprise Quillery<br>*Existant*<br>(coll. Pavillon de l'Arsenal) |  |

1966    Colonie de vacances Air France
        Arbonne, 77
        *Détruit*

| Vers **1966** | Tour EDF-GDF → façades<br>place des Reflets, Courbevoie, La Défense 2, 92<br>R. Gravereaux, A. Arsac, R. Saubot et R. Cassagnes architectes C. Bancon,<br>J. Prouvé, H. Tressini et G. Trouvin ingénieurs-conseil<br>*Existant. Projet de réhabilitation*<br>(Inventaire général d'Ile-de-France. cl. Vialles) |  |
|---|---|---|
| **1966** | « **Village expo** » → Hall d'accueil, école Jules Verne,<br>deux maisons « Jean Prouvé »<br>rue de la Mare, rue de l'Ile-de-France, rue des Bordes,<br>Saint-Michel-sur-Orge, 91<br>réalisation CIMT-J. Prouvé<br>*Existant. École et maisons modifiées.*<br>(Inventaire général d'Ile-de-France. cl. Vialles) |  |
| **1965-1968** | **Bâtiments administratifs et laboratoires du groupe Sandoz** → façades<br>14, boulevard Richelieu, Rueil-Malmaison, 92<br>M. Burckhard, BSA-SIA et B. Zehrfuss architectes,<br>Jean Prouvé ingénieur-conseil, réalisation CIMT-Jean Prouvé<br>*Existant*<br>(Inventaire général d'Ile-de-France. cl. Décamps) |  |
| **1967** | Club de jeunes (concours « 1 000 Clubs de jeunes »,<br>ministère de la Jeunesse et des Sports)<br>avenue de l'Europe, Ermont, 95<br>Réalisation CIMT-J. Prouvé, montage par les adolescents du club<br>*Existant. Aujourd'hui Club des espérances.*<br>(ADMM) |  |
| **1967** | Résidence universitaire de l'École centrale → façades système<br>grille des cinq bâtiments de logements<br>75, rue Vincent-Fayo, Châtenay-Malabry, 92<br>J. Prouvé ingénieur-conseil, réalisation CIMT-J. Prouvé<br>*Existant*<br>(Inventaire général d'Ile-de-France. cl. Décamps) |  |

| | | |
|---|---|---|
| Vers **1967** | Groupe scolaire Georges Lapierre → façades<br>allée du 8 mai 1945, Alforville, 94<br>J. Prouvé ingénieur-conseil, réalisation CIMT-J. Prouvé<br>*Existant*<br><small>(Inventaire général d'Ile-de-France. cl. Décamps)</small> |  |
| **1967** | Maison des Jeunes « Les Courtillières »<br>Pantin, 93<br>J. Perrottet et J. Deroche, AUA architectes<br>*Bâtiment détruit* | |
| **1968** | Atelier de Jean Prouvé → serrurerie, escalier<br>rue des Blancs-Manteaux, Paris 4e<br>*Existant. Aujourd'hui appartement privé*<br><small>(Jean-Marie Monthiers)</small> |  |
| **1968** | Ambassade du Japon<br>7, avenue Hoche, Paris 8e<br>Sakakura architecte<br>*Bâtiment existant. Réalisations supprimées* | |
| **1969** | Institut de l'environnement → structure et façades<br>rue Érasme, Paris 5e<br>R. Joly architecte<br>*Démonté. Éléments dans les musées, les galeries et chez les collectionneurs* | |
| **1969-1970** | Unesco bâtiment V → façades<br>1-7, rue Miollis, Paris 15e<br>B. Zehrfuss et M. Faure architectes<br>*Existant*<br><small>(ADMM)</small> |  |

| | | |
|---|---|---|
| **1969** | Foyer des Anciens<br>rue Fontaine, Sucy-en-Brie, 94<br>Gendrot architecte, réalisation CIMT<br>*Existant. Aujourd'hui Foyer Georges Delayat*<br>(Jean-Marie Monthiers) |  |
| **1969** | École régionale du premier degré EN-MGEN → façades<br>à système grille et panneaux<br>rue G. Lapierre, La Verrière, 78<br>Jean Prouvé ingénieur-conseil, réalisation CIMT-J. Prouvé<br>*Existant*<br>(Inventaire général d'Ile-de-France. cl. Vialles) |  |
| **1970** | Établissement public d'aménagement de la ville nouvelle<br>de Marne-la-Vallée (Epamarne) → façades en tôle d'acier laquée<br>et Plexiglas préformé toute hauteur<br>5, boulevard Pierre-Carles, Noisiel, 77<br>J. Prouvé ingénieur-conseil associé à Léon Pétroff ingénieur-<br>conseil pour le système de structure.<br>*Extension dans les années 1980 avec le même système<br>constructif, H. Sigurdardottir-Anspach architecte*<br>*Existant*<br>(Inventaire général d'Ile-de-France. cl. Vialles) |  |
| **1970** | Station-service Total → bâtiment d'accueil et d'entretien, auvent<br>Les Mureaux, autoroute de Normandie A13-E05, Morainvilliers, 78<br>J. Prouvé ingénieur-conseil, L. Pétroff ingénieur-conseil charpente<br>*Démontée* | |
| **1970** | Station-service Total « Relais de l'épi d'or »<br>4, boulevard Henri-Barbusse (N186), Saint-Cyr-l'École, 78<br>J. Prouvé ingénieur-conseil<br>*Démontée* | |
| **1970** | Maison des Jeunes Gérard Philipe<br>2, avenue de la Victoire, Orly, 94<br>J. Deroche AUA architecte, J. Prouvé ingénieur-conseil,<br>réalisation CIMT-J. Prouvé.<br>*Existant*<br>(coll. Pavillon de l'Arsenal) |  |

| | | |
|---|---|---|
| Vers **1970** | Ponts de Conflans → garde-corps et balustrades<br>avenue de la Liberté, Charenton-le-Pont/rue Lénine,<br>Ivry-sur-Seine, 94<br>*Existant. Aujourd'hui Ponts Nelson Mandela*<br>(Inventaire général d'Ile-de-France. cl. Décamps) |  |
| **1971** | Siège du Parti communiste Français → mur-rideau<br>2, place du Colonel-Fabien, Paris 19e<br>O. Niemeyer, P. Chemetov, J. Deroche AUA architectes<br>*Existant*<br>(Jean-Marie Monthiers) |  |
| **1972** | Secrétariat général des villes nouvelles<br>26, rue Émeriau, Paris 15e<br>G. Autran, M. Macary architectes, J. Prouvé conseiller en murs-rideaux<br>*Existant*<br>(Jean-Marie Monthiers) |  |
| **1972-1974** | Groupe scolaire du Parc et logement de fonction<br>→ façades<br>rue de la Haie-à-Sorel et impasse du Parc, Élancourt<br>(ville nouvelle de Saint-Quentin-en-Yvelines) 78<br>Y. B. Merlin architecte, J. Prouvé ingénieur-conseil façades,<br>L. Pétroff ingénieur-conseil structure.<br>*Existant*<br>(coll. Pavillon de l'Arsenal) |  |
| **1973** | Bureaux de la SEMEA XV<br>55, quai de Grenelle, Paris 15e<br>J. C. Jallat et Proux architectes<br>*Existant*<br>(ADMM) |  |

| | | |
|---|---|---|
| **1973** | École  
Trappes, 78  
Merlin architecte  
*Non localisée. (Source : D. Clayssen)* | |

**1974-1975** Lycée technique hôtelier → bandeaux horizontaux d'habillage des châssis coulissants
rue Jean-Duclos, quartier du Parc, Guyancourt (ville nouvelle de Saint-Quentin-en-Yvelines), 78
Monge architecte, J. Prouvé ingénieur-conseil
*Existant*
(Inventaire général d'Ile-de-France. cl. Vialles)

**1975** Restaurant inter-entreprises, société Sodexho
→ façades et auvent
avenue Ampère, parc d'activités du Pas-du-Lac, Montigny-le-Bretonneux, 78
ATEA-SETAP architectes,
J. Prouvé et L. Pétroff ingénieurs-conseils
*Existant. Modifications et extension du restaurant*
(Inventaire général d'Ile-de-France. cl. Décamps)

**Vers 1975** Galerie commerciale La Coupole Regnault → verrière de la coupole et structure de l'escalier métallique en sous-sol
place de la Coupole, Courbevoie, La Défense 6, 92
R. Saubot, F. Jullien architectes, J. Prouvé ingénieur-conseil, réalisation Entreprise Sennequier.
*Existant. Aujourd'hui Gymnase-Club La Défense*
(Inventaire général d'Ile-de-France. cl. Vialles)

**1976** *La Tour aux figures* → étude de la structure
Depuis 1988 : Ile-Saint-Germain, Issy-les-Moulineaux, 92
Jean Dubuffet sculpteur
*Existant. Visites organisées de mai à octobre sur réservation*
(coll. Pavillon de l'Arsenal)

| | |
|---|---|
| 1976-1982 | « Parapluies » du Forum des Halles<br>Paris 1er<br>J. Willerval architecte, J. Prouvé et L. Pétroff<br>ingénieurs-conseils<br>*Existant*<br><small>(coll. Pavillon de l'Arsenal)</small> |

1978-1982   Palais omnisports de Paris-Bercy
→ structure métallique
2, boulevard de Bercy, Paris 12e
M. Audrault et P. Parat, A. Guvan architectes,
J. Prouvé ingénieur-conseil
*Existant*
(coll. Pavillon de l'Arsenal)

1983   Abribus de terminus RATP
Château de Vincennes, Vincennes, 94
Porte de Champerret, Paris 17e
Porte de Choisy, Paris 13e
L. Pétroff ingénieur
*Existant*
(RATP-Audiovisuel, cl. Gaston)

Vers 1982-1983   Mission d'expertise pour la Société nouvelle d'exploitation
de la tour Eiffel
Jean Prouvé ingénieur-conseil
*Voir Chronique 1967-1984 (p. 335)*
(coll. Pavillon de l'Arsenal)

# JEAN PROUVÉ ET PARIS

**Laurence Allégret • Valérie Vaudou**

*Jusqu'en 1925, j'ai fabriqué des objets en circuit fermé, j'étais peu influencé par d'autres.
J'étais un provincial ; tout se passait à Paris.*
Jean Prouvé

AINSI COMMENCE la grande aventure du Nancéien Jean Prouvé à Paris. À l'instar de tous ceux qui interviennent dans la construction, quelle que soit l'échelle de leur intervention ou la nature de leur participation, Jean Prouvé a été amené, tout au long de sa vie, à travailler sur des projets en France et à l'étranger. Certes, ses racines et l'implantation nancéienne de son usine l'ont rendu très productif en Lorraine. Pour autant, ses contacts avec Paris l'ont conduit, comme ferronnier, constructeur ou ingénieur-conseil, à participer à de nombreuses réalisations en région parisienne. Ces attaches s'expliquent tant par son apprentissage et son appartenance à l'Union des Artistes Modernes que par la concentration de commandes et d'architectes dans la capitale. De ce fait, il effectuait en permanence la liaison Paris-Nancy, au volant de puissantes décapotables.

À l'occasion du centenaire de la naissance de Jean Prouvé, cet ouvrage cherche à éclairer la vie et l'œuvre de celui qui fut qualifié, amicalement, de « tortilleur de tôle ». Figure inclassable, il n'est vraiment ni ingénieur, ni architecte, ni artisan, ni designer, ni industriel, ni homme politique, mais un peu tout cela à la fois, à des degrés divers, selon les aléas d'une carrière et d'une vie ponctuées de hauts et de bas. La consécration internationale qu'il connaît aujourd'hui l'aurait sans doute autant surpris qu'amusé.

Jean Prouvé doit beaucoup à ses origines, particulièrement à la personnalité et à l'investissement de son père Victor dans l'école de Nancy, mouvement qui tentait de concilier l'artisanat d'art et l'industrie. Très vite après son apprentissage, il monte sa propre entreprise et étend son métier de ferronnier-forgeron à celui de serrurier, en développant le pliage de la tôle et en acquérant des techniques et du matériel de pointe. Par l'originalité et la qualité de sa production, il élargit bientôt le cercle de ses commanditaires et est introduit dans le réseau des artistes et des architectes de l'avant-garde.

Peu après intervient une première rupture : il passe de la production d'œuvres uniques commandées par des créateurs – portes, verrières, rampes d'escaliers, etc. – à la réalisation autonome de prototypes de mobilier et d'éléments de second œuvre, conçus pour être industrialisés. Il demeure cependant très attaché, par atavisme et par conviction, au perfectionnement et à l'innovation. L'esprit d'atelier, qui est une des valeurs fondamentales de Jean Prouvé, le met sans cesse en porte-à-faux vis-à-vis de la logique de la division du travail. Ses ouvriers, techniciens et dessinateurs, qualifiés et intéressés aux résultats, sont plus souvent mobilisés par la mise au point des produits et la vérification de prototypes que par le travail en série. Communément, Jean Prouvé est jugé comme incompétent en matière de gestion ; c'est même le prétexte qui sert à son éviction de l'usine de Maxéville. Il faut pourtant bien reconnaître que l'équilibre financier de ses ateliers lui a toujours permis d'assurer « les fins de mois » de ses employés.

Passant de l'artisanat à la production en série, l'évolution des intérêts de Jean Prouvé vers l'industrialisation du bâtiment constitue une seconde rupture, sans doute plus radicale. Même si l'on perçoit une filiation entre le principe porteur et raidisseur de la tôle pliée employée dans le mobilier et celui mis

(Documentation générale MNAM-CCI, fonds J. Prouvé)

en œuvre dans le bâtiment, ce rapprochement représente d'avantage qu'un simple changement d'échelle. Sensible aux intempéries, le bâtiment doit en effet répondre à des exigences d'isolation, de charges et de stabilité. Surtout, il implique pour sa réalisation d'autres rapports à la clientèle, et une coopération avec de nombreux acteurs ayant leurs logiques propres : maîtres d'ouvrage, architectes, ingénieurs, compagnies d'assurances, entrepreneurs, etc. Ces problèmes nouveaux vont surprendre et passionner Jean Prouvé. Aurait-il mieux maîtrisé sa production et son combat pour l'industrialisation s'il avait été architecte ? Avant 1940, ni sa qualification ni le droit ne s'opposaient à ce qu'il se déclare tel et qu'il exerce cette profession. S'il avait fait ce choix, certes quelques œuvres porteraient aujourd'hui sa signature exclusive, mais ni sa gloire ni sa liberté n'auraient été plus grandes. En réalité, être architecte aurait limité son champ d'action expérimental et pédagogique.

Ici réside, délibérément assumée, l'ambiguïté de son identité et de sa posture. Elle est une conséquence à la fois de sa formation autodidacte et du choix stratégique qu'il fait d'un travail en équipe lui ouvrant un maximum de possibilités d'actions et de transferts entre champs techniques différents. Malgré quelques déconvenues finalement anecdotiques, c'est cela qu'il aimait, ce en quoi il croyait. S'il eut des déceptions qui ont pu mettre à mal sa ténacité, il faut les attribuer à la spécificité et à la pesanteur de la branche du bâtiment. La construction est en effet soumise à de multiples contraintes : environnementales, foncières, patrimoniales, symboliques... Peut-être doit-on également admettre que Jean Prouvé n'a jamais voulu ou pu mettre en place une organisation qui permette à ses maisons d'atteindre une réelle rentabilité. Ses prix, en définitive souvent proches de ceux d'une réalisation « sur mesure », ne sont pas véritablement concurrentiels faute, sans doute, d'un développement en grandes séries. L'industrialisation partielle des éléments de construction, qui ne connaît pas de frein d'ordre technique, se heurte à d'autres résistances. Le lieu de production de la plus-value est déplacé du chantier à l'usine, ce qui suppose la réorganisation d'une branche traditionnellement dominée par les entreprises de gros œuvres. De plus, la plasticité et la marge d'expression sont réduites pour les architectes, socialement assignés à produire de la différence symbolique.

Nous avons souhaité, afin de rendre compte des ruptures, des adaptations, des multiples facettes d'un homme généreux, réservé et créatif, réunir, autour d'une « chronique » en douze périodes de la vie de Jean Prouvé, des « Gros plans » sur ses réalisations les plus significatives - ferronnerie, bâtiments, mobilier -, et des contributions thématiques de chercheurs.

# JEAN PROUVÉ EXPOSÉ

**Dominique Lyon**

IL N'Y A PAS SI LONGTEMPS, dans le procès qu'elle faisait à son époque, la modernité architecturale prenait la machine et l'industrie à témoin : celles-ci ne sauraient mentir quand elles font rouler les voitures et voler les avions.

*La Mécanisation prend les commandes* titrait l'ouvrage célèbre écrit par Sigfried Giedion en 1958, alors que Jean Prouvé, commandant à ses machines et animant ses ateliers de fabrication, s'imposait comme un des principaux acteurs de cette modernité dont l'esprit échappait à tant d'industriels. En fait, il en fut une figure singulière : entrepreneur engagé, concepteur inspiré, technicien intuitif, il procédait à rebours des architectes modernes.

Quand ceux-ci, par nécessité comme par propension concevaient des quartiers entiers et les représentaient, vus d'avion, sur de grands plans, Jean Prouvé produisait des dessins pas moins grands où se réglaient, grandeur nature, les détails de la mise en œuvre et de l'assemblage de ses fabrications : structures, panneaux, cloisons, mobilier. Et ses détails étaient tout un monde. L'architecte moderne opérait sur la société à partir d'idées générales. Jean Prouvé affichait son goût pour le contingent : la tôle, son pliage, son assemblage.

Depuis son atelier, il occupait donc une position particulière au sein de la modernité. Il y était mieux placé que quiconque pour saisir que la qualité de l'époque trouvait à se représenter par l'assemblage d'éléments produits en série. Pourvu que l'on investisse de l'intelligence et de la sensibilité dans la conception détaillée de ces éléments et que l'on sache organiser leur répétition en contrôlant ses effets. Le tout, sans craindre la grande dimension.

Il existe des précédents fameux. Le Crystal Palace (1851), la galerie des Machines à l'Exposition universelle (1889), les Halles de Baltard (1854-1870) ont donné une représentation stimulante de leur modernité à partir de la répétition d'un grand nombre d'éléments soigneusement préfabriqués. Au sein de leurs contextes, ces constructions faisaient irruption, elles imposaient un changement de modèle, une nouvelle accommodation de la sensibilité.

À ce titre, la photographie placée au début de l'exposition *Jean Prouvé et Paris* [1], qui montre les 150 mètres de long du Pavillon de l'aluminium au pied de la tour Eiffel, prend valeur de symbole.

Traitant de la série et du nombre, soumises aux exigences de la production, les réalisations de Jean Prouvé ne sont pourtant ni péremptoires, ni simplement abstraites, ni d'ailleurs purement rationnelles. Elles portent sa marque. Quand l'architecture se voulait internationale, déracinée et fonctionnelle, celui-ci reconnaissait l'héritage de son père, peintre engagé dans les arts décoratifs, affichait son attachement pour Nancy, sa ville natale, et disait sa dette pour la culture qui s'y était développée autour des relations entretenues entre l'art et l'industrie.

Unité de temps, unité de lieu, unité d'action également, tant son énergie, sa lucidité et les machines aussi dans lesquelles Jean Prouvé avait investi, le conduisaient à exploiter un catalogue resserré de matériaux et de structures, applicable autant au mobilier qu'aux édifices. Vocabulaire épuré à force d'être constamment remis sur l'ouvrage, décliné et amélioré.

---

1. Pavillon de l'Arsenal, Paris, 2001.

(ADMM)

Cependant, les règles du théâtre tragique étant réunies, elles devaient jouer. Fatalement, cet homme entier entrera en conflit avec les intérêts de son époque. Il perdra sa mise. Dans une note terrible remise à sa fille, il déclarera à propos de sa faillite : « [...] sachez : que je suis mort en 1952 » et avouera avoir été poursuivi par l'idée de tuer un des responsables de sa chute. Rien de moins.

Jean Prouvé était animé par de fortes passions que la raison seule ne pouvait contenir. Sauf à le diminuer, il ne peut être considéré comme entrepreneur, alors qu'il échoua finalement dans ce rôle, ni comme ingénieur, alors qu'il ne l'était pas, ni encore comme artisan, alors qu'il inventait ses gestes. Il était un concepteur, au même titre qu'un architecte. Il y a un style Prouvé, une esthétique constituée en éthique, une œuvre Prouvé.

Aujourd'hui que les machines et leurs mécaniques nourrissent peu l'imaginaire des architectes, la modernité est ailleurs. Moins franche sans doute car invisible, infiniment complexe, peut-être insidieuse, elle est une sorte de chimie.

Pour exposer Prouvé, nous avons choisi un vocabulaire resserré, un matériau - le plexiglas -, un type d'assemblage -, le collage ; ce sont de purs produits de réactions chimiques. Le reste est moderne et sans affect : blanc, transparent, lumineux et bien rangé.

# FORMATION
# 1901 1929

1 → (Documentation
générale MNAM-CCI,
fonds J. Prouvé)

# PARISIENNE
## ET PREMIER ATELIER

### PREMIÈRES ANNÉES

*Jean Prouvé naît à Paris le 8 avril 1901. Son père, Victor Prouvé (1858-1943), est peintre, graveur, sculpteur et photographe nancéien. Sa mère, Marie Duhamel (1879-1943) est issue d'une famille de musiciens. Jean est le second de sept enfants - Marguerite (1899), Jean (1901), Vic (1902), Marianne (1905), Thérèse (1910), Henri (1915) et Pierre (1918). Victor Prouvé est un des membres fondateurs, avec Émile Gallé, de l'association de l'Alliance provinciale des Industries d'art, plus connue sous le nom d'école de Nancy. Ancien étudiant à l'École des beaux-arts, il quitte Paris en 1902, où il résidait depuis 1877, pour Nancy. Il succède bientôt à Émile Gallé, décédé en 1904, à la présidence de l'école de Nancy. Il collabore à la revue* Art et Industrie *qui diffuse les idées et fait connaître les œuvres des principaux créateurs de ce mouvement. Nommé directeur de l'École des beaux-arts de Nancy en 1919, il en assure la direction jusqu'en 1940.*

*Enfant, Jean Prouvé est fasciné par l'automobile, la mécanique et l'aviation, au point de fabriquer lui-même une petite voiture. Il est attiré par le métier d'ingénieur. Mais, atteint de tuberculose, il est soigné à Berck et doit arrêter sa scolarité avant le certificat d'études.*

*Il gardera de son enfance, d'après sa fille Catherine, un souvenir heureux, évoquant toujours avec chaleur ses parents.*

### PÉRIODE DES FORGES

« Mon père était un artiste et l'art vivait mal pendant la guerre de 1914 ; aussi ai-je dû gagner ma vie à 16 ans. »[1] En 1917, Victor Prouvé, réfugié à Paris du fait de l'occupation allemande, place son fils en apprentissage auprès d'un ami, Émile Robert, ferronnier d'art à Enghien. Jean Prouvé y apprend le dur métier de forgeron et complète cette formation initiale en passant un an chez un autre ferronnier d'art, Szabo, lui aussi ami de son père. Il manie alors un nouvel outil lié à l'électricité : le poste à soudure autogène

**2** → Jean et son père Victor Prouvé, dans son atelier en 1911.
(Documentation générale MNAM-CCI, fonds J. Prouvé)

**3** → Victor et Marie Prouvé.
(Archives privées)

qui permet de s'affranchir des limites traditionnelles du marteau et de l'enclume. Il habite seul à Paris dans l'ancien atelier de son père et travaille à la forge douze heures par jour. « J'étais un garçon extrêmement sérieux selon les règles de vie que m'avait inculquées mon père. Je ne courais pas après les filles. » ² Dans les ateliers de ferronnerie d'art où il travaille jusqu'en 1921, il se fait remarquer pour sa rapidité et son habileté. Au lendemain de la Première Guerre mondiale, sa famille lui confie la fabrication de la monture d'un vase de Gallé, et des clients privés lui passent commande de grilles en fer forgé, comme celles réalisées pour la maison du peintre Victor Guillaume.

Mais la formation de Jean Prouvé ne se limite pas à son apprentissage auprès de ces ferronniers d'art renommés. Il bénéficie d'un environnement culturel et familial exceptionnel.

Il ne manque jamais de rappeler cette période parisienne durant laquelle, le jour, il mène une vie d'ouvrier, et, le soir, rencontre de grands universitaires, amis de son père, Lorrains, Alsaciens, artistes de l'école de Nancy : « Ceux qui pensaient à l'avenir, qui étaient presque tous des socialistes, des gens qui préparaient l'évolution humaine. » Il s'imprègne donc très tôt des idées de ce mouvement : ne jamais copier, innover en tirant parti des moyens les plus modernes. Cela l'incitera à se porter constamment à l'avantgarde et à se défier de tout plagiat. Il soutient qu'il n'est possible de créer qu'avec un bagage culturel important et une bonne connaissance historique.

S'il rêve encore de devenir ingénieur, Jean Prouvé n'est pas pour autant un apprenti désabusé. Au contraire, il apprécie, comme son père et son grand-père, la confrontation directe avec la matière. Par le travail manuel, il prend conscience qu'il est indispensable, pour créer une pièce, de se mesurer immédiatement à sa réalisation. En même temps, il découvre la nécessité du travail d'équipe. Cette prise de conscience induira l'organisation du

4 → Première grille réalisée par Jean Prouvé, à Nancy, pour Victor Guillaume, en 1918. (ADMM)

5 → Luminaire en tôle et verre dépoli entre 1923 et 1927. (ADMM)

6 → Une des deux grilles du pavillon « Nancy et l'Est » au Salon des arts décoratifs, Paris, Pierre Le Bourgeois architecte, 1925. (ADMM)

7 → Madeleine et Jean Prouvé (Archives privées)

6

*travail que Jean Prouvé mettra plus tard en œuvre dans ses ateliers et déterminera l'importance donnée aux prototypes, notamment pour leur valeur d'innovation et de vérification de faisabilité. Il écrit à ce propos : « Je découvris vite que la satisfaction ou la déception se révèlent dans l'exécution immédiate et non dans les paroles. Il ne faut surtout pas dessiner d'utopies, car l'évolution n'est possible que par la constatation, qui alors la fait progresser. Éviter, sinon proscrire, l'étude en marge des ateliers : ce qui vient de l'extérieur, rarement adapté, fait perdre du temps. »* [3] *Cette attitude explique l'impact de Jean Prouvé sur le monde de l'architecture et du design, mais lui causera des déboires de tous ordres, notamment à partir de la période dite « de Maxéville ».*

*La domination de la technique qu'implique le travail extrêmement physique de la forge, la connaissance des outils du ferronnier, mais aussi sa capacité à dessiner vont de pair avec son adhésion à la morale des acteurs de l'école de Nancy : l'adolescent n'oubliera jamais cette leçon d'authenticité et de réalisme ; il tâchera de la mettre toujours en application.*

### PREMIER ATELIER

*Après deux ans et demi de service militaire et une brève intervention à la forge de l'École des beaux-arts de Nancy, Jean Prouvé, aidé financièrement par un ami de la famille, M. Péquart, fonde à 23 ans, en janvier 1924, son premier atelier, rue du Général-Custine à Nancy.*

*Madeleine Schott, étudiante aux beaux arts de Nancy et élève de Victor Prouvé pour lequel elle a une grande admiration, s'est lié d'amitié avec Marianne, la sœur de Jean. Elle accompagne la famille Prouvé lors de fréquents week-end dans les Vosges et fait la connaissance de Jean qu'elle épouse en novembre 1924.*

*Dans son atelier, Jean Prouvé réalise, à des échelles multiples, une grande quantité de travaux de ferronnerie de style Art déco : « J'ai commencé par de la ferronnerie d'art que je pratiquais dans les règles de l'art, sans trucage. »*

1901-1929
FORMATION
      PARISIENNE
         ET PREMIER ATELIER

7

8

**1901-1929**
FORMATION
PARISIENNE
ET PREMIER ATELIER

*Avec son premier compagnon ferronnier d'art, Pierre Missey, et deux compagnons serruriers, les frères Wolff, il « fabrique » des luminaires, une chaise articulée inclinable en tôle laquée, ainsi que les deux portes en fer forgé du pavillon « Nancy et l'Est » conçu par Pierre Le Bourgeois pour l'Exposition internationale des arts décoratifs de 1925 à Paris.*

*C'est aussi lors de cette exposition qu'est présenté le pavillon de l'Esprit Nouveau, construit par les architectes Le Corbusier (encore appelé Charles-Édouard Jeanneret) et son cousin Pierre Jeanneret. Dans son discours d'inauguration, Le Corbusier insiste sur le fait que seul le bâtiment est laissé pour compte dans les recherches sur l'industrialisation. Le pavillon de l'Esprit Nouveau est la démonstration que l'on peut faire de l'architecture avec des éléments standard. Cette démarche figure déjà dans les articles et dans l'ouvrage de Le Corbusier,* Vers une architecture *(1923), où il développe l'idée de construire des maisons tout comme l'on fabrique des machines, en série. Jean Prouvé y trouve un encouragement à ses choix techniques et esthétiques : « J'ai d'abord découvert Le Corbusier à travers ses écrits, et, en particulier, dans l'Esprit nouveau et je suis devenu l'un de ses adeptes ; puis j'ai rencontré l'homme et nous sommes devenus amis [...] l'esprit nouveau qu'il prônait était en quelque sorte la continuation normale, sur le plan spirituel, de l'école de Nancy, et c'est pourquoi les idées qu'il développait me touchaient tant. »* [4] *Ces rencontres avec des novateurs sont décisives. Ainsi, Pierre Jeanneret devient, à partir de 1926, un ami très important de Jean Prouvé. La même année, il fait la connaissance de Charlotte Perriand, décoratrice, et de Paul Herbé, architecte, avec lesquels il entretiendra une longue collaboration.*

RECONNAISSANCE PROFESSIONNELLE

*Dès 1926, les travaux des Ateliers Jean Prouvé sont à l'honneur. Ils sont présentés à Nancy lors d'une Exposition internationale d'art organisée par le Comité Nancy-Paris « dont la section architecture, écrit*

**8** → Grille de la villa Reifenberg,
Paris, Robert Mallet-Stevens
architecte, 1926. (ADMM)

**9** → Tampons professionnels de
Jean Prouvé. (prêt Peter Sulzer/
ADMM et AJP-US)

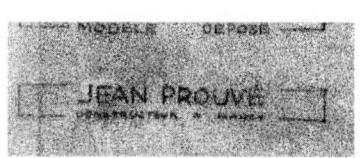

Catherine Coley, confiée à André Lurçat, Théo van Doesburg et H. Von der Muhll, peut être considérée comme la première manifestation importante de l'architecture moderne »⁵. La pratique d'atelier de Jean Prouvé est en mutation : il martèle au feu des plaques de fer, il apprend à jouer avec la géométrie, la lumière, les reflets, cintre et découpe des plaques de tôle. Il refuse l'ornementation et se détache progressivement des techniques traditionnelles. Il se sert des moyens modernes pour en terminer avec l'artisanat, où chaque trou était percé à la forge. Il s'équipe de postes à soudure autogène et d'un équipement de soudure à l'arc encore rare à l'époque.

Jean Prouvé expérimente alors les techniques nouvelles du pliage, de la soudure électrique ; il manie des matériaux récents comme la tôle mince ou l'acier inoxydable qu'il découpe et façonne à l'aide de cisailles électriques, de meuleuses, de polisseuses et d'instruments de cintrage. L'équipement de l'atelier se perfectionne et le personnel s'étoffe. Selon C. Coley, l'atelier embauche, en plus des deux ferronniers d'arts et des trois serruriers déjà présents, une dessinatrice, un polisseur, un traceur et trois autres serruriers.

Pendant cette période, Jean Prouvé présente directement son travail aux créateurs d'avant-garde de l'époque. En 1926, il rencontre Robert Mallet-Stevens qui lui accorde sa confiance et lui donne carte blanche pour la conception et la réalisation d'une grille destinée à la villa Reifenberg. Suivront des portes, des rampes en acier inoxydable, des cache-radiateurs, des poignées pour les maisons Gompel, Mallet-Stevens et Martel à Paris. Ces réalisations attestent l'apport de Jean Prouvé à ce milieu de l'avant-garde et marquent le début de ses collaborations parisiennes.

L'atelier de ferronnerie d'art évolue rapidement. Entre 1927 et 1928, le chiffre d'affaires double ⁶, et André Schott, son beau-frère, prend des parts dans la société. Ce développement se traduit, comme le retrace Peter Sulzer, par la succession d'appellations variées que Jean Prouvé ou d'autres attribuent à la société de la rue du Général-Custine : « Ferronnerie d'art-serrurerie Jean Prouvé, grilles, rampes, balcons, lustres, etc. » ; « J. Prouvé, ferronnerie d'art-serrurerie » ; « Jean Prouvé Ferronnier » ; et, non daté, « Jean Prouvé constructeur ». Une telle diversité préfigure l'aptitude de Jean Prouvé à échapper aux qualifications.

1. Entretien avec Jean-Marie Helwig en 1982, in P. Sulzer, *Jean Prouvé. Œuvre complète*, vol. 1 : *1917-1933*, Berlin, Wasmuth, 1995, p. 16.
2. Entretien avec Jean-Marie Helwig, *op. cit.*
3. *Jean Prouvé. Une architecture par l'industrie*, édité par Benedikt Huber et Jean-Claude Steinegger, Zurich, Artemis, 1971, p. 10

4. Entretien avec Jean Prouvé, *CIMUR*, janvier 1968.
5. C. Coley, *Jean Prouvé*, op. cit. in P. Sulzer, *Œuvre complète*, vol. 1, *op. cit.*, p. 35.
6. J.-C. Bignon et C. Coley, in P. Sulzer, *Œuvre complète*, vol. 1, *op. cit.*, p. 35.

# ART & INDUSTRIE

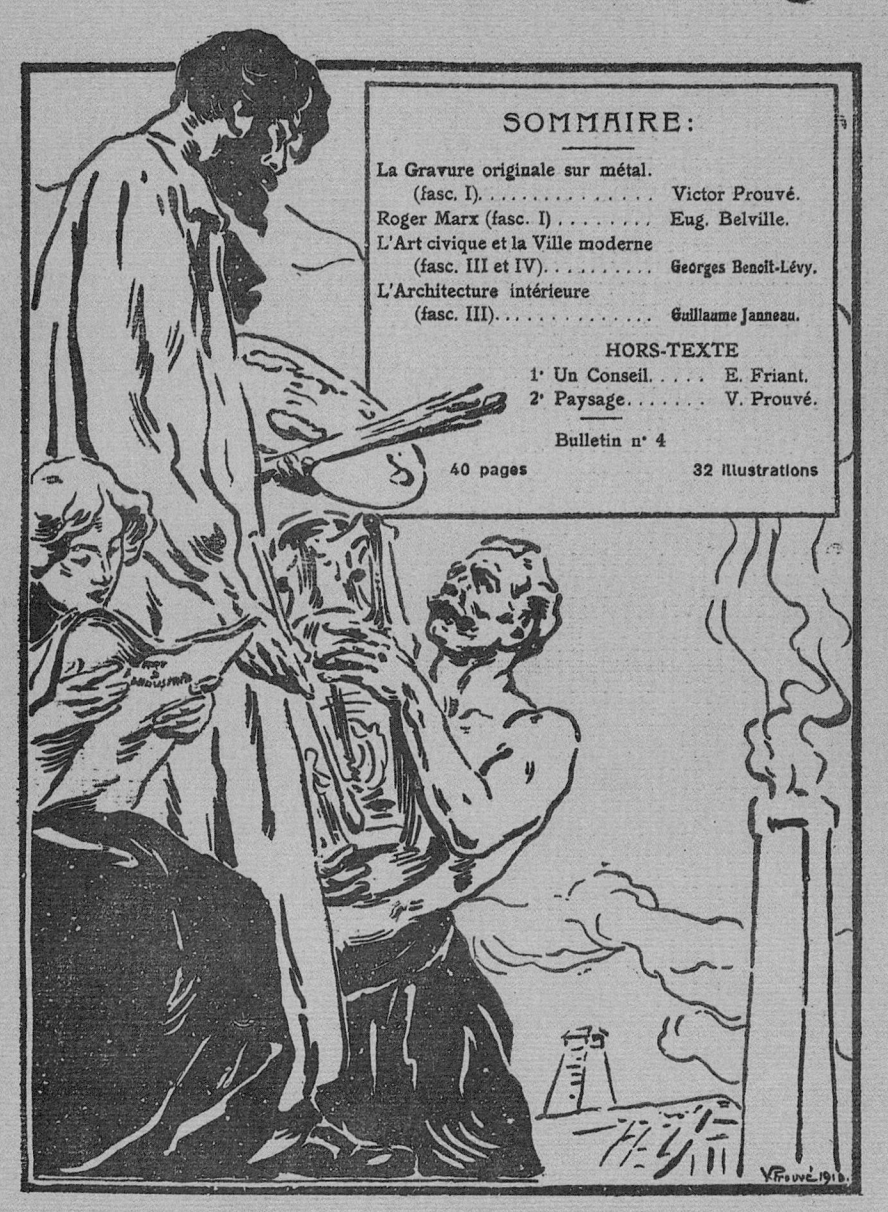

SOMMAIRE :

La Gravure originale sur métal.
(fasc. I)............... Victor Prouvé.
Roger Marx (fasc. I)........ Eug. Belville.
L'Art civique et la Ville moderne
(fasc. III et IV).......... Georges Benoît-Lévy.
L'Architecture intérieure
(fasc. III)............. Guillaume Janneau.

HORS-TEXTE

1° Un Conseil..... E. Friant.
2° Paysage....... V. Prouvé.

Bulletin n° 4

40 pages      32 Illustrations

6° ANNÉE      MAI 1914

(D.R.)

DIPLOME DÉLIVRÉ PAR L'ATELIER DE
EMILE ROBERT

Photographies tirées
d'un port-folio «Jean Prouvé»,
réalisé par Lucien Hervé et
Olivier Beer pour la Galerie 54.
(Lucien Hervé/Archipress)

JEAN PROUVÉ : Mon père était un peintre mais doublé d'un artisan exceptionnel, c'est-à-dire qu'il était de ceux qui associent instantanément l'esprit et les mains. Tout gosse, disons 5-6 ans pour fixer un âge à partir duquel on commence à raisonner un peu plus, je vivais déjà l'activité de l'école de Nancy. Car, dès la sortie de l'école, en courant, j'allais vers l'atelier de mon père et là, je rencontrais [...] tous les adhérents de l'école de Nancy qui était sous l'égide d'Émile Gallé le maître verrier, dont mon père était un ami ; et c'était exceptionnel parce que je crois qu'on ne pense pas autrement maintenant. C'était révolutionnaire sur tous les plans, mais principalement sur le plan de la production industrielle destinée au plus grand nombre. Leur idée était que tout objet devait être un objet de qualité, que toute architecture devait être de son époque.

# JEAN PROUVÉ, CONSTRUCTEUR
## EXTRAITS D'UN FILM DE GUY OLIVIER ET NADINE DESCENDRE, 1982

La règle principale que je me suis efforcé d'appliquer au cours de ma vie était la suivante : un homme est sur Terre pour créer, donc ne jamais copier, ne jamais plagier, toujours regarder vers l'avenir en quoi que ce soit, c'était une règle absolue. Mais ils [les acteurs de l'école de Nancy] considéraient que l'application de cette règle n'était valable que si l'on avait un bagage culturel total du passé.

Voyez-vous, c'est assez formidable et en même temps facile de créer : mais il ne faut pas oublier que d'autres avaient créé avant. Il faut savoir ce qu'ils ont fait, mais il ne faut surtout pas les copier, parce qu'une époque est une époque et que le raisonnement est différent.

Je crois qu'il faut vous révéler que pour étayer leur révolution, ils [les industriels et les artistes de l'école de Nancy] ont cherché où était la meilleure inspiration. Et pour eux, ça a été le retour à la nature. Je me souviens toujours de mon père m'expliquant qu'il fallait regarder la façon dont une épine de rosier était plantée dans la tige. Alors, il faisait ce geste toujours, montrant comment le pouce était attaché à la main, en disant : « Tout cela est bien fait. C'est solide. Ce sont des formes d'égale résistance. Malgré tout, c'est souple. » *(Prouvé montre sa main, le pouce écarté des quatre autres doigts serrés et passe l'index de son autre main sur l'articulation qui les sépare).*

Et il m'en est resté cela parce que, si vous regardez certains meubles que j'ai faits, il y a toujours un dessin avec des choses qui s'affinent un peu partout. Vous voyez, dans ce fauteuil-ci, les profilés sont pour moi d'égale résistance, c'est-à-dire qu'ils sont plus forts à l'endroit où ils travaillent le plus. C'est probablement ce qu'il me reste comme influence de l'école de Nancy. Mais très vite, j'en suis sorti. Et j'ai pensé évoluer parce qu'on avait dit qu'il fallait évoluer et que c'était comme ça qu'il fallait faire.

J'avais déjà mon premier atelier à Nancy. C'était un petit atelier dans lequel je forgeais, je faisais de la ferronnerie et j'avais déjà commencé à collaborer avec des architectes nancéiens. Et ce que je produisais ne ressemblait pas à ce que faisaient les autres. Mais je le faisais en circuit fermé.

Et puis, mon atelier se développant, j'ai pensé qu'il fallait des commandes. Par [le biais] de publications, par des livres, je suis tombé sur les écrits de Le Corbusier. Ils m'ont passionné. Je suis tombé sur des photos de réalisations d'architectes modernes de l'époque, Allemands, Français, internationaux d'ailleurs. J'ai pensé qu'il serait intéressant d'aller montrer ce que je faisais. Je suis parti à Paris avec très peu d'argent en poche, et avec l'idée d'aller frapper à la porte de Le Corbusier, à la porte de Mallet-Stevens, qui étaient à ce moment-là les créateurs d'avant-garde.

Chez Mallet-Stevens, l'anecdote vaut d'être racontée : j'ai frappé à la porte et j'ai été reçu par un architecte qui m'a pris pour un intrus et qui m'a dit : « Monsieur Mallet-Stevens n'est pas là. » Il a regardé les photos, il m'a quitté et, cinq minutes plus tard, j'étais dans le bureau de Mallet-Stevens, en face de

Mallet-Stevens. La conversation a été rapide, Mallet-Stevens a dit : « Dites-moi ce que vous faites, ça m'intéresse énormément. Qu'est-ce qui vous a fait penser à tout ça ? » Enfin, quelques mots sympathiques. Et en cinq minutes il m'a dit d'un coup : « Écoutez, je construis une maison nouvelle à Paris, j'ai besoin d'une grille. Il faut me faire la grille. » Alors, timidement, je lui ai répondu : « Je vais vous faire un dessin et vous faire un devis. » Il m'a dit : « Non, ni dessin, ni devis. Envoyez-moi une grille. » Et ça a été ma première commande à Paris. Et cette grille existe encore d'ailleurs, dans une maison de la rue Mallet-Stevens.

Au bout d'un mois, j'ai livré la grille. J'ai donc senti une sympathie, un acquiescement de ce que je proposais.

Alors, je suis aussi allé chez Le Corbusier, où j'ai été admirablement bien accueilli. Ça a été le début d'une amitié qui n'a cessé d'être très active pendant toute la vie de Le Corbusier.

Voilà comment j'ai pris contact avec Paris. Et depuis cette époque-là, comme j'avais pris des commandes à Paris et qu'il fallait que je les réalise, je n'ai cessé de faire des navettes entre Nancy et Paris.

Aux confins de la guerre, c'est-à-dire en 1939, les nouveaux ateliers dans lesquels j'étais, qui n'étaient déjà plus le petit atelier initial, venaient de terminer le marché de Clichy réalisé pour le tandem Beaudouin et Lods architectes, l'aéroclub de Buc réalisé [...] avec les mêmes architectes et la maison BLPS (Beaudouin, Lods, Prouvé, Forges de Strasbourg). Toutes constructions qui étaient à ce moment-là un apport technique considérable. À tel point que si j'avais à les refaire maintenant, je crois que je ne changerai pas grand-chose.

Je vais tenter de m'expliquer et en profiter pour redresser une fausse interprétation qui me poursuit depuis des années.

Vous avez dû entendre dire : « Prouvé a inventé le mur-rideau. » Moi, ça me fait bondir parce que, jamais, je n'ai pensé inventer un mur-rideau. Mais, à cette époque-là, bien avant Clichy d'ailleurs, en 1934-1935, j'ai imaginé une nouvelle façon de faire de l'architecture, [...] une nouvelle façon de mettre en œuvre les matériaux. Alors qu'on ne construisait à ce moment-là que des immeubles dont les murs étaient porteurs, j'ai imaginé des immeubles structurés différemment. C'est-à-dire comportant une structure comme un être humain comporte un squelette, auquel il fallait ajouter le complément logique d'un squelette qu'il soit en acier ou en béton, voire en bois ; [ce complément], c'était de l'envelopper d'une façade, de l'envelopper d'une façade légère. Puisque la structure se suffisait à elle-même (acier et béton), il n'y avait plus d'intérêt à accrocher là-dessus des pierres ou à la surcharger de matériaux qui n'avaient plus de rôle à jouer. Comme nous l'accrochions au plancher comme on accroche un pardessus, nous avons assimilé cela à un mur-rideau et nous l'avons appelé « mur-rideau ». Et il est évident que la façon dont le marché de Clichy a été construit... je sors une photo qui est très parlante [...] : on voit la partie structurale, révélée par des planchers, et puis ici un panneau accroché par deux crochets simplement, avec des systèmes de réglage, mais enfin, accrochés, qui pendent et qui relient deux planchers. Le rideau, c'est ça [...] : une façade légère, [...] compliquée scientifiquement parce qu'il fallait qu'elle soit isolante, il fallait qu'elle ait des qualités physiques différentes de ce qu'on avait fait jusque-là. Il est probable qu'à Clichy, ce soit le premier mur-rideau. On a inventé une architecture comportant un mur-rideau. Donc, il ne faut pas dissocier le mur-rideau de l'ensemble architectural. *(Tout au long de ces six dernières lignes, Prouvé montre les détails d'assemblage d'une partie de la façade du marché de Clichy, en cours de construction).*

Au cours de ma vie d'industriel, quand on m'apportait des projets en me disant : « Prouvé, est-ce que vous ne croyez pas que, si on mettait là un morceau de mur-rideau, ça ferait bien ? » – car c'est arrivé souvent –, je frémissais intérieurement en me disant : « Où c'est un mur-rideau : qu'est-ce qu'il est ? Il est utile ? Où c'est un élément décoratif, alors ça ne va plus du tout. » Et c'est pour cela que quand on dit que je suis l'inventeur du mur-rideau, je n'aime pas ça : parce qu'on dissocie cette façade de l'ensemble constructif. Voyez-vous, c'est un tout.

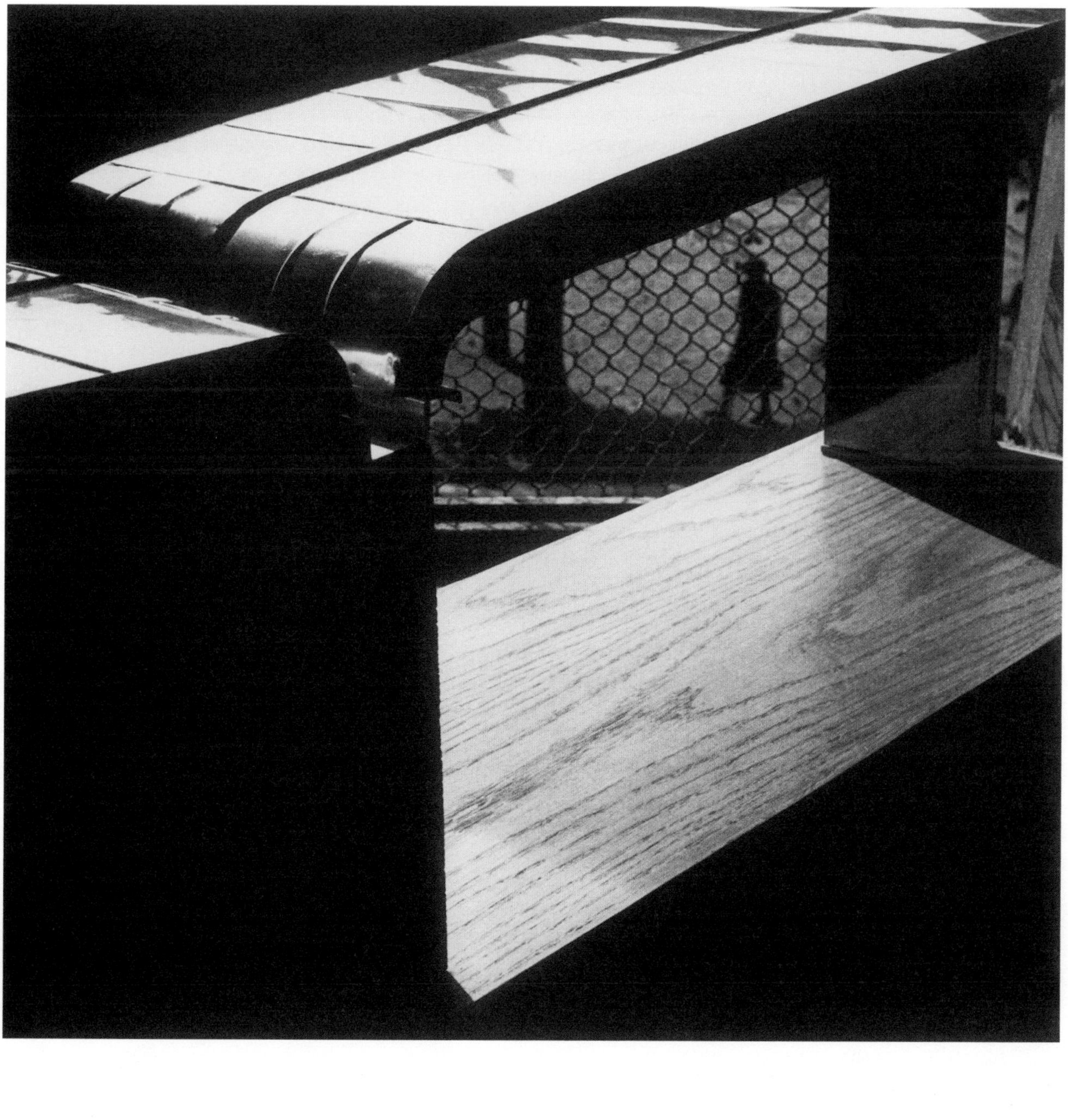

Alors, mon petit atelier est devenu une société anonyme dont les actionnaires étaient des amis. Et c'est tout de suite après guerre que j'ai senti qu'il fallait.... que tout ce que nous avions pensé et espéré faire imposait un développement. On le faisait, ou on ne le faisait pas. Pour le faire, il fallait de l'argent. Il fallait changer de locaux et il fallait constituer un capital important. Là, l'histoire Péchiney, ou plutôt l'histoire Aluminium français, vaut d'être racontée. Elle est venue de ce fait que, pendant la guerre, j'ai construit pour Lods une maison industrialisable et que j'ai eu l'idée d'employer de l'aluminium ; ce qui était nouveau chez moi parce que l'on ne travaillait que l'acier et le bois. Péchiney, Aluminium français plutôt, a découvert ça [...] : une certaine façon d'employer l'aluminium. Ça les a intéressés parce qu'ils cherchaient à ce moment-là une usine susceptible de développer l'aluminium dans le bâtiment. Ils visaient à droite et à gauche et j'étais dans le collimateur : ils m'ont épinglé. Je n'avais pas de raisons d'avoir peur et je me suis dit : « C'est la manne, c'est ce qu'il faut. Ils vont venir avec de l'argent et on va développer. » C'est bien ce qui est arrivé. Ça a duré de 1945 à 1952. J'ai très vite constaté que l'argent était accompagné par des hommes, que ces hommes avaient des consignes très nettes de gros capitalistes. J'ai constaté qu'ils n'avaient absolument rien compris à ce que je faisais. Pour eux, j'étais un dingue qui faisait des maisons comme il ne fallait pas et qui, au lieu d'employer des kilos d'aluminium, s'efforçait d'en réduire la consommation, enfin des choses comme ça.

Et ils se sont incrustés de plus en plus. Il ne se faisait que des bêtises, il ne restait rien de ce que j'avais pu imaginer. Et un des grands dirigeants d'Aluminium français m'a convoqué un jour pour me dire : « Écoutez Prouvé, votre vie d'usine, c'est fini. L'étape usine, c'est terminé, vous venez à Paris travailler dans les bureaux et l'usine, c'est nous qui la faisons marcher. Vous dessinerez des formes de votre style. C'est nous qui les exécuterons, mais vous n'aurez plus le droit d'entrer dans votre usine. »

Alors, je me suis dit : « Il vaut mieux m'en aller. » Je suis parti et je n'ai plus remis les pieds dans mon usine. Je n'ai plus refranchi la porte de Maxéville depuis ce moment-là, pas une seule fois. C'était terminé. Et on m'a, évidemment, collé dans un petit bureau à Paris, etc.

Je me suis dit que c'était une bonne leçon dans la vie, mais elle est arrivée un peu trop tôt. J'avais 52-53 ans et à cet âge-là, on recommence difficilement une chose en partant de zéro. Alors, je suis parti à Paris où je vivais toute la semaine. Je ne revenais à Nancy que du samedi soir au dimanche soir. À ce moment-là, je faisais encore les trajets en voiture, avec des allers-retours toujours de nuit. Et puis j'ai dû m'inscrire dans une façon de travailler qui était celle des autres. C'est-à-dire que je me suis mis à travailler devant une planche à dessins, j'ai mené les affaires, me penchant sur les contrats qui m'étaient soumis à l'égal de tous les architectes et de tous les bureaux d'études.

Ma conclusion est la suivante : on ne peut rien faire en travaillant comme ça. Il n'est pas possible d'évoluer, il n'est pas possible de faire de la création, il n'est pas possible d'être novateur devant une planche à dessins. Ce n'est pas vrai. Ça, j'en ai la conviction parce que l'innovation est d'abord un travail collectif. Vous avez des photos de ce qu'on dit que j'ai fait, mais je ne l'ai pas fait tout seul. On ne fait rien tout seul dans la vie. C'est pourquoi je pense que la signature n'a plus grande valeur.

D'ailleurs, de plus en plus, vous savez, les jeunes architectes se groupent et se présentent sous forme de sociétés qu'on appelle AUA (Atelier d'urbanisme et d'architecture) ou bien d'autres sigles qui ne mettent pas en avant un nom.

C'est ce que je me suis efforcé de faire toute ma vie. Lorsque j'ai collaboré avec Beaudouin et Lods, avec Zehrfuss et combien d'autres, je me suis toujours efforcé de leur donner le meilleur. Et il est évident que pour beaucoup de bâtiments faits dans ces conditions, il m'est arrivé de dominer, parce que j'apportais une idée technique originale à laquelle l'architecte souscrivait. Il y souscrivait avec plaisir et amitié, je dirais. Alors, ça a donné tous ces bâtiments. Je ne crois pas que l'on puisse faire de l'architecture en chambre, c'est pour moi terminé. Les choses deviennent tellement complexes. S'il faut partir d'une idée, il faut que cette idée soit réalisable. Il faut la soumettre à des réalisateurs qui vont, les uns les autres, découvrir justement que c'est ce qu'ils ne peuvent pas faire.

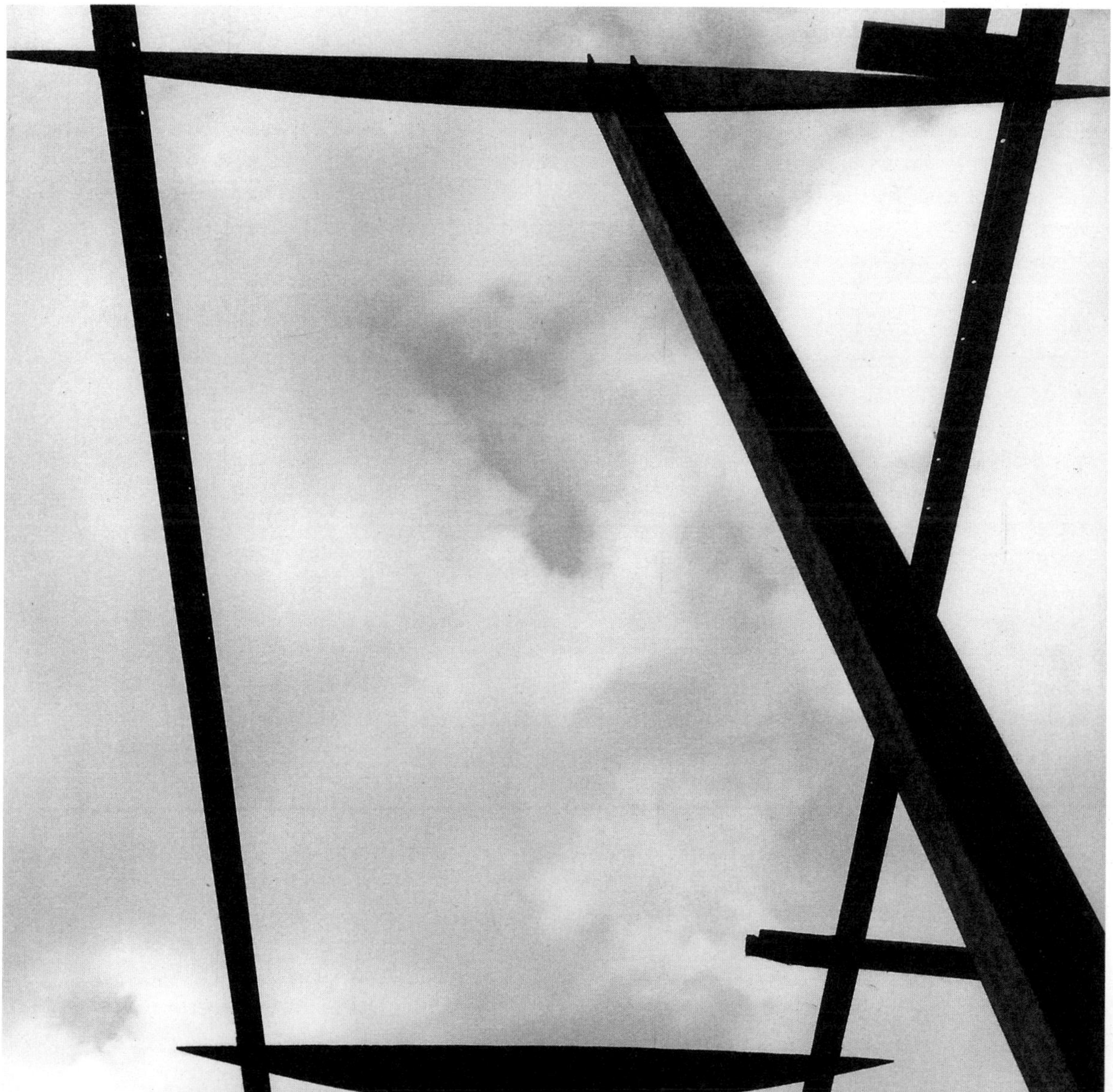

Moi, je trouve que c'est une façon de travailler qui ne peut conduire qu'à la destruction de cette profession. Je l'ai senti il y a longtemps. Déjà en 1930, par le fait qu'il m'arrivait d'agences d'architectes variées des documents qui m'apparaissaient inexécutables. Je les rendais exécutables avec mes moyens. Il se trouve que j'ai donné satisfaction à beaucoup d'architectes.

Madeleine Prouvé *(l'interrompant)* : Parce que tu connaissais ton métier à fond.

Jean Prouvé : Oui, il est évident que ma connaissance pratique m'aidait beaucoup, c'est certain. Mais il y avait aussi ce fait que j'avais la volonté de leur donner le meilleur et la volonté de leur apporter tout ce qui permettait de faire quelque chose de bien. Alors, la façon dont travaillent les jeunes architectes, c'est à mon avis désespérant pour eux. Ou ils sont groupés et alors, tout de même, il y a le côté agréable du groupement. Ou ils sont isolés et à la sauvette, on leur donne une petite commande comme ça, qu'ils réalisent dans les conditions les plus effroyables qui soient. C'est-à-dire qu'ils ne savent pas quel entrepreneur réalisera. On leur imposera un bureau d'études techniques qui s'efforcera de démolir ce qu'ils auront fait et qui ne mettra pas sa volonté justement à développer leur idée. Au contraire, il tentera de la démolir.

J'ai constaté depuis longtemps, surtout depuis que les bureaux [d'études] techniques ont été créés, soi-disant pour aider l'architecte, que ça a marqué le point de départ de la décadence de l'architecture. Parce qu'il y a [...] l'architecte, de plus ou moins de talent (ça n'a pas d'importance, [ce qui en a] ce sont les rapports des choses que je vais dire) qui, dans son coin, dessine une chose qui lui plaît, qui lui donne satisfaction (et je dis bien qu'elle soit bonne ou mauvaise), et qui est obligé de passer des documents au bureau d'études techniques. Et le bureau d'études techniques le qualifie (je m'excuse, je vais être grossier sans que ça se voit trop), le bureau d'études qualifie l'architecte en trois lettres ; c'est courant. Puis le bureau d'études techniques se met à l'ouvrage, alors que l'architecte a fait un petit rouleau de dessins dans lequel il y avait probablement quelque chose de valable. Le bureau d'études techniques épluche tout ça et commence à manipuler. Alors, il fabrique quelques mètres cubes de dessins. Où vont ces dessins finalement ? Ils vont chez un entrepreneur qui est adjudicateur de l'affaire. Il prend les mêmes trois lettres pour qualifier le bureau d'études en disant : « On va maintenant travailler. » Et il recommence tout et il refait des dessins, il refait tout. Ce qui me fait dire que tant qu'on n'aura pas mis dans la même boule, dans la même sphère, dans le même vase, l'architecte et l'entrepreneur, on ne pourra pas faire évoluer l'architecture. Ce sont des gens qui doivent travailler journellement conjointement, et non en équipes séparées.

Vous n'avez pas d'espoir de voir une innovation architecturale sortir uniquement d'un cabinet d'architectes ou même d'un bureau d'études techniques. Je suis catégorique : ce n'est pas vrai, s'il n'y a pas, en même temps, l'ouvrier qui façonne, qui réalise et si on ne peut pas palper les choses. Les choses, il faut les faire, il faut les palper et c'est comme ça que l'on évolue.

Je crois qu'il y a un malaise. On peut affirmer que l'architecture ancienne, moyenâgeuse, l'architecture de tous nos vieux villages savoyards, bretons, normands, etc., était une architecture beaucoup plus industrialisée que celle que l'on fait maintenant parce qu'elle était beaucoup plus uniforme ; et les gens qui construisaient, par exemple, une belle maison normande en pans de bois étaient des charpentiers qui savaient ce qu'on pouvait faire avec le bois. Ils construisaient sainement et de leur construction découlait une forme. Et si la construction était saine, la forme était belle.

Alors, qu'on ne vienne pas nous chanter que les gens regardent une chaumière bretonne ou une maison normande parce qu'elle est belle. Moi, je pense qu'ils la regardent parce qu'ils subissent, sans s'en rendre compte, une émotion architecturale qui est beaucoup plus profonde que la forme. C'est comme pour une musique, ils sont saisis et ils finissent par s'arrêter devant une belle chose.

Je suis catégorique : ce n'est pas la forme qui fait une belle chose. C'est sa contexture. Et sur ce plan-là, on est complètement frustré. Il faut composer l'architecture comme on compose une voiture, complètement. On la construit, c'est cohérent. Toutes ces pièces s'assemblent entre elles, ça fonctionne et ça n'exclut pas la variété, par les variations simplement ; comme en musique, on fait des variations sur un thème de Bach. Donc, on a un thème qui est un objet construit et on tache, en en prélevant les morceaux, d'imaginer des variations, mais tout ça reste cohérent.

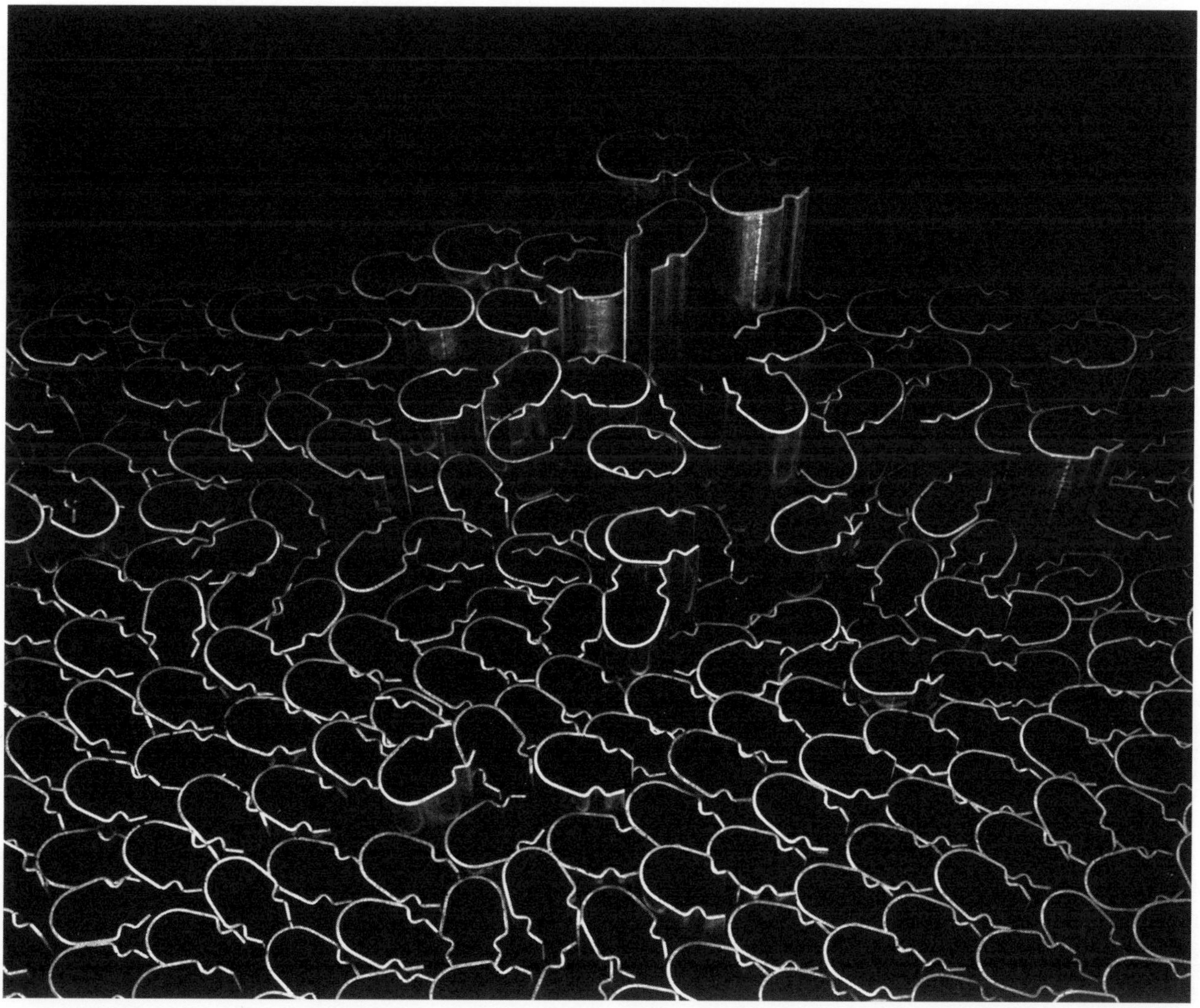

Alors, il y a une grande bagarre qui fait que je passe pour un séditieux, voyez-vous. Ça, c'est très net. Ça, ça m'a poursuivi un peu toute ma vie, parce que je ne suis pas architecte de formation. Je veux dire par-là que je n'ai pas de diplôme d'architecte, et que je n'ai pas plus de diplôme d'ingénieur.

Pour régler le problème, je prends le dictionnaire, [...] le Robert et je lis « architecte ». Qu'est-ce qu'un architecte ? Eh bien, il y a toute une colonne qui indique que l'architecte, c'est le tailleur de pierre, c'est le maître d'œuvre qui est responsable du chantier, qui construit, etc. Ça, c'est le dictionnaire Robert d'avant-guerre.

Et si j'ouvre le Larousse actuel, le terme « architecte » est bien inscrit. « Architecte : élève diplômé de l'École des beaux-arts. » Ça se résume à ça. On croit rigoler, vous comprenez. On tombe des nues en disant : « Ce n'est pas possible. » Car c'est ça. De plus, ils [les architectes] ont un ordre. Pourquoi un ordre ? Pour construire, pour façonner de la tôle, pour tailler de la pierre ? Je ne vois pas pourquoi faire ça sous l'égide d'un ordre, avec une déontologie dont la première règle est qu'un architecte ne doit pas se commettre avec un entrepreneur. Alors, on ne sait pas avec qui il construira s'il ne se commet pas avec un entrepreneur. Ça paraît ridicule, mais c'est vraiment comme ça.

Je vais dire une chose qui vous fera bondir tous. Je pense que l'architecte doit s'intégrer à l'entreprise et doit travailler avec celui qui érige le bâtiment, celui qui fait les fondations, qui coule le béton et qui monte le bâtiment. Je ne vois pas pourquoi un architecte serait malheureux de s'associer au constructeur, bien au contraire. C'est un retour aux sources. Et l'architecte en chambre disparaîtra petit à petit. Il y aura peut-être quelques garçons ou filles de génie qui proposeront un jour des choses extraordinaires, mais il faudra bien que ces choses soient construites.

Voilà. C'est difficile de parler de l'avenir, vous savez. Moi, j'admire les gens qui disent : « Je vais faire l'architecture de l'an 2000. » Alors, je leur réponds toujours : « Faites d'abord celle d'aujourd'hui puis, en l'an 2000, on en reparlera. » Il faut faire les choses que l'on peut faire à un moment donné.

*Ces extraits d'un entretien filmé d'une durée totale de quarante minutes, ont été retranscrits et sont cités avec l'accord de leurs auteurs* **Guy Olivier** *et* **Nadine Descendre**. *Tout droit de reproduction interdit.*

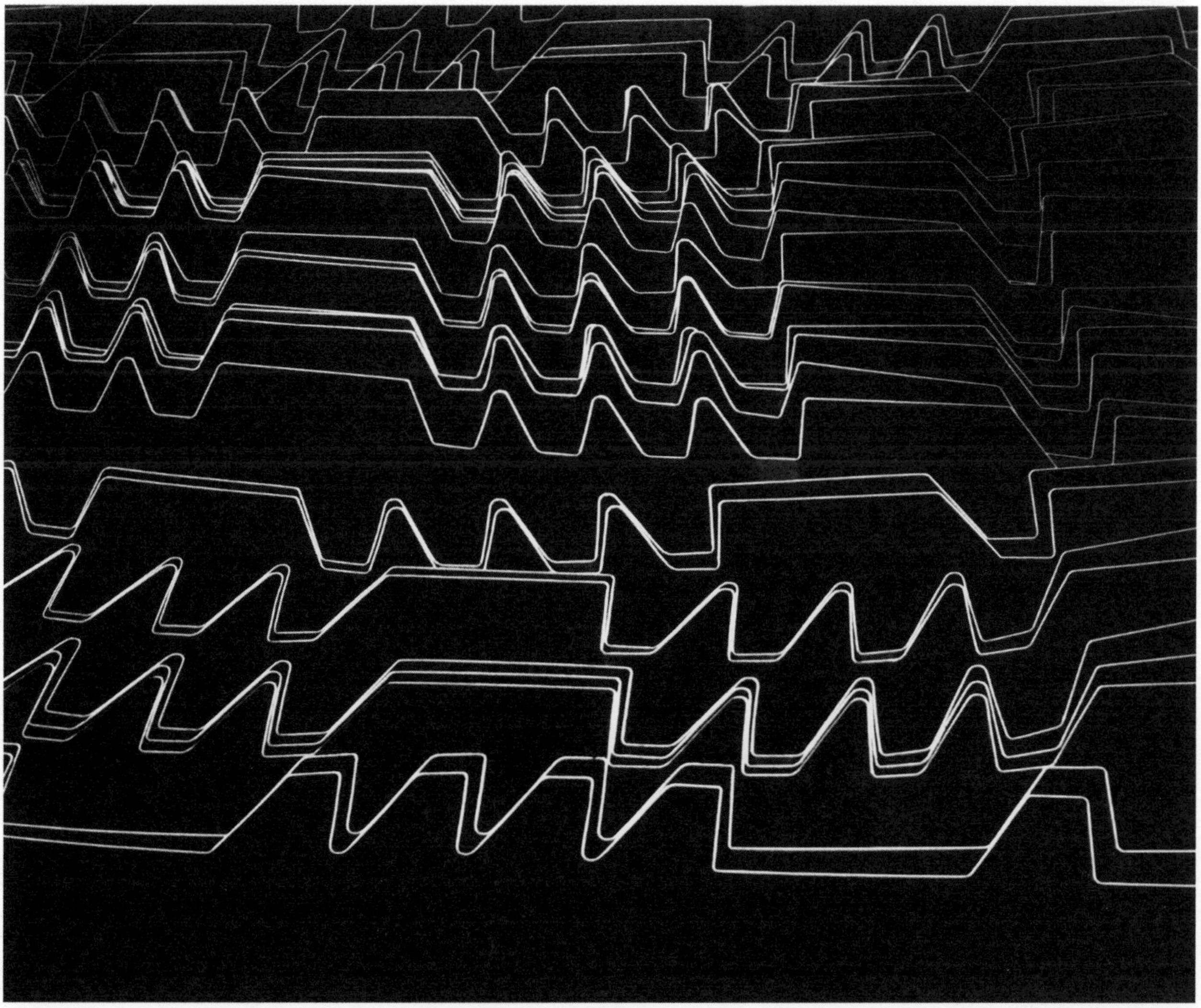

# L'ARTISAN
## 1929 1932

# DE LA FERRONNERIE
## À LA SERRURERIE

La production de Jean Prouvé est sous-tendue par une idéologie, celle de l'art total qui prend en compte l'organisation du travail de l'artisan ou de l'industriel d'art et qui induit la reconnaissance des ouvriers, des compagnons et leur implication dans toutes les phases allant de la conception à la fabrication. Dominer la technique et organiser les méthodes de production permettent à Jean Prouvé de mener les recherches sur les propriétés du pliage du métal. De par sa volonté, il possède un outil de travail dont seuls les bureaux d'études intégrés à une entreprise sont habituellement dotés.

Les principes qu'il a élaborés, dès les premiers meubles de 1924, concernant les mécanismes d'articulation, sont remaniés et perfectionnés pour toute une série d'équipements de second œuvre tels que : blocs-portes en tôle montés sur tubes-pivots, cloisons amovibles ou fenêtres à guillotine.

1929 est l'année du premier brevet déposé par les Ateliers Jean Prouvé, pour des panneaux ouvrants, des portes métalliques et leurs huisseries. Les recherches se développent également autour de constructions où le métal assure à la fois la structure et l'enveloppe, comme les cabines d'ascenseur ou les kiosques.

Les commandes sont nombreuses et l'atelier se dote d'une équipe spécialisée pour l'assemblage des cabines d'ascenseur. Ces dernières sont, pour Jean Prouvé, l'occasion d'appliquer ses idées fondamentales sur les ensembles monoblocs et d'utiliser des formes d'égale résistance, ainsi que des tôles cintrées et pliées. Quatre cabines en tôle d'aluminium sont notamment réalisées pour la Cité des informations à l'Exposition coloniale de Paris en 1931 (architecte J. Bourgon).

Parallèlement, d'importantes commandes de cloisons et de menuiseries mobilisent l'atelier. Ces fabrications assurent l'équilibre financier de l'entreprise, mais Jean Prouvé vit déjà une sorte de routine insupportable. Sans cesse, il reconsidère les dispositifs techniques et les brevets évoluent dans le sens d'une perfection permanente. Sous prétexte de rentabilité, il ne peut se résoudre à exploiter durablement

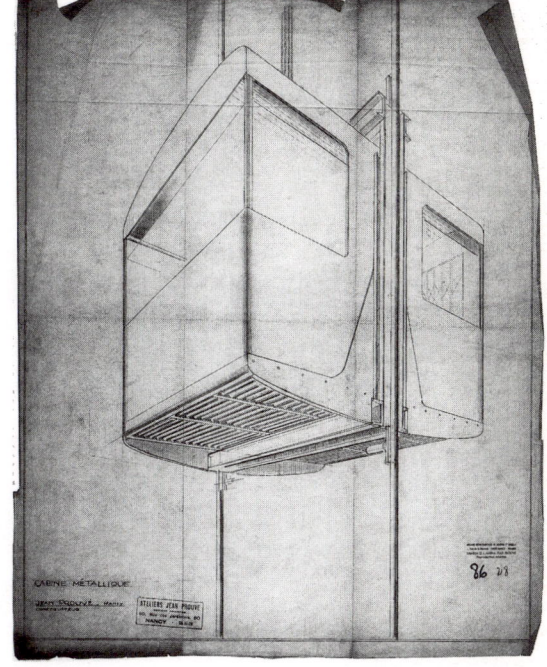

**1 →** (Documentation générale MNAM-CCI, fonds J. Prouvé)

**2 →** Dessin d'une cabine d'ascenseur, 1929. (ADMM)

**1929-1932**
L'ARTISAN
DE LA FERRONNERIE
À LA SERRURERIE

*un modèle ; il y revient donc en permanence pour l'améliorer, à tel point que, dans bien des cas, les ouvriers cachent les plans des pièces en cours de fabrication de peur que Jean Prouvé n'intervienne encore à ce stade.*

*Des commandes d'échelles très différentes sont traitées : verrières, rampes d'escalier, tables (arêtes de poisson), poignées de meubles et de portes, luminaires, porte-serviettes et supports de verres... Toutes ces études de mobilier s'effectuent simultanément et, comme pour l'ensemble de ses créations, donnent lieu à autant de prototypes. Jean Prouvé ne cesse de dessiner : qu'il s'agisse de petites séries issues de commandes spécifiques ou d'exemplaires uniques de meubles originaux destinés à sa famille ou à ses amis.*

UNION DES ARTISTES MODERNES

*Certains de ces meubles sont présentés au musée des Arts décoratifs de Paris, lors de la première exposition de l'UAM (Union des Artistes Modernes) du 11 juin au 14 juillet 1930. Ce sont le fauteuil inclinable « grand repos », le fauteuil inclinable, le fauteuil à siège et à dossier réglables séparément (commande de Louis Wittmann), la chaise inclinable, la chaise à siège rabattable et enfin, la vitrine d'exposition destinée à l'Hôtel de l'Ermitage (Vittel).*

*Jean Prouvé profite de son stand pour présenter également une maquette de porte en acier inoxydable et une porte en tôle cintrée, et il accroche au mur des photographies du garage Citroën de la rue Marbeuf à Paris. C'est en 1929 qu'il a eu, grâce aux architectes Albert Laprade et Léon Bazin, accès à cette commande. Pour ce bâtiment qui est une grande vitrine sur rue, il réalise les balustrades, les rampes et sans doute aussi la baie vitrée, raidie par deux « poutres » métalliques verticales. Avec ce garage, Jean Prouvé se rapproche un peu plus du monde de l'automobile, dont il sera toujours un passionné et qui représente à l'époque l'expression maximale du luxe et de la modernité. En 1930-1931, il intervient de la même manière pour le magasin Citroën à Lyon (Jacques Ravazé, architecte, Jean Woelflin, calcul de structure).*

3 → **Stand Jean Prouvé à la première exposition de l'Union des Artistes Modernes, Paris 1930.** (Prêt Peter Sulzer/ADMM)

4 → **Garage Marbeuf pour les établissements Citroën, Paris, Albert Laprade et Léon Bazin architectes, 1929.** (D.R.)

5 → **Balustrades et rampes, garage Marbeuf, 1929.** (ADMM)

4

*Sa présence, dès la première exposition de l'UAM, marque l'engagement de Jean Prouvé dans ce mouvement fondé en 1929. C'est à la suite du départ de certains des membres importants de la Société des Artistes Décorateurs (SAD), que l'UAM s'est constituée pour se démarquer de cette « vitrine » de l'Art déco. Yvonne Brunhammer résume ainsi cette séparation : « C'est un conflit idéologique profond, irréversible, qui oppose un groupe institutionnel garant de la tradition nationale à des hommes et des femmes indépendants se réclamant de conceptions qui apparaissent rapidement dangereuses : qu'elles soient marquées par un engagement politique, ou par la volonté d'offrir à l'homme du XX$^e$ siècle un cadre de vie prenant en compte les acquis du monde industriel. »* [1] *Les acteurs de l'UAM adhèrent, pour une grande part, aux idées développées par Adolf Loos en 1908 dans son texte « Ornement et crime », où l'ornement est assimilé à une arriération artistique. Avec ses amis et membres actifs de l'UAM, Jean Prouvé prône les idées de la série et de la baisse des coûts de production dans une optique sociale. Les expositions organisées par l'UAM donnent une grande place aux concepteurs du monde entier et permettent l'expression des principaux tenants du « mouvement moderne ».*

### RUE DES JARDINIERS

*En 1930-1931, les Ateliers Jean Prouvé sont en pleine croissance. L'augmentation des commandes et des dimensions des pièces à réaliser impose de s'agrandir.*

*Le petit atelier de la rue Custine (250 m² sur deux niveaux), situé au cœur de Nancy, est transféré dans un hangar comportant 1 250 m² en rez-de-chaussée et 412 m² à l'étage* [2]*, qui se trouve rue des Jardiniers, dans un quartier industriel. Le statut de l'entreprise change. La Société Anonyme Les Ateliers Jean Prouvé est créée le 28 janvier 1931. Jean Prouvé y partage avec André Schott les fonctions d'administrateur. L'organisation des tâches est inchangée : la réalisation de chaque produit est assurée de bout en bout, à partir des plans, par une même personne ou une même équipe. On est*

5

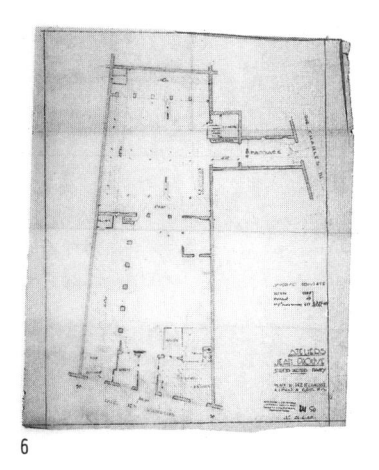

*loin, et c'est là une volonté de Jean Prouvé, de la séparation des tâches et du travail à la chaîne mis en œuvre dans l'industrie de l'époque. Pour conserver la maîtrise totale du processus de production et éviter de recourir à des sous-traitants, il achète des machines performantes à la pointe du progrès technique, telle la presse plieuse à tablier.*

*En 1931, rejetant le mode de forgeage traditionnel pour la soudure électrique, Jean Prouvé réalise la grille en profil d'acier et fer forgé du musée des Colonies (aujourd'hui musée des Arts africains et océaniens, A. Laprade, architecte en association avec Léon Jaussely et en collaboration avec L. Bazin). Il applique ensuite cette technique à la préfabrication en série de fenêtres et de cabines d'ascenseur,*
6
*aux portes de la société des Pétroles Shell à Paris (Bechmann et Chatenay, architectes), à une grande quantité de cloisons métalliques amovibles pour le bâtiment des Messageries Hachette (J. Démaret, architecte) et l'entreprise Révillon Frères (Ch. Grandpierre, architecte) pour laquelle il réalise également les portes.*

*De nouveaux brevets accompagnent toutes ces réalisations. Ceux-ci concernent notamment les « cloisons amovibles », dont Jean Prouvé est sans doute l'un des précurseurs. Des centaines de mètres de cloisons métalliques à éléments interchangeables sont produites dans les années 1930. Les poteaux sont maintenus entre le sol et le plafond par la compression de ressorts. Les techniques se perfectionnent et sont brevetées au fur et à mesure, avec, résumé sur le brevet, toujours le même objectif : « L'invention concerne un système de cloisons métalliques à éléments interchangeables, qui peut être monté très rapidement et permet d'établir ces cloisons sans fers d'ancrage partout, avec toute nature de planchers ou de plafonds [...]. »* ³ *La menuiserie métallique et la serrurerie sont alors les activités dominantes de l'entreprise.*

**6** → **Plan des Ateliers Jean Prouvé, rue des Jardiniers à Nancy, 1931. (ADMM)**

**7** → **Grille du musée des Colonies, Paris, 1931. (Jean-Marie Monthiers)**

**8** → **Cloison métallique amovible pour les Messageries Hachette, Paris, Jean Démaret architecte, 1932. (prêt Peter Sulzer/ADMM)**

1. *Jean Prouvé « constructeur »*. Paris, Éditions du Centre Pompidou, 1990, p. 111.
2. P. Sulzer, *Jean Prouvé. Œuvre complète*, vol. 1 : *1917-1933*, Berlin, Wasmuth, 1995.
3. Brevet d'invention n° 721.105 demandé le 6 août 1931, délivré le 12 décembre 1931.

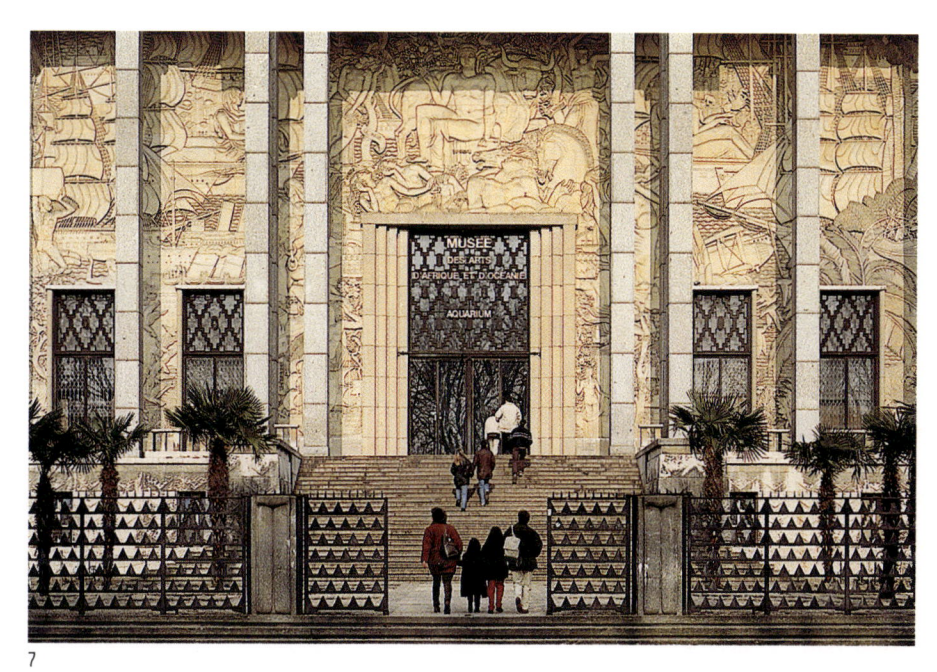

1929-1932
L'ARTISAN
   DE LA FERRONNERIE
   À LA SERRURERIE

7

8

# ATELIERS JEAN PROUVÉ

## MOBILIER MÉTALLIQUE

CABINE DE PAQUEBOT
EN ACIER INOXYDABLE
GASCOIN, Arch.

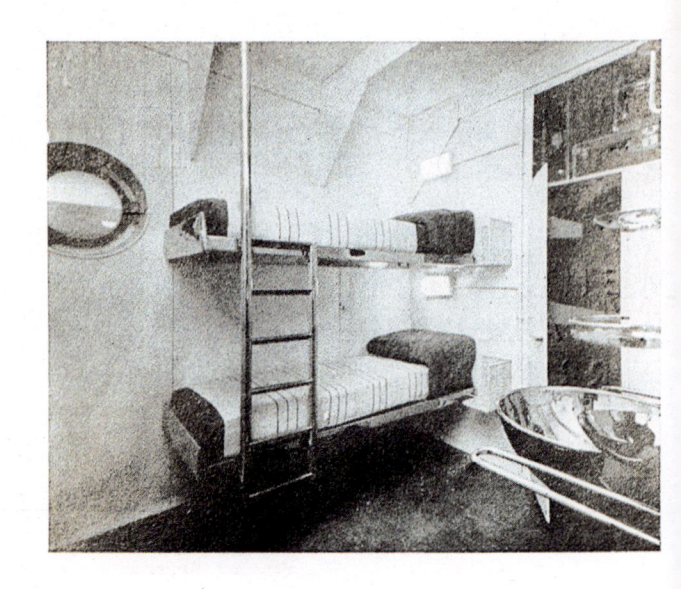

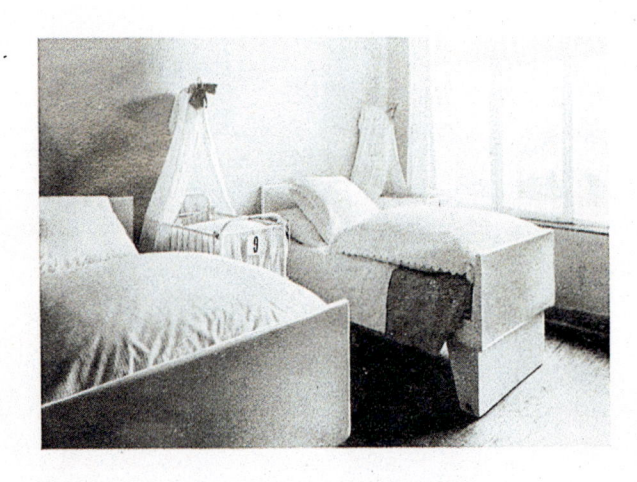

LIT DE CLINIQUE
EN TOLE LAQUÉE

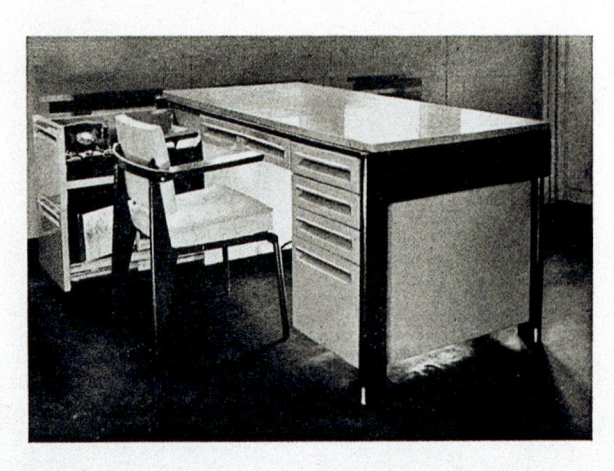

BUREAU A
ÉQUIPEMENT
INTERCHANGEABLE
FAUTEUIL
C. P. D. E. Paris
BRY et BOVIS, Décor.

PUPITRE SCOLAIRE
BEAUDOUIN et LODS, Arch.

Ed. de l'Architecture d'Aujourd'
5, Rue Bartholdi, Boulogne (Sei

(Archives municipales de
Boulogne-Billancourt,
cl. Jean-Marie Monthiers)

# ATELIERS JEAN PROUVÉ

SOCIÉTÉ ANONYME
AU CAPITAL DE 800.000 FRANCS

JEAN PROUVÉ
ANDRÉ SCHOTT
ADMINISTRATEURS - DÉLÉGUÉS

REGISTRE DU COMMERCE NANCY 20 752

## MENUISERIE MÉTALLIQUE
## FERRONNERIE - TOLERIE DE BATIMENT

50, Rue des Jardiniers
NANCY (M.-et-M.)

TÉLÉPHONE : 70-31 - 70-32

BREVETS S. G. D. G. Nos 669.430 - 700.217 - 709.085 - 717.866 - 721.014 - 748.143

## CLOISONS MÉTALLIQUES AMOVIBLES

à éléments interchangeables

(voir la notice spéciale)

MESSAGERIES HACHETTE, Paris
  DÉMARET, Arch.
RÉVILLON FRÈRES, Paris
  GRANDPIERRE, Arch.
MAIRIE DE BOULOGNE - BILLANCOURT
  TONY GARNIER et DEBAT-PONSAN, Arch.
LAMINOIRS D'HAGONDANGE
  DÉMARET, Arch.
PONTS ET CHAUSSÉES, Dieppe
  FÉRAY et FILLIOL, Arch.
FÉDÉRATION NATIONALE AUTOMOBILE,
Paris    DÉMARET, Arch.
MANUFACTURE DES TABACS, Pantin

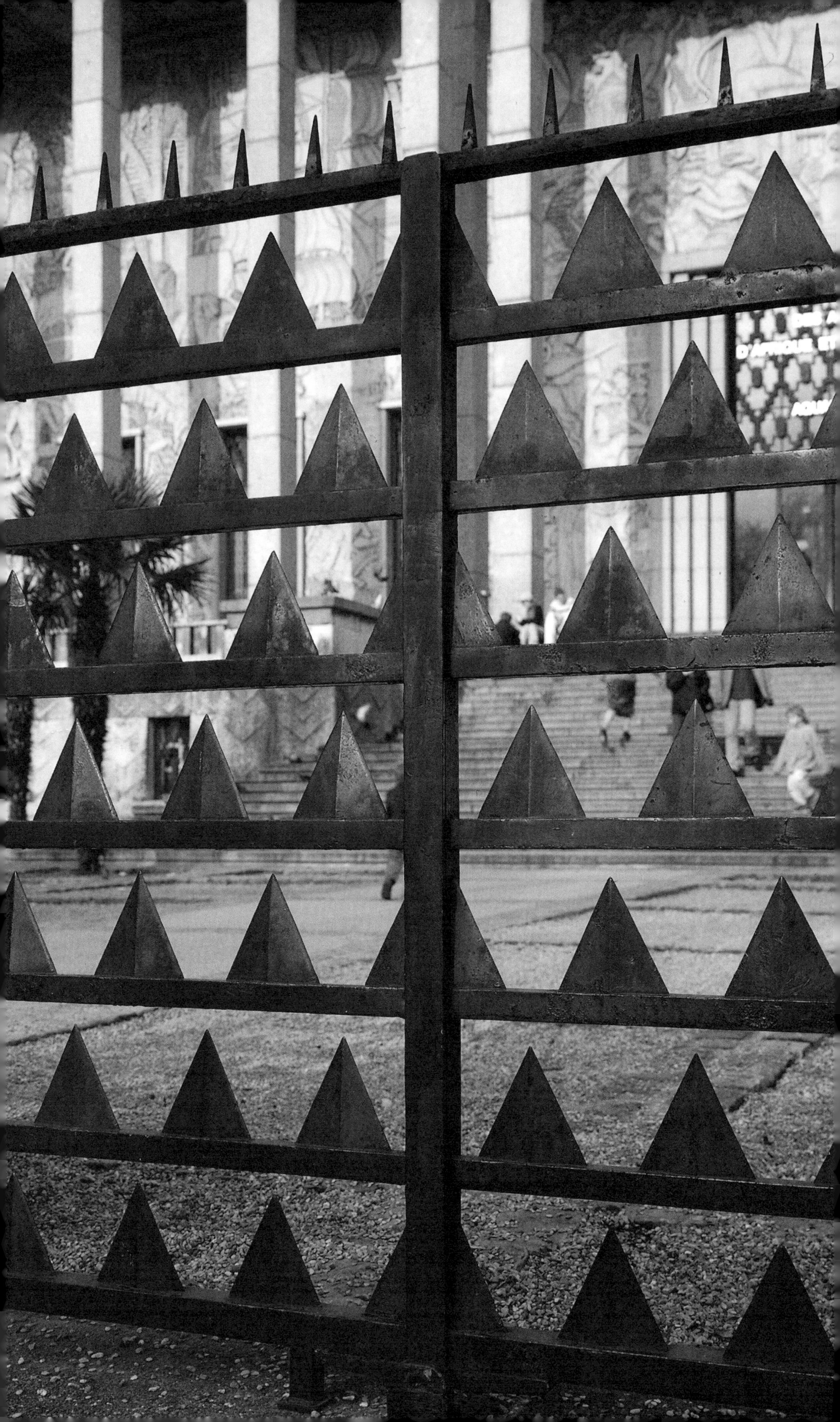

# FERRONNERIES

**1** → Page de gauche
Détail de la grille de l'ancien musée des Colonies (aujourd'hui, musée des Arts africains et océaniens), Paris, 1931. Albert Laprade et Léon Jaussely, architectes, avec la collaboration de L. Bazin. (Jean-Marie Monthiers)

**2** → Pavillon « Nancy et l'Est » à l'Exposition internationale des arts décoratifs, grille intérieure de la salle de musique et de conférences, Paris, 1925. Pierre Le Bourgeois et Jean Bourgon, architectes. C'est l'une des deux grilles en fer forgé exposées lors de cet événement. À cette occasion, Jean Prouvé reçut un diplôme d'honneur. (D.R.)

2

**Appelé à décliner** sa profession lors de son incorporation militaire en 1921, Jean Prouvé indique « ferronnier, tout court » ; plutôt qu'artiste, sans doute se sent-il plus proche du statut d'artisan « celui qui est capable de composer une œuvre et de l'exécuter dans son entier »[1]. À 20 ans à peine, Prouvé est pleinement l'héritier des principes de l'école de Nancy, confortés par l'enseignement et la solide formation technique de ses maîtres parisiens. Contraint de renoncer aux coûteuses études auxquelles l'appelait sa vocation d'ingénieur, Prouvé ne ressent pas pour autant sa formation professionnelle comme un pis-aller. Son père Victor, poursuivant en cela les efforts engagés par Émile Gallé en faveur de l'enseignement professionnel, rappelait sans cesse les industriels d'art, notamment dans la revue *Art et Industrie*, à ces principes : l'atelier doit être le lieu de l'apprentissage, tant technique qu'artistique. Et son ami l'industriel, Émile Robert, les mettait en pratique dans sa « forge-école » parisienne. Lorsqu'âgé de 16 ans, Jean Prouvé « sort de son mutisme coutumier »[2] pour demander à ses parents de l'inscrire en apprentissage chez Émile Robert, il sait qu'il va y retrouver l'atmosphère familière de l'atelier, cette structure féconde qui concilie le travail de la main et de l'esprit. L'enseignement reçu à Enghien allie en effet pratique à la forge et à l'établi, cours de dessin et « causeries » esthétiques. Il est complété par une organisation du travail fondée sur un partage des tâches respectueux des identités ouvrières.

Pour le « jeune homme candide »[3], la révélation réside essentiellement dans le rapport presque « charnel » avec le métal.

**3 →** Porte du monument aux morts de Remiremont (Vosges), 1923. Henri Antoine, architecte. Première commande officielle donnée à Jean Prouvé. (ADMM)

**4 →** Plafonnier « boule », 1925-1927. Ce luminaire est en tôle d'acier. Des plaques en verre dépoli démontables assurent une lumière diffuse. (ADMM)

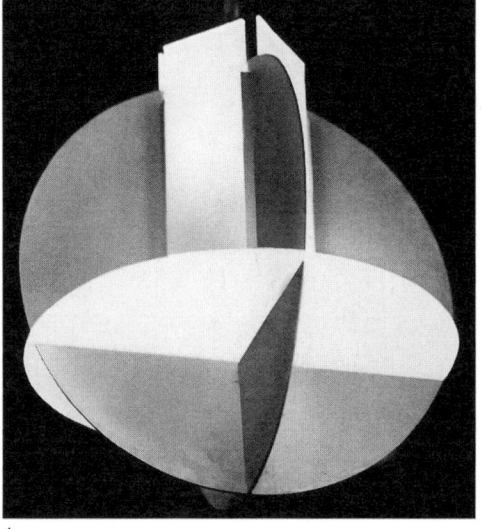

1. Émile Robert, *Art et Industrie*, avril 1912.
2. Madeleine Prouvé, *Victor Prouvé*, Nancy, Berger-Levrault, 1958.
3. Victor Guillaume, « Le ferronnier Jean Prouvé », *Bulletin des Sociétés artistiques de l'Est*, avril 1923.

# FERRONNERIES

**Robert lui inculque** tous les rouages de la technique traditionnelle, de la maîtrise du feu à la soudure à la forge, de l'utilisation du marteau-pilon et du martinet [4] à la fabrication d'un outillage spécial. Il valorise la noblesse du savoir-faire et la dimension du dépassement de soi. Ce rapport de forces qu'implique le passage athlétique à la forge convient particulièrement à un Prouvé solidement bâti et rompu aux exercices physiques éprouvants : « [...] les arts du feu donnent à ceux qui les cultivent un tour d'esprit, une qualité d'énergie et de recherche, une patiente émulation que peu d'artistes possèdent. Constamment aux prises avec un élément qu'il doit asservir, dompter et dont il doit régler les effets souvent capricieux, [...] le ferronnier se trouve constamment en lutte avec la matière et le feu ; les deux ont des exigences immédiates, dont il faut tenir compte dans un même moment. » [5]

Prouvé intègre également les directives de Gallé en matière de connaissance et de respect des performances de la matière, conditions nécessaires à une création innovante.

Il devient ainsi le meilleur forgeron de l'atelier, ajoutant à une grande virtuosité une recherche constante de rapidité d'exécution. Il aborde aussi des techniques « modernes », comme la soudure autogène, ultérieurement perfectionnées chez Adalbert Szabo, un ferronnier qui travaille pour les architectes parisiens dans le même esprit d'authenticité que Robert. Rentré à Nancy, Prouvé trouve un atelier bien équipé à l'École des beaux-arts que dirige son père et qui a récemment été dotée d'une section de ferronnerie. Il y donne lui-même quelques cours et expose des œuvres, démarquées de l'esprit Art nouveau encore actif chez les élèves. Il obtient sa première commande « officielle » en 1923 : une porte pour le monument aux morts de Remiremont, dont la structure en fer forgé, au remplissage de tôle rivetée, forme un motif presque abstrait symbolisant des épées.

5 → Palais de la Bière, Nancy, 1926. Pierre Le Bourgeois, architecte. Pour cette commande, Jean Prouvé réalise l'ensemble des ferronneries, ainsi que la structure de la verrière. Il travaille l'acier inoxydable pour la première fois. L'esprit Art nouveau est très marqué. Les motifs géométriques sont obtenus par la superposition de plaques en tôle épaisse. (ADMM)

6 → Hôtel Thiers, grille d'entrée, Nancy, 1926. Paul Charbonnier, architecte. Le dessin de cette grille reprend en partie un motif de la première œuvre de ferronnerie que Jean Prouvé réalisa, pour la porte d'entrée de la maison du peintre Victor Guillaume, en 1918. L'hôtel Thiers a été détruit en 1973. (Scherbeer)

4. Sorte de marteau mécanique de deux tonnes, monté sur ressort, qui demande une extrême dextérité de manœuvre.
5. Louis Aubry et Émile Robert, *Revue des Arts décoratifs*, 1900, pp. 177-216.

7 → Maison Gompel, porte d'entrée, Paris, 1927-1928. Robert Mallet-Stevens, architecte. Cette porte est l'une des premières réalisations de Jean Prouvé en acier inoxydable poli. L'alternance des profils plats en avancée et en retrait offre des contrastes de brillance, d'ombre et de reflets. (ADMM)

8 → Maison Robert Mallet-Stevens, rampe d'escalier, Paris, 1927. Robert Mallet-Stevens, architecte. De larges profils plats en acier inoxydable poli composent la rampe d'escalier. (ADMM)

9 → Villa Reifenberg, grille intérieure, Paris, 1927. Robert Mallet-Stevens, architecte. La grille est composée de fers plats vernis. L'inclinaison plus ou moins prononcée des fers verticaux crée un jeu de lumière et de transparence. Une porte d'entrée à deux battants est intégrée à la grille. Tous ces éléments sont en fer forgé. (Documentation générale MNAM-CCI, fonds J. Prouvé)

Installé début 1924 dans un ancien atelier de charron, Prouvé engage un premier compagnon, Pierre Missey, ancien élève de Victor Prouvé, et ajoute un martinet et des machines électriques à l'équipement traditionnel. Les premières commandes lui laissent vraisemblablement assez peu d'initiative et reflètent la personnalité du commanditaire : des grilles et rampes très Art déco, voire conventionnelles, voisinent avec des productions plus personnelles, telles les portes intérieures du pavillon « Nancy et l'Est » à l'Exposition des arts décoratifs à Paris en 1925. L'architecte de ce pavillon, Pierre Le Bourgeois lui renouvelle immédiatement sa confiance pour le palais de la Bière à Nancy. Ce chantier offre à Prouvé l'occasion de diversifier ses productions, de la verrière de couverture à structure métallique en T aux rampes et rambardes en fer forgé, et aux petits équipements tels que luminaires, portemanteaux et porte-plateaux. Prouvé, enfin libéré du « souci décoratif », substitue les effets de matière aux motifs Art déco, grâce aux plaques de fer repoussé, martelé ou quelquefois poinçonné, « un épiderme habillé d'une sombre patine que font vivre les empreintes persistantes de ce violent martelage »[6], qu'il superpose et juxtapose à la manière cubiste.

6. Victor Guillaume, *op. cit.*

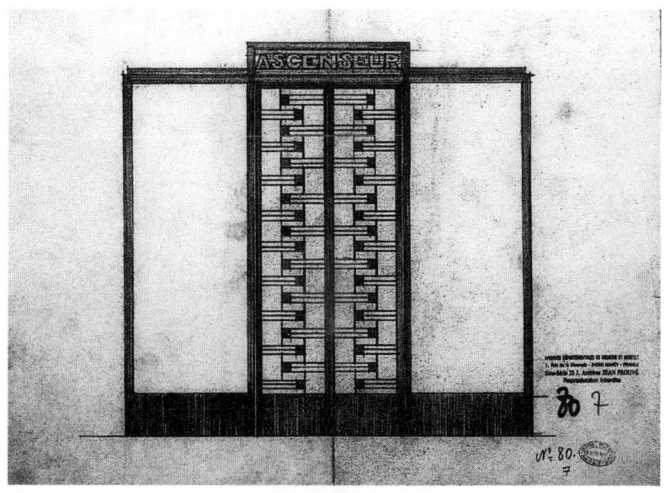

## FERRONNERIES

**10-11** → Deux variantes des protections d'ascenseurs pour Hôtel de l'Ermitage, Vittel, 1928-1929. (ADMM)

**12** → Hôtel de l'Ermitage, protections d'ascenseurs, Vittel, 1928-1929. Fernand César, architecte. La structure de ces protections est faite de tubes carrés, d'éléments en tôle d'acier emboutie et de profilés laminés. (ADMM)

**Après la griserie** du travail athlétique dans l'ardeur du feu, Prouvé abandonne le maniérisme de l'effet de forge. Les plaques de tôle se lissent, s'affinent, s'ordonnent et s'inclinent pour susciter un « jeu de lumière à trois dimensions »[7]. Ainsi, pour la grille de la maison Reifenberg, commandée dès 1926 par Robert Mallet-Stevens, les lames de fer martelé font vibrer la lumière et offrent un effet différent selon le point de vue. « Le but était de faire une chose très vivante […] je jouais avec des vides, des pleins ; je faisais un tableau avec des plaques de métal. »[8] La mise en œuvre de cette grille reste assez traditionnelle, laissant encore une belle part au travail à la forge. Cette période s'interrompt brusquement ; vient le temps >>>

7. Entretien de Prouvé avec J.-M. Helwig en 1982, in P. Sulzer, *Jean Prouvé. Œuvre complète*, vol. 1.
8. *Ibid.*

>>> de « se servir des moyens modernes pour passer à autre chose », et Prouvé explique, dans une interview donnée en 1982, sa « décision de modifier totalement la production de ses ateliers »⁹.
Déjà équipé d'un poste à soudure à l'arc acheté en 1925, date de l'arrivée sur le marché de la tôle mince et d'un nouveau « matériau noble », l'acier inoxydable, il investit dans un matériel performant induisant de nouveaux procédés de soudure et de découpage, ainsi que dans des machines électriques de type cisaille à levier, polisseuse, ponceuse, meuleuse, ébarbeuse et perceuse. Cette évolution est mise en application notamment à l'Hôtel de l'Ermitage de Vittel : fer forgé pour les rampes et luminaires, acier inoxydable pour l'équipement intégré et les protections d'ascenseurs, profilés et acier embouti pour les grandes portes intérieures et les menuiseries à guillotine.

9. *Ibid.*

13

14

# FERRONNERIES

15

**13** → Hôtel de l'Ermitage, rampe du grand escalier, Vittel, 1928-1929. Fernand César, architecte. Fernand César donne l'opportunité à Jean Prouvé de concevoir l'ensemble des ferronneries, ainsi que la structure de la verrière. La rampe de l'escalier est constituée de barreaux martelés aux motifs horizontaux. La main courante est en laiton nickelé. Deux lampadaires marquent le départ du grand escalier. (Inventaire général de Lorraine, cl. Daniel Bastien)

**14** → Esquisse de rampe d'escalier. (ADMM)

**15** → Chapellerie Delion, rampe d'escalier, Paris, 1929. Roubille, architecte. La rampe, que l'on voit depuis l'avenue des Champs-Élysées, est en acier inoxydable poli. (ADMM)

**16** → Banque d'Alsace-Lorraine, grille d'une bouche d'aération dans la salle des coffres, Nancy, 1927-1930. Raphaël Oudeville, architecte. Cette grille est en fer forgé martelé et peint. Elle mesure 33,5 x 50 cm. (Inventaire général de Lorraine, cl. Daniel Bastien)

**17** → Chapellerie Delion, vitrine, Paris, 1929. Roubille, architecte. La vitrine est réalisée en bois et en acier inoxydable poli. (ADMM)

**La généralisation**
de l'acier inoxydable permet de nombreuses variations d'usage : en lames obliques pour les rampes, en revêtement pour les portes et protections d'ascenseurs, en tubes pour les mains courantes, en plaques cintrées pour l'ossature… La surface polie exige des soudures parfaites et souvent périlleuses, mais résolues par des techniques nouvelles de pliage et de rivetage. La plupart des réalisations de Prouvé se rapprochent alors davantage de la construction – façades et devantures de magasins, vestiaire type cabine de paquebot – que de la ferronnerie. Néanmoins, le début des années 1930 voit encore quelques prestigieuses productions, telle la grille du musée des Colonies à Paris, qui témoignent de l'accomplissement des techniques traditionnelles au service d'une esthétique épurée. Paradoxalement, c'est au moment où Prouvé prend ses distances avec le travail conventionnel du métal qu'il entre dans l'histoire de la ferronnerie au sens strict : en 1929, il est cité dans un ouvrage sur la ferronnerie comme « jeune talent » aux côtés de Subes, Brandt et Szabo et simultanément, à la demande de Mallet-Stevens qui dirige la collection « L'art international d'aujourd'hui », il rédige l'introduction d'un volume sur le métal. Il y signale d'emblée la place prépondérante des nouvelles techniques et de l'outillage dans l'essor des industries du métal, telle celle de la carrosserie automobile, « chef-d'œuvre d'élégance et de logique », illustrée par un modèle Voisin. Sa conclusion n'a rien à envier aux déclarations fonctionnalistes de Gallé ou de Robert : « […] le métal, par sa composition même, règle l'esthétique qui le gouverne. Un matériau dur et résistant pousse aux compositions sobres de ligne, au calcul des épaisseurs et des profils exactement nécessaires à sa solidité. » [10] Un principe qu'il mettra en œuvre tout au long de sa carrière… de constructeur.

**Catherine Coley**

10. *Le Métal*, Moreau éditeur, coll. « L'art international d'aujourd'hui », 1929.

# FERRONNERIES

**18 →** Maison Charles France, vestiaire, Ferdrupt (Vosges), 1931. Charles Hindermeyer, architecte. Entièrement conçu en acier inoxydable poli, ce vestiaire intègre un lavabo, de grands miroirs, ainsi que des étagères en tubes. Il préfigure la cabine de paquebot réalisée trois ans plus tard par les Ateliers Jean Prouvé, pour l'architecte Marcel Gascoin, et exposée au Salon d'automne à Paris en 1934. (Inventaire général de Lorraine, cl. Daniel Bastien)

**19 →** Cimetière, chapelle funéraire de la famille Hanus-Dillon, Charmes (Vosges), 1931-1932. Rivenc, architecte. La sobriété de cette porte est soulignée par le choix de l'acier inoxydable plié et poli. (Inventaire général de Lorraine, cl. Daniel Bastien)

**20 →** Bibliothèque universitaire, cache-radiateur, Nancy, 1937-1938. Alfred Thomas et Frédéric Wielhorsky, architectes. Les cache-radiateurs de la Bibliothèque universitaire sont réalisés en almasilium (alliage léger d'aluminium, magnésium et silicium). (Inventaire général de Lorraine, cl. Daniel Bastien)

# EXPÉRIENCES STRUCTURELLES

## 1932 1937

# ET PREMIERS CHANTIERS PARISIENS

*Au cours de la période 1932-1937, Jean Prouvé consolide ses relations avec les membres de l'UAM – Paul Herbé, Charlotte Perriand, Le Corbusier, Pierre Jeanneret, etc. – et fait de nouvelles rencontres déterminantes, en particulier avec Tony Garnier, Eugène Beaudouin et Marcel Lods.*

*Dans l'atelier de la rue des Jardiniers, les machines récemment acquises le mènent à de nouvelles performances. Au-delà du travail de serrurerie sans cesse approfondi, Jean Prouvé développe ses recherches sur le mobilier et veut atteindre le domaine de l'architecture. Sa créativité dépasse alors le produit artisanal pour tendre à l'usinage en série d'éléments de grandes dimensions.*

## PREMIERS CHANTIERS IMPORTANTS

*En 1932, il réalise notamment des fenêtres à guillotine pour un immeuble rue Lord-Byron (Paris 8ᵉ, Jean Desbouis, architecte et ingénieur), des portes et des cloisons pour les Laboratoires Bottu (Paris, M. Lebout, architecte ; bâtiment aujourd'hui détruit) et les menuiseries extérieures de l'immeuble de la Compagnie parisienne de transport, boulevard Diderot (Paris 12ᵉ).*

*Les Ateliers Jean Prouvé accusent parfois des déboires financiers, comme lors de la commande pour l'ancien palais du Gouvernement général d'Algérie à Alger (Jacques Guiauchain, architecte) ; celle-ci, bien que d'envergure, entraîne, à terme, une perte pour l'entreprise. En effet, l'un des collaborateurs de Jean Prouvé doit passer un an et demi à Alger afin de discuter avec l'architecte des plans envoyés de Nancy ; à cela, s'ajoutent des difficultés de transport du matériel et des retards de paiement.*

*Cependant, la productivité de son atelier permet à Jean Prouvé de répondre en 1933 à la demande de l'architecte Tony Garnier, qui souhaite lui confier la réalisation*

1 → (Documentation générale MNAM-CCI, fonds J. Prouvé)

2 → Fenêtres à guillotine, immeuble rue Lord-Byron, Paris, Jean Desbouis architecte et ingénieur, 1932-1933. (Jean-Marie Monthiers)

3 → Cloisons mobiles entre la salle des fêtes et la salle du conseil de l'hôtel de ville de Boulogne-Billancourt, Tony Garnier architecte, 1933-1937. (Inventaire général d'Ile-de-France, cl. Vialles)

4

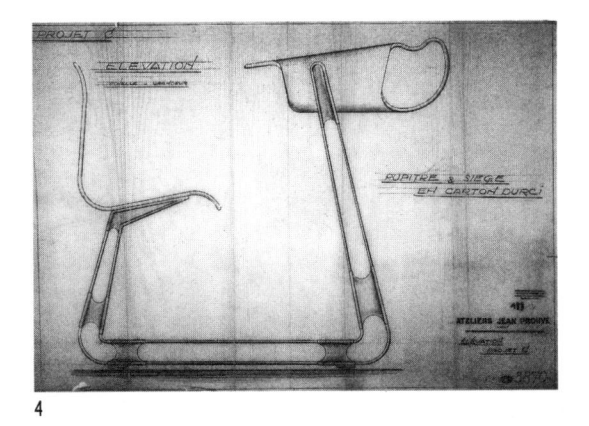

**1932-1937**
EXPÉRIENCES
STRUCTURELLES
ET PREMIERS
CHANTIERS PARISIENS

d'une partie de la serrurerie de l'hôpital Édouard-Herriot, dit « Grange-Blanche », à Lyon. D'une conception totalement nouvelle et moderne, c'est, en France, la plus importante réalisation hospitalière de l'époque. Le cahier des charges des Ateliers Jean Prouvé concerne d'une part le petit équipement – cache-radiateurs, poignées de portes, menuiseries des fenêtres, portes, cloisons, ascenseurs –, d'autre part la fabrication de blocs opératoires. Ces éléments constructifs, vingt boîtes autonomes et étanches, illustrent particulièrement l'apport de Jean Prouvé à ce chantier. Situées en bow-window par rapport aux bâtiments, ces salles d'opérations bénéficient, grâce à la mise en œuvre de fenêtres à guillotine à double vitrage, de la lumière naturelle du nord. Leurs murs, à l'intérieur desquels coulissent les portes, sont en tôle métallique. L'emploi de l'acier et l'arrondissement des arêtes verticales répondent aux nouvelles exigences de l'hygiène hospitalière. Les pièces sont fabriquées à Nancy et assemblées à sec sur le chantier. Cette importante commande permet de faire tourner les Ateliers Jean Prouvé et mobilise jusqu'à quarante personnes pendant une année.

Tony Garnier manifeste de nouveau sa confiance à Jean Prouvé en le chargeant de l'ensemble de la serrurerie (guichets, cloisons, rampes, portes, fenêtres) de l'hôtel de ville de Boulogne-Billancourt, qui est inauguré en 1934.

Cette même année, Jean Prouvé travaille avec les architectes Beaudouin et Lods sur la Cité de La Muette à Drancy, l'une des premières et plus importantes opérations de logement social réalisées par l'Office public d'habitation de la Seine. C'est la première fois que Jean Prouvé assiste à une préfabrication complète des éléments d'architecture, à laquelle contribuent ses panneaux de façade « multifonctionnels » : fenêtres équipées de persiennes coulissantes, blocs-portes, portes de garage, etc.

### DES MEUBLES
### À L'ESPACE HABITABLE MINIMUM

Par ailleurs, le mobilier reste pour Jean Prouvé un thème constant de recherche.

Toujours en 1934, il conçoit et réalise les fauteuils de l'amphithéâtre de l'École des sciences politiques de Paris, ainsi que le mobilier scolaire de

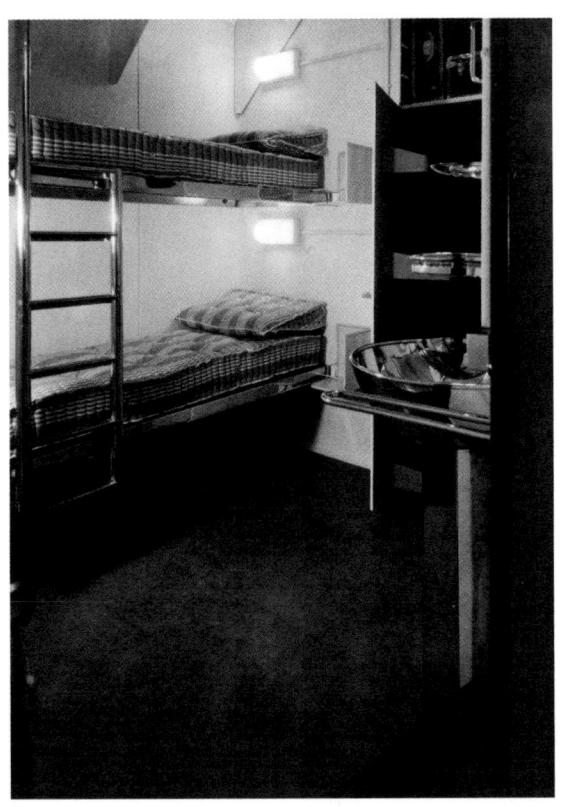

5

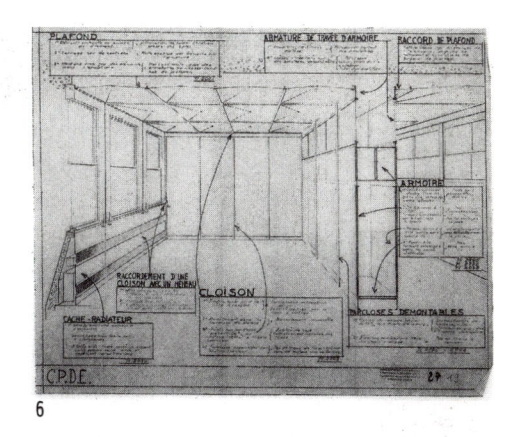

l'une des premières écoles de plein air à Suresnes. Pour ce dernier projet, il travaille avec Beaudouin et Lods sur les idées de flexibilité, de légèreté et de modularité, dans un respect total du confort de l'enfant.

Ces premiers travaux lui permettront de répondre avec succès, quelques années plus tard, au concours pour des équipements scolaires organisé par l'UAM et par l'OTUA [1]. Des prototypes sont présentés à Paris, sur son stand, lors des deux premières expositions de l'habitation au Salon des arts ménagers en janvier 1934 et en 1935, puis au Salon d'automne de 1936 et au Salon des arts ménagers de 1937.

L'intérêt que Jean Prouvé porte à ce premier programme scolaire se manifestera dans les années 1950, depuis les écoles maternelles et primaires réalisées en Lorraine avec son frère Henri Prouvé, jusqu'à l'école « nomade » de Villejuif [2] construite en 1957.

Il intervient également au sanatorium de Passy en Savoie (Pol Abraham et Jacques Henri Le Même, architectes, 1932-1936), où il conçoit et réalise les lits et fabrique les autres meubles, qui sont dessinés par le décorateur Jean-François Leleu.

Lors de la cinquième exposition de l'UAM, organisée en 1935 sous l'égide de l'OTUA, il présente avec Marcel Gascoin, décorateur, un prototype de cabine de paquebot en acier. Cette structure reprend le concept d'enveloppe autoportante déjà mis en œuvre pour les cabines d'ascenseur. Suite à ses recherches sur la modularité des cloisons, Jean Prouvé prépare « l'usinage » de l'enveloppe de l'espace habitable minimum.

Les Ateliers Jean Prouvé sont alors chargés non seulement de la réalisation des meubles, mais aussi des cloisons et des portes coulissantes de centaines de bureaux, pour les immeubles de la Compagnie parisienne de distribution d'électricité à Paris 6e (rues de Vienne et de Rennes).

En 1936, Jean Prouvé répond à un concours pour des cabines téléphoniques, un type qu'il avait, à l'instar des kiosques, déjà étudié.

Pour le ministère des PTT, rue de Ségur à Paris 7e (Jacques Débat-Ponsan,

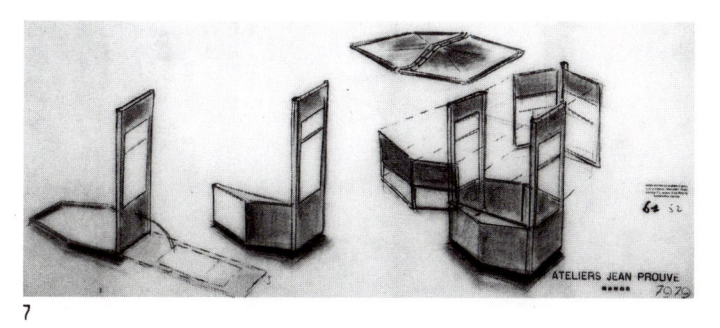

4 → Croquis de mobilier scolaire pour l'école de plein air à Suresnes, 1934. (ADMM)

5 → Prototype de cabine de paquebot en acier, Marcel Gascoin architecte, 1935. (Documentation générale MNAM-CCI, fonds J. Prouvé)

6 → Projet pour les bureaux de la Compagnie parisienne de distribution d'électricité, Paris, 1935. (ADMM)

7-8 → Croquis de montage et dessin d'un kiosque pour Hachette, 1935. (ADMM)

architecte, 1936-1939), il réalise les portes d'accès côté rue. Peter Sulzer remarque que « c'est un exemple de travaux très soignés rendu possible grâce à un bureau d'études aux collaborateurs très qualifiés : les portes qui mesurent 6,6 m de hauteur, fonctionnent depuis plus de cinquante ans ! Toujours présent, Jean Prouvé s'est occupé de tous les détails. »[3]

## STRUCTURE ET ENVELOPPE

Fort de son outil de travail et de la qualité de ses réalisations en serrurerie et en tôle pliée tant à Paris qu'à Nancy, Vittel ou Lyon, Jean Prouvé accède enfin à une nouvelle dimension qui va marquer la décennie des années 1930 : celle de la conception d'ensemble de la structure et de l'enveloppe des bâtiments.

Avec les grandes façades vitrées des garages Citroën en 1929 et la préfabrication des salles d'opérations pour l'hôpital de Lyon en 1933, Jean Prouvé aborde un univers qui l'intéresse depuis longtemps : la construction. Il y arrive donc par le biais du second œuvre, grâce à son travail de la tôle en grande dimension.

C'est à l'occasion de l'étude d'une gare d'autocars à la Villette (1933) pour la société des Transports Citroën que Jean Prouvé propose pour la première fois un projet global, entièrement conçu en tôle d'acier pliée. Ce matériau serait utilisé tant pour les éléments de façade, percés de fenêtres escamotables dans l'allège, que pour la structure porteuse, constituée, à l'instar des arcs gothiques, de demi-portiques continus.

Ce projet, malheureusement non réalisé, conjugue les deux grands domaines de la construction, indissociables pour Jean Prouvé : la structure et l'enveloppe. Tout au long de sa vie, il luttera pour les étudier et les réaliser ensemble, mais sera, à sa grande déception, progressivement contraint de les traiter séparément.

En 1936, l'acquisition de la plieuse Pels de 4 mètres de large lui permet de fabriquer de grands éléments adaptés à l'architecture. Il les met en œuvre pour la première fois en 1935-1936, au pavillon du club Roland-Garros à l'aérodrome de Buc [4] (Yvelines) avec Beaudouin et Lods, puis en 1937-1939, lors de la construction de la Maison du peuple à Clichy [5] (Hauts-de-Seine) avec les mêmes architectes.

**9** → Portes pour le ministère des PTT, Paris, Jacques Débat-Ponsan architecte, 1936-1939. (Jean-Marie Monthiers)

**10** → Dessin en perspective pour une gare d'autocars à la Villette, Paris, 1933. (ADMM)

**11** → Grande plieuse Pels de 4 m de large acquise par les Ateliers Jean Prouvé en 1936. (ADMM)

1932-1937
EXPÉRIENCES STRUCTURELLES ET PREMIERS CHANTIERS PARISIENS

10

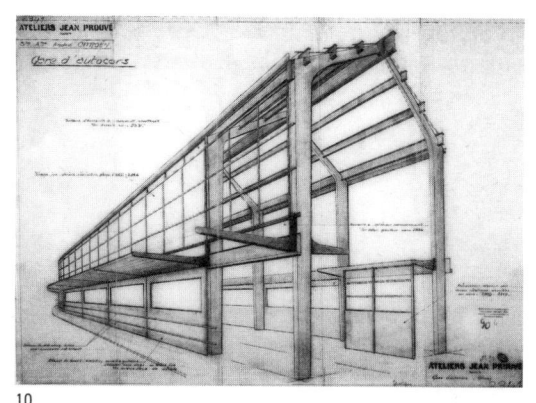

*Ces deux réalisations, considérées comme des tournants dans l'histoire de l'architecture, comptent parmi les plus importants projets de conception d'ensemble de Jean Prouvé. Son travail est un approfondissement constant de ses premières recherches. Ainsi, même quand il n'intervient que sur les façades, il réussit à faire progresser son concept de fenêtres escamotables, inspiré de celles des wagons de chemin de fer. Ce sera notamment le cas pour les façades des immeubles de la Fédération nationale du Bâtiment [6] (1949) et du square Mozart [7] (1953), à Paris 16ᵉ. Dans ce dernier, non seulement la fenêtre s'escamote dans l'allège, mais le volet coulisse verticalement et peut être projeté à l'italienne.*

*Jean Prouvé est désormais en mesure de collaborer structurellement à la conception architecturale, tout en y appliquant, sans compromis, ses exigences d'économie et de cohérence constructive.*

*Cependant, les bâtiments de Buc et de Clichy restent des modèles uniques, des prototypes édifiés hors des murs de l'atelier, que Jean Prouvé ne cesse de perfectionner, y compris en cours de chantier. Ainsi, l'industrialisation est fermée et les séries sont limitées par les dimensions de chacune des commandes. En revanche, les procédés mis au point et les idées constructives cheminent d'un projet à l'autre. Jean Prouvé, concepteur-inventeur collaborant à des constructions d'avant-garde, y trouve son compte, mais l'entrepreneur oscille encore entre l'artisanat et l'industrialisation.*

11

1. L'Office technique pour l'utilisation de l'acier (OTUA) a pour objectif la défense et la promotion du métal. Cet organisme est créé à la fin des années 1920 à l'initiative du Comité des forges, en liaison avec la Chambre syndicale des entrepreneurs de construction métallique et celle des marchands de fer, alors que la construction métallique est en train de disparaître au profit du béton armé. Voir Frédéric Seitz, *L'Architecture métallique au xxᵉ siècle*, Paris, Belin, 1995, p. 59.
2. Voir p. 307.
3. Peter Sulzer, *Jean Prouvé. Œuvre complète*, vol. 2 : *1934-1944*, Munich, Birkhäuser, 2000, p. 40.
4. Voir p. 83.
5. Voir p. 105.
6. Voir p. 155.
7. Voir p. 207.

01780

**ATELIERS JEAN PROUVÉ**
SOCIÉTÉ ANONYME
50, rue des Jardiniers, 50
TÉL.: 51-76   NANCY

Le 3 Mars 1934

Mr Bréchet

à remettre
à M. Bréchet

**Affaire** Boul. Billancourt

Ci-inclus vous trouverez les tirages
demandés par Mr Rabot. Je
suis d'ailleurs étonné que ce dernier
ne les aient pas car tout a été
envoyé en double à M. Debat-Ponsan.

Je viens de remarquer une erreur.
L'ébéniste m'avait annoncé 33
classeurs supplémentaires. Or, sur le
plan je n'en compte que 28.
Veuillez donc nous excuser
pour cette erreur que nous rectifierons
officiellement lundi.
Une simple règle de trois vous permettra
de rectifier le chiffre provisoirement.

Je vous rappelle que notre devis
a été basé sur la répartition suivante :
　　Par bureau :
　(a) deux classeurs
　(b) 4 casiers

Le reste en panneaux pleins

　　　　　　　　　　　Jean Prouvé

(Archives municipales
de Boulogne-Billancourt,
cl. Jean-Marie Monthiers)

les récapitulatifs pour peintres
parties demandées

**ATELIERS JEAN PROUVÉ**
SOCIÉTÉ ANONYME
50, rue des Jardiniers, 50
TÉL.: 51-76    NANCY

Le 3 Mars 1934

à remettre Mr Bréchet
à H. Bréchet

Affaire Boul. Billancourt

Ci-dessus vous trouverez les tirages demandés par Mr Ratot. Je suis d'ailleurs étonné que ce dernier ne les ait pas car tout a été envoyé en double à Mr Delort Rosan.

Je viens de remarquer une erreur. L'ébéniste m'avait annoncé 38 classeurs supplémentaires. Or sur le plan je n'en compte que 28.

Veuillez donc nous excuser pour cette erreur que nous rectifions officiellement demain.

Une simple règle de trois vous permettra de rectifier le chiffre provisoirement.

Je vous rappelle que notre devis a été basé sur la répartition suivante :
Par bureau :
a) deux classeurs
b) 4 casiers

le reste en panneaux pleins.

Jean Prouvé

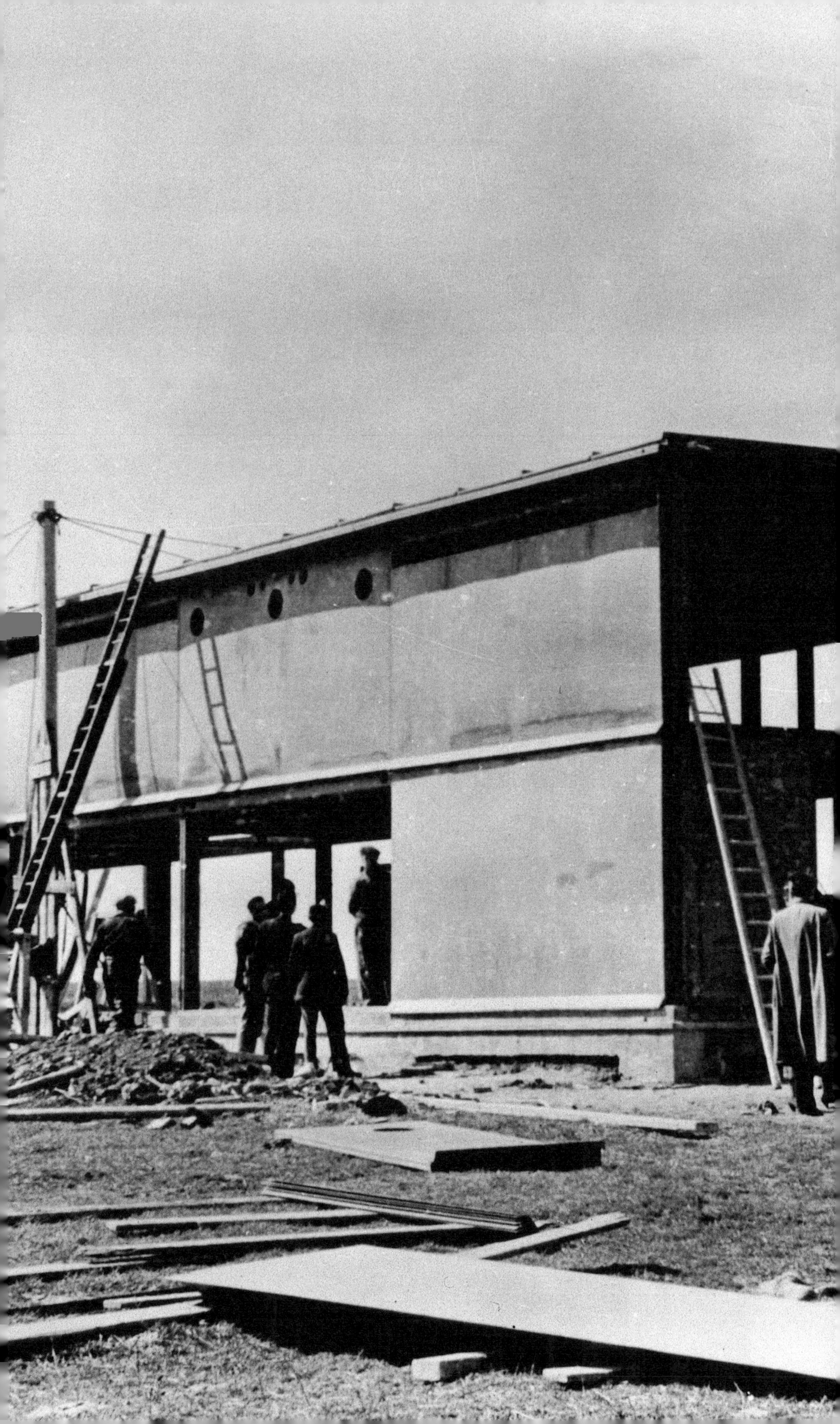

**AÉROCLUB ROLAND-GARROS, BUC, 1936**
Bar-restaurant et salle des cartes, Buc (Yvelines)
**Maître d'ouvrage** → Mlle Deutsch de la Meurthe
**Maîtres d'œuvre** → Eugène Beaudouin et Marcel Lods, architectes
Vladimir Bodiansky, ingénieur
Ateliers Jean Prouvé, constructeur
Jean Boutemain et Robert Feck, assistants

# 1936 BUC L'AÉROCLUB ROLAND GARROS

2

**1** → Page de gauche
Bâtiment en tôle d'acier plié entièrement fabriqué en usine, puis monté sur le terrain d'aviation de Buc. (ADMM)

**2** → Vue aérienne de l'aéroclub Roland-Garros, avec la façade vitrée à l'ouest. (D.R.)

3 → Mappemonde géante se situant dans la partie sud de l'aéroclub, entre la salle des cartes en mezzanine et le restaurant. (D.R.)

4 → Plans du 1er étage en mezzanine et du rez-de-chaussée, coupe longitudinale. (D.R.)

5 → Tel un gigantesque Meccano, la structure est montée en neuf jours. (ADMM)

6 → Détail d'assemblage, par soudure de douilles en acier, des profilés en U des poutres et des poteaux. (ADMM)

7 → Jean Prouvé et les architectes lors d'une visite de chantier. (Documentation générale MNAM-CCI, fonds J. Prouvé)

# L'AÉROCLUB ROLAND GARROS
## 1936
### BUC

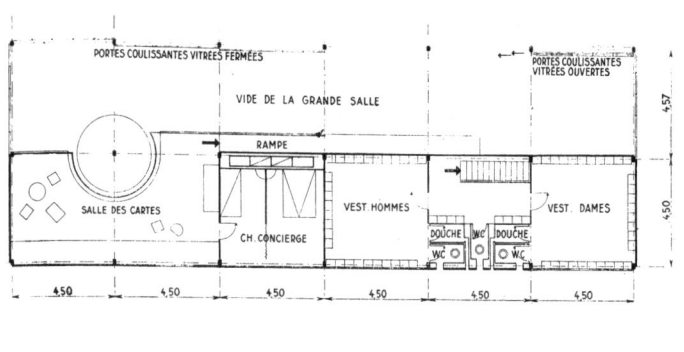

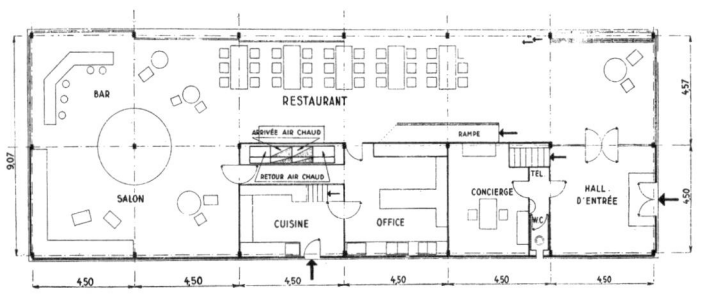

**Après le projet** des logements de La Muette à Drancy avec Eugène Beaudouin et Marcel Lods (1934), Jean Prouvé est rappelé par les architectes en 1935 pour travailler sur l'étude d'un bâtiment destiné à un terrain d'aviation situé à Buc, près de Versailles. Le bâtiment imaginé par les architectes est un simple parallélépipède rectangle. À l'intérieur, la salle des cartes est théâtralisée par une rampe qui débouche sur une mappemonde de 3,5 m de diamètre. La mission de Prouvé consiste à dessiner un principe de construction rapide à réaliser et qui soit une démonstration d'architecture contemporaine. Il a donc recours à la tôle d'acier pliée pour tous les éléments : panneaux de façade, portiques, poutres, bacs de toiture, couvre-joints, jusqu'aux cabines sanitaires préfabriquées. Toutes les pièces sont fabriquées dans ses ateliers, alors situés rue des Jardiniers à Nancy.

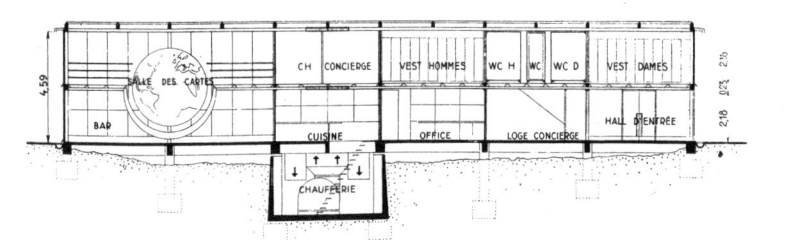

« **Un édifice** entièrement préparé en pièces détachées dans une usine, transporté à pied d'œuvre par camion et monté par simple boulonnage, sans nécessiter la moindre mise au point. » [1]

L'assise du bâtiment est en béton coulé au-dessus d'une chaufferie enterrée. Le pavillon fait 27 m de long (soit six travées de 4,50 m) sur 9,57 m de large (soit deux travées, respectivement de 4,50 m et 4,57 m). La structure porteuse est en tôle d'acier pliée de 4 mm d'épaisseur. Le montage est réalisé en neuf jours seulement. L'assemblage des poteaux et des poutres est particulièrement délicat en raison des profilés en U employés. Prouvé imagine alors un système de douilles en acier soudées sur les poteaux, sur lesquelles les poutres viennent prendre appui. Selon une conception dite « en arête de poisson », la toiture se compose de grands bacs en acier associés à des couvre-joints. La forme légèrement concave des bacs assure la rigidité de l'ensemble.

1. G. Brunon Guardia, *La Construction moderne*, 52ᵉ année, n° 21, 4 avril 1937, pp. 502-512.

8

L'enveloppe du bâtiment est composée de panneaux fixés aux poteaux. Des joints en caoutchouc incorporés en fond de feuillure assurent l'étanchéité de cette peau. Des larmiers intégrés aux panneaux contribuent à leur rigidité. En façade, des couvre-joints ajoutés en cours de chantier font office de raidisseurs, s'opposant au galbe des panneaux. La façade ouest, vers le terrain d'aviation, est entièrement vitrée ; les quatre panneaux centraux coulissent derrière deux châssis fixes situés aux extrémités, ce qui permet d'ouvrir largement sur l'extérieur la salle du restaurant. L'isolation phonique est obtenue par un revêtement en amiante sur les faces internes des panneaux. Fixés par boulonnage à l'armature, certains panneaux sont démontables pour permettre l'accès aux circuits des fluides.

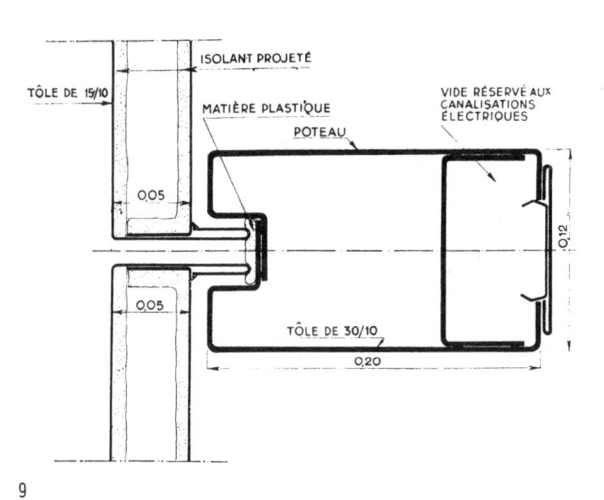

9

# L'AÉROCLUB ROLAND GARROS
### 1936
### BUC

**8 →** Salle du restaurant s'ouvrant intégralement sur l'extérieur, grâce à de grands châssis vitrés coulissants qui s'escamotent derrière les vitrages fixes des extrémités. (ADMM)

**9 →** Détail d'accroche entre un poteau et les panneaux sandwichs (avec âme isolante) de la façade. Un vide accessible est réservé dans le poteau creux pour le passage des fluides. (D.R.)

**10 →** Façade arrière, à l'est, constituée de panneaux en tôle d'acier qui sont équipés de fenêtres dès leur fabrication à l'atelier. Des pliages horizontaux raidissent les panneaux fixés de poteau à poteau et font office de larmiers. Des couvre-joints verticaux rigidifient l'ensemble. (ADMM)

10

Les fluides (air chaud, circuits électriques) passent dans les poteaux et les faux plafonds de mezzanine et de toiture. Prouvé met au point ce qui apparaît comme le premier système de chauffage par rayonnement, la circulation de la vapeur s'effectuant dans des gaines verticales, jusqu'aux faux plafonds. Des déflecteurs courbes, intégrés dans l'épaisseur de ces derniers, dirigent les courants d'air chaud pour une bonne répartition. Les locaux sanitaires sont tout aussi innovants : entièrement préfabriquées en atelier, les cabines sont construites en tôle laquée, livrées avec un revêtement de sol en linoléum ou en caoutchouc et équipées du matériel sanitaire. Chaque cabine est totalement étanche, grâce à son seuil de porte relevé. Prouvé s'attache beaucoup aux détails dont dépendent autant la forme finale que la cohérence technique du projet.

84 technique et la rapidité du montage, par boulonnage, ce bâtiment est un éloge à la flexibilité. Grâce au recours à la construction métallique, des éléments importants du programme ont pu être modifiés en cours de chantier, ce qui n'aurait pas été possible avec un autre procédé de construction. « Quant à l'aspect extérieur, là est, sans contredit, la grande réussite. La simplicité de ses formes géométriques, la perfection mécanique de la structure, les reflets argentés de ses tôles bombées comme des ailes d'avion, enfin la transparence de ses vastes murs de verre, tout, dans le pavillon de Buc, concourt à donner l'impression d'une construction aérienne, et pourtant, comme toute œuvre architecturale bien venue, il demeure en harmonie parfaite avec le sol sur lequel il s'élève. »[2]

Malheureusement, il ne reste aujourd'hui aucune trace de cet ouvrage, l'édifice ayant été intégralement démantelé par les Allemands pendant la Seconde Guerre mondiale.

**Rafaël Magrou**

2. G. Brunon Guardia, *La Construction moderne*, 52e année, n° 21, 4 avril 1937, pp. 502-512.

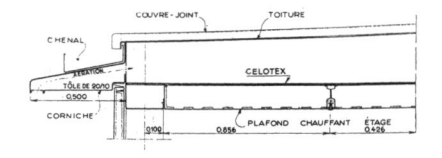

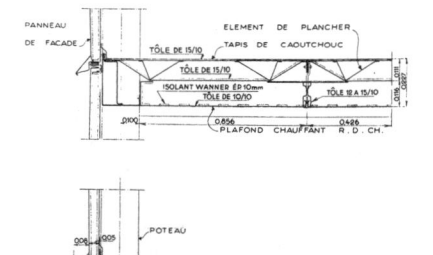

11

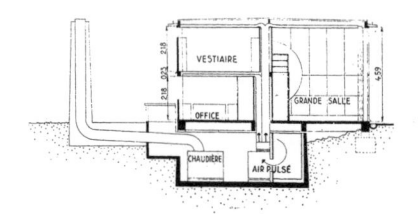

13

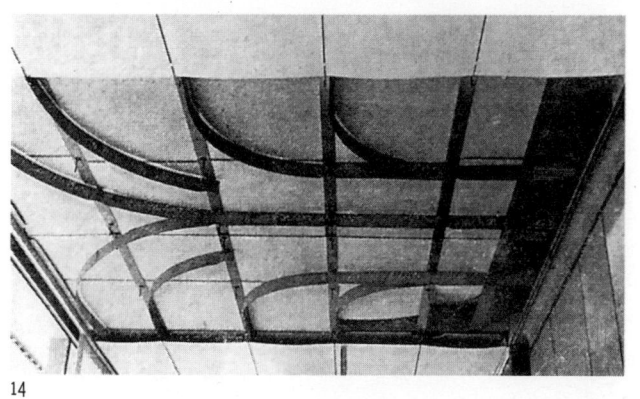

14

12

**11 →** Coupe technique sur les planchers montrant le dispositif de chauffage au plafond. (D.R.)

**12 →** Coupe schématique expliquant le circuit de la vapeur d'eau, « pulsée » depuis le local technique en sous-sol au travers des quatre colonnes d'air centrales. (D.R.)

**13 →** Façade Ouest. (ADMM)

**14 →** Déflecteurs courbes intégrés dans l'épaisseur des plafonds pour guider la vapeur d'eau et chauffer ainsi, par rayonnement, les locaux de l'aéroclub. (D.R.)

1 → (Documentation générale
MNAM-CCI, fonds J. Prouvé)

À L'ÉVOCATION DU TRAVAIL DE JEAN PROUVÉ, je m'interroge sur ce qui me renvoie à moi-même et sur ce qui le maintient actuel, vivant et pratique : j'imagine que c'est simplement le constat de sa volonté folle et géniale de saisir dans chaque projet le cheminement qui va de l'idée à sa mise en œuvre, en interrogeant la conception technique et les moyens de fabrication, de formuler l'« idée constructive ». Pour expliquer l'idée constructive, j'ai choisi d'insister sur deux orientations fondamentales des recherches menées par Prouvé : l'une relative au travail, au façonnage de la tôle pliée, l'autre relative au développement d'un composant industriel modulaire, le mur-rideau. Ces deux pôles permettent de décoder l'innovation technique au sein de sa production et notamment au travers des exemples présentés dans cet ouvrage.[1]

Jean-Marc Weill

# EXPLIQUER L'IDÉE CONSTRUCTIVE

*Acier : alliage métallique à base de fer contenant du carbone (<2 %) et éventuellement des éléments d'addition dits éléments d'alliage.*
*Tôle : éléments en acier d'épaisseur au moins égale à 2 millimètres et dont la largeur est supérieure à 600 millimètres.*
*Mur-rideau : façade légère constituée d'une ou plusieurs parois légères, située entièrement en avant d'un nez de plancher.*

À l'origine, Prouvé n'était ni ingénieur ni, encore moins, architecte, mais ferronnier d'art. Il possédait une vision globale du processus de « conception-construction », loin du monde des spécialistes, et cela explique sans doute l'intérêt grandissant que son œuvre suscite aujourd'hui. Au-delà de l'œuvre construite reste sa détermination à montrer que les impératifs et les contraintes de la mise en œuvre sont autant de moyens d'alimenter la créativité du concepteur. « Si je dessinais une chaise, je demandais qu'elle soit construite pour le lendemain et l'atelier de prototypes de mes usines m'apportait la chaise telle que je l'avais dessinée, avec toutes ses fautes. Mais le lendemain, le meuble était fait. On le corrigeait. Il y a des corrections qui doivent se faire sur pièces et qui ne se font pas à la table à dessin ». [2]

Selon Prouvé, tout objet impose à la base une « idée constructive » qui s'acquiert au moyen d'une connaissance technique précise. Il est d'ailleurs remarquable de constater que dès les premiers travaux, il existe, chez Prouvé, cette volonté de donner à l'outil sa part créative dans la genèse d'un projet : de 1918 à 1928, la progression de l'atelier est rythmée par l'acquisition d'outils qui le font passer de l'utilisation des techniques de soudure au feu de forge à la découverte de la soudure électrique accompagnant le travail de la tôle pliée.
*Soudage : opération de micrométallurgie consistant à exécuter le plus souvent un cordon fondu liant intimement les deux bords de deux pièces à assembler. Le résultat est une soudure.*
*Soudage autogène : soudage réalisé par fusion sans ou avec apport d'un métal de composition voisine.*
*Soudage électrique : soudage effectué avec des électrodes, enrobées ou non.*

---

1. Les définitions insérées dans ce texte proviennent, en grande partie, du *Lexique de construction métallique et de résistance des matériaux* publié par l'OTUA (Office technique pour l'utilisation de l'acier) en 1992.
2. *Jean Prouvé. Une architecture par l'industrie*, Praegers Publishers, 1971.

Le bâtiment de l'aéroclub de Buc (1935), ou la Maison du peuple de Clichy (achevée en 1939), réalisés avec les architectes Eugène Beaudouin et Marcel Lods, lui permettent de développer les techniques propres au façonnage de la tôle d'acier. En 1939, la guerre impose une économie différente. Quel peut être le rôle des ateliers dans un tel contexte ? Celui de fournir par exemple des logements pour les soldats sous forme d'unités de 3 x 3 mètres juxtaposables, constructibles en 1 h 45 selon Prouvé et transportables par un seul homme. Cette expérience, qui préfigure les prototypes conçus pour la reconstruction (les maisons de Meudon), permet à Prouvé de pousser la logique industrielle au point d'intégrer les contraintes propres au montage et au transport dans la conception même de l'objet.

Comme le soulignait justement Bruno Reichlin lors d'une conférence donnée à l'université Columbia en 1990 [3] à propos de la Maison du peuple de Clichy, si l'architecte répond souvent à deux problèmes par la conception de deux pièces, l'industriel essaie toujours de combiner plusieurs fonctions dans le dessin d'un élément. Appliquée à la conception des bâtiments, il s'agit de l'une des innovations de la méthode Prouvé : en effet, c'est le faible poids, comparé à la résistance (ce que l'on nomme l'inertie propre d'une pièce) des profilés façonnés à partir d'une feuille d'acier qui permet au soldat d'être le monteur mais aussi le transporteur de son abri.

*Inertie : on peut assimiler l'inertie à la résistance de forme, qui consiste à augmenter par pliage la résistance d'une feuille de tôle. Cette tentative de trouver le rapport optimal entre la quantité de matière utilisée et la résistance à obtenir caractérise la conception des structures depuis l'apparition de l'architecture du fer.*

C'est encore la simplicité des assemblages étudiés (des articulations et non des encastrements) qui permet à ce même soldat de construire sans avoir recours à l'intervention d'un professionnel. Nous sommes là au cœur de sa méthode, celle qu'il explique au Conservatoire national des Arts et Métiers dans les années 1960, cette manière d'être le constructeur potentiel de ce que l'on dessine.

*Assemblage : dispositif constructif qui permet de relier entre eux les différents tronçons d'une pièce élémentaire.*
*Articulation : système d'assemblage qui permet le mouvement angulaire entre deux pièces.*
*Encastrement : assemblage dans lequel deux éléments sont reliés de façon à empêcher toute rotation relative de l'un par rapport à l'autre.*

La tôle pliée est un des matériaux emblématiques de la production de Prouvé. En effet, la tôle, produit semi-fini, est fabriquée en série avec des qualités mécaniques homogènes. De forme neutre (elle est débitée en feuilles d'épaisseur variable), elle doit, pour être utilisée, subir une transformation (découpe, pliage, assemblage). Cette transformation se décompose en quatre étapes principales : la préparation, l'usinage ou le façonnage ; l'assemblage et la finition. Ces phases se caractérisent par l'emploi d'un outillage particulier. Pour commencer, le cisaillage permet le débit de la tôle jusqu'à des épaisseurs de 40 millimètres, en suivant le traçage des pièces. On peut aussi découper la tôle par poinçonnage (poinçon et matrice). S'ensuit le pliage de la tôle, obtenu par flexion du métal sous l'action d'une force appliquée sur la pièce reposant sur des appuis (une presse plieuse) ou encastrée à une extrémité (une presse à tablier). Le résultat du pliage dépend directement de la qualité de la tôle (épaisseur, homogénéité) et de l'état de l'outillage. Cette opération est fondamentale parce qu'elle permet d'augmenter la rigidité du matériau par sa seule mise en forme ; ainsi s'établit une relation précise entre la forme de la pièce et sa fonction (poutre, poteau, panneau...). Les pièces de tôle sont fréquemment assemblées par soudure. Les structures en tôles pliées et les panneaux des murs-rideaux sont issus de ce travail sur la tôle pliée.

## LES STRUCTURES EN TÔLE PLIÉE D'ACIER

Le pliage de la tôle permet à Prouvé de développer des systèmes constructifs dont l'efficacité est liée à la résistance du profilé, mais aussi à la légèreté et plus encore à la maniabilité des pièces constituant l'ossature d'une construction.

---

3. Colloque sur Paul Nelson initié par Kenneth Frampton à Columbia University, États-Unis.

2 → **Panneau nervuré
de type Bron-Parilly.** (ADMM)

***Ossature*** : *ensemble de toutes les barres d'une construction (poteaux, traverses, poutres ou solives, etc.) assemblées entre elles pour former le squelette sur lequel viendront prendre appui le plancher, la couverture et les murs de la construction.*

L'aéroclub de Buc est l'une des premières applications de l'utilisation de la tôle pliée. La charpente est en tôle d'acier de 40/10$^e$ pour les poteaux et poutres qui constituent les portiques, les panneaux extérieurs sont en tôle de 15/10$^e$ et les panneaux intérieurs en 12/10$^e$ environ. Les poteaux mis en œuvre sont donc des profilés creux, afin d'intégrer les réseaux dans la structure métallique verticale. On est au cœur de la démarche de Prouvé, qui consiste à trouver pour un élément au moins deux fonctions à remplir (dans le cas du poteau, celles d'ossature et de gaine technique). Les panneaux de façade sont composés d'une tôle extérieure, et d'une tôle intérieure, et positionnés entre les poteaux dans une feuillure au fond de laquelle est disposé un joint en plastique. La structure principale se trouve donc raidie par les panneaux de façade, qui participent au contreventement global de la construction.
***Contreventement*** : *dispositif permettant à une construction de résister à l'action du vent. Le contreventement peut être obtenu par différents moyens : paroi rigide de type panneau, palée triangulée ou croix de Saint-André, portiques.*

Les structures en tôle pliée permettent d'optimiser le rapport entre la résistance d'un profilé et la quantité de matière à mettre en œuvre. Cet équilibre à trouver rationalise aussi les opérations de transport et de montage d'une ossature. Ces structures sont donc naturellement au cœur de la conception des maisons de Meudon. C'est en 1939 que Prouvé dépose le brevet n° 849762 des maisons à portiques axiaux qui préfigurent l'ossature des maisons de Meudon. Le principe est simple : la structure primaire est située au centre de la construction afin de libérer la façade de toute fonction porteuse et stabilisatrice. Le principe consiste à associer des portiques au sommet desquels se fixe une poutre faîtière qui reçoit les éléments de toiture.
***Portique*** : *système de construction formé par deux montants verticaux ou inclinés, reliés à une traverse droite ou brisée de sorte que les liaisons réalisent un encastrement parfait.*

C'est en 1944, date de la reconstruction, que cette recherche trouve son aboutissement. Raoul Dautry, ministre de la Reconstruction, demande à Prouvé de concevoir un ensemble de logements économiques : il s'agit des 800 maisons de 8 x 8 mètres et 12 x 12 mètres pour les sinistrés de la Lorraine et des Vosges. Là encore, l'urgence impose de construire très vite et avec le minimum de monteurs. La réponse de Prouvé constitue ce que Claude Prouvé [4] appelle, en décrivant le travail de son père, « l'impossibilité de pouvoir en faire moins ». Tous les éléments participent à la stabilité générale : les couvre-joints entre les panneaux permettent de stabiliser la toiture au soulèvement ; le portique central de forme triangulaire, qui sert en phase intermédiaire d'instrument de levage, assure le contreventement global de la structure. Les différentes étapes de la construction sont optimisées pour des raisons évidentes d'efficacité, donc de rentabilité. En dernier lieu, Jean Prouvé retrouve la logique de la diversité industrielle en libérant la façade de toute fonction porteuse et en mettant au point quatre types de panneaux – plein, fenêtre, porte et translucide. La structure des maisons est réalisée en tôle pliée, l'enveloppe extérieure est composée de panneaux en bois. Une équipe de quatre monteurs effectuait la mise en place dans la journée. Ce projet permit d'envisager une industrialisation de l'habitat. Néanmoins, l'expérience du logement métallique resta, à quelques exceptions près, ponctuelle.

L'école de Villejuif, constituée de « structures en béquilles », est un autre exemple des structures en tôle d'acier pliée. Les portiques asymétriques sont disposés selon un pas de 1,75 mètre. Prouvé crée à cette occasion le « raidisseur aérateur », élément constructif qui participe au renouvellement d'air. Pour faciliter la fabrication et le transport de ce bâtiment provisoire, chaque béquille est composée de plusieurs éléments à assembler : le poteau, creux, en tôle d'acier pliée et soudée, est moisé entre deux longues pièces jumelles constituant la poutre, le tout étant réuni par boulonnage.

---

4. Claude Prouvé est l'un des fils de Jean Prouvé. Il est architecte et vit actuellement à Nancy.

3-4 → Maisons pour les sinistrés de la Lorraine, 1945.
(ADMM)

5 → Pavillon du centenaire de l'aluminium, Paris, 1954, remonté à Paris Nord-Villepinte en 1999.
(Jean-Marie Monthiers)

## L'EXPÉRIENCE DE LA TÔLE D'ALUMINIUM

Le Pavillon de l'aluminium, construit une première fois en 1954 est une exploration technique et plastique des potentialités d'utilisation de l'aluminium dans le bâtiment. Le projet se distingue par sa toiture posée sur des bielles en aluminium. Celle-ci est constituée de fermes de 15 mètres de long en tôle d'aluminium de 4 millimètres d'épaisseur, dont les trois parties sont assemblées, sur site, par des pièces moulées. Ces fermes sont disposées selon un pas de 1,34 mètre.

*Moulé : aluminium coulé à l'état liquide dans des moules selon les techniques de la fonderie. Le moulage permet d'obtenir des pièces de toutes dimensions, de formes compliquées, incompatibles avec le façonnage.*

*Extrudé : procédé de formage qui permet d'obtenir des barres de géométrie complexe par écoulement de métal, sous une pression élevée, entre un poinçon et une matrice.*

Entre les fermes, sont posées des « tuiles » en tôle mince assemblées à celles-ci par des boulons à crochet. Les fermes ont deux fonctions : franchir les 15 mètres de portée et constituer les chéneaux de la toiture. Chacune d'elle ne pèse que 350 kilogrammes (ceci est principalement dû à l'usage de la tôle pliée associée à la faible densité de l'aluminium – comparativement à celle de l'acier), ce qui rend le levage relativement aisé.

*Densités : l'aluminium a une densité de 2,7 tonnes/m³ et l'acier de 7,85 tonnes/m³.*

Il n'y a plus d'ossature primaire ou secondaire, le meneau de façade est aussi le poteau. Son pas serré permet de minimiser les charges qu'il doit reprendre et donc d'optimiser ses dimensions. Il est réalisé par l'assemblage de deux demi-profils en aluminium extrudés, fixés au sol par une pièce moulée articulée sur la fondation. On retrouve la même pièce de liaison qu'en toiture. La façade montée entre les meneaux est vitrée avec des allèges opaques (réalisées en tôles d'aluminium embouties).

Afin de simplifier les assemblages, le contreventement global du pavillon n'est pas assuré par les pièces que nous venons de décrire. Il est assuré, horizontalement par le diaphragme rigide qu'est la toiture en aluminium, et verticalement par un contreventement en câbles dans la façade longitudinale et par des jambes de force transversales adossées aux meneaux. L'étroite nomenclature des pièces – poteaux/meneaux, fermes/chéneaux, tuiles, bielles – décline les mises en œuvre de l'aluminium : moulé, extrudé, laminé, martelé ou embouti. L'assemblage, l'articulation, l'utilisation en de multiples fonctions d'un même élément signent l'économie du faire.

*Emboutissage : procédé de formage du métal en feuilles par déformation à froid ou à chaud. L'opération est réalisée sur une presse où la feuille de métal, ou flan, est conformée, dans le cas le plus général, entre deux outils de forme, la matrice et le poinçon.*

La solution technique ne s'impose donc pas dans le travail de Prouvé. Elle est construite comme on construit une hypothèse et sa solution apparaît comme sa vérification. Ce savoir-faire emprunte à tous les savoirs constitués de la construction et plus particulièrement de la mise en œuvre du métal, ces emprunts n'étant structurés entre eux que par rapport à la démarche d'innovation et de recherche permanente menée par Prouvé. Une telle démarche trouve une application industrielle par le biais d'un élément modulaire et répétitif qui accompagne le développement des ossatures poteaux/poutres dans la construction : le mur-rideau.

## LE MUR-RIDEAU

La conception d'une façade-rideau doit répondre à plusieurs contraintes : isolation thermique, éclairage, aération et protection solaire. De cela il faut tirer un parti architectural. Le mur-rideau se traduit chez Prouvé par un élément modulaire, isolant, assemblable et usinable industriellement. Sa matérialisation formelle varie avec l'évolution des techniques et des conditions de production. Le panneau

---

5. J.-F. Archieri et J.-P. Levasseur, *Prouvé, cours du CNAM 1957-1970*, Mardaga, 1990. Les analyses techniques présentées dans ce texte s'appuient directement sur leur ouvrage.

de façade en acier de la Maison du peuple à Clichy met en évidence les innovations qui caractérisent cet aspect de sa production.

La Maison du peuple à Clichy est un programme constitué de trois niveaux de bureaux, d'un marché en rez-de-chaussée et d'une salle de spectacles transformable à l'étage. C'est l'un des premiers exemples en France d'un bâtiment entièrement réalisé en acier. Pour ce projet, l'un des objectifs de Prouvé est de minimiser le nombre de pièces mises en œuvre tout en optimisant les opérations de montage. Le panneau en tôle pliée sur la façade arrière des bureaux est l'exemple déterminant de cette approche. En règle générale, un mur-rideau est constitué de panneaux et de raidisseurs de façade. Les raidisseurs sont positionnés contre les panneaux ou, le cas échéant, contre les vitrages. Ils servent à stabiliser au vent la façade légère. Pour la Maison du peuple, Prouvé intègre le raidisseur de façade dans le profil même du panneau, en galbant les bords de la feuille métallique extérieure par des plis dans la tôle. Là encore, Prouvé trouve l'occasion d'imaginer des pièces à fonctions multiples.

*Raidisseur de façade : élément qui permet à un mur-rideau de mieux résister à l'action du vent.*

Le panneau devient donc son « propre raidisseur ». Son « inertie » augmente, non par l'ajout d'une pièce, mais par le façonnage de la tôle du panneau. C'est le principe même de la résistance des formes. De plus, ce profilage des extrémités du panneau protège et ventile le joint en permanence. Le bilan d'une telle approche est éloquent ; en pliant la tôle une fois à chaque extrémité, Prouvé résout de manière efficace trois problèmes : la stabilité globale de la façade sous l'effet de l'action du vent (le raidisseur intégré), l'étanchéité du joint (le pli à l'extrémité du panneau crée un canal qui amplifie l'effet de séchage obtenu par l'action du vent) et enfin, la simplification des opérations de montage. Le panneau n'est construit qu'avec quatre pièces : ses faces intérieure et extérieure, la pièce de clavetage entre les panneaux, et les ressorts de sommier qui permettent de galber la face extérieure du panneau, soumise aux variations de température.

*Dilatation thermique : au sens littéral, la dilatation est l'accroissement de longueur ou de volume résultant d'une élévation de température. Pour l'acier la variation est de +/- 27 °C en France métropolitaine, ce qui donne une variation de +/- 0,3 millimètre par mètre.*

L'assemblage entre les parties intérieures et extérieures prend en compte la conduction thermique. Afin de limiter les zones de contact, et par conséquent les ponts thermiques entre les tôles intérieures et extérieures, Prouvé utilise la soudure électrique par point dans les parties horizontales et la soudure à l'arc dans les emboîtements. L'isolation thermique est assurée par des plaques d'amiante mica collées en face interne des panneaux. La dilatation est reprise par le jeu laissé entre les liaisons. Comme le soulignent Jean-François Archieri et Jean-Pierre Levasseur [5] en décrivant ce procédé, c'est un système constructif non rigide qui admet une indépendance des panneaux : une bande de feutre asphalté, qui en garantit l'étanchéité, est maintenue en pression constante par l'intermédiaire d'un profil métallique et de deux ressorts en appui sur des clavettes entre les panneaux. Les panneaux sont fixés sur la structure métallique primaire par deux crochets munis de vis pour régler leurs alignements. Prouvé utilise, en phase chantier, l'ossature de la construction comme échafaudage pour le montage, réalisé depuis l'intérieur. En dernier lieu, le choix du module du panneau (1 ¥ 4 mètres) répond à trois critères techniques :

• la matière première : le développé horizontal des pièces doit s'inscrire dans les dimensions des matériaux disponibles ;

• le façonnage : le parc des machines définit les possibilités dimensionnelles et techniques ;

• le montage : les moyens de manutention et de levage déterminent le poids et l'encombrement des éléments.

Au fur et à mesure de l'évolution de ses recherches, Prouvé complexifie le panneau au point d'intégrer des fonctions liées au confort de l'usager. Ce développement caractérise notamment la façade de l'immeuble construit square Mozart à Paris 16e en 1953. La paroi extérieure, traditionnellement fixe, devient un système de persienne guillotine à position réglable et projetable à l'italienne, pour la protection solaire. La mobilité du volet introduit une combinaison aléatoire dans l'aspect de la façade. Les détails se perfectionnent au fil des fabrications, et la coupure thermique ainsi que la rigidité du panneau sont sans cesse améliorées.

Lorsque Prouvé travaille les façades vitrées (CNIT, 1956 ou Villejuif, 1957), il développe une conception analogue à celle de ses panneaux mais appliquée au raidisseur de façade. Pour le CNIT, le raidisseur en tôle pliée permet d'associer à la façade vitrée les fonctions de maintenance nécessaires à son entretien. Pour l'école de Villejuif, Prouvé imagine un raidisseur aérateur qui doit se substituer aux châssis ouvrants. Le volet d'obturation réglable en profilé extrudé permet de laisser passer l'air, tout en raidissant la façade contre les efforts du vent.

Cette pensée constructive élaborée pour la conception du mur-rideau s'applique aux diverses configurations de panneaux, comme par exemple ceux de la façade du bâtiment V de l'Unesco construit rue Miollis, à Paris 15e, en 1970. Le module de panneau articule un raidisseur en tôle pliée, assemblé sur le site, et un dispositif horizontal qui assure conjointement les fonctions de protection solaire et de passerelle technique pour l'entretien de la façade. On voit donc clairement la diversité des cadres conceptuels possibles, tous adaptés au contexte traité, donc singuliers et révélateurs d'une pensée innovante à partir de l'idée constructive.

Pour conclure, évoquons l'organisation du travail au sein de l'usine de l'usine de Maxéville [6]. On peut y distinguer quatre étapes qui permettent d'utiliser au mieux le potentiel de créativité et d'innovation présent dans les ateliers de fabrication :
- temps 1 : l'idée – proposée par le Bureau d'études intégré à l'entreprise ;
- temps 2 : la conception technique sous forme de prototypes réalisés par l'atelier ;
- temps 3 : le contexte économique et technique ou la « stratégie du disponible » [7] ;
- temps 4 : la mise en œuvre associée résultant du contexte économique et technique.

En somme, ces quatre temps sont l'idée initiale (le temps 1), l'idée absolue telle qu'on aurait voulu pouvoir la réaliser (le temps 2), le contexte de production disponible (balisée par le temps 3) et l'idée partiellement réalisée (le temps 4).

Ces séquences montrent l'importance du savoir technique comme point de passage obligatoire entre l'idée initiale et celle qui, finalement, n'est que partiellement réalisée. Cette réalisation partielle de l'idée révèle le rôle et l'influence du « pouvoir-faire » [8] sur l'idée initiale. C'est bien parce qu'il s'agit toujours d'une réalisation partielle de l'idée que la connaissance technique est l'objet d'enjeux ne dépendant pas toujours de la stricte faisabilité de l'idée. En rendant ce passage porteur d'innovations, donc de créativité, Jean Prouvé met la pensée technique au service du projet d'architecture. Cette frontière nécessaire que représente la connaissance technique est d'autant plus maîtrisée par Prouvé qu'il est un acteur critique et actif de la mise en place des moyens techniques nécessaires à la fabrication d'une architecture.

C'est la méthode Prouvé. Celle d'un homme finalement peu bavard, passionné par les recherches sur la 2 CV et qui érigeait le bon sens en éthique. Il y a dans le travail de Prouvé une recherche de la normalité des choses, une volonté obstinée d'être utile. « On ne fait rien tout seul », écrit-il dans son ouvrage *Une architecture par l'industrie*. L'usine de Maxéville en est, à ce titre, une parfaite illustration. Elle fut aussi le lieu de la recherche possible d'une organisation collective du travail. C'est ce processus-là qu'il faut tenter de comprendre, plus que les formes produites par les Ateliers, parce qu'il peut enrichir l'organisation actuelle du travail dans nos professions d'entrepreneur, d'ingénieur ou d'architecte.

*Jean-Marc Weill, architecte et ingénieur.*

---

6. L'usine de Maxéville (banlieue de Nancy) est ouverte en 1947. Elle prolonge ce qui a été amorcé lors de la création de l'Atelier rue du Général-Custine à Nancy (1924), puis rue des Jardiniers toujours à Nancy (1931). Entre 1949 et 1951, l'Aluminium français participe au capital des Ateliers. Jean Prouvé y perd sa place de P.-D.G. et quitte l'usine en 1953 pour s'installer à Paris.
7. Cette expression est empruntée à Jacques Ferrier. Voir la monographie publiée par les éditions Passage piéton en 2000.
8. Cette expression est empruntée à l'architecte italien Renzo Piano.

6

6 → Détail de l'Unesco
bâtiment V, rue Miollis,
Paris, B. Zehrfuss et
M. Faure architectes, 1967.
(Jean Masson/ADMM)

# L'INDUSTRIEL
## 1937 1939

# DIVERSIFICATION
## DE SES ACTIVITÉS

*En France, le blocage des loyers et la grande dépression expliquent en partie pourquoi l'investissement immobilier entre les deux guerres a été si peu à la hauteur des espérances des architectes et des hommes politiques. Et Michel Ragon précise : « Du Front populaire, peu de choses sont passées en architecture si ce n'est le thème du cinquième CIAM [Congrès international d'architecture moderne] qui se tient en 1937 à Paris, Logis et Loisirs [...], et la Maison du peuple de Clichy¹ par Beaudouin et Lods qui se sont assurés la collaboration d'un ingénieur de l'aéronautique, Bodiansky, et d'un "industriel du bâtiment" comme il aime à se nommer : Jean Prouvé. »²*

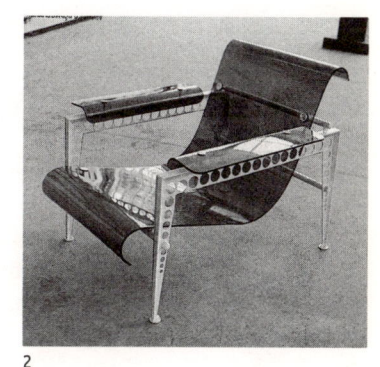

*Pourtant, l'Exposition internationale des Arts et Techniques de 1937 est l'occasion pour les architectes novateurs de proposer une architecture exemplaire et non monumentale, qui s'oppose par exemple à celles de Boris Iofan pour l'URSS ou d'Albert Speer pour l'Allemagne hitlérienne. Le pavillon de l'UAM, conçu par Georges-Henri Pingusson, Francis Jourdain et Victor Louis, en est la démonstration. Jean Prouvé y exalte le travail du métal à travers le remarquable escalier à limon central et marches-caisson effilées, qu'il réalise entièrement en tôle d'acier pliée. Au cours de cette même exposition, il présente la cabine sanitaire préfabriquée qu'il a conçue pour Le Corbusier, Pierre Jeanneret et Charlotte Perriand, ainsi que des meubles en tôle d'acier perforée et en Plexiglas, dessinés par l'architecte Jacques André. Toutes ces productions attestent de l'extraordinaire potentiel créatif de la tôle pliée Jean Prouvé.*

*En 1937, se tient aussi le cinquième Salon des arts ménagers où Jean Prouvé présente, à la demande de l'OTUA³, un ensemble de mobilier scolaire qui s'inscrit dans la continuité des études de 1934 et 1935.*

*Toujours préoccupé par le mode de vie et les conditions de travail, Jean Prouvé, devançant le Front populaire de 1936, instaure un système de congés payés au sein de son entreprise. Il anticipe l'habitat mobile de loisirs en concevant, en étroite collaboration avec Eugène Beaudouin et Marcel Lods, un module de logement minimum (3,25 × 3,25 mètres), transportable et démontable.*

1 → (Documentation générale MNAM-CCI, fonds J. Prouvé)

2 → Fauteuil en tôle d'acier perforée à assise en Plexiglas, Exposition internationale, Jacques André designer, 1937. (ADMM)

3 → Escalier pour le pavillon de l'UAM, Exposition internationale des arts et techniques, Paris, Georges-Henri Pingusson, Francis Jourdain et Victor Louis architectes, 1937. (ADMM)

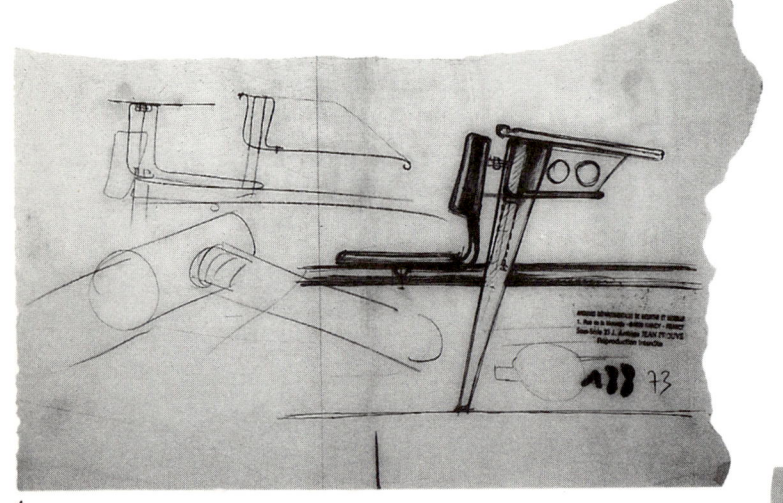

**1937-1939**
L'INDUSTRIEL
DIVERSIFICATION
DE SES
ACTIVITÉS

*Le module doit respecter un ensemble de contraintes parmi lesquelles celle du poids est déterminante, puisque le montage et le démontage doivent être effectués rapidement, à plusieurs reprises et dans des sites différents. En finançant ce prototype, conçu en 1937-1938, les Forges de Strasbourg espèrent conquérir un nouveau marché. Du nom de ses concepteurs, la maison BLPS (Beaudouin, Lods, Prouvé, Forges de Strasbourg) 4 est présentée au public à Paris, lors du sixième Salon des arts ménagers en 1939. Mais, malgré le succès d'estime que remporte cette performance auprès de la critique, aucune commande n'en découle et ce déboire financier conduit Jean Prouvé à se tourner vers des opérations institutionnelles.*

*En 1938, le ministère de l'Air organise un concours pour la construction de logements modulables destinés à ses bases aériennes. Les Ateliers Jean Prouvé font une proposition qui porte en germe de multiples déclinaisons : il s'agit d'une construction préfabriquée dont la structure est constituée de portiques centraux. Avec les mêmes exigences de maniabilité et de facilité de montage, Prouvé étudie et réalise un réfectoire démontable et une vingtaine d'armatures de tentes pour le camp de vacances d'Onville (Meurthe-et-Moselle), avec les architectes Jacques et Michel André.*

*À la différence de la maison BLPS qui nécessitait de trouver une clientèle, ces logements « institutionnels » sont attribués d'office.*

*Le fait que le public ne suive pas Jean Prouvé dans ses projets est-il dû à des raisons économiques, de style, d'aspect du matériau, d'usage ou d'audace novatrice ? Doit-on y lire la résistance des autres techniques et l'isolement des trop rares constructeurs métalliques ou tout simplement le côté précurseur de Jean Prouvé ?*

**4-5 →** Mobilier scolaire pour l'OTUA présenté au 5ᵉ Salon des arts ménagers, Paris, 1937. (ADMM)

**6 →** Maison BLPS, présentée au public au 6ᵉ Salon des arts ménagers, Paris, 1939. (Académie d'Architecture)

**7-8 →** Croquis de maisons à structure porteuse formée par des portiques centraux. (ADMM)

**9 →** Tente avec armatures métalliques pour le camp de vacances d'Onville, Jacques et Michel André architectes, 1939. (Documentation générale MNAM-CCI, fonds J. Prouvé)

100

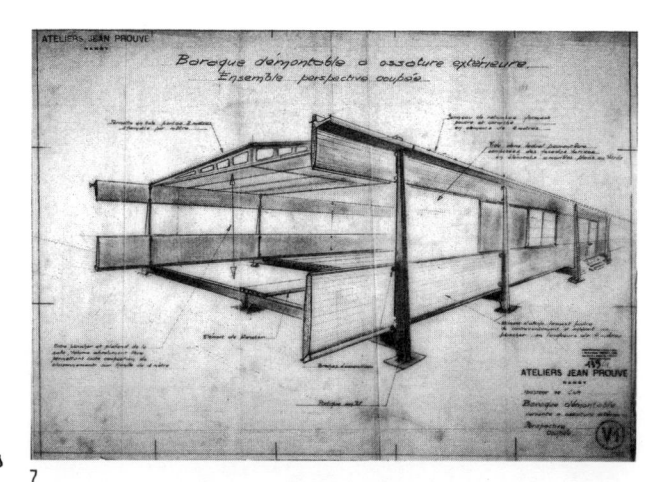

*Toujours est-il que l'acier parvient alors difficilement à se faire une place dans le monde de la construction, presque entièrement dominé par les techniques traditionnelles de maçonnerie, et bientôt par le béton armé. Pourtant, Jean Prouvé ne cesse de développer des formes, des produits, des solutions qui témoignent des possibilités d'adaptation du métal et des extraordinaires capacités de la tôle pliée à répondre aux contraintes structurelles les plus diverses.*

*Et ce constat d'échec reste somme toute relatif. Jean-Louis Cohen l'évoque : « [...] si l'on considère ces bornes architecturales que sont la maison de verre de Pierre Chareau et Bernard Bijvoet, achevée en 1932, et la Maison du peuple construite en 1939 à Clichy par Eugène Beaudouin, Marcel Lods, Vladimir Bodiansky et Jean Prouvé, la consolidation des problématiques modernes apparaît comme non moins évidente. Entre ces deux chantiers d'exception, la diffusion des normes typologiques modernes investira jusqu'aux projets en apparence les plus conservateurs. »* 5

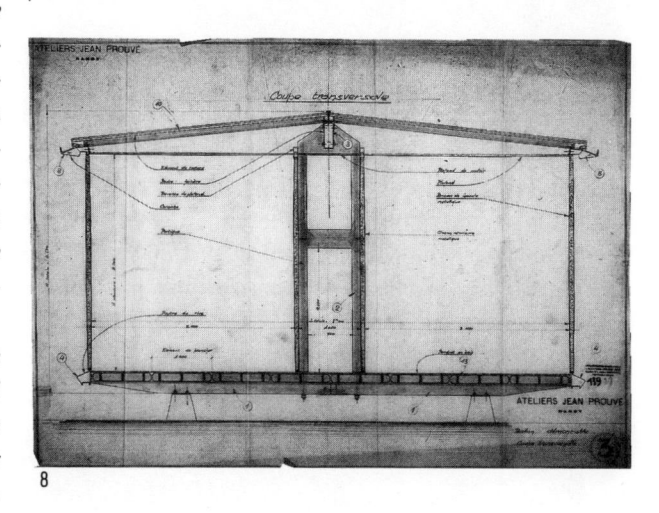

1. Voir p. 105.
2. « Architecture et urbanisme en France de 1937 à 1957 », in *Paris-Paris, 1937-1957*, Paris, Éditions du Centre Pompidou/Gallimard, 1992, p. 651.
3. Office technique pour l'utilisation de l'acier.
4. Voir p. 135.
5. « Les fronts mouvants de la modernité », in Jean-Louis Cohen (dir.), *Les Années 30. L'architecture et les arts de l'espace entre industrie et nostalgie*, Paris, Éditions du Patrimoine, 1997, p. 17.

Page de gauche : (D.R.)

Page de droite : (Musée de l'affiche et de la publicité)

EXPOSITION INTERNATIONALE
PARIS
1937
ARTS ET TECHNIQUES
MAI - NOVEMBRE
MINISTÈRE DU COMMERCE ET DE L'INDUSTRIE

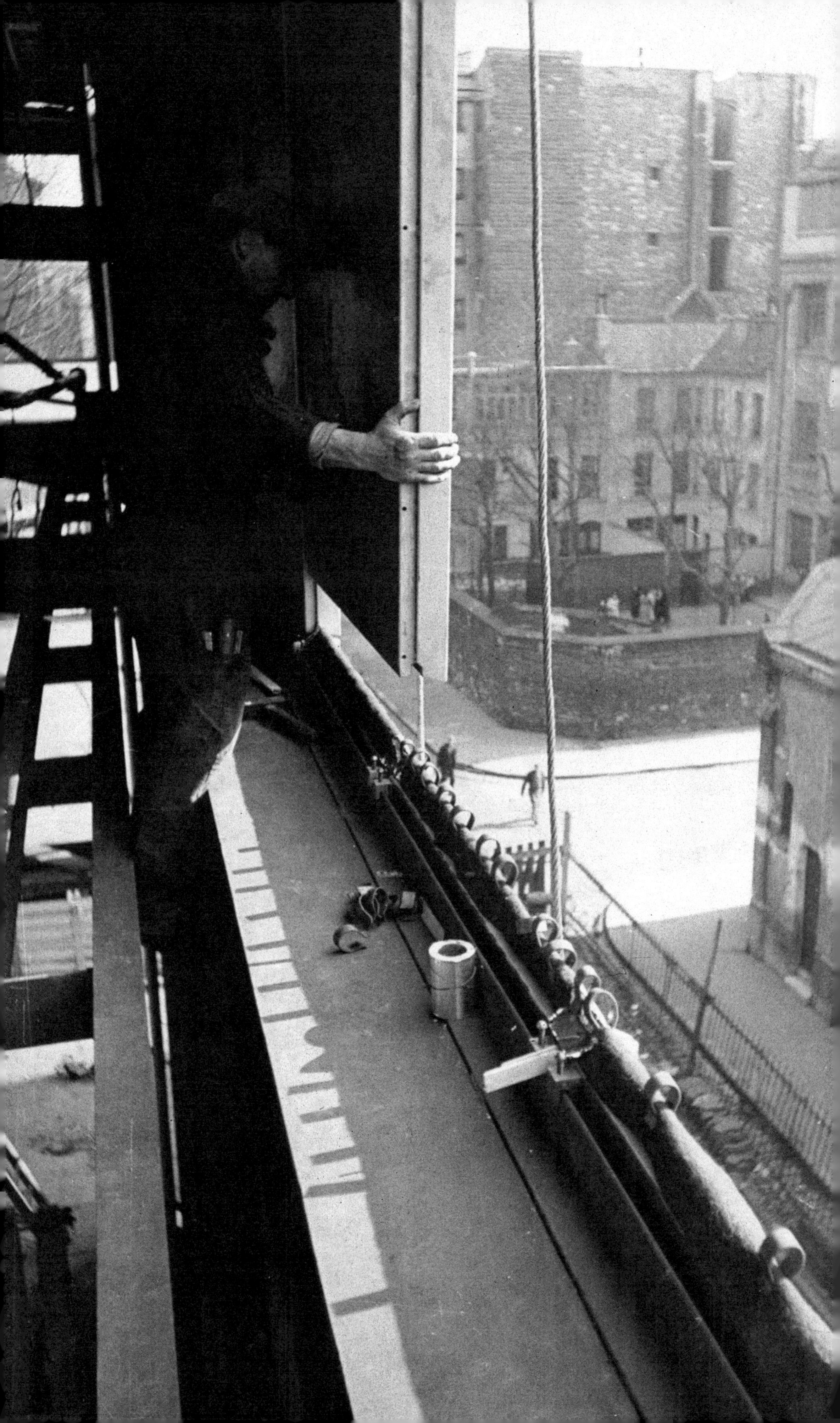

**MAISON DU PEUPLE ET MARCHÉ COUVERT**
Boulevard du Général-Leclerc, rue Klock, rue Morillon et rue Martissot, Clichy (Hauts-de-Seine)
**Maître d'ouvrage** → Ville de Clichy (Charles Auffray, maire)
**Maîtres d'œuvre** → Eugène Beaudouin et Marcel Lods, architectes
André Sive, collaborateur dès 1937
Wladimir Bodiansky, ingénieur
Ateliers Jean Prouvé, constructeur
Jean Boutemain, Robert Feck, Jean-Marie Glatigny, études de détails
Établissements Schwartz-Haumont, charpente métallique
Hervé Baptiste, Architecte en chef des Monuments historiques, chargé de la restauration

# MAISON DU PEUPLE MARCHÉ COUVERT
## CLICHY 1939

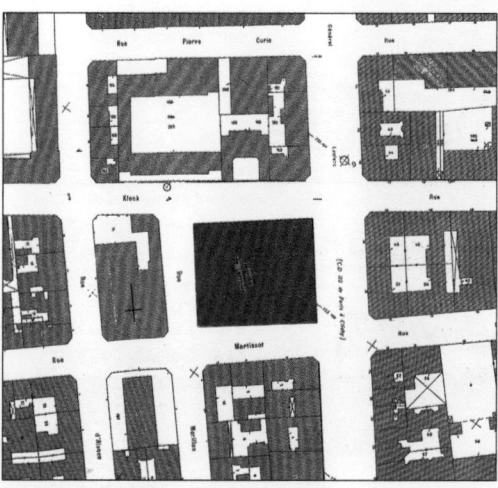

1 → Page de gauche
Mise en place d'un élément du mur-rideau de la Maison du peuple à Clichy, depuis l'intérieur. (ADMM)

2 → Façade sur le boulevard du Général-Leclerc, dans les années 1940. (ADMM)

3 → Plan de situation. (D.R.)

**La Maison du peuple** de Clichy est une étape importante dans l'évolution de l'architecture en acier. « Comme le précisera Prouvé lui-même, on trouvait là, à quelques années de distance, l'équivalent architectural du passage, effectué pour la légendaire « traction avant » de 1934, entre le montage sur châssis de la carrosserie et la coque autoportante. »[1]
Le programme posé était complexe. Il imposait aux architectes Eugène Beaudouin et Marcel Lods d'édifier sur un terrain rectangulaire (50 m x 40 m) un marché couvert, une grande salle pouvant contenir entre 1 500 et 2 000 spectateurs, avec une partie qui devait servir occasionnellement à la projection de films, et des bureaux pour des sociétés locales et des syndicats. Afin de répondre à cette demande, les architectes adoptent, avec l'aide de Vladimir Bodiansky, ingénieur, une solution alternative, totalement flexible.

1. Bruno Reichin, « L'architecture et les arts de l'espace entre industrie et nostalgie », in *L'Infortune critique du fonctionnalisme*, Éditions du Patrimoine, 1997, p. 191.

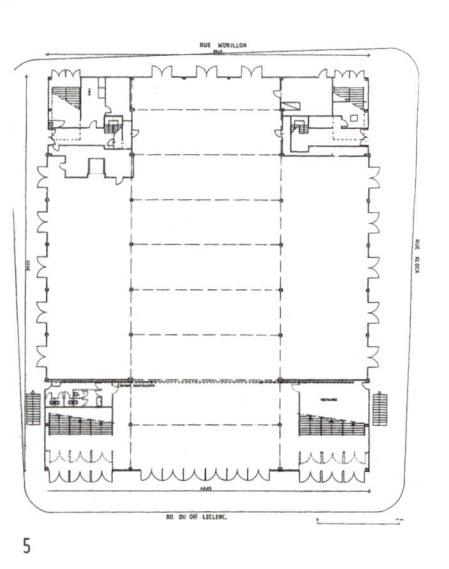

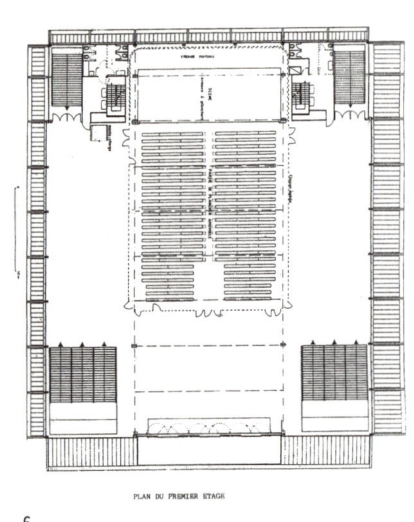

4

5

6

4 → La salle du premier étage lorsque la cloison est escamotée. Dispositif en salle de conférences. (ADMM)

5 → Plan du rez-de-chaussée : le marché occupe l'espace central, les circulations verticales se situent dans les angles. Des cloisons coulissantes permettent d'isoler un foyer-accueil pour la salle polyvalente située à l'étage. (D.R.)

6 → Plan de l'étage. Les cloisons coulissantes se déploient à partir de l'arrière-scène, isolant ainsi une salle de spectacles au centre de la « salle du peuple ». (D.R.)

7 → Mur-rideau de la façade arrière, rue Morillon, en 2001. (Jean-Marie Monthiers)

7

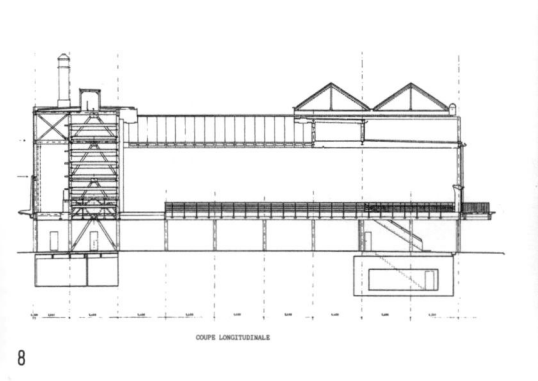

# MAISON DU PEUPLE
## MARCHÉ COUVERT
### 1939
### CLICHY

**La totalité** du rez-de-chaussée est laissée libre pour accueillir le marché, réminiscence du marché en plein air d'antan. Un auvent porté par des consoles permet de prolonger les étals sur l'extérieur. Seuls les angles sont occupés par les escaliers d'accès aux niveaux supérieurs. La partie centrale du bâtiment comporte un plancher mobile, dont les huit éléments peuvent, au gré des organisateurs, soit être emmagasinés dans une « armoire à planchers » afin de donner une amplitude verticale au marché, soit refermer le vide pour former le sol de la salle de spectacles à l'étage. Ce principe n'est viable que si marché et Maison du peuple ne fonctionnent pas simultanément. Le toit est aussi partiellement amovible : un lanterneau coulisse à l'aide d'un mécanisme sur rails, préfigurant marché ou salle de spectacles à ciel ouvert. « Les dispositifs de cette mécanisation de l'espace sont hors du champ des réalisations architecturales courantes, et sont plus en rapport avec la construction d'un porte-avions qu'avec un bâtiment municipal. » [2]

2. Gérard Monnier, *L'Architecture en France. Une histoire critique. 1918-1950*, Philippe Sers éditeur, 1990, p. 178.

8 → Coupe longitudinale : toiture coulissante en position ouverte et plancher du premier étage rangé dans le « magasin » conçu à cet effet. (D.R.)

9 → Ossature des lanterneaux en cours de montage. La structure du bâtiment est constituée de profilés standards. (ADMM)

10 → Toiture coulissante en position ouverte. On aperçoit les planchers de la salle de spectacles du 1er étage rangés dans leur « magasin ». Ainsi le marché, situé au rez-de-chaussée, est à ciel ouvert. (Académie d'architecture)

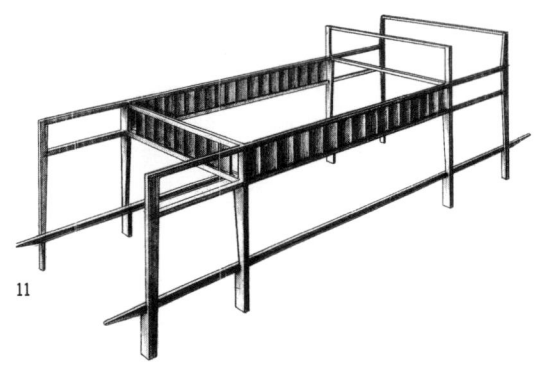

**Le système constructif** hérite de l'expérience de l'aéroclub Roland-Garros à Buc, construit peu de temps avant avec la même équipe (Beaudouin et Lods, architectes ; Prouvé, constructeur). Aujourd'hui disparu, ce petit édifice était déjà entièrement réalisé à partir de tôle d'acier pliée et soudée, pour la structure, les planchers et les revêtements. Un véritable banc d'essai pour la Maison du peuple, dont la structure principale a d'abord été pressentie par Jean Prouvé en tôle pliée. Finalement, pour des raisons économiques, elle est réalisée en profilés standards par l'entreprise Schwartz-Haumont. Tout le reste, des panneaux de façade aux limons des escaliers en passant par les blocs sanitaires, est dessiné et réalisé par les Ateliers Jean Prouvé. L'occasion pour l'homme de démontrer, pour la première fois dans un grand édifice public, les possibilités d'une construction totale en métal.

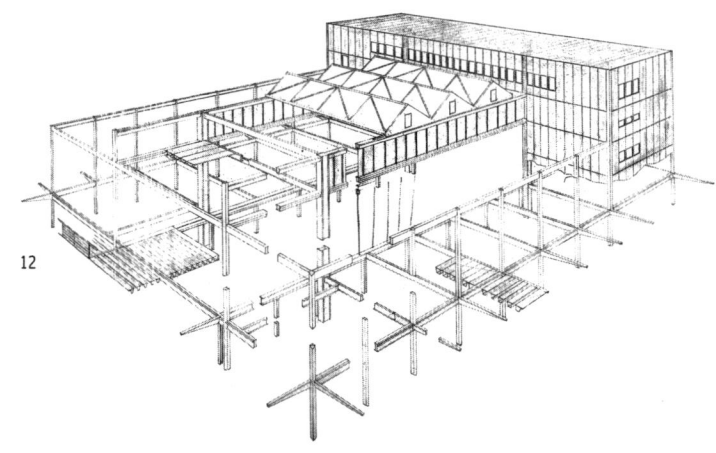

# MAISON DU PEUPLE MARCHÉ COUVERT
### 1939
### CLICHY

11-12 → **Projet de structure en tôle d'acier pliée, dessin de Jean Prouvé, août 1936.** Pour des raisons économiques, ce principe sera remplacé par une solution utilisant des profilés standards. (ADMM)

13 → **La Maison du peuple en chantier :** structure en attente des panneaux de façade de Jean Prouvé. (ADMM)

14 → **Dessin des panneaux de façade métalliques.** Détail sur l'étanchéité des panneaux de façade métalliques. (ADMM)

15 → **Façade arrière :** les panneaux sandwichs sont légèrement bombés et précontraints par des ressorts, afin d'absorber les dilatations thermiques. (Jean-Marie Monthiers)

**Reconnues** comme les premières réalisations en mur-rideau, les façades du volume arrière de la Maison du peuple sont composées de modules accrochés à la structure. Ces panneaux sandwichs (environ 60 mm d'épaisseur, 1,04 m d'entraxe et 4 m de hauteur) sont composés de deux faces convexes en tôle d'acier, entre lesquelles est incluse une couche de laine de verre. Des ressorts à matelas hélicoïdaux maintiennent en place l'isolant et tendent en même temps les deux faces des panneaux, compensant les dilatations du matériau. C'est ce système qui confère aux plaques d'acier leur aspect de surface légèrement bombé. Le pincement sur les bords verticaux des modules joue le rôle de raidisseur, tandis que des joints spécifiques sont mis en œuvre entre les bords biseautés. Chaque panneau, équipé d'une fenêtre avec sa vitre, est livré en une seule pièce, puis monté et ajusté à l'aide de crochets selon une précision millimétrique. Prenant appui sur les modes de production et de transport, les panneaux de la Maison du Peuple sont dimensionnés non pas en fonction des mesures imposées par la construction, mais selon les capacités de la presse de grande puissance acquise par Prouvé en 1930, qui lui permettait de plier des tôles allant jusqu'à 4 m de large. Les trois autres façades sont composées de panneaux d'acier en soubassement et de grandes baies vitrées à l'étage. Les vitrages sont combinés avec des panneaux en Rhodoïd ondulés. Tous deux sont enchâssés dans des profilés en acier dessinés par les Ateliers Jean Prouvé. Ces châssis feront école par la suite et seront employés dans de nombreuses réalisations.

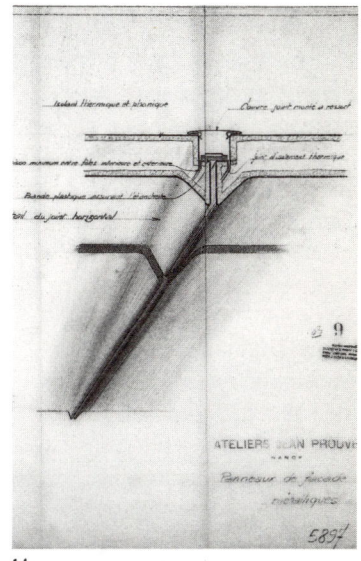

16 → La « salle du peuple », à l'étage, est généreusement éclairée par des baies vitrées doublées de panneaux en Rhodoïd ondulé. (ADMM)

17 → Test d'étanchéité de la façade par les pompiers : le complexe ne laisse pas passer une seule goutte d'eau. (ADMM)

À l'intérieur de l'édifice, une cloison coulissante constituée de panneaux insonorisés et articulés (avec joints souples) module les espaces du niveau supérieur. À commande mécanique, elle s'escamote de derrière la scène et se déploie, suspendue à un rail, pour isoler la salle de spectacles des promenoirs latéraux et du foyer-bar sur rue. Tous les éléments ont été livrés finis sur le chantier et montés sans l'emploi ni de béton, ni de mortier. Les limons des escaliers sont faits d'une seule pièce de 8 m de portée en tôle d'acier pliée et soudée, et avaient été livrés avec leur main courante. Les détails étaient dessinés et fabriqués dans la foulée. L'implication du constructeur a été telle que ce chantier s'est révélé pour lui être un véritable gouffre financier. Il admettra plus tard, dans un courrier adressé à Lods, qu'une autre solution, moins complexe, aurait pu être appliquée.

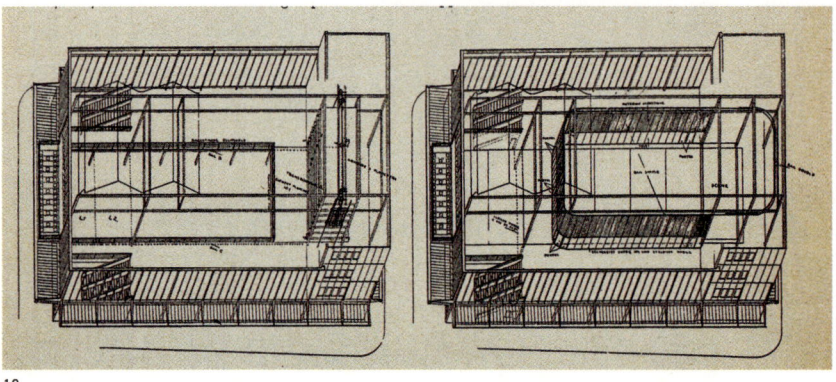

18 → Trois éléments de la cloison articulée coulissante de l'étage, suspendus à un rail encastré. (ADMM)

19 → Deux variantes d'utilisation vues en axonométrie : marché ouvert et salle de spectacles fermée. Cette flexibilité est actuellement réduite. (ADMM)

20 → Vue intérieure de la salle de spectacles, 2001. (Jean-Marie Monthiers)

21 → Dalle de béton qui recouvre le plancher central coulissant devenu fixe. (Jean-Marie Monthiers)

22 → Espace latéral de la « salle du peuple ». (Jean-Marie Monthiers)

23 → Le soubassement d'origine, en panneaux métalliques, a été remplacé par un parement en briques. (Jean-Marie Monthiers)

# MAISON DU PEUPLE
## MARCHÉ COUVERT
### 1939
#### CLICHY

21

22

**Terminé en 1939**, l'édifice machiniste n'est plus d'actualité au lendemain de la guerre, face aux urgences de la reconstruction. Il faut attendre 1971 et le concours du Centre Georges-Pompidou (et ce n'est pas un hasard si Prouvé en est le président du jury) pour que des programmes d'édifices publics flexibles apparaissent à nouveau en France.
Aujourd'hui, la Maison du peuple a perdu certains de ses atouts, dont sa flexibilité : le plancher coulissant central a été recouvert de béton et l'espace du marché est ponctué de poteaux qui supportent la surcharge de la nouvelle dalle, fixe. Les châssis des fenêtres en tôle d'acier pliée ont été remplacés par des cadres en aluminium et les panneaux en acier du rez-de-chaussée se sont vus substituer, faute d'entretien, des parements en briques.
Le bâtiment est désormais classé et fait actuellement l'objet d'une restauration par la Caisse nationale des monuments historiques.

**Rafaël Magrou**

23

1

**1 →** (Documentation générale
MNAM-CCI, fonds J. Prouvé)

> « M. Jean Prouvé représente d'une manière singulièrement éloquente le type du "constructeur" - échelon social - qui n'est pas encore accepté par la loi mais qui est réclamé par l'époque que nous vivons. Je veux dire par là que Jean Prouvé est indissolublement architecte et ingénieur. À vrai dire, architecte et constructeur, car tout ce qu'il touche et conçoit prend immédiatement une élégante forme plastique tout en réalisant brillamment les solutions de résistance et de mise en fabrication. » [1]

Guillemette Morel-Journel

# FORTUNE CRITIQUE RÉCEPTION ET PATERNITÉ
## DANS L'ŒUVRE DE JEAN PROUVÉ OU QUI A COMMIS LE CRIME DE LA MAISON DU PEUPLE ?

ALORS QU'EN CE DÉBUT DE NOUVEAU MILLÉNAIRE la reconnaissance du caractère authentiquement novateur de Jean Prouvé n'a de cesse (tout comme le prix de ses œuvres) de croître, il paraît opportun de nous interroger sur la réception de ce personnage inclassable, mais aussi sur celle du rôle qu'il a joué dans l'histoire de l'architecture du XXe siècle. Cette question - notamment en terme de l'influence (réelle ou revendiquée) qu'il a exercée sur les concepteurs de naguère, et qu'il continue d'avoir sur ceux d'aujourd'hui - ayant déjà été soulevée, je l'aborderai ici en suivant une autre piste, celle du regard qui a été porté sur l'homme et son œuvre par la critique savante, émanant des historiens de l'architecture et des journalistes spécialisés. Après un bref rappel sur la manière dont une telle entreprise peut être menée, j'examinerai la place que Prouvé occupe dans la production écrite savante [2] des soixante dernières années, et plus spécialement dans les ouvrages de référence sur l'architecture mondiale du XXe siècle.

Dans un second temps, j'étudierai plus en détail cette réception à propos d'un des édifices majeurs pour lequel il a œuvré, par ailleurs sans doute le seul ensemble complet encore en état, donc visitable, de la région parisienne : la Maison du peuple à Clichy, achevée en 1939. Par-delà son intérêt intrinsèque, et de ce fait l'abondante littérature spécialisée qu'il a suscitée tant à son époque qu'ensuite, ce bâtiment soulève une question récurrente à propos de Jean Prouvé (mais aussi de bien d'autres personnalités dans l'histoire de l'architecture) : quelle fut vraiment la part *conceptuelle* qu'il a occupée (un problème que nous aborderons toujours à travers les discours produits sur le bâtiment) ; quelle fut celle qu'on lui reconnut alors... et quelle est celle qu'on lui attribue aujourd'hui ? Une action en recherche de paternité est donc lancée, rendue plus dramatique par le fait que les pères putatifs étaient des associés réguliers avant-guerre.

---

1. Le Corbusier, Modulor II, Boulogne-Billancourt, L'Architecture d'aujourd'hui, 1955, p. 115. Cet éloge - il est vrai pris dans le contexte de la longue liste des « bons » concepteurs acquis depuis 1948 à la cause du Modulor - est accompagné d'une coupe (non légendée) d'une maison à noyau central. Cette déclaration est citée *in extenso* notamment dans Jean Prouvé. Une architecture par l'industrie, Zurich, Artémis, 1971, p. 96.
2. Rappelons toutefois dès maintenant que Prouvé est sans doute une des rares figures atypiques de la construction du XXe siècle - ne serait-ce que par la diversité de son activité et de son titre autorevendiqué de « constructeur » (statut inconnu des instances officielles) - sur qui une entreprise ambitieuse de catalogue raisonné est en cours, en l'occurrence par l'universitaire allemand Peter Sulzer. Deux des quatre volumes prévus de cette Œuvre complète (bilingue français-anglais) sont parus à ce jour : volume 1 : *1917-1933*, Wasmuth, 1996, puis Birkhäuser, 1999 ; volume 2 : *1934-1944*, Bâle, Birkhäuser, 2000.

## LE REGARD SUR LE REGARD

Mon propos s'inscrit clairement dans une problématique de nature historiographique [3], c'est-à-dire seconde, considérant l'histoire de l'histoire de l'art, plutôt qu'historique. Il s'agit avant tout d'évoquer l'existence, puis la nature et l'évolution, de l'appréciation qui a été portée, par les historiens et critiques de la discipline architecturale, du travail de Jean Prouvé – sans que la véracité ou la pertinence des informations ainsi créées ne soient analysées : elles sont ici considérées comme notre corpus, un ensemble de données qui ont une existence en elles-mêmes. Il sera donc question de ce que les théoriciens de la littérature nomment « critique de la réception », et j'emprunterai hypothèses et outils à cette méthode qui a fait ses preuves, depuis près de trente ans, en matière de textes littéraires. En effet si, depuis quelques décennies déjà, l'approche « structuralisante » – qui se proposait d'analyser des bâtiments comme des langages – a montré ses limites [4], d'autres outils forgés pour l'interprétation textuelle – notamment l'esthétique génétique et la critique de la réception – semblent encore offrir un potentiel à exploiter dans le champ architectural… au prix, bien sûr, de quelques adaptations permettant de prendre en compte les spécificités de ce champ.

### Qu'est-ce que l'analyse de la réception ?

Afin de situer rapidement les enjeux de la critique de la réception, résumons les propos du spécialiste oxfordien des études littéraires et culturelles, Terry Eagleton. En cherchant à dépasser, notamment avec Hans-Georg Gadamer dans *Vérité et Méthode*, une interprétation phénoménologique des œuvres, c'est-à-dire fondamentalement a-historique, il s'agit en fait de réintégrer, dans notre manière d'interpréter un texte [un bâtiment], son destinataire, le lecteur [l'habitant, l'usager, le visiteur] : « car l'œuvre est aussi un dialogue avec sa propre histoire ». De même, « pour que la littérature [l'architecture] apparaisse, le lecteur [le visiteur] est aussi vital que l'auteur ». Un des principaux membres de l'école de l'esthétique de la réception de Constance, Wolfgang Iser, avance même que « le texte littéraire [l'édifice] le plus efficace est celui qui pousse le lecteur [le visiteur] vers une nouvelle conscience théorique de ses attentes et de ses codes usuels » [5].

## PROUVÉ EST-IL UN ACTEUR À PART ENTIÈRE DE L'ARCHITECTURE DU XXᵉ SIÈCLE ?

Reprenons la piste de notre enquête. Posons donc que la place occupée (ou non) par Prouvé dans l'histoire se mesure à l'aune de celle qu'il tient dans les livres relatant cette histoire ; un survol des « incontournables » de cette littérature nous livre un premier indice : sur la matière *a priori* stable des idées couchées dans les livres, le temps fait aussi son œuvre. Et tandis que ses outrages épaississent inexorablement la couche de rouille des édifices, ceux-ci sont toujours plus mentionnés, et toujours plus attribués à Prouvé – au détriment des autres membres de l'équipe de conception. Puisque nous nous focaliserons plus loin sur la Maison du peuple de Clichy, cela signifie que, les années passant, le rôle tenu par Eugène Beaudouin et Marcel Lods – ou plus exactement celui qui leur est attribué – va s'amenuisant.

### Les histoires canoniques du XXᵉ siècle architectural : une reconnaissance progressive

Pour garder les yeux aussi grands ouverts que possible, concentrons-nous sur les auteurs majeurs d'ouvrages historiques sur l'architecture du XXᵉ siècle (le plus souvent toujours disponibles, tout du moins dans leur langue d'origine), de préférence non français, de manière à conforter l'extériorité, donc la supposée distance et impartialité de leur analyse [6], et voyons leur traitement de cette affaire. Selon un ordre approximativement chronologique, du fait des dates de rééditions qui rendent complexes les questions d'antériorité, huit auteurs seront « entendus » : Giedion, Hitchcock, Pevsner, Benevolo, Zevi, Tafuri, Curtis et Frampton.

---

3. Un ouvrage récemment paru en anglais, bien qu'issu d'une thèse de Doctorat soutenue en France par un chercheur grec, Panayotis Tournikiotis, ouvre la voie de cette discipline appliquée à l'architecture : *The Historiography of Modern Architecture*, Cambridge (Massachusetts), The MIT Press, 1999. J'observerai ici quelques ouvrages fondamentaux qu'il étudie.

4. Voir à ce sujet le spirituel article du regretté Jacques Guillerme, « Mémoires d'épidémie », in CHAT (Centre d'histoire et d'analyse des textes), *Littératures et Architecture*, Rennes, Presses universitaires de Rennes 2, coll. « Interférences », 1988, pp. 14 à 21.

5. Les passages sont extraits du chapitre II, « Phénoménologie, herméneutique et théorie de la réception », de son livre *Critique et Théorie littéraires. Une introduction*, Paris, PUF, coll. « Formes sémiotiques », préf. Marc Augé, 1994, pp. 71, 75 et 78.

6. J'ai volontairement écarté les livres consacrés uniquement à la France – qu'ils soient dus à des plumes françaises ou étrangères – de manière à conserver cette distance dans le point de vue.

**1re Année N° 3** — Abonnement 28 Francs — **MAI-JUIN 19..**

# Les Collectivités Publiques

REVUE MENSUELLE DES ACTIVITÉS MUNICIPALES

ADMINISTRATEUR
ROBERT LAJEUNESSE

RÉDACTION PUBLICITÉ
14, Rue Brunel, PARIS 17e

— TÉLÉPHONE —
GALVANI 98-20

LE MARCHÉ-MAISON DU PEUPLE DE CLICHY. — Beaudouin et Lods, architectes.

2 → Maison du peuple, Clichy,
Eugène Beaudouin et Marcel
Lods architectes, Vladimir
Bodiansky ingénieur, 1939.
(ADMM)

Malgré son intérêt constant pour la participation des ingénieurs à l'architecture et sa fascination pour les progrès technologiques de toutes sortes, le célèbre historien de l'art d'origine suisse Sigfried Giedion (1893-1968) ne mentionne pas une seule fois le travail de Prouvé, ni le programme éminemment novateur de la Maison du peuple, dans son œuvre majeure, *Espace, Temps, Architecture*[7]. Mais il est vrai que ce membre fondateur des CIAM (Congrès internationaux d'architecture moderne), très engagé dans l'action et le prosélytisme promoderne, se focalise surtout sur quelques grandes figures telles, pour la France, Le Corbusier.

Henry-Russell Hitchcock (1903-1987), le sérieux historien américain – qui partage avec l'agitateur-architecte Philip Johnson la responsabilité de l'identification, en 1932, dudit « Style international » –, dans sa non moins sérieuse *Architecture : dix-neuvième et vingtième siècles*[8], ignore lui aussi superbement le « constructeur » d'origine nancéienne.

Nikolaus Pevsner (1902-1983), historien de l'art allemand émigré en 1935 à Londres, publie dès 1936 *Pionners of the Modern Movement, From William Morris to Walter Gropius* (révisé en 1960, ce livre est devenu une sorte de best-seller dans sa catégorie), et revient en 1968 sur cette période (qu'il clôt toujours en 1914) avec *The Sources of Modern Architecture and Design*. Cette périodisation lui interdit d'évoquer Prouvé mais, en 1943, il a adopté une perspective plus large (de l'Antiquité à nos jours) en sortant chez Penguin un *Outline of European Architecture*, dont la septième et dernière édition, en 1963, est traduite en français sous le titre *Génie de l'architecture européenne*[9]. Un des neuf chapitres est consacré à la production d'après 1914, et bien qu'au moins deux bâtiments auxquels Jean Prouvé a collaboré soient commentés et illustrés – l'unité d'habitation de Marseille et le siège de l'Unesco à Paris –, son nom n'est à nouveau jamais mentionné.

Le non moins fameux architecte romain Leonardo Benevolo (né en 1923), dont les quatre copieux volumes de l'*Histoire de l'architecture moderne*[10] sont aux étudiants en architecture ce que le « Bled » et *L'Art de conjuguer* sont aux écoliers, n'évoque ni l'œuvre ni le nom de Prouvé.

Bruno Zevi (1918-1999), architecte, enseignant en histoire de l'art et militant politique, a écrit de nombreux ouvrages, souvent polémiques. Après s'être attaché à nous « apprendre à voir l'architecture » et s'être fait le chantre de la tendance « organique »[11] de celle-ci, il publie en 1950 sa *Storia dell'architettura moderna*, qui connaît cinq révisions jusqu'en 1975 (pas de traduction en français). Silence sur Prouvé, toujours et encore.

L'historien et critique italien Manfredo Tafuri (1935-1994) publie pour sa part en 1976, avec Francesco Dal Co, un volume consacré à l'*Architettura contemporanea* (c'est-à-dire du XXe siècle, le propos étant d'omettre absolument le qualificatif, jugé épistémologiquement impur, de « moderne ») qui boucle l'ambitieuse série de l'« Histoire mondiale de l'architecture », dirigée par Pier Luigi Nervi, dont la traduction française paraît dès 1982[12]. Il n'y semble guère intéressé par notre « constructeur », puisqu'il se contente d'évoquer son nom deux fois. La première, à propos du travail de Beaudouin et Lods : « *avec W. Bodianski et J. Prouvé* »[13] ; la seconde, pour le « concours technique » qu'il apporte à Candilis, Josic et Woods sur l'université libre de Berlin-Dahlem. Mais à ce point, les traducteurs se sont rebellés : ils ont créé en fin d'ouvrage une longue note s'attachant à restituer « l'intérêt historique auquel elle [l'œuvre de Prouvé] a droit ». C'est là sans doute un des rares cas où des traducteurs, par ailleurs fidèles jusque dans son obscurité essentielle au texte original, se sentent tenus de « corriger » le propos des maîtres qu'ils sont censés servir !

---

7. Publié pour la première fois en américain en 1941, mais dont la version française (première édition, Bruxelles, La Connaissance, 1968 ; nombreuses réimpressions depuis) s'appuie sur la cinquième édition revue en 1967, ce qui laissait largement le temps à Giedion de se « rattraper » par rapport à ce qui deviendra l'œuvre moderne majeure de Clichy.

8. Traduction (très défaillante) de la quatrième édition revue (en 1977) de son ouvrage paru pour la première fois chez le célèbre éditeur Penguin en 1958 : Bruxelles, Mardaga, 1981.

9. Paris, Taillandier/Hachette, 1965, repris aux éditions du Chêne, 1991.

10. Paris, Dunod, 1979 à 1988 ; original italien publié dès 1960 chez Laterza. La période couverte va de la révolution industrielle à 1980.

11. Voir respectivement *Saper vedere l'architettura : Saggio sull'interpretazione spaziale dell'architettura* (1948) et *Verso un'architettura organica* (1945).

12. Chez Berger-Levrault. Elle est reprise en 1991 chez Gallimard-Electa.

13. P. 231 de l'édition de 1991. C'est moi qui souligne.

14. Pp. 376-377 ; c'est encore moi qui souligne.

15. *Ibid.*, pp. 475-476.

16. Londres, Thames and Hudson, 1992, dans la fameuse collection de poche « World of Art ».

17. Outre pas moins de vingt-cinq appels de notes dont le texte n'apparaît nulle part, ce qui est compréhensible pour un livre qui n'en compte, par parti pris, aucune, les références bibliographiques étant regroupées en fin de volume par chapitre. Ce « raté » éditorial renforce le caractère d'ajout de ce chapitre dans le déroulement général du volume. Situé en deuxième place dans la troisième et dernière partie du livre (pp. 227 à 245), il traite de la Maison du peuple en pp. 238-239.

Revenons maintenant au monde anglo-saxon, avec deux auteurs toujours en activité, qui ont chacun écrit une histoire de ce siècle architectural à la fois compacte, érudite et critique, dont le succès ne s'est jamais démenti. L'« affaire » Prouvé s'y complexifie.

Commençons par l'historien anglais William Curtis (né en 1948), à l'écriture aussi libre et déliée que sa carrière universitaire. La première édition de sa *Modern Architecture since 1900* est parue chez Phaidon en 1982. Ici encore, point de Prouvé. Mais voici que la troisième édition de 1996, notablement augmentée il est vrai (mais toujours inédite en français), offre une tout autre perspective : dans un des nouveaux chapitres, intitulé « International, national, régional : la diversité d'une nouvelle tradition », un long commentaire et une photographie sont dévolus à la Maison du peuple, « *conçue par l'ingénieur/architecte Jean Prouvé (avec la collaboration de Beaudouin, Lods et Bodiansky)* »[14]. Sachant que Curtis est un fin connaisseur de la situation française, il ne s'agit pas là d'un lapsus. Les « collaborateurs », mis entre parenthèses et interdits de prénoms, apprécieront (ou du moins auraient apprécié, s'ils avaient vécu assez longtemps pour subir ce quasi diffamatoire retour de l'histoire).

Mais Curtis va plus loin : dans un autre nouveau chapitre, titré « Ruptures et continuités dans l'Europe des années cinquante », c'est à l'homme Prouvé qu'il réserve une place et une interprétation de choix, notamment dans le contexte français. Ce texte mérite d'être amplement cité, tant il reste pertinent : « Une préoccupation récurrente de l'architecture française dans les années cinquante est celle de la bonne relation à établir entre "art" et "technique". Ce dilemme fondamental pour la pensée structurelle rationaliste y est en fait accentué par la distinction institutionnelle entre l'École polytechnique et l'École des beaux-arts. [...] Jean Prouvé fait appel, et contribue, à la culture de la construction qui naît alors en France, mais il est aussi un cas à part. [...] Prouvé a grandi avec du métal dans les mains, et il était autant artiste/artisan qu'architecte/ingénieur. Ainsi, alors que ses efforts pour faire émerger la forme à la fois des systèmes de production et de l'expression de la manière dont le bâtiment est porté le font entrer dans une lignée du rationalisme structurel remontant à Viollet-le-Duc, dans le même temps, le côté artisanal de son travail en fait une sorte d'héritier de l'Art nouveau. Prouvé avait pour idéal de transformer la technologie pour en faire des mécanismes au service de la société, comme dans ses expériences pionnières des années trente, dont la Maison du peuple à Clichy. Tandis qu'il concevait maints prototypes de production de masse pour des objets et équipements de tous les jours dans les années cinquante (depuis des maisons individuelles jusqu'à des éléments de salles de bains, en passant par des meubles ou les abris sahariens démontables), il cherchait à éviter la dépersonnalisation de cette technologie. Les structures de Prouvé avaient un caractère de tension, voire d'anthropomorphisme, qui reflétait en partie sa recherche globale d'humanisation de la technique. Son idée de la structure outrepassait largement la description neutre de matériaux et de forces pour atteindre à une conception virtuellement naturelle de membrures, d'articulations, de forces, de joints et de connexions. Un sens raffiné du détail accompagnait cette déclinaison minutieuse d'un concept régulateur. À une époque où les bâtiments denses et sculpturaux en béton armé de Le Corbusier dominaient une bonne partie de l'architecture française, Prouvé montrait la voie de l'alternative féconde que pouvait représenter la charpente métallique. Cet effet a perduré, notamment dans l'architecture française de verre et d'acier des années quatre-vingt. »[15]

La vision de Kenneth Frampton (né en 1930), architecte anglais de formation, mais désormais historien universitaire américain (Columbia University), témoigne d'une évolution similaire à celle de Curtis. Son livre *Modern Architecture: a Critical History* en est aujourd'hui aussi à sa troisième édition[16]. Celle-ci n'est pas traduite en français, contrairement à la première (de 1980), qui le fut (en 1985) chez Philippe Sers, et qui est aujourd'hui épuisée. Le lecteur français est donc condamné à consulter en bibliothèque une édition non remise à jour. Et comme si notre enquête cherchait à accumuler les handicaps susceptibles de la brouiller, le cas « Prouvé » fait partie des points qui ont été radicalement revus durant les douze ans qui séparent les deux versions, mais aussi des éléments qui distinguent l'original anglais de son adaptation française. En effet, il semble clair que Frampton a spécialement rajouté, pour l'édition française du texte de 1980, un chapitre : « De l'Art déco au Front populaire : l'architecture française de l'entre-deux-guerres, 1925-1945 ». Comme il se doit, ce chapitre français pour les Français a disparu dans l'édition de 1992, au profit d'une réflexion plus à jour sur « L'architecture dans le monde et la pratique réflexive ».

Cette modification de plan n'est pas sans incidence sur le traitement réservé à Prouvé, et plus spécialement la Maison du peuple. En effet, dans l'édition française, le chapitre ajouté[17] comprend un développement relativement important sur Beaudouin et Lods, qualifiés – tout comme Auguste Perret et Michel Roux-Spitz (!) – de « grands constructeurs ». L'auteur évoque à leur sujet « une *poésie d'outillage* » et commente ainsi la Maison du peuple : « Sans considérer si cette dernière devrait être classée strictement comme une maison ou comme une machine [18], la magnificence de la structure, totalement préfabriquée, réalisée à Clichy, ne laisse aucun doute quant à la stature extraordinaire de Lods dans son association avec Prouvé. » Cet « ouvrage représentant la quintessence du Front populaire » n'est décrit que sous l'angle de « sa complexe structure transformable », attribuée dans le texte à « Lods, Prouvé et Vladimir Bodiansky », et accompagné de trois illustrations – une coupe, une axonométrie éclatée et une vue de la façade arrière –, toutes créditées en légende des seuls « Beaudouin et Lods ». Sans même évoquer le mur-rideau, Frampton conclut : « Il est troublant de penser que cette construction extraordinairement élégante et efficace tient encore son rang quand on la compare aux ouvrages "high-tech" des dernières années. »

Cet ambigu tribut rendu à Prouvé n'est pas démenti par l'autre paragraphe du livre qui lui est consacré [19] : « Le néo-productivisme provient manifestement de l'évolution des attitudes fonctionnalistes lancées par l'avant-garde de l'avant-guerre. En tant que tel, il étend également l'approche taylorisée de la construction que Paxton inaugura en 1851. Cette tendance comprend dans sa trajectoire des inventeurs comme Jean Prouvé qui, alors qu'ils ne sont pas architectes au sens strict, ont néanmoins voué toute leur carrière à la rationalisation et au raffinement de la forme modulaire et légère. À cet égard, la carrière de Prouvé a été exemplaire ; d'abord, au niveau du détail, avec son traitement d'avant-garde du joint néoprène et du panneau formé à la presse, puis au niveau de l'assemblage modulaire. Sa longue carrière s'étend de sa Maison du peuple construite en 1939 à Clichy (Paris) au mur-rideau en acier Corten modulaire qu'il mit au point pour l'université libre de Berlin. »

Avec l'édition « à jour » de 1992, changement de perspective. Le chapitre sur la France de l'entre-deux-guerres n'est plus, l'analyse de la Maison du peuple non plus. À part une allusion très générale au rôle de Prouvé, parmi bien d'autres, dans l'architecture moderne en France, son nom est cité deux fois… à propos des façades de l'université de Berlin. On retrouve tout de même en fin d'ouvrage un paragraphe sur Prouvé, très remanié [20] : « Le productivisme au sens strict ne peut être distingué, en tant que position "moderniste", d'une vision pour laquelle l'architecture ne peut et ne devrait être rien d'autre que de l'ingénierie élégante, ou un produit à très grande échelle du design industriel. Comme je l'ai déjà dit, cette vision a de nombreux antécédents dans l'histoire du Mouvement moderne. Parmi ceux-ci, le moindre n'est pas l'œuvre pionnière de l'artisan/ingénieur Jean Prouvé, depuis la mise au point de son mur-rideau de l'aéroclub Roland-Garros à Paris [en fait à Buc] de 1935 et sa Maison du peuple transformable à Clichy (Paris), réalisée en 1939 selon des concepts mis au point en collaboration avec l'ingénieur Vladimir Bodiansky et les architectes Marcel Lods et Eugène Beaudouin. » On assiste donc au retour du mur-rideau, et à une hiérarchisation de l'équipe de conception quasi inverse par rapport à 1985. Tous ces revirements nous portent à penser que les histoires, même les plus récentes, ne sont pas encore totalement « stabilisées » sur le rôle de Prouvé.

---

18. Cette intuition est reprise par Alain Guiheux, et extrapolée pour analyser des édifices d'actualité, dans son article « L'architecture est un dispositif », *AMC*, n° 95, février 1999, pp. 52 à 55 : « Trois projets d'architectes contemporains, terminés en 1988 – le Centre des congrès de Lucerne de Jean Nouvel, l'École du cinéma du Fresnoy de Bernard Tschumi, une maison de Rem Koolhaas à Bordeaux – tout à la fois relèvent et transforment une question dont le paradigme aura été la maison du Peuple de Clichy de Marcel Lods et Jean Prouvé (1937). Si ce projet avait pour enjeu premier celui du dispositif, associant alors la technique et le mouvement pour créer des associations inédites de fonctions et d'usages (le marché et le spectacle), de sensations et d'images (l'écran et le ciel) – machinerie sans apparence, – il participait [...] d'une mise à l'écart des préoccupations formelles au profit d'une action, que l'on dira positive. » L'histoire ne se répétant finalement pas tant que ça, il semble qu'ici, outre l'omission volontaire du nom de Beaudouin, et contrairement à ce qui se passa durant quelques décennies, Prouvé est « sur-crédité » : la mise au point du plancher mobile est en effet communément attribuée à l'ingénieur Vladimir Bodiansky. Dans son article pour le catalogue de l'exposition organisée au Centre Georges-Pompidou en 1990, *Jean Prouvé « constructeur »*, intitulé « L'architecture inverse » (pp. 25 à 39), Guiheux limite déjà les acteurs de la Maison du peuple aux deux seuls Lods et Prouvé.
19. Dans le dernier chapitre, « Postscriptum 1983. L'architecture contemporaine et le régionalisme critique » ; ce paragraphe clôt la rubrique « Le néo-productivisme », p. 278.
20. Dans un nouveau chapitre intitulé « Le lieu, la production et la mise en scène : théories internationales et pratiques depuis 1962 », et au cœur d'une rubrique rebaptisée « Le productivisme », p. 302.

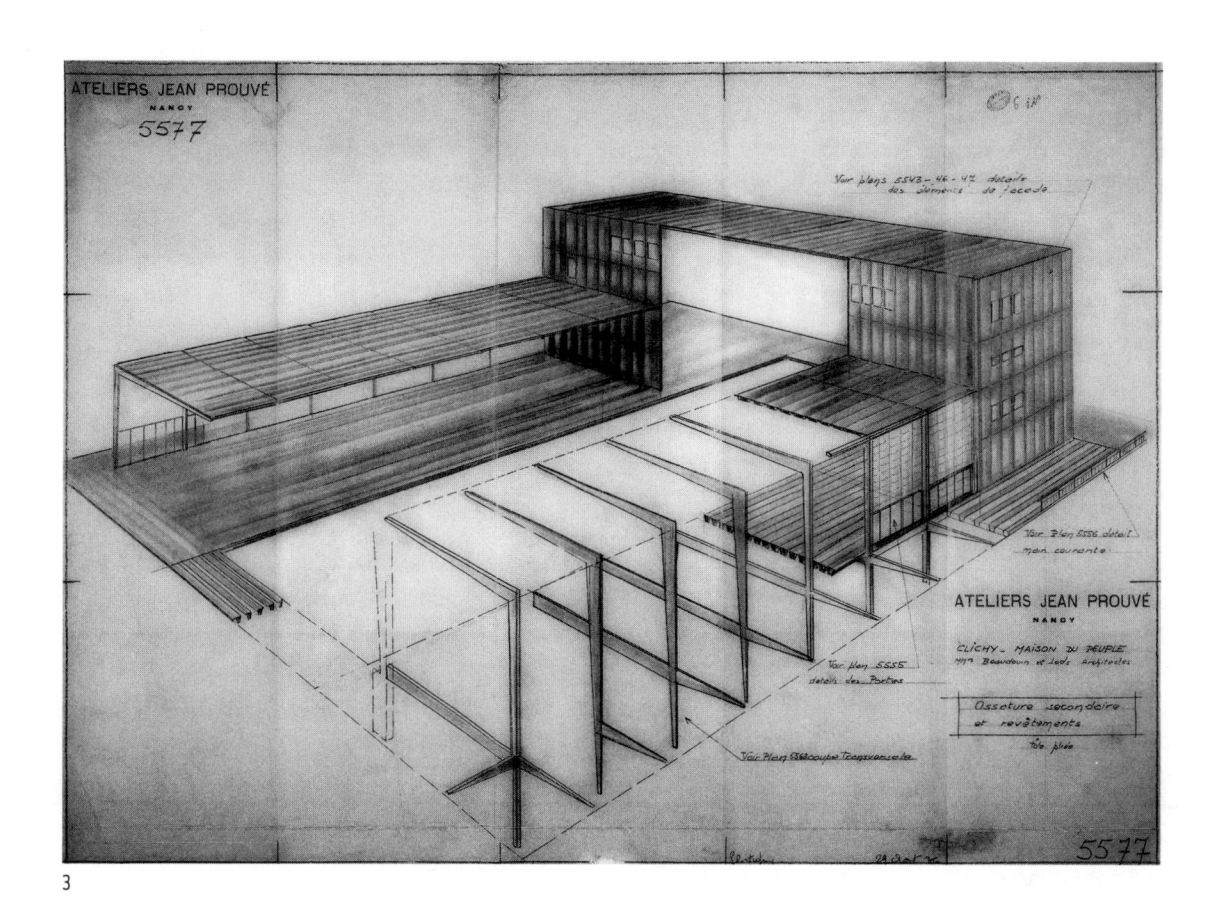

3 → Maison du peuple,
schéma de structure. (ADMM)

*Quelques dictionnaires et encyclopédies : toujours l'instabilité*

Du point de vue méthodologique, j'aurais pu procéder de la même manière comparative avec les dictionnaires et encyclopédies – qu'ils soient généralistes, consacrés aux architectes, voire aux seuls créateurs du XXe siècle. Pour ne pas alourdir mon propos, je me contenterai de citer quelques résultats qu'un tour d'horizon, moins systématiquement mené que pour les *Histoires*, a fait ressortir. Là encore, pour les raisons de nécessaire distance critique évoquées plus haut, les ouvrages d'origine étrangère ont été privilégiés. Pour aller du plus général au particulier, consultons l'*Encyclopedia Britannica*, puis la *MacMillan Encyclopedia of Architects* et *A Dictionary of Architecture,* et enfin le *Lexikon der Modernen Architektur.*

La célèbre *Britannica* réserve à Prouvé (contrairement à Beaudouin ou Lods) une petite place dans les volumes de sa « Micropaedia, Ready Reference » (mais pas dans la plus prestigieuse série de la « Knowledge in Depth »). Le ton est plutôt au panégyrique, et le texte insiste sur le rôle de pionnier de Prouvé dans certaines techniques, notamment celle du mur-rideau à Buc et à Clichy, ou la préfabrication des composants industriels dans l'immeuble de la Fédération du Bâtiment à Paris (sans jamais aucune mention des architectes), qui sont mises en œuvre « tout en conservant une qualité architecturale et une personnalité ». L'incontournable encyclopédie *MacMillan*[21] en quatre volumes ignore aussi Beaudouin et Lods, mais consacre une page entière à Prouvé, avec notamment une abondante bibliographie. Le volume unique du *Dictionary*[22] dirigé par Pevsner adopte la même drastique sélection. Prouvé y est salué comme « l'un des maîtres de la construction légère en métal, un fervent militant de la production industrialisée, non seulement d'éléments mais de l'ensemble de bâtiments ». On signale sa collaboration avec de nombreux architectes, « Baudouin, Lodz [sic], Lopez, Zehrfuss, etc. », mais aussi qu'il « est capable par lui-même d'une grande élégance architecturale ». S'agissant du seul XXe siècle, j'utiliserai ici la traduction anglaise du fameux *Lexikon* élaboré en 1963 par Gerd Hatje[23]. Les hasards de l'ordre alphabétique placent le long et enthousiaste texte sur Prouvé, rédigé par l'historien de l'art et critique (alors très important) Maurice Besset, juste après l'article consacré à la préfabrication (dans lequel le nom de Prouvé, tout comme dans l'entrée consacrée au mur-rideau, n'est pas cité). Besset chante la manière toujours personnelle et formellement convaincante qu'a Prouvé de résoudre un problème de composant industriel et conclut : « Ses bâtiments ont une clarté et une gaîté uniques dans l'architecture d'aujourd'hui. Ses projets, qui naissent dans l'atelier et l'usine, n'ont rien d'artificiel ou de schématique ; au contraire, ils sont vivants, épanouis, d'une spontanéité surprenante, comme des organismes tendant amicalement la main à l'homme. »

Après ce tour d'horizon de quelques supports généralistes sur papier, un petit surf sur Internet s'imposait. De moteur de recherche en mégamoteur de recherche, et après quelques heures passées à regarder les occurrences (pas toutes passionnantes, et souvent redondantes) tomber, une chose est sûre : Prouvé (bien plus que Lods ou Beaudouin) est très présent au sein du monde virtuel, et tout autant dans

---

21. Londres, MacMillan, Free Press, 1982. Elle compte 2 400 entrées couvrant toutes les époques architecturales. Non traduite en français.
22. Londres, Penguin, 1966, revu en 1975. Non traduit en français.
23. Munich, Droemer/Knaur, 1963 ; traduction anglaise (ici utilisée), *Encyclopedia of Modern Architecture*, Londres, Thames and Hudson, coll. « World of art », 1963 ; version française (non consultée), *Dictionnaire de l'architecture moderne*, Paris, Hazan, 1964. L'ensemble du *Lexikon* a été remanié en 1983 sous la houlette de Vittorio Magnano Lampugnani, mais la version française de ce livre a encore été copieusement amendée sous la direction de Pierre Joly (qui a notamment rédigé les notices sur Beaudouin et Lods). Curieusement, l'intéressant article original de Maurice Besset sur Prouvé a été troqué contre un texte plus convenu (dû à un énigmatique quasi-homonyme Moritz Besser).
24. Les revues suivantes, antérieures à 1970 et signalées dans les diverses bibliographies compilées, n'ont pu être consultées : *Les Collectivités publiques*, n° 3, 1939 ; *Le Moniteur des travaux publics et du bâtiment*, n° hors série, novembre 1947 ; *Architecture* (Bruxelles), n° 11-12, 1954 ; *Revue de l'aluminium*, n° 220, 1955 ; *Esthétique industrielle*, n° 16, 1955, et n° 26, 1957 ; *Bauen + Wohnen* (Zurich), n° 5, 1963, et février 1967 ; *Cimur*, n° 36, 1968.
25. N° 5, mai 1939, *Édifices publics*, chapitre « Édifices municipaux », pp. 40-41, texte de Pierre Vago (alors rédacteur en chef de la revue) : « La Maison du Peuple de Clichy, architectes : Beaudouin et Lods ».
26. N° 10, octobre-novembre 1939, pp. 518 à 528, par P. Filippi, architecte : « Le marché couvert de Clichy (Seine), architectes : Eugène Beaudouin, Grand Prix de Rome, et Marcel Lods, architecte DPLG ».
27. Tome XII, 1939, éditions Albert Morancé, planches 96 à 100 : « E. Beaudouin et M. Lods, Marché et Salle des Fêtes, à Clichy, près de Paris ».
28. N° 3-4, *Approvisionnement*, 1940, chapitre « Halles et marchés », pp. 50 à 55 : « Marché et Maison du Peuple à Clichy, architectes : Beaudouin et Lods ».

le francophone que dans les autres. Sans doute plus encore que d'habitude dans cet univers non-hiérarchisé, les niveaux d'information se croisent et s'entrecroisent, de l'amicale purement locale au séminaire très sérieux de quelque université (à part l'Asie, tous les continents semblent représentés), de la banque européenne de données sur des architectes aux diverses annonces internationales de collectionneurs : les différentes facettes de l'homme Prouvé trouvent toutes ici leur place. De là à en déduire quelques interprétations fondées sur la réception de l'œuvre, il reste cependant un gouffre à franchir !

### QUI A *VRAIMENT* COMMIS LE CRIME DE LA MAISON DU PEUPLE ?
### LES ÉTAPES SUCCESSIVES D'UN DOSSIER CONTRADICTOIRE

La place manque ici pour établir un véritable dossier de la réception dans la presse écrite (même limitée aux domaines architectural et technique) faite à la Maison du peuple. J'évoquerai donc rapidement ici uniquement les moments principaux de cette réception dans un ordre chronologique. Commençons par les parutions « à chaud »[24].

*1939*

– *L'Architecture d'aujourd'hui* (désormais : *AA*)[25]. Aucune mention de l'apport de Bodiansky ou de Prouvé, malgré la phrase conclusive suivante : « La réalisation technique est intimement liée au parti architectural adopté. » Et l'auteur de prévenir de son intention « de revenir de manière détaillée sur cette œuvre remarquable [...] qui fait certainement le plus grand honneur aux chercheurs ardents et courageux que sont Beaudouin et Lods ». Effectivement, l'année suivante, promesse sera tenue.

– *La Technique des travaux*[26]. Le texte est ici à la fois fouillé et précis, notamment pour tout ce qui relève du fonctionnement technique. La fin est particulièrement éclairante sur l'absence totale de statut reconnu à Prouvé, même lorsqu'il est question des missions qu'il a remplies : « Appliquant depuis plusieurs années le principe de la standardisation et de la préfabrication, les architectes Beaudouin et Lods ont acquis une grande expérience dans ce domaine. Le bâtiment de Clichy en est le résultat probant. Ce résultat a été obtenu, aussi, grâce au concours de l'ingénieur M. Bodiansky, qui a apporté aux architectes sa collaboration de tous les instants pour la partie technique, et des diverses entreprises parmi lesquelles nous citerons l'entreprise Thomas Kotland pour la maçonnerie et le béton armé et l'entreprise Schwartz-Hautmont [sic] pour la partie métallique. »

– *Encyclopédie de l'architecture. Constructions modernes*[27]. Ce magnifique portfolio, malgré deux photographies du mur-rideau de Prouvé (planche 97 r°, « Façade postérieure » ; planche 100 r°, « Détail des panneaux de la façade »), n'attribue l'édifice qu'aux seuls architectes en titre dans la « notice » descriptive assez brève, mais insistant pourtant sur la réalisation entièrement en métal, dont « tous les éléments – ossature et tôlerie – ont été exécutés en usine, et seulement montés ou assemblés au chantier ».

*1940*

*AA*[28]. L'article très illustré, long et détaillé, tant au niveau du site et du programme que, surtout, de la construction, non signé mais vraisemblablement dû aux architectes eux-mêmes, compte tenu du ton assez personnel et de quelques usages du « nous » dans l'explication du fonctionnement du plancher escamotable, n'indique à nouveau jamais les noms de Bodiansky et Prouvé (malgré un développement, accompagné de croquis très détaillés et de photographies, sur les « panneaux de façade » de l'arrière, au demeurant jamais appelée « mur-rideau »). Ce copieux article servira en fait de base aux publications ultérieures, que les citations en soient explicites ou non.

*Années 1940 et 1950*

Quelques années plus tard, une deuxième vague de publications a lieu. Dans ce cas, la Maison du peuple n'est plus évoquée seule, mais parmi d'autres réalisations faisant appel à l'industrialisation. On constate alors, dans l'ensemble, un léger progrès sur la voie de la reconnaissance, le nom de Prouvé apparaissant de manière sporadique.

Citons ainsi *L'Architecture française*, n° 44-45, juin-juillet 1944, n° spécial sur l'*Acier* : deux articles, dont l'un, « De la paroi », est signé Marcel Lods, reproduisent deux vues de la Maison du peuple, à chaque fois créditées ainsi : « Architectes : Beaudouin et Lods ; Constructeurs : Schwartz-Hautmont [sic] et Ateliers Jean Prouvé ».

Par ailleurs, *L'AA*, n° 4, janvier 1946, *Préfabrication – Industrialisation*, sous une superbe couverture graphique réalisée à partir de la vue d'un portique de Prouvé, comporte notamment un article rétrospectif intitulé « L'industrialisation du bâtiment », qui indique (p. 12) : « En France, les architectes Henri Sauvage, puis Beaudouin et Lods, se sont attachés [...] à mettre au point des procédés de préfabrication presque intégrale. [...] L'aéroclub de Buc (démonté et emporté depuis par les Allemands) et la maison du peuple de Clichy sont l'expression de procédés de construction métallique longuement étudiée avec le constructeur Jean Prouvé. » Pour la première fois, c'est au processus de conception même qu'est associé le Nancéien.

Dans la décennie cinquante, un tournant dans la reconnaissance du travail de Prouvé semble bien amorcé ; c'est surtout la revue *Techniques et Architecture* (désormais : *T & A*) qui prend le relais, avec des parutions en juin 1955 (n° 1, *Acier 2*), novembre 1957 (n° 5, *L'Industrialisation du bâtiment*), et février 1959 (n° 1, *Fermetures*). Les deux premières livraisons associent désormais systématiquement le nom de Prouvé à la Maison du peuple, mais toujours en fin de liste, en tant que « constructeur », « réalisation par les Ateliers Jean Prouvé », voire – injure doublement suprême, car dans un article signé de Lods – en position de fournisseur, avec la mention : « Panneaux tôle pour cloisons, murs et façades, planchers, plafonds : Ateliers Jean Prouvé ». L'heure de la revanche sonne dans le dernier numéro qui, il est vrai sous la rubrique « Panneaux de façade et murs-rideaux » (il semble que cette dénomination commence juste à se fixer), cite, p. 125, « la belle réalisation du marché couvert de Clichy en 1938-1939 par Jean Prouvé (Beaudouin et Lods, architectes, Bodiansky, ingénieur-conseil), entièrement en acier et encore bien conservé malgré des conditions d'utilisation fort sévères. C'est du reste à l'occasion de cette réalisation que Jean Prouvé utilisa pour la première fois l'expression "mur-rideau", qui connut depuis la fortune que l'on sait. »

Les années 1960 confirmeront cette confirmation avec, toujours dans *T & A*, les phrases suivantes : « Ce panneau [celui du siège parisien de la Fédébat] fait suite aux prototypes de Buc et du marché de Clichy, également étudiés par Jean Prouvé, suivant les plans de Lods et Beaudouin. »[29] Et, ailleurs : « Le mur-rideau a son point de départ dans les expériences de préfabrication industrielle conduites vers 1935 par Lods, Beaudouin et Prouvé »[30] ou, plus loin : « Nous avons évoqué plus haut les recherches qui ont fait de Jean Prouvé un précurseur dans le domaine du mur-rideau. »

### LE DÉBUT DE LA GLOIRE

Mais au fond, à partir de 1960, ce sont les revues d'art (j'omets volontairement les revues, notamment féminines ou de décoration, qui rendent compte des expériences de Prouvé en matière de maison individuelle) et les publications étrangères qui ont pris le relais ; et c'est de Jean Prouvé lui-même, désormais célébré en tant que technicien et inventeur hors pair, mais aussi comme créateur à part entière, que traitent les articles. Le fait que la première exposition entièrement consacrée à Prouvé ait lieu au musée des Arts décoratifs, de Paris, en 1964, est à cet égard significatif.

*En France...*

Du côté français, il faut évoquer les quatorze pages consacrées en 1961, dans la revue *Cimaise*[31], par le critique Gérald Gassiot-Talbot, à la seule contribution architecturale de Prouvé, et les dix parues en 1964 dans le *Jardin des arts*[32], sous la plume avertie de Pierre Joly, accompagnées d'un reportage photographique signé Joly-Cardot.

Mais le précurseur en la matière aura été une jeune journaliste historienne de l'art pleine d'avenir et au nez creux, une certaine Françoise Choay, qui consacre dès 1958, dans le prestigieux mensuel *L'Œil*, dix très belles pages à l'ensemble de l'œuvre (bâtiments, meubles, méthodes industrielles) de Prouvé, qu'elle conclut ainsi : « Demain, ces prototypes [de maisons industrialisées] qui auraient dû être répétés

---

29. N° 5, juillet 1960, *Murs-rideaux et Panneaux de façade*, p. 122.
30. N° 3, avril 1963, *Murs-rideaux, Pare-soleil, Fermetures, Fenêtres, Portes*, p. 87. Cette phrase ouvre le texte d'introduction du chapitre « Murs-rideaux ». Dans ce numéro encore, la couverture est une variation graphique sur la coupe d'un profilé en aluminium extrudé de Prouvé.
31. N° 54, juillet-août 1961, pp. 106 à 119, texte en français, anglais, allemand et espagnol.
32. N° 110, janvier 1964, pp. 52 à 61, « Jean Prouvé, de Nancy », avec un entretien réalisé dans la maison nancéienne de Prouvé.

4 → Maison du peuple,
vue intérieure du premier
niveau et du toit ouvrant.
(Académie d'Architecture)

à des milliers d'exemplaires illustreront les anthologies où ils seront le symbole d'un style nouveau. En effet, Prouvé a infirmé la conception selon laquelle industrialisation est synonyme de laideur. Il a montré au contraire que ce processus économique et technique implique par essence une esthétique nouvelle. Et il a contribué à cette esthétique, non seulement en enrichissant le vocabulaire de la plastique moderne d'un certain nombre de types idéaux, tels le mur-rideau et sa structure ou l'ossature en béquille, mais également en imposant son propre style. Sommairement, on pourrait le caractériser en trois points. D'abord, la légèreté, le refus du poids et de la masse qui fait de Prouvé un anti-Le Corbusier. Ensuite le refus d'une esthétique de l'angle droit qui fait de Prouvé un anti-Mies van der Rohe. Enfin, le jeu des porte-à-faux et des tensions, l'aspect organique d'une architecture qui *travaille*. Le dessin des structures de Prouvé exprime leur effort et dans toutes ses réalisations se lit immédiatement la clé d'une architecture qui est, par essence, dynamique. » [33]

### *... et ailleurs*

Pour ce qui est du rayonnement européen, citons, par ordre d'apparition, le très stimulant point de vue précoce et moralisateur du grand historien et critique d'architecture Reyner Banham dans *The Architectural Review* (Londres) d'avril 1962 [34] ; au sein de la rubrique "On trial", il s'attache à démonter, avec la perspicacité qu'on lui connaît, les rapports souvent délicats entre technique et architecture. À partir de l'analyse d'un détail *a priori* trivial – le traitement de la tranche d'une feuille de métal –, il en vient à remettre en cause le talent d'un « constructeur » trop habile qui, du fait d'un rapport ambigu avec l'essence même de ce qui fait l'architecture, ne refuse pas de résoudre, par des artifices techniques certes brillants et efficaces, des problèmes qu'un architecte digne de ce nom ne devrait pas soulever. Bref, ce brave « Jean » en vient à assumer des « fautes » architecturales, notamment le fait de s'occuper de la seule façade d'un bâtiment sans étudier ses interactions avec ce qui se passe derrière, en acceptant de servir de « mauvais maître ».

En 1963, *Architectural Design* (Londres) propose seize pages, qui constituent comme une mini-monographie, une sorte de collage en fait, sur "The work of Jean Prouvé" [35].

Le copieux dossier réalisé en 1964 par Ionel Schein pour la revue suisse de langue allemande *Bauen + Wohnen* est en revanche particulièrement bien venu [36] : un bref texte plein d'enthousiasme de Schein, un catalogue (très dense mais rigoureusement présenté) des projets et réalisations avec, pour la première fois me semble-t-il, la reproduction de dessins originaux à main levée de Prouvé.

Les revues italiennes semblent avoir attendu 1971 et la publication du livre *Jean Prouvé. Une architecture par l'industrie* pour s'intéresser à lui : ainsi *Domus,* n° 497, en avril, profite de la recension de l'ouvrage pour s'intéresser aux ouvrages du concepteur.

Par la suite, hormis quelques parutions sans doute dues à l'actualité des travaux de chercheurs isolés, ce sera le classement de la Maison du peuple en décembre 1983, puis la mort de Prouvé l'année suivante, et enfin la grande exposition rétrospective du Centre Georges-Pompidou, en 1990, qui susciteront des articles. Mentionnons toutefois le fort documenté texte de Charlotte Ellis dans *The Architectural Review* en 1985 [37], aimablement intitulé "Prouvé's people palace", et, sur le même bâtiment, le stimulant

---

33. N° 46, octobre 1958, pp. 60 à 69. À part le propos sur le « style », sans doute peu pertinent pour Prouvé, et les comparaisons avec Le Corbusier et Mies van der Rohe, trouvailles pour le moins excessives, plus journalistiques que vraiment fondées, l'insistance sur les qualités de légèreté, de déséquilibre et de mouvement des structures (mobilières ou bâties) reste indiscutablement féconde.
34. Vol. 131, n° 782, pp. 249 à 252 : "Jean Prouvé: The thin, bent detail". Par la richesse des questions qu'il soulève, notamment sur les rapports de force à l'œuvre au sein d'une équipe de conception, cet article plein d'humour mais rédigé dans une langue extrêmement dense mériterait une scrupuleuse traduction en français.
35. N° 11, novembre 1963, pp. 511 à 525. Le dossier (non signé) réunit un texte de Prouvé lui-même, une courte biographie, enfin la présentation de diverses opérations de maisons, de systèmes d'écoles industrialisées et de panneaux.
36. N° 7, juillet 1964, pp. 267 à 294.
37. N° 1059, mai 1985, pp. 40 à 47.
38. N° 18, décembre 1985, pp. 88-99 (texte bilingue allemand-anglais) : « Maison du peuple in Clichy : ein Meisterwerk des "synthetischen" Funktionalismus ? ».
39. Voir les contributions de l'Architecte en chef des Monuments historiques qui en est chargé, Hervé Baptiste, dans *Monumental,* n° 2, mars 1983, pp. 68 à 77, et dans la nouvelle formule de cette même revue, n° 1, 2000. Un point de vue assez critique sur cette restauration est donné par Catherine Dumont d'Ayot et Franz Graf dans *Faces* (Genève), n° 42-43, automne-hiver 1997, *La Sauvegarde du moderne*, pp. 54 à 59, dans leur article « Espace-Temps : l'oubli d'une fonction »

point de vue de Bruno Reichlin dans *Daidalos* [38] (Berlin), où il met en avant son caractère de chef-d'œuvre du « fonctionnalisme synthétique ». Ces derniers temps, c'est davantage la restauration [39] de ce palais clichois qui a fait parler d'elle... et le centenaire de la naissance de Prouvé devrait constituer une nouvelle étape.

Pour desserrer cette boucle qui tentait d'éclaircir la genèse d'une œuvre à l'aune de sa réception, j'évoquerai les paradoxes qui semblent écarteler le concepteur/producteur Prouvé entre au moins trois figures *a priori* inconciliables : celle du fabricant de meubles en série bon marché, que les galeries d'art internationales et les musées s'arrachent désormais à coups de millions de dollars, celle de l'entrepreneur fasciné par la préfabrication industrielle qui géra (hasardeusement) ses ateliers artisanalement, enfin celle de l'« architecte », nié en tant que tel par ses pairs et les instances professionnelles de son temps, et aujourd'hui adulé par les meilleurs représentants de cette même profession comme l'un des pères d'une nouvelle façon de considérer l'acte architectural. Il est à cet égard révélateur que six de ses petites maisons économiques, miraculeusement sauvées par des collectionneurs, ont été récemment remontées à Venise, telles des icônes d'une éthique qui transcenderait l'esthétique, le temps d'une biennale d'architecture.

***Guillemette Morel-Journel**, architecte, responsable des Cahiers de la recherche architecturale et urbaine.*

5 → Maison du peuple, 2001.
(Jean-Marie Monthiers)

UNE **PÉRIODE** DE
**1939 1945**

# RECHERCHES

« J'ai souvenir qu'en 1937 nous travaillions dans une grande euphorie, incontestablement génératrice, par émulation, d'un fort courant d'idées. [...] Pendant un temps, disons de 1923 à 1937, nous étions "considérés" - ce qui était encourageant - non pas officiellement, mais par un entourage restreint d'où se dégageait une atmosphère favorable, hélas totalement polluée dès 1939-1940 [...]. [...] nous étions subjugués par une production scientifique en extension rapide qui nous faisait mesurer la léthargie affectant tout ce qui, en général, concernait l'urbanisme, l'habitation, bref, notre cadre de vie en grand sommeil. Nous ne comprenions pas, n'admettions pas et luttions avec nos moyens qui allaient des manifestes aux réalisations expérimentales provocatrices. [...] Notre euphorie s'est éteinte en 1939. Les hommes se sont éparpillés. Mais les plus convaincus, maintenant leurs doctrines, ont, pendant toute la durée de la guerre, tenté de poursuivre la création avec ce qui pouvait rester de matériaux libres, tout en luttant contre les consignes, rétrogrades aberrantes. » [1]

Malgré les menaces de guerre, Jean Prouvé continue à travailler. Fin 1938, il répond avec Eugène Beaudouin et Marcel Lods à un concours lancé par l'OTUA [2] afin de promouvoir de nouveaux procédés industrialisés de construction d'immeuble. Le concours conception/construction porte sur une travée d'immeuble. La proposition de Prouvé, Beaudouin et Lods consiste en une double paroi reliée par un nid-d'abeilles en tôle pliée. Malgré ses potentialités industrielles, la guerre ne permet pas la réalisation de ce projet.

Dans le même temps, pour sa famille, Jean Prouvé conçoit et construit, avec Pierre Jeanneret, une petite boîte mobile aux parois dépliables, « la caravane ».

Le 3 septembre 1939, à la déclaration de guerre, Jean Prouvé considère comme évident de mettre immédiatement ses ateliers au service de la France. L'économie de guerre s'impose. L'acier, comme la plupart des matériaux de construction, est contingenté. Du fait de l'incorporation dans l'armée des hommes valides, l'effectif de l'entreprise de la rue des Jardiniers, qui comptait cent

1 → (Documentation générale MNAM-CCI, fonds J. Prouvé)

2 → « Caravane » dépliable conçue avec Pierre Jeanneret, 1939. (Documentation générale MNAM-CCI, fonds J. Prouvé)

### 1939-1945
UNE PÉRIODE DE RECHERCHES

vingt personnes, est réduit à trente ouvriers en septembre 1939.

Jean Prouvé est lui-même mobilisé. Mais quatre de ses cinq enfants sont déjà nés – Françoise en 1927 ; Claude en 1929 ; Simone en 1931 ; Hélène en 1933 ; et Catherine, la dernière, naîtra en 1940. Madeleine Prouvé fait valoir auprès de l'armée que son mari est chargé de famille. Jean Prouvé est alors affecté à Nancy, dans ses propres ateliers. Mais il vit comme une injustice de ne pouvoir se battre au côté de ses frères et beaux-frères.

#### BARAQUES MILITAIRES

À la demande du général Dumontier, directeur de l'École polytechnique avant la guerre, Jean Prouvé réalise, en une semaine, un prototype de baraquement permettant d'abriter douze hommes. Il fallait que ces logements transportables puissent être montés et démontés en quelques heures. Il adopte pour cela le principe d'ossature extérieure déjà expérimenté pour le réfectoire du camp de vacances d'Onville. Le système de construction se présente comme un « kit » ; le déploiement de la structure porteuse assure à la fois le contreventement de l'ensemble et le support des panneaux de planchers, de murs et de toiture. Présenté à l'état-major du génie militaire, fin novembre 1939, à Birkenwald en Alsace, le prototype donne immédiatement lieu à une commande ferme de 275 « baraques » à livrer au cours du mois suivant. Pour l'honorer, Jean Prouvé loue un atelier et organise une production en série. Compte tenu de la rareté du métal, il réserve ce dernier à la structure et utilise le bois ou le Fibrociment pour le remplissage. Il étudie également une solution adaptée aux pays chauds, avec double toiture et pare-soleil en façade, qui annonce sa réflexion sur le climat et la ventilation naturelle des bâtiments. Ces innovations sont pour lui d'une telle importance qu'il dépose un brevet le 16 janvier 1940.

Cette commande de baraques conduit en outre Jean Prouvé à travailler pour la première fois avec la Société centrale des alliages légers (SCAL) qui, avant la guerre, avait fait construire par Auguste Perret les premiers bâtiments de son usine à Issoire (Puy-de-Dôme). Ce nouveau maître d'ouvrage, associé à la société Alais Froges Camargue (AFC) qui deviendra plus tard l'Aluminium français – spécialisé dans

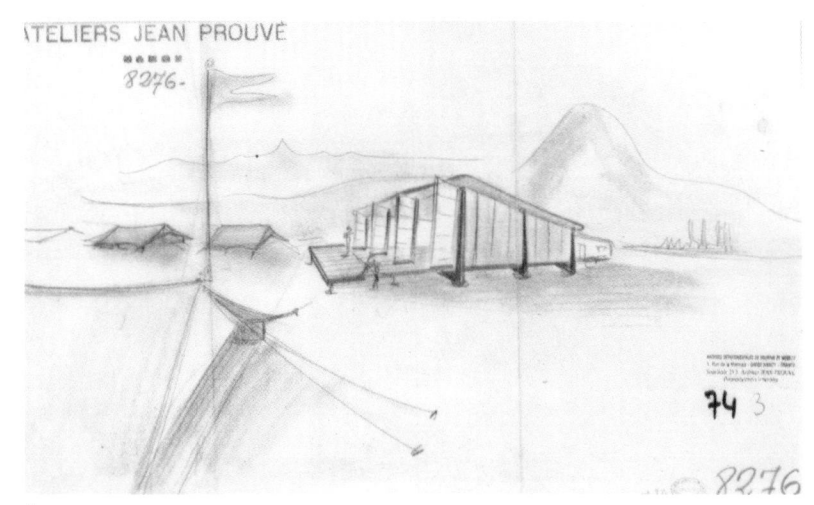

3 → Jean Prouvé et ses cinq enfants (Claude, Jean Prouvé, Françoise derrière ; Hélène, Catherine et Simone devant). (Documentation générale MNAM-CCI, fonds J. Prouvé)

4 → Croquis pour le réfectoire du camp d'Onville, 1939. (Documentation générale MNAM-CCI, fonds J. Prouvé)

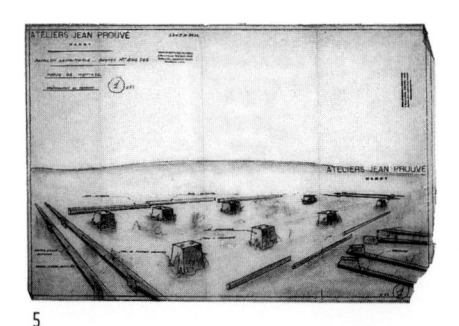

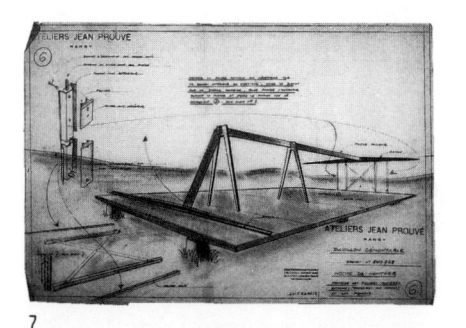

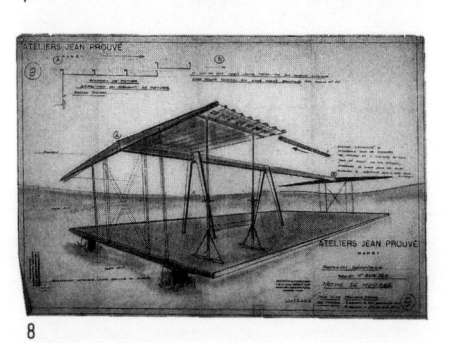

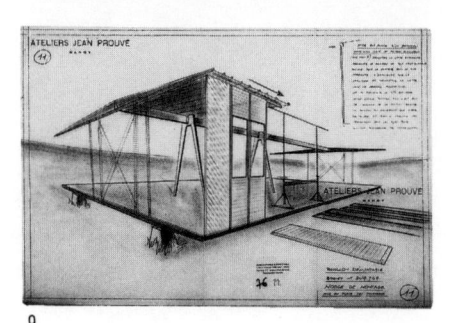

l'aluminium et le Duralumin –, doit en effet édifier d'urgence à Issoire de nouveaux bâtiments de bureaux, dortoirs et salles de dessin pour pouvoir répondre aux besoins militaires en alliages légers. Grâce au journaliste Georges Blanchon, ami intime de Georges Matter, administrateur de l'AFC, Charlotte Perriand, Pierre Jeanneret et Jean Prouvé obtiennent la commande des bâtiments provisoires de l'usine. En 1940, Prouvé livre à l'AFC le même type de baraques qu'à Birkenwald.

En 1939, Blanchon a fondé, au 18, rue Las-Cases à Paris 7e, une entreprise générale nommée « Bureau central de construction » (BCC), et il en est devenu le directeur, reconverti dans l'organisation et la coordination du travail.

Ce bureau, qui accueille les trois concepteurs, se replie à Grenoble après l'armistice de juin 1940 et mandate les Ateliers Jean Prouvé à Nancy pour la préfabrication des portiques et des pièces métalliques des bâtiments d'Issoire. Le BCC de Grenoble sous-traite les éléments de remplissage en bois, le montage et la livraison des bâtiments.

Avec le « pavillon de dessin » d'Issoire, Jean Prouvé concrétise l'esquisse d'un projet d'écoles volantes pour les réfugiés, élaborée peu de temps auparavant avec Pierre Jeanneret et Le Corbusier [3]. Conservant l'enveloppe, il introduit des portiques centraux en V renversé pour assurer la stabilité de l'ensemble. Jean Prouvé écrit à propos de l'entente des membres du BCC : « [...] certains plans faits par Jeanneret et Charlotte Perriand correspondent exactement à ceux que j'avais dessinés au moment du concours du ministère de l'Air. Ce qui est chic avec cette équipe, c'est qu'ils ne touchent absolument pas à mes constructions. Ils s'en servent. Jeanneret m'a dit l'autre jour : "Contrairement à tous les entrepreneurs et constructeurs, vous grandissez les choses." » [4]

5 à 9 → Montage d'un bâtiment en alliages légers à Issoire, 1940. (ADMM)

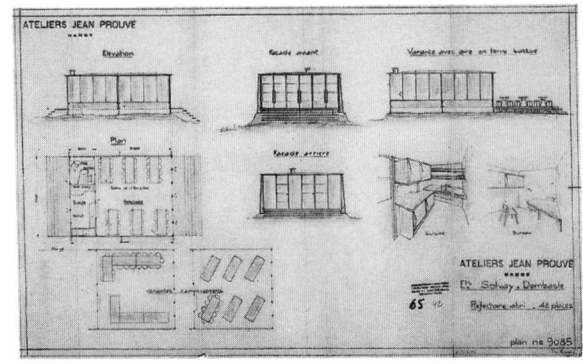

## PENDANT L'OCCUPATION

Marquant la fin de la « drôle de guerre », l'armistice de juin 1940 met fin aux activités proprement militaires des Ateliers Jean Prouvé. Certes, jusqu'en novembre 1941, ils continuent à travailler pour la SCAL, mais l'essentiel de la production est désormais destiné au civil. Après le départ de Perriand au Japon en juin 1940, Jean Prouvé étudie avec Pierre Jeanneret et réalise avec l'entreprise BCC plusieurs pavillons démontables de 8 x 8 mètres, dérivés des bâtiments à portique central en V renversé de l'usine d'Issoire. Soucieux d'occuper ses ouvriers pour leur éviter le Service du travail obligatoire (STO), sans pour autant collaborer avec les Allemands, Jean Prouvé assure la restauration des grilles des places Stanislas et Carrière à Nancy, développe la fabrication de gazogènes pour camions, ainsi que celle de fours de carbonisation destinés à produire le charbon de bois qui remplace le charbon et le coke réservés aux Allemands. De même, afin d'aider à faire face aux restrictions énergétiques imposées par l'occupation, il exploite le brevet de l'ingénieur des mines Victor Balazuc pour construire des fourneaux Pyrobal où peuvent brûler toutes sortes de mauvais combustibles. Cette activité officielle lui permet de dissimuler son action d'agent de liaison dans la Résistance, à propos de laquelle Catherine Prouvé écrit : « Ce père si souvent absent, préoccupé et muet, qui se cache au moindre coup de sonnette, envisage sa fuite, par diverses sorties possibles, de l'appartement dans lequel nous vivions [...]. »[5]

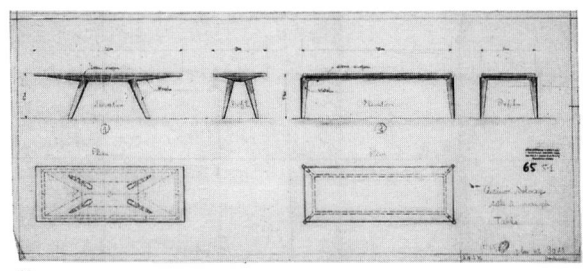

Enfin, pour faire tourner son entreprise, Jean Prouvé dessine et parfois réalise de très nombreux modèles de meubles : tables, fauteuils, chaises, tables de dactylo, armoires de classement, etc. Les plus notables commandes lui sont fournies par les Établissements Solvay (siège social, hôpital, casino, centre familial, usines...), l'imprimerie Berger-Levrault et l'usine Ferembal.

Le plus jeune des frères Prouvé, Pierre, travaille dans les Ateliers jusqu'à son service militaire en 1938. Pendant la guerre, Jean ne cesse de communiquer avec lui.

Au cours d'un entretien réalisé par Catherine Coley en 1990[6], Pierre Prouvé raconte : « Quand j'étais prisonnier, mon frère m'écrivait. Il me disait : "On fait des maisons, on fait plein de projets". Étant

10 → Dessins pour le réfectoire-abri des Établissements Solvay, 1941-1942. (ADMM)

11 → Table de la salle à manger, Établissements Solvay, 1941-1942. (ADMM)

12 → Croquis d'un cadre en tôle pliée monopoutre pour bicyclette, 1940. (ADMM)

## 1939-1945
### UNE PÉRIODE DE RECHERCHES

*prisonnier, je m'enquiquinais, alors j'ai voulu faire une maquette : un jour il m'a envoyé des plans, et c'était une maison à portique [...] c'était en 1942-1943, je n'avais pas très bien pigé ce dont il s'agissait. »* [7]

À la même époque, Le Corbusier se consacre également à l'étude de logements transitoires, définit le Modulor, publie La Charte d'Athènes et fonde à Paris, rue de Sèvres, l'Ascoral (Association des constructeurs pour une rénovation architecturale). Jean Prouvé est l'un des membres du Conseil de direction de l'association et, à ce titre, intervient dans le groupe « Industrialisation » dont Lods à la charge.

Charlotte Perriand note dans ses mémoires : *« Début 1943, l'atelier de la rue de Sèvres avait repris vie [...]. Jean Prouvé laissait son beau vélo à la porte, il venait s'entretenir avec Corbu de la technique de fabrication des "porte-bouteilles" destinés à l'étude de l'unité d'habitation, version ossature métallique. »* [7]

L'extraordinaire activité de Jean Prouvé au cours de la Seconde Guerre mondiale confirme, s'il en était besoin, son esprit d'entreprise, mais plus encore la créativité, la force et l'indépendance de son esprit. Non seulement il est inlassablement en état de recherche, crée de nouveaux meubles, des cadres de bicyclettes « monopoutres » en tôle pliée ou des équipements sportifs tels que des balançoires, mais il fournit du travail à ses ouvriers et entre lui-même en Résistance. Cela est si notoire que le Comité départemental de Libération le désigne maire de Nancy le 15 septembre 1944. Jean Prouvé occupe cette fonction jusqu'au 18 mai 1945.

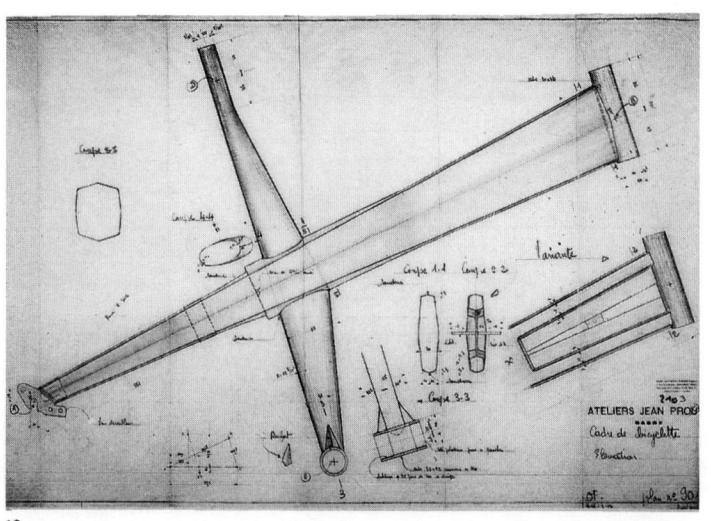

12

1. Jean Prouvé, « L'habitat à l'heure de l'industrie : espoirs et déceptions », in *Paris-Paris, 1937-1957*, Paris, Éditions du Centre Pompidou/Gallimard, 1992, pp. 663-664.
2. Office technique pour l'utilisation de l'acier.
3. *Le Corbusier. Œuvre complète*, vol. 4 : *1938-1946*, Zurich, Les Éditions d'architecture, 1995, pp. 100-102.
4. Jean Prouvé, lettre du 31 janvier 1940, collection particulière (Catherine Coley).
5. *BA. Journal d'Architectures, pratique et culturel*, n° 0, octobre 1999, Lille.
6. Entretien réalisé pour les Archives modernes de l'architecture lorraine, 16 septembre 1990.
7. Charlotte Perriand, *Une vie de création*, Paris, Odile Jacob, 1998, p. 221.

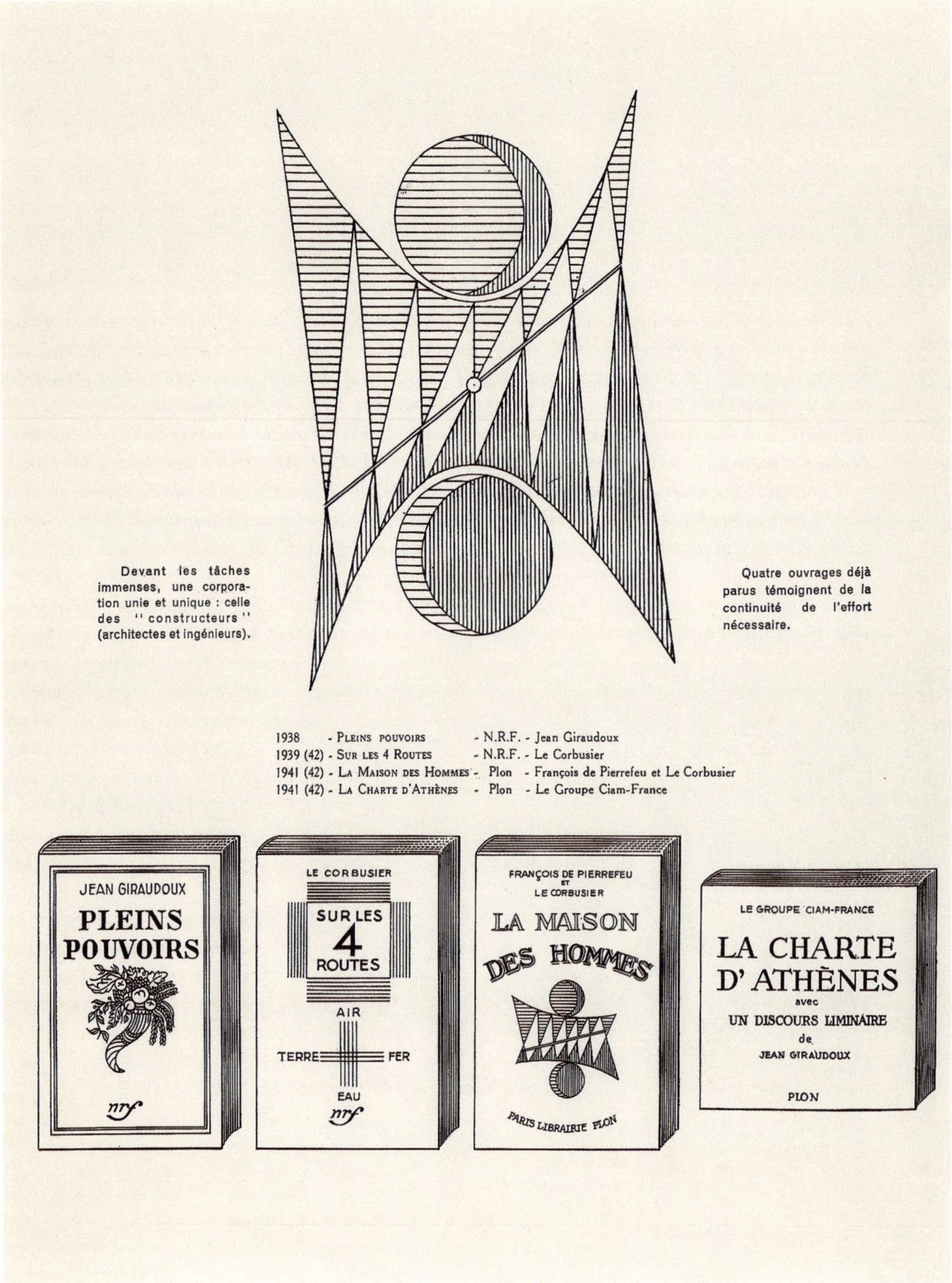

Devant les tâches immenses, une corporation unie et unique : celle des "constructeurs" (architectes et ingénieurs).

Quatre ouvrages déjà parus témoignent de la continuité de l'effort nécessaire.

```
1938       - Pleins pouvoirs      - N.R.F. - Jean Giraudoux
1939 (42)  - Sur les 4 Routes     - N.R.F. - Le Corbusier
1941 (42)  - La Maison des Hommes - Plon   - François de Pierrefeu et Le Corbusier
1941 (42)  - La Charte d'Athènes  - Plon   - Le Groupe Ciam-France
```

Page de gauche → **Publicité publiée dans « Architecture et Urbanisme », déc. 1942. (D.R.)**

Page de droite → **(ADMM)**

# AUX HABITANTS DE NANCY
# NANCÉIENS

NANCY est libéré. Vos femmes, vos enfants sont en vie, vos maisons, vos biens ont été épargnés.

C'est un devoir pour vous de venir en aide à ceux qui souffrent, aux habitants de nos villages lorrains détruits, qui n'ont plus, à la veille de l'hiver, ni toit, ni vêtements, ni linge, ni ustensiles de ménage.

Chaque quartier de la ville se propose d'adopter une, deux communes sinistrées.

Dans le vôtre, un comité est constitué.

Que toutes les bonnes volontés aillent à lui.

Répondez à notre appel.

## PARTAGEONS NOTRE MANTEAU

Des malheureux attendent notre geste, il témoignera de notre amour de la France.

JEAN PROUVÉ.
Maire de Nancy.

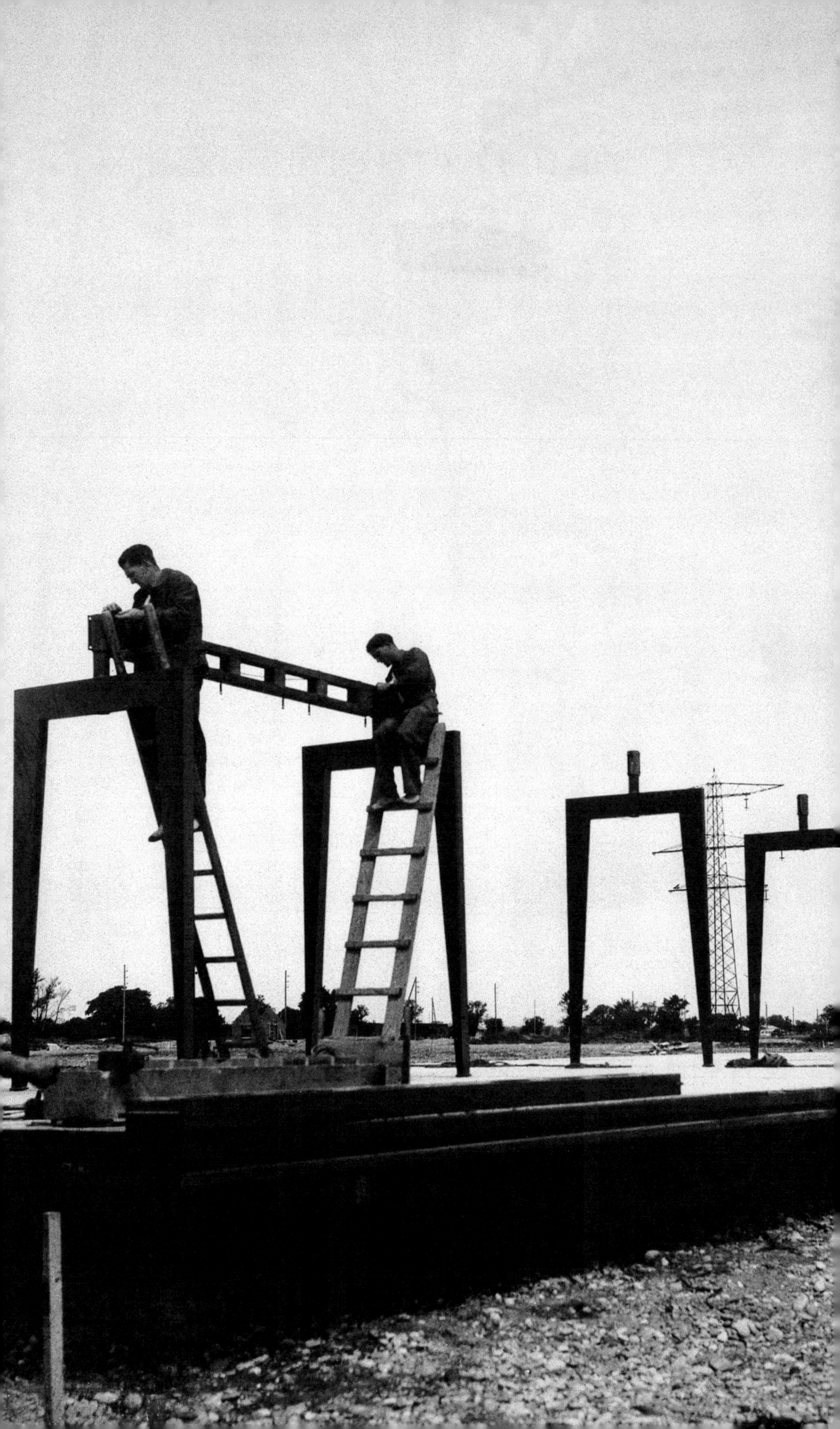

# DE L'HABITAT NOMADE À LA MAISON

1 → Page de gauche
Montage d'un bâtiment pour EDF à Ottmarsheim (Haut-Rhin), 1947. (ADMM)

2 → Maison démontable BLPS (Beaudouin, Lods, Prouvé, Forges de Strasbourg), 1937-1938.

Vue axonométrique. La maison mesure 3,3 x 3,3 m et comprend une pièce à vivre, une cuisine et un cabinet de toilette. (D.R.)

3 → Maison BLPS. Cette maison, conçue en acier, restera l'exemplaire unique. (ADMM)

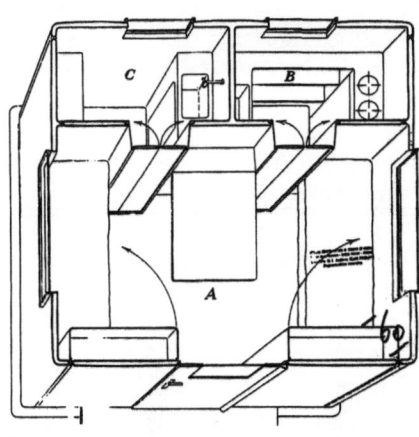

« La maison individuelle doit être légère et dynamique, ce qui est l'expression de la grande série, donc caractéristique de l'industrie ». C'est la vue qu'avait Jean Prouvé sur les maisons individuelles et qui fait de lui un précurseur, un humaniste, un ingénieur génial, ingénieux et lucide. Sa logique est la suivante : répondre aux besoins économiques et sociaux en produisant une architecture pratique, rapide à mettre en place, sans main-d'œuvre qualifiée ni engin de levage. C'est pour lui le moyen de répondre à l'urgence face aux événements (la Seconde Guerre mondiale) ou aux évolutions sociales (congés payés, développement des loisirs). Plus que la satisfaction d'une demande particulière, il s'agit de trouver des solutions rapides et économiques afin d'offrir une maison pour tous. Dans cette optique, la maison dite BLPS (Beaudouin, Lods, Prouvé, Forges de Strasbourg), conçue en 1937-1938, doit être montée en moins de quatre heures. Ce travail sur les maisons que Prouvé poursuit pendant plus de trente ans, le plus souvent en collaboration avec des architectes, l'amène à produire une importante déclinaison de structures donnant naissance à autant de prototypes. Optimiser la rapidité, l'efficacité et l'économie de construction à l'instar de l'industrialisation et de ses chaînes de production, tel est son credo constant. Rejetant les méthodes traditionnelles de construction (maçonnerie de parpaings, ciment et plâtre), il conçoit nombre de projets d'habitat économique en expérimentant à chaque fois de nouvelles structures porteuses (portiques axiaux, coques, voûtes, noyaux centraux...).

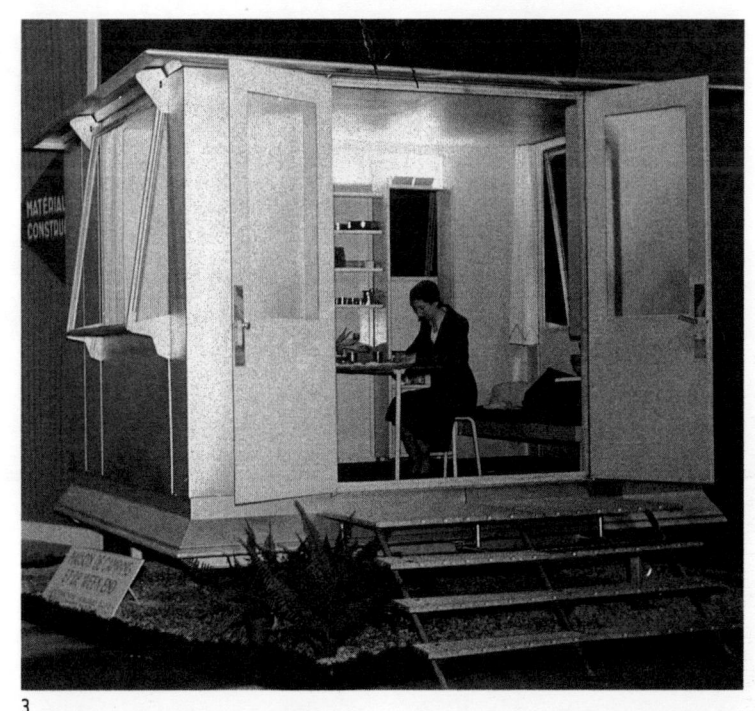

4

5

7

8

**Prouvé travaille** ainsi de 1938 à 1964 sur le thème du portique. Suite au concours de la « baraque démontable » lancé par le ministère de l'Air fin 1938, il dépose un brevet sur les structures à portiques axiaux. Ceux-ci se déclinent en I, H, U ou V renversé, dit « compas ». Minimiser le coût, réduire le nombre d'éléments porteurs ainsi que la complexité de la charpente conduisent ainsi à la mise en œuvre d'une poutre faîtière unique, complétée de bacs autoportants pour la toiture et de panneaux de façade semi-porteurs.

À partir de 1939, des études sont réalisées pour une maison de vacances et un refuge de skieurs avec une variante de maison sur pilotis.

Avec les architectes Jacques et Michel André en 1939, les Ateliers Jean Prouvé conçoivent et réalisent le réfectoire démontable (6 ¥ 8 m) ainsi qu'une vingtaine d'armatures de tentes pour le camp de vacances d'Onville.

Conçues par l'architecte Pierre Jeanneret en 1942, les maisons BCC (Bureau central de construction) à Saint-Auban sont entièrement construites en bois, du fait de la pénurie d'acier, à l'exception de pièces métalliques placées au niveau des nœuds d'assemblage pour renforcer les articulations. Ces maisons à portique offrent des plans de 8 ¥ 8 m ou de 8 ¥ 12 m. Les panneaux de façade sont en lattes de bois posées en chevrons ou horizontalement. Il faut noter que l'emploi de structures tramées au mètre sur des chiffres simples (3, 4, 6, 8, 9, 12…) permet à Prouvé de réutiliser des cloisons et des panneaux de façade préfabriqués d'un type de maison à l'autre. Le système à portique axial se développe donc pendant la Seconde Guerre mondiale, dans une économie fragilisée, en bois et tubes d'acier. À la Libération, Raoul Dautry, ministre de la Reconstruction, commande à Prouvé plusieurs centaines de maisons pour les sinistrés de la Lorraine et des Vosges. Ces pavillons de 8 x 8 m ou 8 x 12 m en métal et bois bénéficient ainsi de tout l'acquis technique et sont assemblés en une journée par une équipe de quatre monteurs. L'année 1949 est marquée par la réalisation de prototypes d'habitation : de type Métropole (Meudon) et de type Tropical (Niamey).

# DE L'HABITAT NOMADE À LA MAISON

9 à 4 → Processus de montage d'un pavillon du type portique axial 6 x 6 m dans la cour des Ateliers Jean Prouvé à Nancy, 1945. (ADMM)

À la demande de Paul Herbé et Jean Le Couteur, Prouvé produit la « maison tropicale » en alliage léger (acier pour la structure et aluminium pour les façades). Financée par le ministère de la France d'outre-mer, elle est envoyée à Niamey (Niger) par avions cargo. La double toiture, qui comporte dans l'axe une cheminée d'aération, accélère la circulation de l'air afin de rafraîchir la maison. Celle-ci mesure 26 x 10 m et comprend deux cellules d'habitation, les « coin jour » et « coin nuit » étant séparés par un patio. À deux mètres en avant des façades, une double peau composée entièrement de brise-soleil horizontaux forme la véranda, qui elle aussi participe du confort thermique de la maison.

# DE L'HABITAT NOMADE À LA MAISON

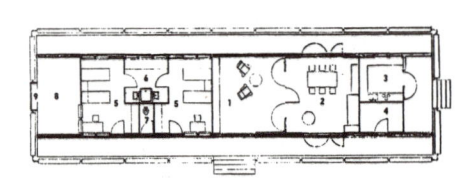

10 → Maison tropicale. Détail de l'accroche des brise-soleil. (ADMM)

11 → Schéma constructif (Documentation générale MNAM-CCI, fonds J. Prouvé)

12 → Coupe transversale. Une ventilation a été aménagée entre le plafond et la toiture. L'air pris sous les vérandas est évacué par une cheminée centrale qui court le long de l'axe de la maison. (D.R.)

13 → Plan. (ADMM)

14 → Montage du prototype de la « maison tropicale » à Maxéville, 1949. Les brise-soleil horizontaux inclinables forment une double peau. Les panneaux de façade sont en aluminium. (ADMM)

15

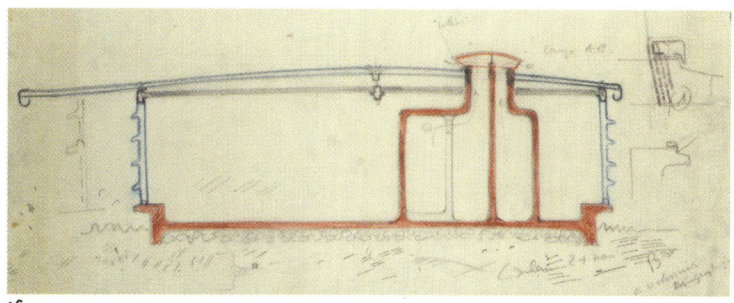

16

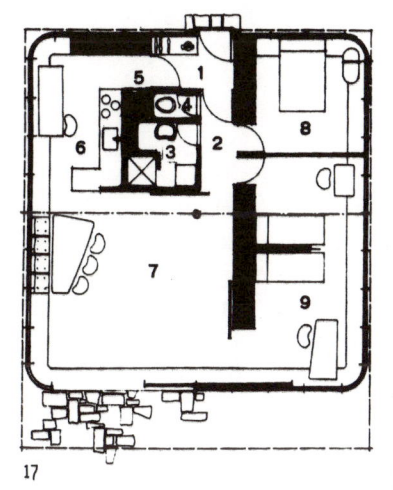

En 1950, l'étude de la maison Alba (aluminium et béton armé) à noyau central conçue avec Maurice Silvy, alors architecte stagiaire à Maxéville, est réutilisée pour la maison de l'abbé Pierre en 1956. Le noyau central, de forme cylindrique, joue un rôle multifonctionnel : tout en portant la toiture, il assure la stabilité de l'ensemble, structure l'espace périphérique en le libérant de tous points porteurs et intègre les pièces humides (cuisine et sanitaires).

17

15 → Maison Alba (aluminium, béton armé) étudiée par Maurice Silvy, architecte, en 1950. Cette étude développe la maison à noyau central en béton à prise rapide. Perspective montrant la superposition des éléments de structure. (Documentation générale MNAM-CCI, fonds J. Prouvé)

16 → Maison Alba, coupe transversale. (Documentation générale MNAM-CCI, fonds J. Prouvé)

17 → Maison Alba, plan. Le noyau central contient toutes les pièces humides. (D.R.)

18 → Maison de Mme Seynave à Beauvallon (Var), 1962. Sauzet, Parente et Vilfour, architectes. La villa se fond dans le paysage. Elle est longue, basse et d'une grande sobriété. Trois matériaux sont utilisés pour le revêtement des façades : la tôle d'aluminium plissée, les pans de verre et le bois contreplaqué. Des éléments en béton armé assurent la stabilité de la maison. Ils abritent les pièces humides et les rangements. Les façades sont semi-porteuses. (ADMM)

19 → Maison à Beauvallon, plan. (D.R.)

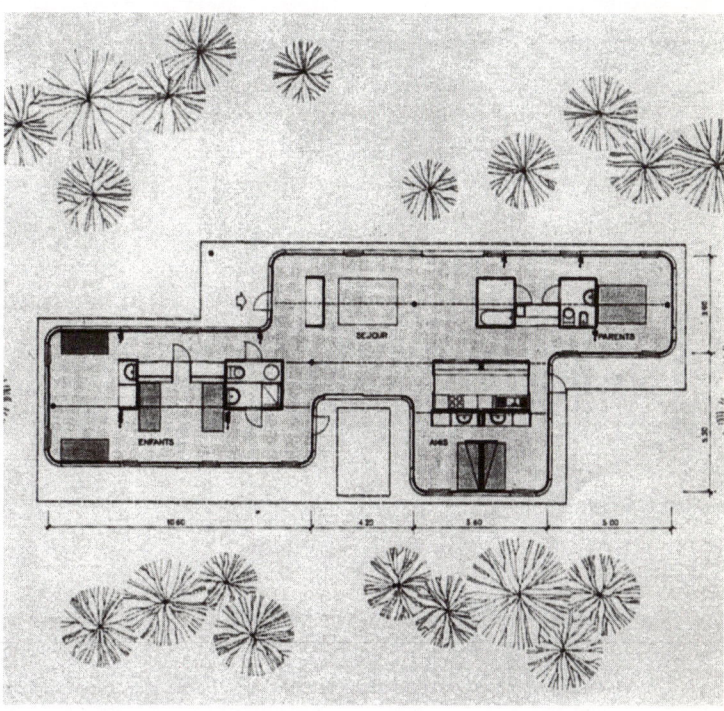

18

19

# DE L'HABITAT NOMADE À LA MAISON

20

21

22

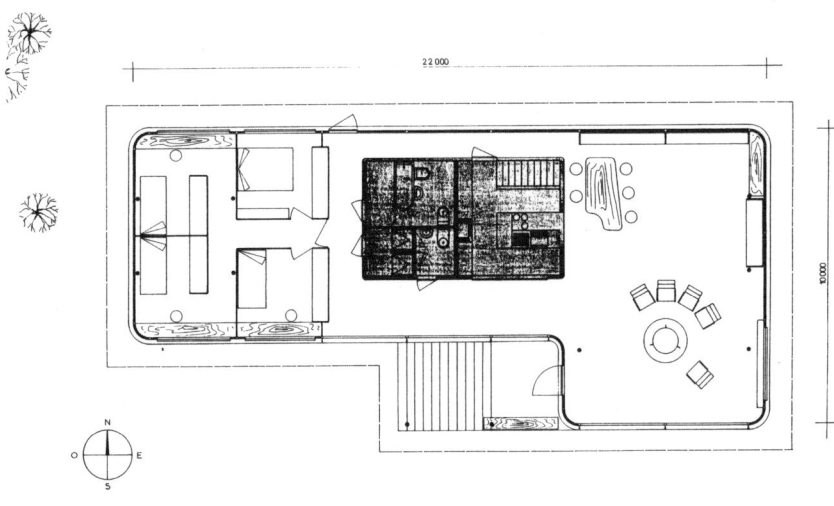

**20-21 →** Maison Gauthier à Saint-Dié-des-Vosges, 1962. Hélène Baumann et Remondino, architectes. Jean Prouvé a construit cette maison pour sa fille Françoise et son mari le docteur Gauthier. Le noyau central regroupe la cuisine et les sanitaires. Le soubassement en béton abrite un sous-sol. Deux poutres métalliques longitudinales reposent sur ce bloc et sont reprises par des poteaux à l'intérieur de la maison. La toiture est réalisée d'un seul tenant par des panneaux Rousseau. Les façades sont constituées de panneaux sandwichs en aluminium strié. (V. Cardot, P. Joly/ADMM)

**22 →** Maison à Saint-Dié, plan. (ADMM)

**23 →** Présentation de la maison Coque au Salon des arts ménagers, Paris, 1951. Henri Prouvé, architecte. Cette maison est formée de trois coques, adossées à un mur de refend en pierres. De part et d'autre de celui-ci, la partie à une coque possède un écoulement latéral des eaux pluviales, tandis que les deux coques de l'autre sont raccordées sur un chéneau cent[ral] (Documentation gé[nérale] MNAM-CCI, fonds J. P[rouvé])

**24 →** Maison de Jea[n] Prouvé, 6, rue Augus[te] Hacq, Nancy, 1954. Vue sur la façade su[d]. La maison est consti[tuée] d'éléments standard[s en] bois contrecollé et e[n] aluminium ajouré. L[...] indique les chambre[s]. (ADMM)

**25 →** Maison Coque, croquis de Jean Prou[vé,] 1951. (ADMM)

**26 →** Maison de Jea[n] Prouvé, vue sur le sa[lon.] Des panneaux de bo[is] de type Rousseau fo[rment] le plafond et la toit[ure]. Les placards se transforment en bibliothèque dans l'espace central. (A[DMM])

**27 →** Axonométrie. Orientée plein sud, [la] maison se développ[e de] façon linéaire. L'esp[ace] central comprend l'e[ntrée,] le salon et la salle à manger. Les chamb[res] prennent place de p[art] et d'autre de celui-[ci.] Des rangements sor[nt] disposés le long de l'unique desserte. L[a] maison a été achet[ée par] la ville de Nancy en [...] (D.R.)

**Les maisons de type Coque** font leur apparition après la reconstruction de l'imprimerie Mame à Tours. Les toitures, conçues avec Bernard Zehrfuss et Drieu-la-Rochelle en 1950, sont formées par des sheds en coques monoblocs métalliques. C'est en voyant les ouvriers déjeuner sous des sheds, alors qu'ils avaient un réfectoire à leur disposition, que Prouvé extrapola cette idée à la maison de type coque. Le système constructif associe dans le même produit préfabriqué la toiture, le plafond et la paroi. Deux prototypes sont exposés respectivement en 1951 et 1953 au Salon des arts ménagers à Paris.

**Après son départ** de l'usine de Maxéville, au cours de l'été 1954, Prouvé construit sa maison sur les hauteurs de Nancy. N'ayant plus accès à la « production » ni donc aux sheds qu'il pensait utiliser, il est contraint à changer ses plans : « que je vire de bord à 180° et que, n'ayant pas de moyens, je construise avec des restes, car ma maison est construite avec des restes ». C'est la seule fois qu'il construit en assemblant des éléments industrialisés en dehors de toute conception globale, démontrant ainsi sa fabuleuse capacité d'adaptation.

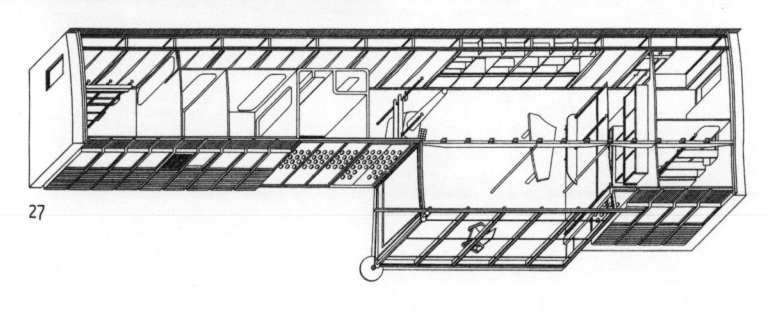

**Prouvé présente** la « maison saharienne » en 1958 au Salon des arts ménagers à Paris. S'inspirant de l'esprit des tentes berbères, il conçoit un vaste parasol ventilé en sandwich aluminium-bois, qui abrite des habitacles climatisés.
Il y développe le principe de structure axial en H et demande à Charlotte Perriand d'en dessiner l'aménagement intérieur. Pour Prouvé, cette habitation répond au problème du logement des ouvriers travaillant sur des forages de pétrole dans les pays chauds.

28 → « Maison saharienne » exposée au Salon des arts ménagers, Paris, 1958. Jean Prouvé et Charlotte Perriand, avec Jean Dimitrijevic, Guy Lagneau, René Sarger et Michel Weill. Deux habitacles climatisés sont abrités par un vaste parasol ventilé. (ADMM)

29 → Plan et coupe transversale. (ADMM)

30 → Vue intérieure de la « maison saharienne ». (ADMM)

31 → Plan de l'aménagement intérieur de la « maison saharienne » par Charlotte Perriand. (D.R.)

32 → Maison polyester, Clermont (Oise), 1966-1967. Mise en place de la couverture au sol. (D.R.)

33 → Montage de la toiture par deux grues. Les poteaux viendront se mettre en place par la suite. Une réserve est faite au centre du poteau, pour permettre un assemblage toiture-poteaux. (D.R.)

34 → Plan. (D.R.)

35 → Croquis d'assemblage des poteaux et des panneaux de façade. La forme cruciforme des poteaux rappelle ceux que Mies van der Rohe utilisa pour le Pavillon allemand présenté à l'Exposition internationale de Barcelone, en 1929. (D.R.)

36 → À la demande de Saint-Gobain, Jean Prouvé a conçu cette maison entièrement en polyester (couverture, panneaux de façades, poteaux). Elle est composée de deux modules. La partie séjour/cuisine est marquée par un volume plus haut que la partie nuit. Elle a été rénovée par l'architecte Philippe Bancilhon en 1996. (D.R.)

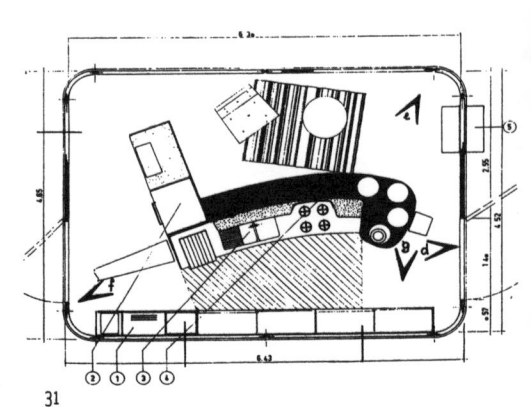

# DE L'HABITAT NOMADE À LA MAISON

**Enfin, à la demande** de la compagnie Saint-Gobain, Prouvé réalise, pour la promotion des matières plastiques, un prototype de maison entièrement constitué d'éléments en polyester armé de fibre de verre dans lesquels est injectée de la mousse de polyuréthane.

Au vu de toutes ces conceptions, Prouvé se révèle d'abord être un innovateur généreux, optimiste et idéaliste, toujours au service de l'habitat pour le plus grand nombre et les plus modestes. Mais, plus encore qu'un industriel désireux d'abriter, il était, comme le dit Renzo Piano, « un poète […] qui ne l'avouait pas »[1].
Il laissait en effet toujours aux autres le soin de juger de la beauté, bien qu'il ait dit en parlant de la « Maison des jours meilleurs » commandée par l'abbé Pierre : « Il faut construire de la beauté pour tous les jours et pour tous. »

1. « Entre la mémoire et l'oubli », entretien avec R. Piano in *Jean Prouvé constructeur*, Centre Georges-Pomidou, 1990, p. 222.

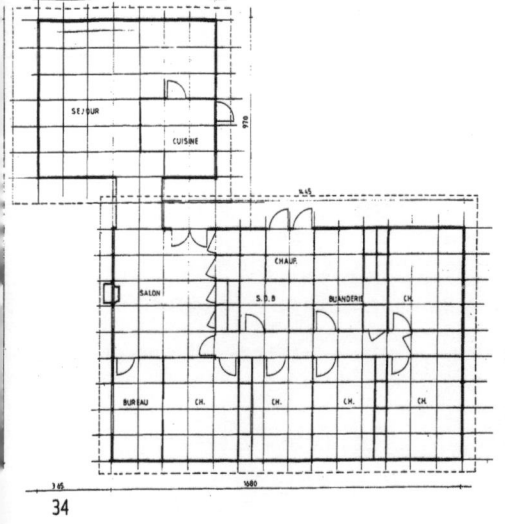

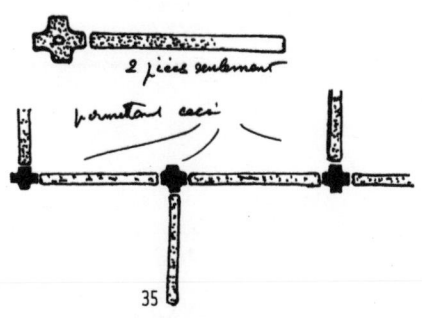

32

33

34

35

36

# PARIS À NANCY
## 1945 1949

1

# ESSOR DE L'INDUSTRIEL

*Face aux destructions de la guerre, Jean Prouvé a conscience que les techniques traditionnelles de construction ne permettront pas de reconstruire suffisamment de logements. Ces destructions massives ont aussi eu pour conséquence de faire table rase du passé. Il est donc persuadé que ses recherches sur la production industrielle de logements individuels bon marché vont enfin pouvoir se concrétiser à la Libération.*

### POUR LA RECONSTRUCTION : L'INDUSTRIE

*« Il faut des maisons usinées [...]. Pourquoi usinées ? Parce qu'il ne s'agit plus seulement de fabriquer un ou plusieurs petits éléments d'une maison destinée à être assemblée, mais que tous les éléments correspondent à ceux d'une machine qu'on monte entièrement mécaniquement, sans qu'il soit nécessaire de fabriquer quoi que ce soit sur le chantier ».* [1]

*En tant que maire de Nancy et industriel, Jean Prouvé est doublement impliqué dans la reconstruction. Intervenant le 2 mars 1945, comme « expert pour la construction », devant l'Assemblée consultative que préside le général de Gaulle, il s'insurge contre la timidité du programme de logements de Raoul Dautry, ministre de la Reconstruction, et préconise la création d'une « industrie de la construction » : en effet, l'artisanat des entreprises du bâtiment ne pouvant faire face à l'immensité des besoins de la France, la production de série en usine semble la seule voie possible.*

*Raoul Dautry craint que le caractère provisoire des logements mis au point par Jean Prouvé ne freine la reconstruction définitive. Soutenu par son ami Eugène Claudius-Petit, député, Jean Prouvé obtient, malgré la réticence du ministre, une commande de plusieurs centaines de logements « transitoires » pour les sinistrés de la Lorraine et des Vosges. Destinés à être réutilisés dès que des maisons en dur seront construites, ces logements sont plus confortables que les baraques d'urgence, « mais pas trop, précise Jean Prouvé, pour ne pas donner aux gens l'envie de s'installer [...] ».* [2]

*Ainsi, dans les années qui suivent la Libération, Jean Prouvé développe une large expérimentation de maisons*

1 → Jean Prouvé avec le Ministre de la Reconstruction et de l'Urbanisme, Claudius Petit (au centre) à Maxeville, vers 1950 (Archives privées)

2 → Jean Prouvé maire de Nancy, 1944-1945. (Documentation générale MNAM-CCI, fonds J. Prouvé)

**1945-1949**
PARIS À NANCY
ESSOR DE
L'INDUSTRIEL

*provisoires, les « baraques ». Ces commandes, marquées par l'absence de moyens et de nombreux et divers aléas, vont cependant enrichir ses recherches sur la fabrication industrielle. C'est à nouveau avec Marcel Lods qu'il trouve l'occasion de confronter ses programmes constructifs au programme de la maison familiale : en 1944, ils présentent ensemble un projet pour le concours de l'OTUA [3] ; Lods le développe l'année suivante en réalisant une maquette de maison métallique surélevée, présentée à la première exposition de la Reconstruction qui se tient gare des Invalides à Paris, du 30 novembre au 31 décembre 1945.*

## PREMIÈRES COMMANDES À TRAVERS LA FRANCE EN RUINES

*La première commande du ministère de la Reconstruction concerne 450 « baraques » de 6 ¥ 6 mètres et 6 x 9 mètres pour les sinistrés de la Lorraine et des Vosges, dont tous les éléments sont fabriqués en usine. Comme le faisait le BCC (Bureau central de construction) pendant la guerre, les Ateliers Jean Prouvé recourent à la sous-traitance. Jean Prouvé reprend le principe de structure porteuse qu'il a étudié pour Issoire : des demi-portiques en tôle pliée, sans soudure et assemblés par boulonnage, supportent des poutres qui reposent en périphérie sur des panneaux préfabriqués en planches de bois, pleins ou percés d'une fenêtre, d'une porte. C'est là une nouvelle application de la recherche sans cesse poursuivie sur les propriétés structurelles de la tôle qui, une fois pliée, résout le jeu des tensions et des compressions.*

*Avec ces portiques industrialisables, rigides, légers, empilables et assemblés sur chantier par simple boulonnage, Jean Prouvé met en place une fabrication à la chaîne qui lui permet de livrer et de monter une maison par jour, avec trois ou quatre personnes seulement.*

*Ce rythme de production suppose une parfaite coopération des équipes de fabrication et de montage, ce qui n'est pas pour déplaire à Jean Prouvé. Il retrouve dans cet esprit d'équipe l'ambiance de compagnonnage de sa formation initiale et la solidarité rencontrée dans la Résistance, où tous, quel que soit leur statut social, étaient tendus vers le même but : libérer la France. Ce souci de coopération, constant et pour lui indispensable, lui avait d'ailleurs dicté, dès 1941, la décision d'intéresser ses ouvriers aux bénéfices de l'entreprise.*

*Malheureusement, les crédits, et plus encore les matériaux, sont rares. La production en série ne démarre pas réellement et ne peut démontrer son efficacité économique.*

3-4 → « Baraques » 6 x 6 m
et 6 x 9 m pour les sinistrés
de la Lorraine et des Vosges, 1945.
(ADMM)

5

*Jean Prouvé reporte alors tous ses espoirs dans la reconstruction de la Sarre nouvellement conquise. Le gouvernement – en fait le colonel Grandval [4] et son directeur de cabinet Pierre Bindschedler [5] – lui confie une commande de maisons provisoires, à laquelle il associe un groupe d'architectes appartenant tous à l'UAM. Il retravaille alors le projet des maisons à portique central en les agrandissant (8 x 8 mètres ou 8 x 12 mètres) et en réalisant en tôle d'acier les cloisons et les panneaux de façade à double face, dans lesquels s'escamotent les fenêtres.*

*Tous les éléments de structure et d'enveloppe devant être fabriqués en métal, Jean Prouvé s'implique dans la société Stahlhaus GMBH et relie donc l'activité de ses ateliers à celle des aciéries de Dilling, uniques producteurs de tôle en Sarre. Tout est enfin réuni pour que la production de ces habitations puisse atteindre la grande série. Mais les obstacles rencontrés pour les maisons des sinistrés de Lorraine et des Vosges ressurgissent en Sarre : manque de crédits, rareté des matériaux, à quoi s'ajoutent peu après l'inertie des fonctionnaires locaux et le changement de l'administration de la Sarre.*

### NOUVEL ATELIER À MAXÉVILLE

*Premières réalisations pour les sinistrés de Lorraine et des Vosges, présentation réussie au Salon d'automne du projet tout acier des maisons pour la Sarre, étude de bâtiments préfabriqués pour EDF à Ottmarsheim (Haut-Rhin) : en 1946, l'affluence des commandes incite Jean Prouvé à partager avec un ami industriel la location d'un terrain au nord de Nancy, à Maxéville. Les quelques bâtiments existants s'avèrent très vite insuffisants. Au gré des crédits chichement alloués par son Conseil d'administration, Jean Prouvé complète l'usine avec des ateliers neufs. Pour les bureaux, qui sont la vitrine de son activité, il utilise un des modèles de maison 8 x 8 mètres de type Sarre qu'il dispose sur pilotis, puis, en 1948, un modèle 8 x 12 mètres du concours du MRU (ministère de la Reconstruction et de l'Urbanisme), dont un exemplaire est présenté sur le chantier expérimental de Noisy-le-Sec.*

6

7

**5 →** Vue aérienne des ateliers de Maxéville. (Documentation générale MNAM-CCI, fonds J. Prouvé)

**6 →** Bureau de Jean Prouvé à Maxéville. (Archives privées)

**7 →** Préfabriqué de type « JP 46 » monté à Carnac, pour les vacances de la famille Prouvé, 1946. (Archives privées)

*Il achète de nombreuses machines, notamment une presse à emboutir de 75 tonnes, et organise la production en conservant l'esprit des Ateliers de la rue des Jardiniers. Mais, cette fois, disposant enfin de la place nécessaire, il rationalise le processus de production et affecte, autant qu'il le peut, des locaux spécialisés à chaque fonction, en respectant la continuité qui lui est chère entre la conception, le « prototypage » et l'exécution.*

*Jean Prouvé renforce sa collaboration avec son frère Henri, architecte, et confie le nouvel atelier de maquettes et de prototypes à son frère Pierre. Il crée un département « Mobilier » qui, outre les cloisons métalliques – simples ou équipées d'armoires –, assure l'essentiel de la rentabilité de l'usine. À partir de 1946, de nombreux architectes parisiens, bien souvent élèves de Lods, alors enseignant aux Beaux-Arts de Paris, tels que Maurice Silvy, Tarik Carim, puis Joseph Belmont ou Serge Kétoff, viennent à l'usine travailler avec lui. Jean Prouvé passe sa vie à l'atelier. Jamais il ne part pour les grandes vacances avec sa femme et ses enfants, même s'il lui arrive parfois de les surprendre, en venant passer un jour ou deux avec eux, à l'improviste.*

*À l'été 1946, Jean Prouvé envoie sa famille en vacances à Carnac, renouant avec l'habitude des vacances en Bretagne que son père et sa mère avaient prise dès 1910. Mais, surchargé de travail comme toujours, il ne peut les accompagner. Il a prévu d'utiliser comme maison de vacances l'un des préfabriqués de type JP 46 des sinistrés de la Lorraine et des Vosges, impayé et resté en stock à Maxéville, avant de le vendre à la fin de l'été.*

*La baraque est expédiée de Nancy par camion avec une équipe de monteurs. Jean Prouvé charge sa femme Madeleine de trouver auprès de leurs amis de Carnac un terrain bien en vue et d'obtenir du maire les autorisations administratives. Et celle-ci, aidée par Pierre Prouvé, réceptionne les pièces détachées de la maison, les fait transporter sur le terrain situé en bordure de la plage de Legenès et en dirige le montage comme un véritable entrepreneur. À la fin des vacances, Madeleine réussit à vendre la maison :*

8 → **Armature de la tente Papillon repliée et accrochée sur le côté de la voiture, Carnac, 1947.** (Archives privées)

9 → **Tente Papillon de fabrication Prouvé, utilisée pour les vacances familiales, 1947.** (Archives privées)

10-11 → **« Maison tropicale », Paul Herbé et Jean Le Couteur architectes, 1949.** (ADMM)

## 1945-1949
PARIS À NANCY
ESSOR DE L'INDUSTRIEL

démontée et remontée par l'acheteur, elle servira longtemps de bistrot à Quiberon, avant d'être finalement détruite.

L'année suivante, les vacances de la famille Prouvé se passent sous une tente de « fabrication Jean Prouvé » : la tente Papillon, moins difficile tout de même à transporter, à monter et à démonter qu'une maison JP 46.

### SUCCÈS ET LIMITES DE LA FABRICATION DE MAISONS EN SÉRIE

Les Ateliers Jean Prouvé exposent, en 1947, au Village-Exposition de Noisy-le-Sec pour le MRU, une maison à portique sur pilotis, déclinaison des études menées avec Lods en 1944 et préfiguration de la maison Métropole [6]. Toujours en 1947, Jean Prouvé reçoit la médaille d'Or du ministère de la Reconstruction et de l'Urbanisme, qui fait suite à la médaille d'Or que lui attribua la Société d'encouragement pour l'industrie nationale, en 1946.

En 1949, Jean Prouvé présente, dans la revue L'Architecture française [7], un aperçu de sa production : pavillon 8 x 8 mètres, maison coloniale, maison métallique préfabriquée.

Mais le passage de ces projets à une fabrication industrielle est continuellement entravé, et la seule toute petite série qui sera conduite à son terme découle d'une commande du MRU de vingt-cinq maisons de type Métropole pour le chantier expérimental de Meudon, en 1949. Certaines seront installées sur le site, d'autres iront à Royan et à Roubaix.

Par ailleurs, Jean Prouvé conçoit

10

11

avec Paul Herbé et Jean Le Couteur une « maison tropicale »[8], dérivée des recherches qu'il avait menées en 1939 pour adapter au climat tropical les baraquements militaires du génie. À l'instar des maisons Métropole, quelques exemplaires seulement seront réalisés, à Niamey (Niger) et à Brazzaville (Congo). Il exploite également ce principe avec les architectes Jean Démaret et Herbé, lors des concours du palais de Justice de Niamey, puis du palais du Gouvernement à Ouagadougou (Burkina Faso), concours gagnés mais qui demeureront sans suite.

De multiples raisons permettent de comprendre pourquoi l'industrialisation des maisons, quel qu'en soit le modèle, ne dépasse jamais le stade de la petite série. La rareté et l'approvisionnement irrégulier des matériaux sont des obstacles majeurs, accentués par les changements de personnes et de politiques au sein du MRU. En outre, comme au sortir de la Première Guerre mondiale, la loi de 1948, qui gèle les loyers pour protéger les locataires de la rapacité des trop rares propriétaires-bailleurs, ne favorise pas l'investissement immobilier. Enfin, le ministère affecte les crédits et les primes à la construction aux logements en dur, mais surtout, le public n'achète pas les produits Jean Prouvé. En effet, les Français réagissent négativement aux baraquements de l'après-guerre et ils assimilent l'acier à la tôle ondulée.

Un point de vue commun, dont Armand Quetelard se fait l'écho dans la revue L'Architecture française : « [...] en 1945-1946, la France a reçu des États-Unis, en soldes, j'imagine, quelques milliers de ces "machines à habiter" (on chuchotait que les Anglais n'en voulurent pas), baraques dont les parois extérieures, les toitures, les fenêtres et portes extérieures, ont dû être protégées, renforcées, modifiées, afin que ces légères bâtisses ressemblassent à des maisons. Et comme rien n'avait été prévu pour le charbon, le poulailler, les bicyclettes, les voitures d'enfants, etc., on a pu voir les usagers bricoler des dépendances dont les matériaux de base sont bien connus des "zoniers" : tôle ondulée d'occasion, caisse d'emballage, carton bitumé et autres saletés... C'est du joli. »[9]

12 → Grande halle de l'IRSID
à Saint-Germain-en-Laye,
Coulon architecte, 1947.
(Inventaire général d'Ile-de-France,
cl. Décamps)

## L'ESSOR DE L'ATELIER

*L'échec commercial connu par les maisons qui fondent encore aujourd'hui la réputation de Jean Prouvé est largement compensé par le succès de la production en série, à l'usine de Maxéville, de serrureries, mobiliers et éléments de structure des bâtiments tels que cloisons ou panneaux de façade.*

*Au rang de ces succès figurent : la structure des halles d'essais, les cloisons, mobiliers et huisseries de l'Institut de recherche de la sidérurgie (IRSID) à Saint-Germain-en-Laye, 1947 ; les cloisons de l'Organisation européenne de coopération économique (OECE) au château de la Muette à Paris 16$^e$, 1949 ; le plancher flottant de l'unité d'habitation de Le Corbusier à Marseille, 1947-1952. Et, en 1949, la façade innovante que Jean Prouvé conçoit et réalise pour l'immeuble de la Fédération nationale du Bâtiment [10] (Paris 16$^e$), véritable vitrine des entreprises de construction.*

*Confortées par leur succès commercial, les innovations en matière de mobilier sont permanentes. Jean Prouvé est présent à Paris lors de chaque salon important : arts ménagers, arts décoratifs... Ainsi, il expose en 1948, au musée des Arts décoratifs, les sièges conçus pour l'École polytechnique.*

*Par ailleurs, sa notoriété d'industriel atypique attire de nombreux architectes qui l'associent à leurs projets et nourrissent en retour l'atelier de Maxéville de leur enthousiasme créateur. Certes, comme le dit Joseph Belmont, « Il n'était pas facile de travailler avec lui : il avait trop d'idées, et il avait du mal à limiter l'enchaînement de ses recherches. D'où l'importance de son équipe, qui savait l'arrêter quand il le fallait, et qui savait surtout interpréter ses idées pour les faire aboutir. »* [11]

*Néanmoins, ce travail de jeunes architectes de talent au sein même des ateliers permet à Jean Prouvé de participer avec eux à des concours importants. Ainsi pour le projet, non réalisé, de Belmont, Carim et Silvy présenté au concours de l'université de Nancy en 1949, Jean Prouvé reprend les recherches menées avec Le Corbusier sur « les casiers à bouteilles » de Marseille.*

*L'essor des ateliers est tel qu'il incite Jean Prouvé à rechercher un partenaire pour la commercialisation de ses produits. Il s'associe avec la Studal qui diffuse les éléments de construction, et choisit, sur le conseil d'Herbé, Steph Simon pour présenter et vendre ses meubles, ainsi que pour organiser ses contacts avec les architectes.*

1. Jean Prouvé, *Il faut des maisons usinées*, conférence prononcée à Nancy le 6 février 1946, Éditions Messene, coll. « Art Nouveau Architecture ».
2. Catherine Coley, *Jean Prouvé en Lorraine*, Nancy, Presses universitaires de Nancy/Archives modernes de l'architecture lorraine, 1990, p. 96.
3. Office technique pour l'utilisation de l'acier.
4. Jean Prouvé, sous le nom de M. Serrurier, était pendant la Résistance l'agent de liaison de Grandval.
5. La famille Bindschedler a été, pendant la guerre, actionnaire des Ateliers Jean Prouvé. Cf. Catherine Coley, *op. cit.*, p. 50.
6. Voir p. 171.
7. *L'Architecture française*, n° 93-94, 1949, pp. 34-35 et 73.
8. Voir p. 135.
9. *L'Architecture française*, n° 97-98, 1950, p. 72.
L'architecte Armand Quetelard, qui a réalisé, en 1936, le club house de l'aérodrome du Touquet, au même moment que celui de Buc, construit par Beaudouin, Lods et Prouvé, prône un régionalisme de bon aloi et une tradition de bon goût en architecture.
10. Voir p. 155.
11. *Jean Prouvé « constructeur »*, Paris, Éditions du Centre Pompidou, 1990, p. 218.

Monsieur AMIOT
Président de la Fédération
Nationale du Bâtiment

13 janvier 1949

Mon cher Président,

Un de mes amis me fait parvenir le numéro de l'Est Républicain, dans lequel, sous le titre : « Les Entrepreneurs de Meurthe-et-Moselle s'insurgent violemment contre les tracasseries administratives, la méconnaissance des conditions exceptionnelles du travail et les atermoiements du M.R.U. », je lis : « Il (M. POUTEAU) condamne la maison préfabriquée qui ne doit être qu'un pis-aller : Croire que l'avenir est à la maison de tôle, de matière plastique, fut-elle dotée de tout ce confort moderne dont on fait si pompeusement état, c'est admettre que la guerre est inévitable et se résigner à en subir éternellement les effets.

Socialement, c'est nier toute efficacité aux liens que noue un foyer durable entre les générations d'une même famille ; c'est considérer la maison comme une « machine à habiter », où chacun passe comme dans une auberge, comme une paire de chaussettes, qu'on abandonne avec indifférence quand le talon est troué.

Au surplus, et dans un pays où abondent le moellon, le sable et tous les matériaux d'une construction en dur, est-il convenable d'envisager l'emploi du carton pâte. »

Je vois que vous avez assisté au banquet et subi un magnifique discours de M. POUTEAU qui, dans ses formules définitives, démontre qu'il n'entend rien à l'industrialisation du bâtiment, que dans ce pays de l'Est il n'a jamais ouvert les yeux sur des murs entiers recouverts de tôle, qu'il ignore ce qu'est la matière plastique, qu'il oublie que chacun ne possède pas un foyer digne de passer de génération en génération et assimile bien vite une machine à habiter avec une machine à saucisson, qu'il ignore que la France est un pays où on ne jette pas les chaussettes, mais où on les raccommode, et qu'il ignore sans doute qu'il existe de magnifiques maisons préfabriquées, et qui sont loin d'être en carton pâte. »

Cela vous donne une haute idée des organisations représentatives des professions auxquelles, comme le demande M. POUTEAU, il faut sans chicaner faire entièrement confiance et livrer certainement l'avenir de la Patrie.

Et dire que cela s'est prononcé dans la ville de France qui a le bonheur de posséder la Place Stanislas et la Place de la Carrière. Je n'ai pas besoin de vous dire que je ne vous associe pas à la manifestation de M. POUTEAU. Je voulais seulement vous indiquer que des manifestations de ce genre m'étonnent toujours bien qu'elle se répètent trop souvent, et ce n'est pas ainsi que la France se reconstruira.

Bien sincèrement à vous.

Eugène Claudius Petit.

P.S. — J'avais pensé écrire à POUTEAU, mais peut-être pourriez-vous lui faire parvenir un mot.

**MINISTÈRE DE LA RECONSTRUCTION ET DE L'URBANISME**

CITÉ ADMINISTRATIVE
Avenue du Parc de Passy
JAS. 51-90 et 64-80

LE MINISTRE

CB

# RÉPUBLIQUE FRANÇAISE

PARIS, le 7 Janvier 1949

Mon Cher Ami,

Voici la lettre que j'adresse à Monsieur AMIOT, et dans laquelle j'utilise largement l'article que tu m'as fait parvenir.

Bien cordialement à toi.

Eugène Claudius Petit

Monsieur Jean PROUVE
Constructeur
Place de la Carrière
NANCY

(ADMM)

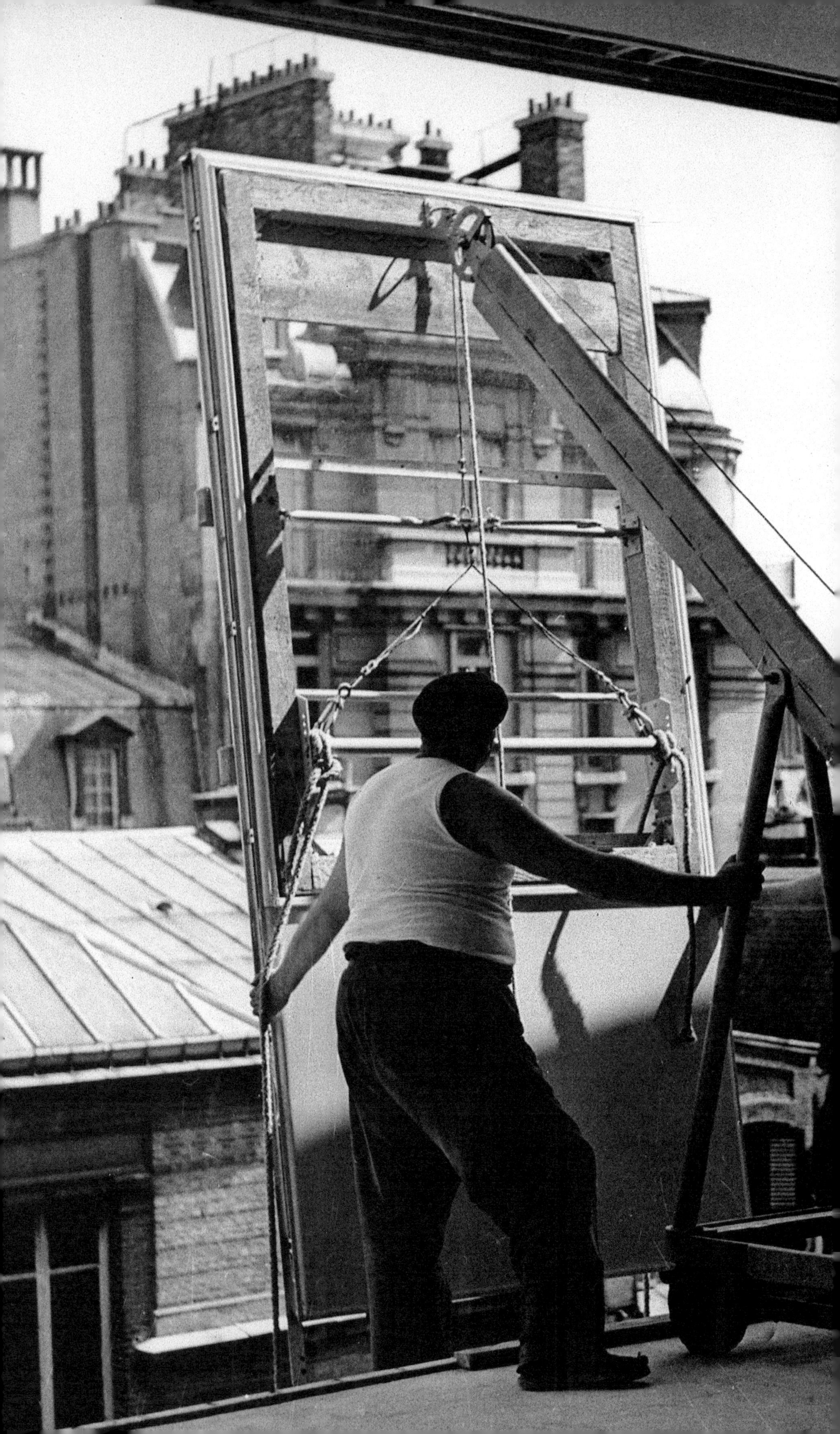

**FÉDÉRATION NATIONALE DU BÂTIMENT**
7, rue La Pérouse, Paris 16e
**Maître d'ouvrage** → Fédération nationale du Bâtiment
**Maîtres d'œuvre** → Raymond Gravereaux et Raymond Lopez, architectes
André Laurenti Entreprises et Balency & Schuhl, gros œuvre ; Jean Prouvé, façades préfabriquées et cloisons intérieures ; Schwartz-Hautmont, menuiseries métalliques en aluminium et fer, participation aux opérations de pose de tous les éléments préfabriqués ; Borderel & Robert, serrurerie aluminium.
Façade démontée en 1997.

# LA FÉDÉRATION NATIONALE DU BÂTIMENT
PARIS 1950

2

1 → Page de gauche
Façade de l'immeuble de la Fédébat sur la rue La Pérouse, à Paris. Levage d'un panneau. (ADMM)

2 → Porte d'entrée rue Lapérouse. La transparence de la façade sur rue révèle le jardin intérieur et l'hôtel particulier, en arrière-plan. (ADMM)

Installée dans un hôtel particulier au 33, avenue Kléber dans le 16ᵉ arrondissement de Paris, la Fédération nationale du Bâtiment (FNB) décide de s'agrandir. Elle fait construire un nouvel immeuble dans une rue parallèle, la rue La Pérouse, pour y installer les services administratifs et techniques. Les deux bâtiments sont reliés par un jardin intérieur, l'entrée se faisant par le nouvel édifice. Le projet est confié aux architectes Raymond Gravereaux et Raymond Lopez. Ce dernier, Architecte en chef des Bâtiments civils et Palais nationaux et enseignant à l'École spéciale d'architecture, est l'un des précurseurs de la construction préfabriquée en France. Sur le terrain d'expérimentation du ministère de la Reconstruction et de l'Urbanisme (MRU) à Noisy-le-Sec en 1948, la maison préfabriquée conçue par Lopez jouxte les maisons Métropole de Jean Prouvé. C'est donc assez naturellement que les architectes font appel à ce dernier pour la conception d'un « building » – terme employé par les architectes –, dont ils veulent qu'il soit une vitrine de l'avant-garde des savoir-faire du bâtiment.

L'immeuble de la FNB compte cinq niveaux. Le rez-de-chaussée est un large plateau libre, entièrement vitré, afin d'offrir la plus grande transparence possible depuis la rue La Pérouse vers le jardin et l'hôtel particulier. Pour respecter les gabarits imposés par la Ville de Paris, le dernier étage de la façade sur rue est construit en retrait.

3

# LA FÉDÉRATION NATIONALE DU BÂTIMENT
### 1950
PARIS

3 → Façade sur la rue La Pérouse. Les panneaux sont en retrait des planchers et des murs mitoyens. (ADMM)

4 → Façade sur le jardin, en vis-à-vis de l'hôtel particulier. (ADMM)

4

Le programme exige à chaque étage des plateaux totalement libres, qui donnent une souplesse maximale à l'aménagement des bureaux. Cet impératif détermine le parti de composition et de construction défini par les architectes : « cinq planchers-plateaux portés sur huit points et débordant en porte-à-faux sur les deux façades rue et jardin afin de rendre complètement libres les façades-écrans sur lesquelles aboutiraient les cloisons mobiles ». [1] Le principe de planchers en béton armé de 30 cm d'épaisseur avec des corps creux en Fibragglo permet d'obtenir des plafonds sans retombée de poutre. Pour le second œuvre, un système de chauffage par rayonnement dans les planchers dispense de la contrainte des radiateurs, et l'électricité ainsi que le téléphone sont distribués en façade.

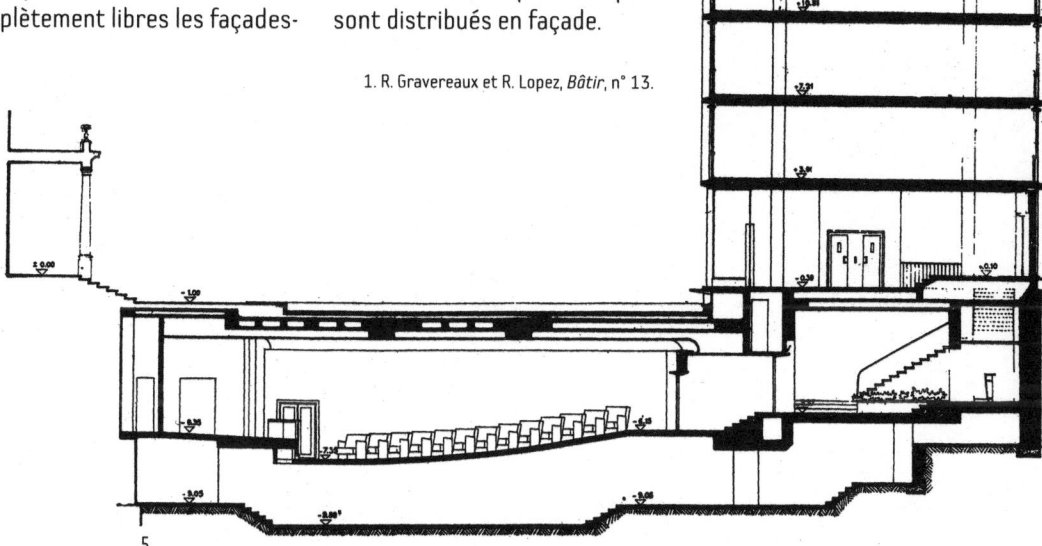

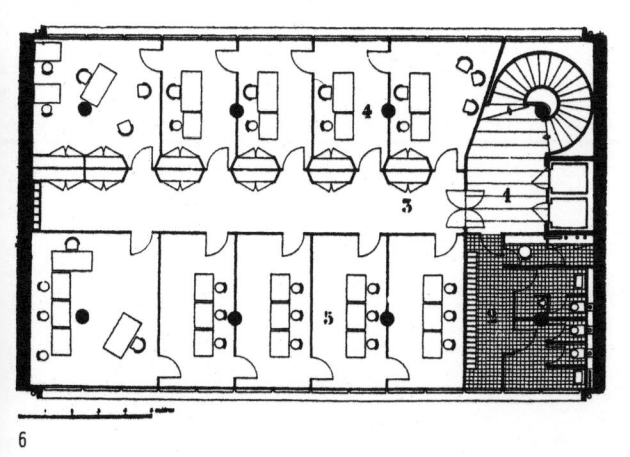

1. R. Gravereaux et R. Lopez, *Bâtir*, n° 13.

5 → Coupe transversale sur les bureaux ; le 5ᵉ étage est en recul côté rue, la salle de conférences est située sous le jardin et le porche de l'hôtel particulier. (D.R.)

6 → Plan d'un étage courant. Les huit points porteurs libèrent les façades de toute contrainte structurelle. Pour répondre à des exigences de fabrication en atelier, la largeur des panneaux est de 1,45 m et détermine la trame de la structure. Jean Prouvé réalise également les cloisons mobiles. (D.R.)

7 → Livraison des panneaux de façade entièrement montés et laqués (vitrage compris) dans les ateliers de Maxéville. (ADMM)

8

9

**La façade** est le principal domaine d'intervention de Prouvé. Celui-ci l'habille de panneaux, de même conception que ceux des maisons à portique axial de Meudon, des profils extrudés en aluminium remplaçant la tôle d'acier pliée employée jusqu'alors. Il fixe à 1,45 m la largeur des modules, pour des raisons de façonnage en atelier. Cette trame détermine en amont toute la structure du bâtiment. Ainsi, 126 éléments sont réalisés, entièrement montés et laqués dans les ateliers de Maxéville, puis livrés par camion en trois fois. Ils sont mis en place au rythme d'un étage par jour. Cette rapidité d'installation témoigne de l'ingéniosité du système : le panneau est livré sur le lieu du montage totalement terminé, vitrage compris. Chaque panneau est équipé, selon sa largeur, de deux ou trois crochets en haut et d'autant de verrous en bas. Il s'accroche comme un tableau, à l'aide d'une cornière solidaire de la structure, et est automatiquement réglé en niveau et aplomb. La façade est réalisée par juxtaposition et superposition de plusieurs panneaux de même type.

## LA FÉDÉRATION NATIONALE DU BÂTIMENT
### 1950
PARIS

8-9 → Montage des panneaux de façade accrochés en partie haute et verrouillés en partie basse sur des cornières solidaires de la structure. (ADMM)

10 → Les panneaux sont composés d'une fenêtre à guillotine, dont l'équilibreur s'escamote dans l'allège en aluminium. L'imposte vitrée fixe est surmontée d'un bandeau d'aluminium percé d'aérateurs circulaires. (ADMM)

11 → Écorché d'un panneau de façade, montrant le mécanisme d'ouverture du châssis à guillotine par équilibreur Farnier. Les aérateurs s'actionnent par une manette placée dans le cadre d'ébrasement. Une tablette est incorporée dans l'épaisseur des montants intérieurs (ADMM)

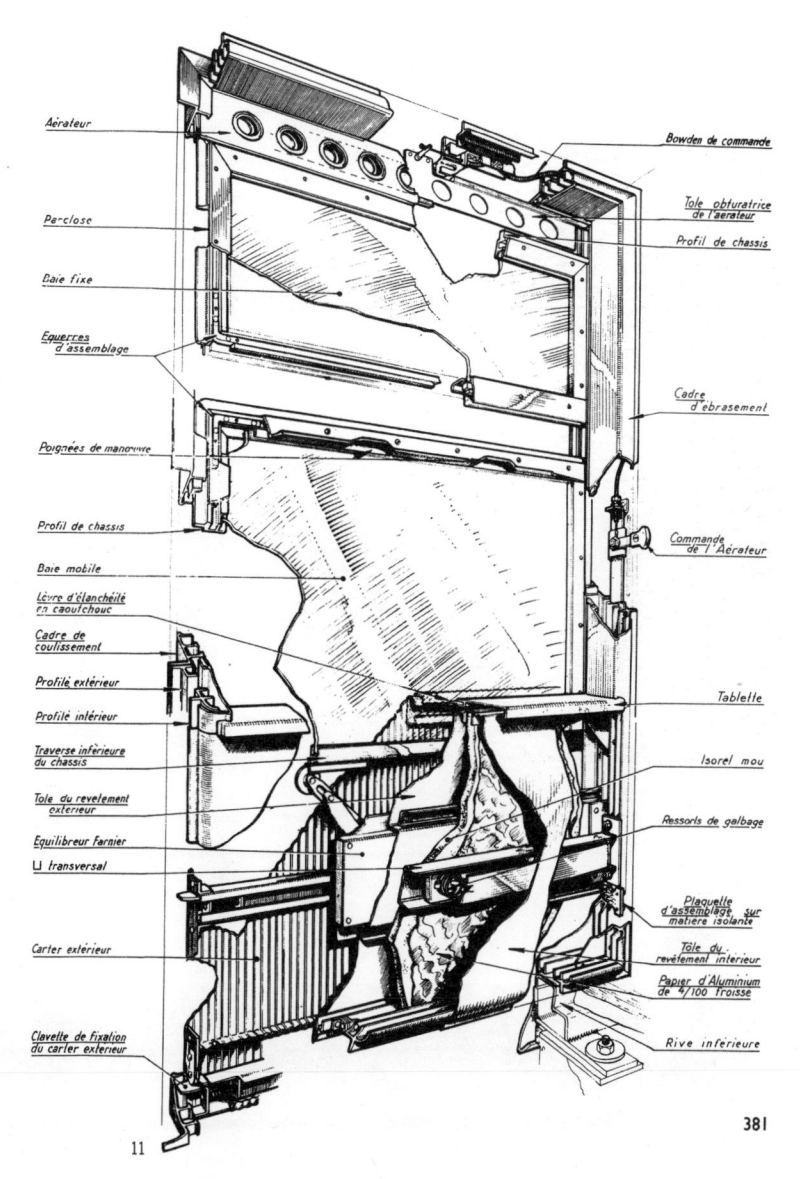

381

12 → Façade sur la rue La Pérouse. Pose des derniers panneaux. (Documentation générale MNAM-CCI, fonds J. Prouvé)

13 → Façade sur le jardin. La mise en œuvre d'un étage de façade prend une journée. (Documentation générale MNAM-CCI, fonds J. Prouvé)

**Chaque module** comprend, en partie haute, une imposte vitrée fixe surmontée d'un bandeau d'aluminium percé d'aérateurs circulaires à commande manuelle. En bas, une fenêtre à guillotine, montée sur des bras croisés munis d'un équilibreur Farnier, s'escamote dans une allège pleine. Celle-ci est composée de deux coques d'aluminium indépendantes raidies par des ressorts de galbage et reliées entre elles par des plaquettes de fibre comprimée de part et d'autre d'une structure en profilés d'acier. La face externe du panneau qui reçoit le coulissant est gaufrée, pour renforcer sa rigidité, et comporte en face interne une plaque d'Isorel mou. Le panneau intérieur est laqué au four sur sa partie visible, l'autre face recevant une isolation thermique composée de plusieurs couches d'aluminium froissé de type Alfol et d'une deuxième plaque d'Isorel. La jonction de ces panneaux « sandwichs » avec les dalles se fait par des profilés d'acier. En haut, une pièce munie d'un ressort permet d'absorber les éventuels fluages du béton et la dilatation du métal. Un feutre bitumineux empêche tout contact entre l'aluminium et le béton. La fixation latérale des panneaux les uns aux autres se fait par vissage sur un tube d'acier. Reprenant ses recherches des années 1930, Prouvé conçoit et réalise également les cloisons mobiles préfabriquées des bureaux de la FNB. Elles sont constituées d'une structure en acier prise entre deux tôles d'aluminium de 10/10e laquées. Des vérins en parties haute et basse compriment la cloison entre le plancher et le plafond. L'absence de retombée de poutre et l'emploi de cloisons mobiles donnent une flexibilité totale à l'espace.
**Emmanuel Caille**

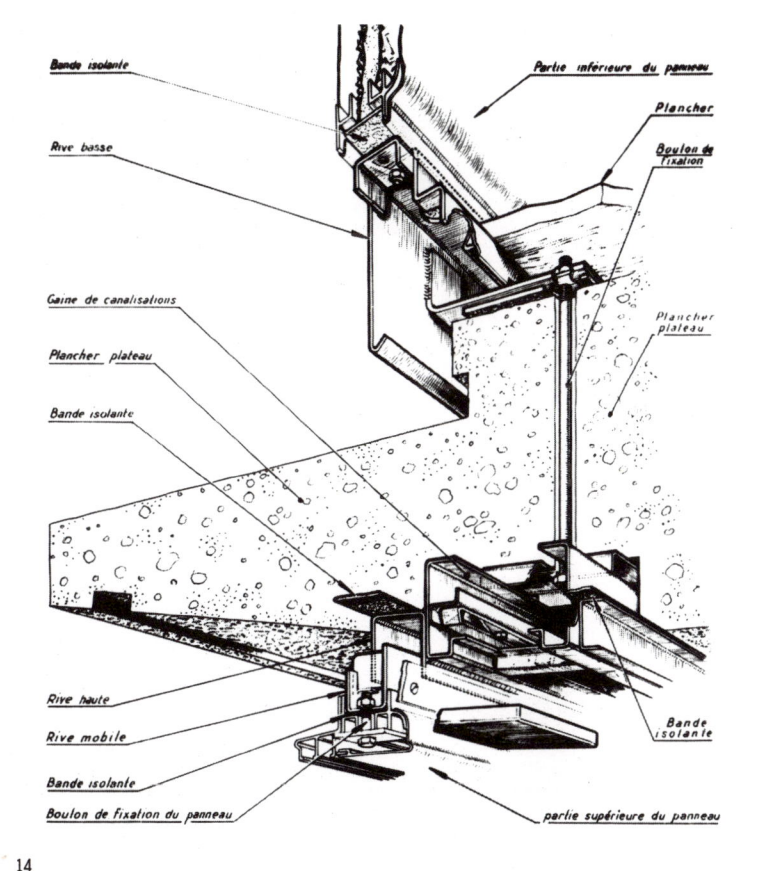

14

# LA FÉDÉRATION NATIONALE DU BÂTIMENT
1950
PARIS

14 → Détail de la fixation des panneaux sandwichs : des rives boulonnées aux planchers reçoivent les parties haute et basse des panneaux. Une attention particulière est portée au travail du joint et de la bande isolante. Le système est logique, selon l'esprit Prouvé, et le montage facile, un de ses principaux soucis. (Institut pour l'histoire de l'aluminium)

15 → Façade sur la rue La Pérouse en 1997. Les vitrages sont nettoyés à l'aide d'une nacelle. (Jean-Marie Monthiers)

16 → Façade sur le jardin en 1997. (Jean-Marie Monthiers)

15

16

## APPLICATION DU SYSTÈME COQUE,
## 1949 1952

1

**1 →** (Documentation générale MNAM-CCI)

**2 →** Extrémités des sheds de l'usine Mame, intégrant des ouïes arrondies. (ADMM)

**3 →** Sheds de l'imprimerie Mame, Tours, Drieu-La-Rochelle et Bernard Zehrfuss architectes, 1950-1951. (ADMM)

# DES MAISONS DE MEUDON À L'OBSERVATOIRE DE PARIS

*La réputation de qualité des Ateliers Jean Prouvé à Maxéville est désormais reconnue au niveau national. Équipés de machines performantes, possédant une structure intégrée d'ingénieurs et d'architectes de haut niveau, ils sont en mesure de répondre efficacement à des commandes importantes d'industriels et d'institutions.*

*C'est à cette époque que le ministère de l'Éducation nationale souhaite normaliser les constructions scolaires, et établit un schéma type basé sur une trame unique de 1,75 mètre pour les écoles du premier degré et de l'enseignement technique. Cette normalisation ouvre le marché de la grande série aux entrepreneurs comme aux industriels.*

*Jean Prouvé et son frère architecte Henri Prouvé sont une des équipes lauréates du Concours des écoles du premier degré de 1949. Ils exploitent à cette occasion le système à portiques mis en œuvre pour les bâtiments d'Issoire. Ils construisent deux écoles communales, l'une à Vantoux près de Metz et l'autre à Bouqueval dans le Val d'Oise.*

## LES SHEDS ET LEURS DÉCLINAISONS - L'IMPRIMERIE MAME

En 1950, les architectes des bâtiments de l'imprimerie Mame à Tours, Drieu-La-Rochelle et Bernard Zehrfuss, font appel à Jean Prouvé. Pour la couverture des ateliers d'impression, ce dernier met au point l'une de ses innovations majeures : les « sheds monoblocs ». La structure porteuse est en béton armé. L'ossature de chaque élément se compose de deux grandes poutres courbes en tôle d'acier pliée, reliées par des traverses. Elle est conforme au principe de continuité structurelle des demi-portiques. Jean Prouvé recouvre le grand rampant du shed par un « panneau-sandwich » fait de deux plaques de tôle d'aluminium et d'un isolant interne. Un vitrage est serti dans l'ossature du petit rampant, fabriqué séparément.

L'ensemble autostable ainsi constitué forme un corps rigide, léger et sans tirant. Les sheds monoblocs nécessaires pour couvrir 6 500 m² sont préfabriqués dans l'atelier de Maxéville et assemblés sur le chantier. Cette invention de sheds monoblocs donne ultérieurement lieu à de nombreuses déclinaisons sous le nom de « coques ». En effet, un des intérêts de ce dispositif est qu'il peut être posé sur des appuis de hauteurs inégales : le petit rampant sert de mur - avec une grande latitude de percements -, tandis que le panneau sandwich du grand rampant fait office de couverture. Jean Prouvé en comprend aussitôt les multiples applications possibles.

**1949-1952**
APPLICATION
DU SYSTÈME COQUE,
DES MAISONS DE MEUDON
À L'OBSERVATOIRE
DE PARIS

*Il propose d'abord aux dirigeants de Citroën des habitations en coques préfabriquées, qu'il conçoit avec les jeunes architectes Nardin et Oudot alors stagiaires à Maxéville. Mais jugées « trop modernes », celles-ci sont refusées.*

*En 1951, il présente une maison formée de trois coques adossées à un mur de refend en pierre, lors de l'exposition du ministère de la Reconstruction et de l'Urbanisme (MRU) qui a lieu dans le cadre du Salon des arts ménagers à Paris. Peu après, il construit à Meudon (Hauts-de-Seine), avec les architectes André Sive et Henri Prouvé, des maisons à une ou deux coques [1]. Avec son frère Henri, il en réalise deux autres au Plessis-Trévise (Val-de-Marne), pour les frères Janicot, entrepreneurs.*

*En réalité, Jean Prouvé développe et perfectionne ce procédé surtout pour les bâtiments scolaires. Les écoles maternelles de Martigues (Bouches-du-Rhône ; A. Arati, M. Boyer et C. Lestrade, architectes) et de Saint-Pierre-des-Corps (Indre-et-Loire ; Dorian, architecte) en sont des exemples. Il accède alors à la production de coques en série, mais de la petite série, du fait de la taille réduite des opérations et de leurs conceptions spécifiques.*

*La pertinence de la construction par travées préfabriquées est démontrée. Jean Prouvé en étudie la simplification. La coque sert toujours de toiture aux écoles, mais la structure porteuse est désormais placée entre les salles de classe et les couloirs. L'ensemble est stabilisé et contreventé par des façades légères, accrochées à la toiture de part et d'autre, et mises en tension de façon symétrique, afin d'équilibrer la poussée du support intérieur.*

*Toujours en 1951, il entreprend avec l'architecte Rémondet, une nouvelle déclinaison des coques pour le bâtiment de la Méridienne [2], à l'Observatoire de Port-Royal à Paris. Cette fois-ci, les demi-coques se rejoignent au sommet. Elles forment une couverture parabolique, d'un seul*

4 › École communale de Vantoux, Henri Prouvé architecte, 1949. (ADMM)

5 › Maison Coque réalisée pour le MRU, exposée au Salon des arts ménagers, Paris, 1951. (ADMM)

tenant, dont une partie est coulissante afin de permettre le travail des astronomes.

Jean Prouvé utilise également cette structure en coque pour l'aménagement d'un quai de la station de métro Franklin-Roosevelt à Paris et pour la fabrication en série de stations-service destinées à de grandes sociétés pétrolières.

Avec Maurice Silvy, il met au point la maison Alba [3] en aluminium et béton armé, qui comporte au centre un noyau porteur technique. Celle-ci préfigure la « Maison des jours meilleurs » [4] qui sera réalisée en 1956 pour l'abbé Pierre.

### UN VOCABULAIRE CONSTRUCTIF

Parallèlement à ces travaux sur les coques, Jean Prouvé poursuit sa réflexion sur les relations entre structure et enveloppe. Ainsi, en 1950, il étudie et réalise avec les architectes Paul Herbé, Jean Le Couteur et M. Gauthier, la grande façade métallique du bâtiment de la Foire de Lille, aujourd'hui détruit. Une des particularités de cette façade était de permettre la fixation des enseignes publicitaires sur une résille externe. À l'effet structurel s'ajoutait celui de la polychromie de la construction, défini par Félix del Marle, membre du groupe néerlandais De Stijl.

Dans le même temps, il poursuit ses recherches sur le mobilier, notamment pour la Cité universitaire d'Antony. Il développe la ligne Compas, où le piétement en tôle pliée assure, tout comme les portiques le font en architecture, la répartition optimale des forces. La forme devient l'expression directe de leur dynamique.

En 1951, Jean Prouvé étudie l'industrialisation d'un immeuble qui peut être construit en

6 → Maquette d'une école à système coque. (ADMM)

7 → Station de métro Franklin-Roosevelt, Paris, réalisée avec des structures en coques, 1951. (RATP-Audiovisuel)

**1949-1952**
APPLICATION
DU SYSTÈME COQUE,
DES MAISONS DE MEUDON
À L'OBSERVATOIRE
DE PARIS

métal, grâce à un nombre réduit de composants spécifiques. Pour cela, il réalise en maquette une travée de deux niveaux, aidé par ses collaborateurs de longue date, Jean Boutemain et Y. Friedrich.

Jean Prouvé conçoit et réalise aussi des villas pour la famille Dollander [5], l'une à Nancy et l'autre à Saint-Clair (Var). Cette dernière démontre que la combinaison de structures et de panneaux industrialisés peut créer un bâtiment « non standard ».

À Paris, pour le compte de la Société française de radio-électronique, il édifie avec l'architecte Beri un laboratoire sur le toit de l'immeuble.

À Saint-Lô (Manche), pour l'un des hôpitaux les plus « modernes » de France, il renouvelle avec l'architecte Nelson, l'intervention qu'il avait menée avant la guerre avec Tony Garnier à l'hôpital Grange-Blanche de Lyon. Il étudie par ailleurs le cloisonnement intérieur de l'École vétérinaire de Maisons-Alfort (Val-de-Marne).

Enfin, Jean Prouvé construit le pavillon de la France à la Triennale de Milan de 1951. Il y présente ses recherches en matière de portiques, consoles, poutres haubanées, panneaux de façades, escaliers.

Tous ces travaux, si divers soient-ils, utilisent en réalité un nombre limité d'éléments de structure, qui forment un véritable vocabulaire constructif à partir duquel les architectes peuvent projeter de manière cohérente leurs conceptions particulières. C'est en insistant sur la cohérence et la variété des combinaisons possibles de ses productions que Jean Prouvé les présente dans des catalogues d'éléments constructifs.

Quelques architectes accueillent favorablement les propositions de Jean Prouvé ; en les intégrant

8

*à leurs projets, ils savent jouer de leurs potentialités combinatoires. En revanche, les entrepreneurs de gros œuvre, soucieux de garder le contrôle des prix de leurs marchés, ne l'appellent pas à participer à leurs chantiers.*

*Pour vaincre leurs résistances, Jean Prouvé ira jusqu'à montrer les associations possibles de ses produits industrialisés avec des maçonneries traditionnelles réalisées in situ.*

*En 1950, la médaille de Bronze de la Société centrale des architectes lui est attribuée. Il est fait chevalier de la Légion d'honneur, puis de l'Étoile d'Anjouan. Il reçoit aussi la plaque dorée de la Société d'encouragement de l'art et de l'industrie.*

*Dans ces années-là, Jean Prouvé fait partie des comités de rédaction des revues qui défendent l'architecture moderne, telles l'Architecture d'aujourd'hui ou Techniques et Architecture. Ces publications constituent autant de cercles de pensée qui associent architectes, ingénieurs et urbanistes, à la pointe de la recherche architecturale et technique de l'époque.*

*C'est également en 1951 que Jean Prouvé participe à la fondation de l'association nommée Groupe Espace, qui a pour but de « préparer les conditions d'une collaboration des architectes, peintres, sculpteurs, plasticiens et d'organiser, par la plastique, l'harmonieux développement des activités humaines »* [6]. *Il y retrouve non seulement les plus grands créateurs contemporains, mais encore et surtout l'esprit initial de l'école de Nancy.*

8 → **Façade métallique
du bâtiment de la Foire de Lille,
Paul Herbé, Jean Le Couteur
et Gauthier architectes, 1950.**
(D.R.)

9 → **Maison Dollander, Saint-Clair,
Henri Prouvé architecte, 1951.**
(ADMM)

1. Voir p. 171.
2. Voir p. 193.
3. Voir p. 135.
4. Voir p. 287.
5. Voir p. 135.
6. « Manifeste et procès-verbal de l'assemblée générale constitutive », *Architecture d'aujourd'hui*, n° 37, octobre 1951, p. 5.

LES MEUBLES
JEAN PROUVÉ
ÉQUIPENT AUSSI
LES RÉFECTOIRES
D'USINES ET DE
TOUTES COMMUNAUTÉS

tous meubles d'habitat
de bureau et d'écoles
meubles en alliage
léger et démontables
spécialement conçus
pour les pays tropicaux

Cité Universitaire des Arts-et-Métiers - CASSAN, Architecte

## ATELIERS JEAN PROUVÉ
AGENT EXCLUSIF
STEPH SIMON    52, avenue des Champs-Elysées **PARIS 8ᵉ** — ELY. 45-78

Page de gauche → (D.R.)

Page de droite → (Musée des années 30 de Boulogne-Billancourt, cl. Jean-Marie Monthiers)

# Manifeste

Pour se dégager définitivement de certaines survivances néfastes qui imprègnent autant la masse du public qu'un grand nombre d'artistes, les Architectes, les Constructeurs et les Plasticiens soussignés créent

## LE GROUPE ESPACE

### *ils préconisent*

un Art non-figuratif procédant des Techniques et Méthodes actuelles pour des Buts rénovés

un Art qui s'inscrive dans l'Espace réel, réponde aux nécessités fonctionnelles et à tous les besoins de l'homme, des plus simples aux plus élevés

un Art soucieux des conditions de vie, privée et collective, un Art essentiel même à l'homme le moins attiré par les valeurs esthétiques

un Art constructif qui, par d'effectives réalisations, participe à une action directe avec la communauté humaine

un Art devenu spatial par la pénétration sensible et modulée de la Lumière dans l'œuvre, un Art dont la conception et l'exécution s'appuient sur la simultanéité des aspects dans les trois dimensions non suggérées, mais tangibles

un Art où la Couleur et la Forme soient enfin indissolublement liées par leurs qualités intrinsèques et architecturales dans une expression idéale de rapports et de proportions.

### *ils constatent*

que d'immenses tâches de construction sont trop souvent confiées à des personnes que rien ne qualifie pour engager l'avenir d'un groupe d'habitations, d'une ville, voire même d'un pays

que l'Urbanisme et la Construction des Cités exigent de ceux qui en sont responsables, non seulement des qualités techniques, mais aussi des connaissances sociales, psychologiques et une certaine culture artistique

que ces connaissances et cette culture sont généralement insuffisantes, qu'on assiste trop souvent à la Reconstruction de nos Cités sur des plans imparfaits et avec une plastique contestable

que la plupart des Architectes n'ont pas été préparés aux tâches nouvelles

que ceux qui ont la responsabilité de créer le milieu dans lequel vivront les générations futures doivent pouvoir s'entourer de Techniciens et d'Artistes plasticiens familiarisés avec les problèmes spatiaux et, de plus, soutenus et aidés par les lois et règlements.

### *ils proposent*

la création de liens étroits entre tous ceux qui peuvent être appelés à concourir aux grandes tâches contemporaines et en particulier, aux :

Etudes d'Urbanisme, Etudes de Plans-Masses, Etudes de la Plastique architecturale y compris tous les prolongements dans la vie courante, Incidences de la couleur dans l'Architecture.

Ainsi, pour familiariser le public avec les nécessaires innovations plastiques, il est souhaitable que les Artistes du Groupe Espace soient appelés à prêter leur concours, notamment lors des Festivals, Expositions et lors des grandes Fêtes publiques. Des démonstrations plastiques, d'envergure, seront admises plus facilement à l'occasion de ces Manifestations et ouvriront ainsi la voie aux réalisations permanentes.

Les Commissions suivantes seront créées immédiatement pour l'étude des problèmes particuliers et devront comprendre chacune des Architectes, Peintres, Sculpteurs et Plasticiens :

URBANISME, PLANS-MASSES, COULEUR, EXPOSITIONS, FÊTES, PLASTIQUE APPLIQUÉE AUX OBJETS

### *ils réclament*

POUR L'HARMONIEUX DEVELOPPEMENT DE TOUTES LES ACTIVITÉS HUMAINES
LA PRESENCE FONDAMENTALE DE LA PLASTIQUE

**Architectes**
André BRUYERE
Jean FAYETON
Jean GEORGE
Jean GINSBERG
Pierre GUERET
GUEVREKIAN
Paul HERBE
Arne JACOBSEN

Jean de MAILLY
Richard J. NEUTRA
Alfred ROTH
André SIVE
B.-H. ZEHRFUSS

**Constructeurs**
Bernard LAFAILLE
LE RICOLAIS
Jean PROUVE

**Plasticiens**
Aagard ANDERSEN
Olle BAERTLING
Etienne BEOTHY
André BLOC
Silvano BOZZOLINI
BOURGOYNE-DILLER
Del MARLE

R. DESSERPRIT
Jean DEWASNE
Piero DORAZIO
P. ETIENNE-SARISSON
Pierre FAUCHEUX
A.-R. FLEISCHMANN
G. FOLMER
Jean GORIN

Robert JACOBSEN
Berto LARDERA
Georges L.-K. MORRIS
Edgard PILLET
Nicolas SCHOFFER
S. SERVANES
V. VASARELY
Nicolaas WARB

Toute correspondance est reçue provisoirement 5, rue Bartholdi, Boulogne (Seine)

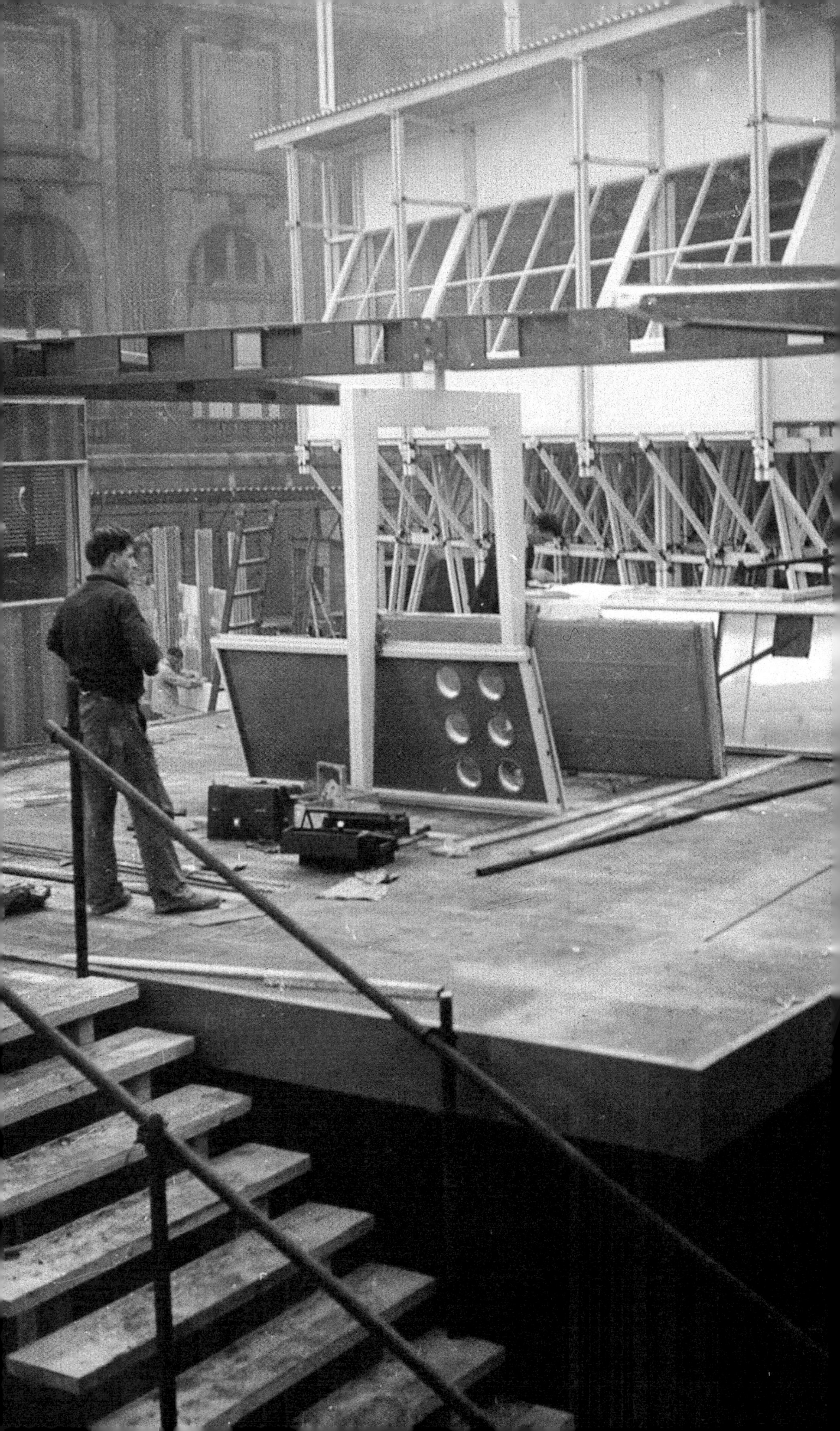

**LOTISSEMENT DE 14 MAISONS INDIVIDUELLES**
10 à portiques « Métropole » ; 2 à simple coque ; 2 à double coque
Route des Gardes, Meudon (Hauts-de-Seine)
**Maître d'ouvrage** → ministère de la Reconstruction et de l'Urbanisme (MRU)
**Maîtres d'œuvre** → André Sive et Henri Prouvé, architectes
Ateliers Jean Prouvé, constructeur

1949-1953
MEUDON
# MAISONS MÉTROPOLES
# MAISONS COQUES

2

1 → Montage d'un prototype de maison à portique, dite Métropole, au Salon des arts ménagers de 1947, à Paris. (ADMM)

2 → Maisons Métropole. Sur les quatorze maisons de Meudon, dix sont de type Métropole et quatre de type Coque. (ADMM)

3 → Plan de situation. (D.R.)

3

En 1944, le ministère de la Reconstruction et de l'Urbanisme commande aux Ateliers Jean Prouvé de Maxéville un prototype de maisons bon marché en vingt-cinq exemplaires, susceptible d'être fabriqué en série pour le logement social. Ce projet est ensuite ignoré par les pouvoirs publics, en raison de l'apparente précarité de la solution proposée – structure légère et panneaux métalliques. Les maisons sont finalement installées sur les hauteurs de Meudon entre 1949 et 1953, sur un plan d'aménagement des architectes André Sive et Henri Prouvé. Deux sont montées à Roubaix et une à Royan. Ainsi, sur les quatorze maisons de la route des Gardes à Meudon, dix sont issues de cette commande, les maisons de type Métropole ; les autres dérivent d'un modèle appelé maison Coque, présenté par Jean Prouvé au Salon des arts ménagers en 1951. Ces prototypes, initialement conçus pour répondre à la pénurie de logements de l'après-guerre, forment aujourd'hui, ironie de l'histoire, un élégant ensemble résidentiel. Sur un terrain à forte dénivellation, encaissé entre la route et un coteau boisé, chaque maison se compose d'une partie massive en maçonnerie traditionnelle – le soubassement avec ses pilotis et ses murs en moellons – et d'une partie légère constituée de panneaux modulaires – l'étage d'habitation, accessible par un escalier métallique extérieur.

Le soubassement contient le garage et la chaufferie ; il s'adapte au relief accidenté, permettant l'installation des pavillons préfabriqués au niveau supérieur sur une dalle en béton armé. Ainsi, chaque maison, sur une base commune, est unique dans son rapport à la pente.

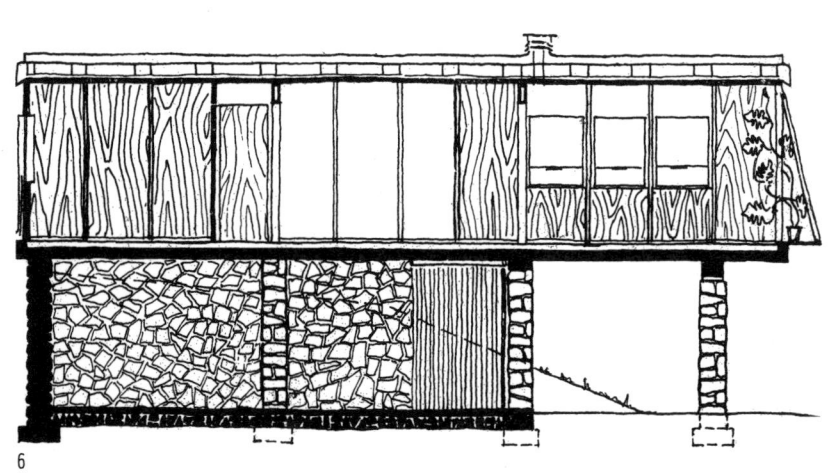

# MAISONS MÉTROPOLES MAISONS COQUES
### 1949-1953
### MEUDON

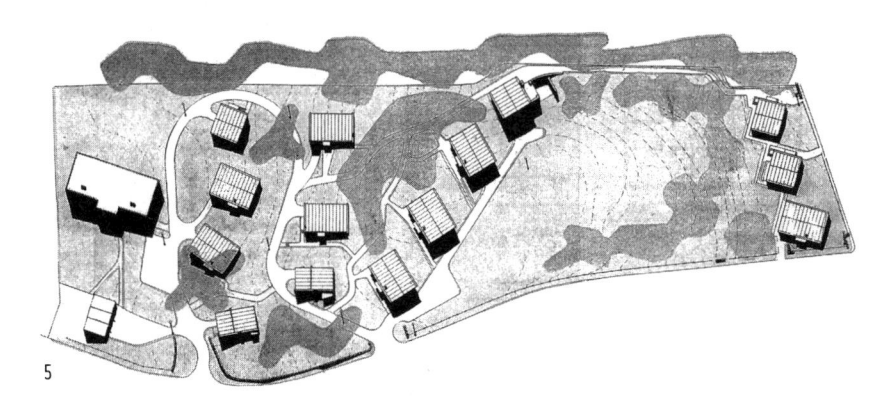

4 → Maison de type Métropole, posée sur des pilotis et des murs en moellons qui rattrapent la déclivité du terrain. (ADMM)

5 → Plan de masse du lotissement. (D.R.)

6 → Coupe longitudinale sur une maison à portique : le soubassement en maçonnerie supporte un volume préfabriqué léger. (D.R.)

**Les maisons Coques** de Meudon tirent leur origine des travaux de Jean Prouvé sur les sheds et les toitures métalliques. Au début des années 1950, les ateliers de Maxéville mettent au point un principe de coques autoportantes pour couvrir des bâtiments industriels comme l'imprimerie Mame à Tours (Zehrfuss et Drieu-la-Rochelle architectes, 1950). De ce principe naissent plusieurs projets de maisons individuelles, qui utilisent des profilés de tôles d'acier cintrés à sections variables, habillés de feuilles de métal tendues. Parmi celles-ci, la maison Coque, exposée au Salon des arts ménagers en 1951, associe deux demi-coques inversées, posées sur un mur central en moellons. Ces coques, qui comportent une isolation thermique, enveloppent l'espace intérieur ; la couverture se prolonge en paroi, laissant libres les deux façades latérales. Avec l'usage des coques, les éléments qui composent habituellement un édifice – mur, plafond, charpente et toiture – sont remplacés par une seule pièce métallique préfabriquée, qui intègre différentes fonctions. Les maisons de Meudon, de dimensions modestes – 5 x 10 m ou 6 x 12 m –, s'inspirent de ce modèle, même si les deux façades latérales, entièrement vitrées dans le projet initial, ont été remplacées par des pignons en pierre et des panneaux préfabriqués.

7 → Maison Coque. (ADMM)

8 → Maison Coque. Sur des murs maçonnés reposent deux demi-coques en aluminium, déclinaison du procédé exposé au Salon des arts ménagers de 1951, à Paris. (ADMM)

9 → Maison Coque. Ici, les demi-coques autoportantes font office de charpente, couverture et plafond. (Documentation générale MNAM-CCI, fonds J. Prouvé)

# MAISONS MÉTROPOLES MAISONS COQUES
## 1949-1953
### MEUDON

10 → Maison Métropole. Panneaux de façade interchangeables à ossature aluminium. (ADMM)

11 → Maison Métropole. Plan de l'étage : la structure autorise une souplesse d'aménagement, les cloisons sont préfabriquées. (D.R.)

12 → Maison Métropole. (ADMM)

**Les maisons de type Métropole** représentent l'ultime version d'un projet imaginé par Prouvé en 1938, puis développé à maintes reprises. Elles consacrent un principe constructif original, le portique axial, qui supporte une poutre transversale agissant comme poutre faîtière. Portique et poutre proviennent de feuilles d'acier de section très fine, découpées et pliées en usine, la technique du pliage assurant rigidité et légèreté aux différentes pièces assemblées. Des panneaux de couverture en bac acier d'une longueur de 4 m sont ensuite fixés de part et d'autre de la poutre, confortant le contreventement de la structure. Ils reposent en périphérie sur des panneaux de façade autoportants, également préfabriqués, qui s'appuient sur la dalle en béton du plancher. Ces éléments de façade à ossature en aluminium peuvent être équipés de fenêtres à guillotine avec volet métallique incorporé en applique extérieure. Enfin, un bow-window oblique éclaire le séjour.

13 → Maison Métropole. Auvent et escalier d'accès. Fenêtre à guillotine en applique extérieure, avec volet métallique intégré. (ADMM)

14-15 → Maison de Meudon, meublée par Jean Prouvé. (ADMM)

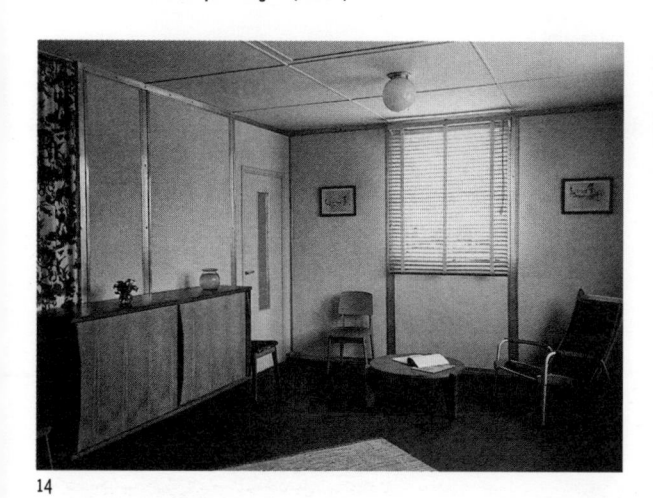

Conçues à l'origine pour être montées rapidement par une équipe restreinte, les maisons de Meudon sont à plusieurs titres emblématiques de la démarche de Prouvé. À l'exception du soubassement, la préfabrication est intégrale, de la structure aux cloisons intérieures, caractéristique d'une approche calquée sur le mode de la production industrielle et sur la standardisation. L'originalité du choix structurel, qui offre une grande liberté dans l'aménagement intérieur, atteste d'une attitude pragmatique plus inspirée par des considérations de statique et d'équilibre que soucieuse des conventions et du respect de la tradition constructive. L'invention du portique axial demande une faible quantité d'acier, à une époque – l'après-guerre – marquée par la pénurie de matières premières. Le dimensionnement des éléments préfabriqués est lié aux possibilités de la presse plieuse de Prouvé et de la taille des tôles disponibles, ce qui témoigne du caractère concret d'un projet s'appuyant sur une connaissance approfondie des outils de fabrication. Le plan et les dimensions des maisons sont directement issus de cette logique : le pignon fait 8 m de large pour une longueur de 8 ou 12 m.

MAISONS
MÉTROPOLES
MAISONS
COQUES
1949-1953
MEUDON

**À Meudon**, les quatorze pavillons ont connu des modifications importantes, réalisées par leurs occupants. Des extensions en maçonnerie traditionnelle prolongent plusieurs maisons, certaines menuiseries avec ouvrant à la française ont remplacé les fenêtres à guillotine d'origine et les rez-de-chaussée ont été aménagés en pièces supplémentaires. Malgré cela, ce lotissement marque, par sa présence insolite, une étape dans la réflexion sur la préfabrication des logements individuels. D'une part, il s'agit d'un cas exemplaire d'artisanat industriel avec maîtrise totale du processus de conception et de fabrication, partant de la feuille de métal pour arriver à la réalisation complète d'une maison. D'autre part, il est frappant de constater à quel point l'attitude pragmatique de Prouvé engendre paradoxalement une esthétique singulière.

**Thomas Heuzé**

16-17 → Maison Métropole. Montage d'un portique à poutre axiale. (ADMM)

18-19 → Maison Métropole. Les occupants y ont effectué des modifications : extension en rez-de-chaussée, remplacement des châssis à guillotine par des ouvrants à la française.
(Jean-Marie Monthiers)

1

1 → Jean Prouvé (à gauche)
avec Eugène Beaudouin et
Marcel Lods
(Académie d'Architecture)

« JUSQU'EN 1925, J'AI FABRIQUÉ DES OBJETS EN CIRCUIT FERMÉ, j'étais peu influencé par d'autres. J'étais un provincial ; tout se passait à Paris. Il me tombait sous la main de temps en temps une revue d'architecture ; je n'étais pas enthousiasmé, mais c'est tout de même comme ça que j'ai découvert que Le Corbusier existait, que Mallet-Stevens existait, et qu'il y avait un peintre qui s'appelait Fernand Léger, etc. Un beau jour, j'ai fait un paquet de photos et tout timide, parce que j'étais timide [...] je me suis dit : "Je vais aller voir ces gens-là et peut-être qu'ils me donneront du travail." Et le premier que je suis allé voir à Paris c'est Mallet-Stevens [...]. Il était très assailli de demandes de travaux [...] j'ai été reçu par son chef d'agence [...] c'était Guévrékian [...]. Alors je lui ai montré quelques photos. Il a disparu. Cinq minutes après, j'étais chez

Joseph Abram

# CONSTRUCTION ET INVENTION
## JEAN PROUVÉ ET L'ARCHITECTURE MODERNE EN FRANCE, 1925-1975

Mallet-Stevens... il était en train de regarder les photos. Il m'a reçu comme Mallet-Stevens recevait, admirablement bien, presque avec déférence. C'était un homme d'une qualité exceptionnelle. Il m'a dit : "Ce que vous faites m'intéresse énormément, j'ai besoin d'une grille dans une maison que je construis." Puis il m'a expliqué ce qu'il voulait [...]. Et tout naturellement, je lui ai dit : "Bien, écoutez Monsieur Mallet-Stevens, je rentre à Nancy, je vais vous faire un dessin, je vous ferai un devis." Il a dit : "Non [...]. Je ne veux ni dessin, ni devis, je veux une grille !" C'est parti comme ça et c'est de cette façon que j'ai fait la grille Reifenberg... Quand je lui ai livré la grille, il ne savait pas ce qu'il aurait. Une fois que ça a été posé, il a été enthousiaste. Cela a été pour lui une surprise de découvrir une chose qu'il n'avait jamais vue dans la façon de concevoir le métal [...]. »[1]

Ce témoignage, recueilli en 1982 par Peter Sulzer et publié en 1995 dans le premier volume de son important ouvrage sur Jean Prouvé, retrace avec précision l'un des épisodes déterminants du tout début de la carrière du grand tôlier nancéien.[2] Cette rencontre avec Robert Mallet-Stevens est pour Prouvé le point de départ d'une collaboration fructueuse avec les milieux les plus novateurs de la capitale.[3] Elle est l'occasion d'une ouverture décisive sur l'architecture moderne (une fenêtre sur un nouveau monde), et c'est bien en ces termes qu'il se représentait lui-même la signification de cette entrevue insolite, comme en attestent, un demi-siècle plus tard, ses propres paroles. En 1926, lorsqu'il se rend à l'agence Mallet-Stevens en vue d'obtenir une commande, Prouvé a à peine 25 ans. Il a déjà derrière lui une riche production d'objets liés à l'architecture et à son équipement intérieur.[4] Héritier de l'école de Nancy et du profond respect de ce mouvement pour le travail manuel, il a investi son métier de forgeron d'une manière originale et complète.[5] Sa production, d'abord inscrite dans la mouvance de l'Art déco, évolue

---

1. Prouvé, entretien avec P. Sulzer, 1982-1983, in P. Sulzer, *Jean Prouvé. Œuvre complète*, vol. 1 : *1917-1933*, Berlin, Wasmuth, 1995, p. 18.
2. Sur les débuts de Prouvé, *cf.* J.-C. Bignon et C. Coley : *Jean Prouvé, entre artisanat et industrie, 1923-1939*, Nancy, Archives modernes d'architecture lorraine, École d'architecture de Nancy, 1990, pp. 13-41.
3. Prouvé évoque ainsi les trois jours passés à Paris en 1926 :

« Par les revues, j'avais détecté Mallet-Stevens, Lurçat – pour qui c'était plus facile parce qu'il était Nancéien –, Le Corbusier et d'autres qui étaient des architectes d'avant-garde. [...] Je suis allé chez Le Corbusier. J'avais vu son exposition de l'Esprit Nouveau. J'ai lié immédiatement des relations d'amitié avec Jeanneret qui était l'homme de la planche à dessin. Je voyais moins Le Corbusier mais les entrevues étaient toujours sympathiques. Je crois qu'il aimait

beaucoup ce que je faisais et qu'il appréciait ma formation tout à fait proche de la sienne. Il a une formation d'autodidacte, artisanale ; il dessinait et gravait des boîtiers de montres. De plus, le milieu artistique dans lequel il a fait ses premières classes fut le même que celui dans lequel j'ai vécu à Nancy. C'était un admirateur de l'école de Nancy. » In D. Clayssen, *Jean Prouvé. L'idée constructive*, Paris, Dunod, 1983, p. 151.
4. Prouvé, qui participe en 1925

à l'Exposition internationale des arts décoratifs de Paris (avec deux portes en fer forgé pour le pavillon de l'Est de la France), a pu visiter les pavillons de Le Corbusier, de Mallet-Stevens, d'Auguste Perret et de Constantin Melnikov.
5. Sur les rapports de Prouvé à l'école de Nancy, *cf.* H. Claude, « Jean fils de Victor. L'école de Nancy », in *Jean Prouvé « constructeur »*, Paris, Éditions du Centre Pompidou, 1990, pp. 95-99, et Claude Prouvé, *Vision d'automne*, 1995, non publié.

très vite vers une prise en compte structurelle de la matière.[6] La grille Reifenberg va donner une impulsion décisive à sa carrière.[7] Cette commande revêt, à plus d'un titre, un caractère prémonitoire : sur la base d'une compétence reconnue (attestée par les photographies des réalisations antérieures), Mallet-Stevens lui confie la responsabilité d'un objet complet qui constitue simultanément un morceau de projet et une construction concrète. Il lui délègue ainsi, en toute confiance, une part de la conception. L'interface entre la partie (la grille) et le tout (la maison) est définie très rapidement. Prouvé repart à Nancy avec une commande d'un genre particulier qui lui laisse, face à l'œuvre, une liberté d'action équivalente à celle d'un sculpteur ou d'un maître verrier.[8] Son travail échappe cependant à la définition du métier d'art. Mais ce n'est pas tout. Si l'on compare la grille de la maison Reifenberg à celle qu'il réalise peu auparavant pour l'hôtel Thiers à Nancy (Paul Charbonnier architecte), on constate que le rapport de la partie au tout a changé. Alors que la porte de l'hôtel nancéien s'inscrit dans la hiérarchie prédéfinie des pleins et des vides de la façade, c'est-à-dire dans l'étroit système de représentation que la perspective séculaire a établi pour l'architecture, la grille « Mallet-Stevens » s'insère dans un dispositif nouveau, inhérent à l'esthétique moderne, qui fait de chaque paroi une composante visuelle active de l'ensemble. Prouvé saisit avec une assurance artistique peu commune le contenu de la nouvelle plastique architecturale, et l'on comprend aisément l'émerveillement de Mallet-Stevens devant l'objet livré et monté.[9]

La grille Reifenberg est à la fois un plan géométrique abstrait, un claustra sensuel faisant vibrer l'ombre et la lumière et une structure constructive rigide faite du jeu savant des lames d'acier parallèles et obliques. « J'ai le souvenir de ne pas avoir peiné là-dessus [...]. J'avais cette grande grille à faire et dans cette grille, il fallait une entrée [...]. J'ai situé l'entrée par ces bandes et tout le reste pour moi était un jeu transparent [...]. La composition, c'était une porte très accusée et puis tout le reste une espèce de voile [...]. La porte avait deux battants. Dans un sens, elle était complètement claire et dans l'autre sens, elle était bouchée [...]. C'était la recherche d'une espèce d'effet de lumière [...] ce jeu de lumière était à trois dimensions, tandis que la plupart des grilles anciennes n'étaient que des silhouettes à deux dimensions. C'était un jeu de métal [...] tout le fer est martelé, c'est-à-dire que ces éléments ne sont pas des fers laminés, ils sont forgés [...]. C'est de l'acier ordinaire [...] du fer qui a été brillanté et verni [...]. À ce moment-là, on travaillait encore avec un outillage assez classique, par contre je composais différemment [...]. »[10] La grille-espace de la maison Reifenberg s'adapte à la simplicité intérieure de l'architecture volumique de Mallet-Stevens en lui incorporant les valeurs essentielles, presque minimales, de la matière et de la lumière, du transparent et de l'opaque, du solide et du léger. D'emblée Prouvé pose les jalons d'un territoire. En intégrant à sa conception la connaissance intime (physique) de la matière à transformer, il étend le champ ordinaire du projet.[11]

La collaboration avec Mallet-Stevens se poursuivra à travers d'autres réalisations telles que les maisons Martel, Mallet-Stevens et Gompel (Paris, 1927-1928) et le Casino de Saint-Jean-de-Luz (1928). Il s'agira, dans tous ces cas, d'interventions ponctuelles : poignées de porte, rampe d'escalier, portes d'entrée et d'ascenseur...[12] Cette collaboration entre les deux hommes préfigure l'Union des Artistes Modernes (UAM), à laquelle ils participeront, l'un et l'autre, aux côtés de Le Corbusier, d'André Lurçat, de Charlotte Perriand, de Pierre Chareau, de Francis Jourdain, de René Herbst, d'Eileen Gray, etc.[13]

---

6. Les objets réalisés à cette période font penser aux créations de Pierre Chareau. Cf. *Pierre Chareau, architecte, un art intérieur*, Paris, Éditions du Centre Pompidou, 1993. Voir aussi M. Vellay, *Pierre Chareau, architecte, meublier, 1883-1950*, Paris, Rivages, 1986.

7. En 1926, Prouvé participe à l'exposition organisée par le Comité Nancy-Paris, mais, comme le précise C. Coley, ses relations parisiennes ne doivent rien à ce réseau. Cf. *Jean Prouvé*, Paris, Éditions du Centre Pompidou, 1993, p. 18 et « Le comité Nancy-Paris », *Les Cahiers de la recherche architecturale*, n° 24-25, Parenthèses, 1988, pp. 108-114.

8. Cette commande place Prouvé dans une position analogue à celle de Barillet, qui réalise plusieurs vitraux pour les maisons de la rue Mallet-Stevens.

9. Prouvé a compris, d'un coup, la plastique de Mallet-Stevens. Sa grille fait écho aux conceptions de l'architecte : « surface unie, arêtes vives, courbes nettes, matières polies, angles droits, clarté-ombre, ordre, c'est la maison logique et géométrique de demain ». Mallet-Stevens cité par M.-A. Maupu in *Rob. Mallet-Stevens, architecture, mobilier, décoration*, Paris, Philippe Sers éditeur, 1986, p. 43.

10. Prouvé, entretien avec P. Sulzer, in *Œuvre complète*, op. cit., p. 78.

11. Le projet intègre simultanément une approche mentale et physique de la matière. Ceci se manifeste aussi dans la pratique du dessin : « J'ai horreur de dessiner sans construire », Prouvé, propos recueillis par D. Clayssen pour *Technique et architecture*, n° 329, novembre 1979. Renzo Piano évoque un exercice donné par Prouvé à ses étudiants du CNAM (Conservatoire national des Arts et Métiers), qui consistait à construire un pont à partir d'une feuille de papier par simple pliage : « C'était justement affaire de tête et de main. J'ai compris alors que l'architecture n'est pas un processus linéaire, mais circulaire. Une idée doit être reprise plusieurs fois, réalimentée par le savoir technologique et l'imagination. » Piano, « Entre la mémoire et l'oubli », in *Jean Prouvé « constructeur »*, op. cit., p. 221.

12. Sur ces maisons, cf. *Rob. Mallet-Stevens, Architecte*, Bruxelles, AAM, 1980.

13. Arlette Barré-Despond, *U.A.M.*, Paris, Éditions du Regard, 1986.

2 → Grille intérieure
de la villa Reifenberg, Paris,
Robert Mallet-Stevens
architecte, 1927.
(Documentation générale
MNAM-CCI, fonds J. Prouvé)

## DES CONSTRUCTIONS À PART ENTIÈRE

Lors d'un entretien avec Jean-Marie Helwig, Prouvé raconte comment il eut un jour l'illumination qu'il lui fallait construire : « Je me suis dit : c'est terminé. Il faut faire autre chose. Il faut se servir des moyens modernes. Je suis passé à la construction [...] construire m'intéressait essentiellement [...]. »[14] « Je ne crois pas m'être trompé [...] en prenant cette décision de modifier complètement la production de mes ateliers ».[15] Dès 1926, il équipe son entreprise d'un poste de soudure électrique et, de plus en plus, il travaille la tôle mince.[16] Les projets réalisés pour Mallet-Stevens lui servent de tremplin. De nombreux architectes lui passeront des commandes, parmi lesquels Tony Garnier, Albert Laprade, Georges-Henri Pingusson, Eugène Beaudouin et Marcel Lods. Si certaines interventions, comme, à Paris, les grilles du musée des Colonies (Laprade, Léon Bazin et Léon Jaussely architectes, 1931) ou les grandes portes du bâtiment du ministère des PTT (Jacques Débat-Ponsan architecte, 1936-1939), prolongent ses premières réalisations, d'autres chantiers au contraire, tels les salles d'opération de l'hôpital de Grange-Blanche à Lyon (Garnier avec Durand et Faure architectes, 1930-1934) ou l'aéroclub Roland-Garros à Buc (Beaudouin et Lods architectes, 1935-1936), constituent des constructions à part entière, qui supposent pour ses ateliers un changement radical d'échelle. Comme l'a montré Catherine Coley, c'est un redimensionnement complet de l'outil de production qui se produit en 1931 avec l'installation de l'entreprise dans le local de la rue des Jardiniers. L'effectif passe alors à une quarantaine d'employés. Grâce à l'achat d'une presse plieuse de trois mètres d'ouverture et de cisailles à guillotine, Prouvé peut affronter des commandes d'une ampleur nouvelle.[17]

Les salles d'opération, les portes et les cabines d'ascenseurs de l'hôpital de Grange-Blanche à Lyon, les balustrades, les cloisons et les rampes d'escaliers de l'hôtel de ville de Boulogne-Billancourt (Garnier et Débat-Ponsan architectes, 1933-1935) offrent la possibilité de séries qui exigent une organisation du travail adaptée. On observe également une évolution au niveau de la conception. La tôle pliée fait des merveilles. En se tournant vers ce matériau plat, Prouvé déplace le champ de ses investigations vers la question des structures. Partant de ce produit industriel universel, il aborde de front les problèmes constructifs en les identifiant à la mise en forme et au façonnage. Avec la tôle pliée, toute forme devient une structure, et toute structure devient un processus de fabrication. Les meubles et les cabines d'ascenseurs servent de laboratoire. L'approche du mobilier est toute entière traversée par l'usage de la tôle mince, qui incite Prouvé à explorer, dès le début des années 1930, des familles de formes ignorées des autres créateurs modernes. Ses recherches se distinguent d'emblée de celles de Marcel Breuer et du Bauhaus, mais aussi de celles de ses amis de l'UAM.[18] Ses fauteuils réglables, ses chaises rabattables, ses tables à pied unique constituent l'alphabet d'un langage structurel neuf, dont il découvre, jour après jour, les potentialités.[19] Quant aux cabines d'ascenseurs, elles lui ouvrent, dès 1930, la problématique du « container ».

## LA FORME COMME STRUCTURE

Lorsqu'on regarde les hautes portes (6,60 mètres) du bâtiment du ministère des PTT de l'avenue de Ségur à Paris, on mesure toute l'ingéniosité qu'il a fallu déployer pour obtenir ces grands éléments à partir de la tôle. Ce que l'on voit est tout autant un élément familier (une porte) qu'une sculpture d'un genre particulier, dont la forme est un dispositif complexe de résistance de la matière. Face à la tôle mince qu'il faut façonner, la forme apparaît comme une équation à résoudre. Elle est fonction du matériau. Tout l'effort de Prouvé, au début des années 1930, tend vers la construction. La commande des salles d'opération de Lyon représente pour lui un pas important : « On me donnait le vide et je le remplissais [...]. »[20] Ces salles, dont il fabrique la structure et les menuiseries, sont greffées sur les bâtiments de Garnier comme des excroissances. Déjà en 1929, avec le garage de la rue Marbeuf à Paris (Laprade et Bazin architectes, 1929), puis en 1930, avec le magasin Citroën à Lyon (Jacques Ravazé architecte, 1930-1931), Prouvé s'était confronté à des problèmes inédits. Il avait réalisé pour ces deux temples de l'automobile

---

14. Prouvé en 1982, cité par P. Sulzer in Œuvre complète, op. cit., p. 18.
15. « J'ai appris un jour que l'on pouvait faire de la soudure électrique et j'ai acheté un poste [...]. J'ai commencé à composer des ouvrages qui découlaient de la soudure électrique [...]. », ibid.

16. Ibid.
17. C. Coley, Jean Prouvé [...], op. cit., pp. 20-22.
18. Avec ses chaises et ses tables en tubes d'acier, Breuer explore un autre champ de la rationalité industrielle. Cf. les séries de tables B9 (1925-1926) et la chaise B3 (1927-1928). M. Droste et M. Ludewig, Bauhaus Archiv,

Marcel Breuer, Cologne, Taschen, 1992. C. Jones, Marcel Breuer, 1921-1962, Paris, Éditions Vincent, Fréal et Cie, 1963.
19. Cf. R. Guidot, « Partir du matériau » et P. Sulzer, « Aspect de la méthode et de l'œuvre », in Jean Prouvé « constructeur », op. cit.
20. Prouvé, 1982-1983, in Œuvre complète, op. cit., p. 172.

3 → Rampe d'escalier
de l'hôtel de ville
de Boulogne-Billancourt,
Tony Garnier architecte,
1933-1937.
(Jean-Marie Monthiers)

(en plus de la fourniture des rampes et des balustrades) des grandes façades vitrées sur ossature métallique légère. L'élégante verrière de la rue Marbeuf (dont les raidisseurs transposent en métal les arbalètes en béton armé de la façade arrière du Théâtre des Champs-Élysées, 1911-1913) fit l'admiration des critiques les plus avisés.[21] Reprise par Oscar Nitzchké et Denis Honegger dans leur projet pour le concours du Théâtre de Kharkov (1930), elle annonçait la transparence et la légèreté des œuvres ultérieures de Prouvé.[22] L'escalier qu'il conçoit en 1937 pour le pavillon de l'UAM à l'Exposition internationale de Paris (Georges-Henri Pingusson, Frantz-Philippe Jourdain et André Louis architectes) offre un exemple de ces valeurs nouvelles. Interprétant avec justesse l'architecture de ses amis modernes, Prouvé la projette (à travers les fragments qu'on lui confie) dans un espace de conception plus aigu, dépourvu de tout pittoresque et de toute anecdote.

C'est sa collaboration avec Beaudouin et Lods qui permet à Prouvé d'accomplir jusqu'au bout sa vocation de constructeur. Pour les tours et les immeubles en peigne de la cité de La Muette à Drancy (1 000 logements pour l'Office public d'habitation du département de la Seine, 1932-1934), ses ateliers fabriquent des centaines de portes (pour les entrées, les ascenseurs et les cuisines) et des centaines de fenêtres (à la française, coulissantes) selon des types bien étudiés. Prouvé touche ici à la standardisation et à la moyenne série.[23] Un état d'esprit industriel naît de cette opération, qui semblait présager une ère nouvelle dans le domaine du logement de masse. Elle est aussi à l'origine d'une solide amitié entre Prouvé, Beaudouin, Lods et Vladimir Bodiansky (diplômé de l'Institut des ponts et chaussées de Moscou et de l'École d'aéronautique de Paris) qui participait, en tant qu'ingénieur, à ce vaste chantier.

Les quatre hommes se retrouvent bientôt pour la réalisation de l'aéroclub de Buc (1935-1936). Prouvé peut se mesurer ici, pour la première fois, à la construction d'un bâtiment complet. La gare routière de La Villette, qu'il avait conçue en 1933 pour la société Citroën, était restée à l'état de projet. Cette étude non réalisée portait en germe tous les thèmes spécifiques à l'architecture de Prouvé : préfabrication des éléments de structure et de remplissage, mise au point de panneaux avec fenêtres à guillotine incorporées, inclusion des descentes d'eau pluviale et du système de chauffage dans les poteaux creux, travail sur le joint, sur l'angle et sur la rive, etc.[24] À Buc, Prouvé dispose d'un plan général du bâtiment, qui lui a été remis par Lods : « C'était un simple parallélépipède rectangle, mais il fallait le construire extrêmement rapidement et en faire une démonstration d'architecture contemporaine. »[25] Prouvé fait des croquis qui passent directement à l'atelier. Ainsi est fabriqué le prototype d'une tranche du bâtiment, que Lods vient voir à Nancy. « J'ai eu son acquiescement total », relate Prouvé.[26] L'aéroclub est réalisé en tôle mince. « Il n'y a pas un seul profilé du commerce [...] ce n'était pas une question de principe, il s'est trouvé que mes machines permettaient de le faire. Il fallait donc tout inventer et nous l'avons fait avec beaucoup d'audace. La structure porteuse est en tôle d'acier de 4 mm d'épaisseur. »[27]

Avec cet aéroclub, Prouvé fait franchir à l'architecture moderne un cap nouveau. L'économie de matière y est poussée à l'extrême. Grâce à la tôle pliée, qui permet d'obtenir des membrures de haute résistance, le vide s'étend partout et, d'abord, dans la structure elle-même. La légèreté nécessaire à la manipulation des pièces sur le chantier se transmet à l'objet définitif, lui conférant une sorte de perfection logique, où le visuel relaie le construit. L'architecture, pensée comme un dispositif matériel résistant et comme un processus de fabrication et de montage, conserve dans son état fini la mémoire de son engendrement : ce que l'on voit n'est rien de plus que ce qui a été fabriqué et monté. L'architecture est pure construction. Prouvé qui rêvait, adolescent, de construire des machines (« J'aimais la mécanique, j'aimais l'aviation et je me voyais très bien constructeur d'avions »), réalise ici une part de son rêve.[28]

---

21. Cette façade (vraisemblablement réalisée par Prouvé, selon P. Sulzer) a impressionné Sigfried Giedion, qui parle du mur de verre d'un garage de la rue Marbeuf à Paris réalisé en 1929. « Après Labrouste qui avait reconnu très tôt les grandes possibilités du verre, on eut de plus en plus recours à ce matériau pour aboutir enfin à des parois de verre géantes dont la charpente devait être suspendue à des poutres de pont. » *Espace, temps, architecture*, Bruxelles, La Connaissance, 1968, p. 156. (1re édition, Harvard, 1941.)
22. Nitzchké et Honegger extrapolent cette solution pour l'étendre dans leur théâtre à l'immense façade vitrée du foyer.
23. Sur Drancy, cf. F. Laisney et G. Baty-Tornikian, « Grandeur et misère d'un chef-d'œuvre rationaliste », *L'Architecture d'aujourd'hui*, n° 187, octobre-novembre 1976, pp. 101-110, et F. Seitz, *L'Architecture métallique au XXe siècle*, Paris, Belin, 1995, pp. 88 et 91.
24. C. Coley, *Jean Prouvé [...], op. cit.*, pp. 23-24.
25. Prouvé, entretien avec P. Sulzer, 1982, in *Jean Prouvé. Œuvre complète*, vol. 2 : *1934-1944*, Bâle, Boston, Berlin, Birkhäuser, 2000, p. 116.
26. *Ibid.*
27. *Ibid.*
28. Cf. P. Vago, « Pavillon du club d'aviation Roland-Garros à Buc », *L'Architecture d'aujourd'hui*, n° 9, 1936.
29. Les dessins de la structure

## L'ÉCONOMIE DES MOYENS

La Maison du peuple de Clichy aurait dû être construite, comme l'aéroclub de Buc, en tôle pliée. Compte tenu de l'échelle de ce bâtiment, Prouvé avait prévu d'employer ici une tôle épaisse. Une première étude (datée d'août 1936) montre l'ossature principale.[29] Cette solution légère (qui fit peur en raison de sa nouveauté) est abandonnée au profit d'une structure en profilés du commerce. Prouvé participe néanmoins à la suite des études, et ceci de manière très active. Une des originalités de l'édifice provient de son double programme, qui consistait à regrouper sous un même toit un marché et une maison du peuple. Le marché devait offrir une surface d'environ 2 000 m². La maison du peuple nécessitait deux grandes salles (l'une de 1 500 à 2 000 places pour les réunions et les fêtes, l'autre de 700 places pour le cinéma), ainsi que des bureaux. L'analyse des contraintes montrait la possibilité de créer un dispositif mécanique permettant aux fonctions de se succéder dans le même espace.

« Le marché ne doit être ouvert que le matin en semaine ; la maison du peuple par contre, ne sera utilisée que le tantôt ou le soir, en général les jours non ouvrables. On peut, dès lors, considérer comme acquis le fait que non seulement les deux organismes ne fonctionneront jamais en même temps, mais que, dans la très grande majorité des cas, il y aura plusieurs heures de décalage entre la fin de l'utilisation de l'un et le commencement de l'autre [...]. »[30] Il était donc possible d'affecter à la salle de réunions et de spectacles et au marché une partie commune pour leur procurer le maximum d'espace. Mais cette intersection supposait la possibilité de rétracter les installations de la salle. D'où la conception d'une grande boîte sur ossature métallique et d'un mécanisme comportant un plancher amovible, une cloison mobile et un toit ouvrant. La boîte offre deux niveaux : un rez-de-chaussée dégagé et un étage percé d'une trémie. Lorsque le bâtiment est utilisé en marché, les commerçants disposent leurs étals en rez-de-chaussée et sur les galeries du premier étage. Par jours de beau temps, le toit peut être escamoté au-dessus de la trémie centrale. Pour installer la salle des fêtes, il suffit de couvrir la trémie au moyen d'un plancher. Les balustrades des galeries sont rabattues pour permettre la mise en place des éléments de plancher équipés de leurs fauteuils. Stockés sur la scène, dans une « armoire à planchers », ces éléments mobiles (de 17,5 mètres de portée) sont manœuvrés au moyen d'un monte-charge et d'un pont transbordeur. La scène est alors libérée. Pour transformer la salle en cinéma, on coulisse les cloisons rangées derrière la scène sur un rail. Les galeries latérales jouent le rôle de foyer. Pour revenir à la situation « marché », on éclipse les cloisons et les planchers avec leurs fauteuils pliés qui regagnent leurs armoires respectives.[31]

« Le bâtiment a été monté très rapidement. C'est Bodiansky qui est l'auteur de la partie mécanique – le plancher mobile du premier étage, et son stockage réservé dans la scène, ainsi que toute la couverture qui s'ouvre pour faire marché en plein air – et c'est la société Schwartz-Haumont qui a réalisé la charpente en poutrelles d'acier ; nous avons réalisé tout le complément dans les ateliers. »[32] Le complément qu'évoque ici Prouvé comporte l'enveloppe vitrée, les panneaux en tôle d'acier, les marquises translucides, les portes d'entrée, les portes intérieures et les cloisons mobiles.

La Maison du peuple est une œuvre collective, mais dans laquelle Prouvé a joué un rôle éminent. Si l'on compare la maquette élaborée en 1934 par l'agence Beaudouin et Lods au bâtiment réalisé, on constate que l'expression du projet a changé.[33] Chargé de la conception et de l'exécution des façades, Prouvé a fait évoluer l'enveloppe vers une économie de moyens radicale. S'il n'a pu obtenir la fabrication de l'ossature en tôle qu'il avait imaginée, il est parvenu cependant à transformer sa part du projet en un laboratoire technique. Ses façades accrochées à l'ossature réalisée par Schwartz-Haumont sont en panneaux modulaires composés de deux tôles d'acier et de laine de verre, et, pour la partie translucide, d'une feuille de Rhodoïd (matériau qui venait d'être commercialisé), d'un vide et d'un verre armé.[34]

---

Prouvé sont publiés dans Œuvre complète, vol. 2, op. cit., p. 187.
30. L'Architecture d'aujourd'hui, n° 3-4, 1940.
31. Sur ce projet, cf. L'Architecture d'aujourd'hui, n° 5, 1939, et La Technique des travaux, n° 10, 1939.
32. Prouvé, in D. Clayssen, Jean Prouvé. L'idée constructive, op. cit. p. 102.
33. La photographie de cette maquette est publiée dans le catalogue de l'exposition Pierre Chareau, architecte, un art intérieur, op. cit., p. 47.
34. Cf. C. Dumont d'Ayot et F. Graf, « Espace-temps. L'oubli d'une fonction. La maison du peuple de Lods, Beaudouin, Bodiansky et Prouvé à Clichy », Faces, n° 42-43, automne-hiver 1997-1998, pp. 54-59.

Comme le rappelle Bruno Reichlin, les premières études montrent une enveloppe faite de panneaux et de montants verticaux ; dans la version définitive « ce sont les bords verticaux des panneaux qui les rigidifient, rendant inutiles les montants verticaux ».[35] Ces bords biseautés éloignent, sous l'effet du vent, le ruissellement des eaux pluviales d'un point sensible de la construction. Par ailleurs, la tôle extérieure qui se contracte et se dilate tend à déformer les joints et la paroi intérieure. Mais ici, la courbure et la rigidité de ses bords canalisent les déformations dues aux variations thermiques. Pour renforcer l'effet recherché, Prouvé met les tôles sous tension au moyen de ressorts.[36] Ainsi, en suivant la logique de ce matériau plat, il invente, pas à pas, l'expression de l'ensemble. Il en résulte un bâtiment d'une beauté légère et effilée. La plastique trouve sa place dans cette approche rigoureuse, mais de manière discrète, à travers le mouvement même de la pensée technique. Parce qu'il part d'une tôle, à laquelle il faut donner une courbe ou un pli pour en faire une membrure, Prouvé laisse agir la nature comme un guide. L'esthétique s'identifie à la technique, dont elle partage, le temps du projet, les inventions et les articulations, c'est-à-dire l'aventure. L'objet résultant est porteur d'une artificialité, qui apparaît, face à la nature, comme un double.

On comprend, dès lors, le respect qu'ont porté à Prouvé les architectes fonctionnalistes les plus imaginatifs de sa génération, qu'il s'agisse de Lods, de Nitzchké, de Paul Nelson ou d'André Hermant... Avec l'aéroclub de Buc et la façade-rideau de Clichy, il a jeté les bases d'un renouvellement complet des problématiques constructives. Grâce à la tôle pliée, il est parvenu à alléger les bâtiments métalliques, faisant triompher le vide partout, de la structure à l'enveloppe, à l'intérieur des poteaux et des poutres, et dans les parois minces des façades. Avec ces réalisations d'avant-garde, Prouvé a conquis, en moins de dix ans, une place de premier plan dans le cercle étroit des créateurs de l'architecture moderne en France.

### UNE PRATIQUE EXPÉRIMENTALE

L'aéroclub de Buc et la Maison du peuple de Clichy auront une influence décisive après la Seconde Guerre mondiale, grâce aux prolongements que leur donnera Prouvé à travers les multiples projets auxquels il participe. Sa pratique est toujours innovante. La création des « structures-portiques » en illustre bien le mouvement et le contenu.[37] Défini en 1938, le principe du portique est remis à l'étude à la Libération pour des pavillons démontables destinés à loger des sinistrés, puis est développé pour des maisons à Meudon (avec Henri Prouvé et André Sive, 1949) et à Niamey (la « maison tropicale », avec Paul Herbé, 1949). Ces portiques ultralégers, adaptés à une construction rapide, sont fabriqués à partir de tôles pliées et non de tubes ou de profilés. Ceci définit la démarche de Prouvé, qui voue toute son imagination à explorer les ressources de la tôle. Les sheds de l'imprimerie Mame à Tours (Bernard Zehrfuss et Drieu-la-Rochelle architectes, 1950) sont des coques « monoblocs » en aluminium, montées sur des châssis d'acier de grande portée. Fabriqués à l'usine de Maxéville, ces éléments sont expédiés sur le chantier où ils sont montés par simple boulonnage. Ces coques trouveront bientôt des applications hors des programmes industriels, en particulier dans le domaine de l'habitation.[38] Ces expérimentations et ces transferts supposent un échange incessant entre la table à dessin et l'atelier. Quelques jeunes architectes, parmi lesquels Joseph Belmont et Maurice Silvy, qui ont eu la chance de travailler à Maxéville, ont été fascinés par l'esprit qui régnait dans ces ateliers. Belmont se souvient de sa « surprise » devant la personnalité de Prouvé : « Je m'imaginais un technicien et je découvrais un peintre, faisant amoureusement jouer la lumière sur la courbure des tôles. On ne dira jamais assez la sensibilité de Jean Prouvé aux formes, aux couleurs, aux espaces. J'ai découvert également à Maxéville le rôle essentiel joué par l'équipe qu'avait constituée Jean Prouvé autour de lui. Il avait su rassembler des techniciens, des dessinateurs, des ouvriers de premier ordre, tous convaincus du rôle qu'ils jouaient. »[39]

---

35. B. Reichlin, « Maison du peuple in Clichy : ein Meisterwerk des "synthetischen" Funktionalismus ? », *Daidalos*, n° 18, 1985, pp. 88-89.
36. B. Reichlin, « L'infortune critique du fonctionnalisme », in J.-L. Cohen, *Les Années 30. L'architecture et les arts de l'espace entre industrie et nostalgie*, Paris, Éditions du Patrimoine, 1997, pp. 187-197.
37. A. Guiheux souligne, à propos des maisons réalisées selon ce principe, à quel point leur structure rompt avec les habitudes de construction en développant un principe proche de la tente : des piquets, une barre horizontale, une toile tendue. *Cf. Jean Prouvé « constructeur »*, op. cit., p. 31.
38. Prouvé raconte, à propos de ces sheds, comment lui est venue l'idée des maisons Coques : « Un beau jour, j'ai vu à midi une trentaine d'ouvriers qui étaient assis là-dessous en train de manger. Étant donné qu'ils disposaient d'un réfectoire, je me suis demandé pourquoi ils venaient là-dessous. Je suis allé bavarder avec eux et ils m'ont unanimement dit une chose très drôle : "On ne sait pas, mais on est bien, et ces trous constituent comme des fenêtres pour regarder le paysage, ils encadrent le paysage" [...]. Je suis retourné à mon bureau et me suis dit : pourquoi ne pas faire des maisons avec ces éléments. » *Cf. C. Coley, Jean Prouvé*, op. cit. p. 40.
39. J. Belmont, « Mes années avec Jean Prouvé », in *Jean Prouvé « constructeur »*, op. cit., p. 218.

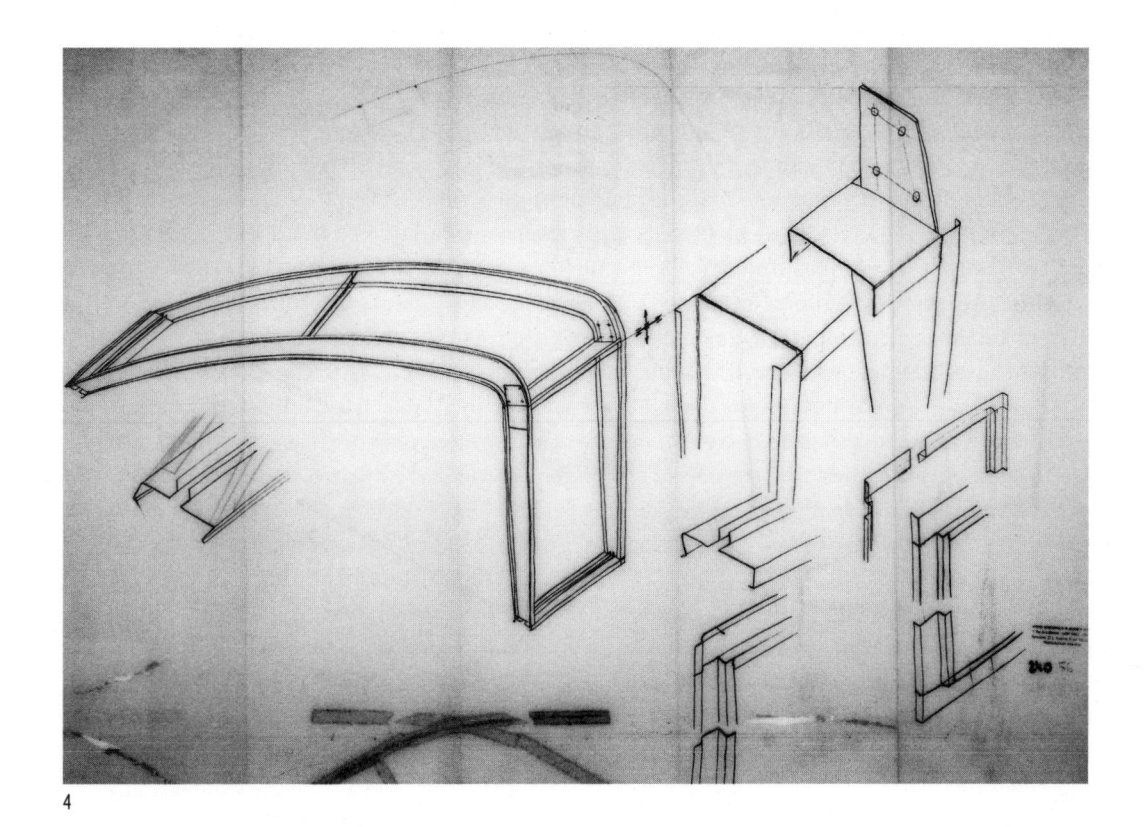

4 → Croquis de principes de sheds pour l'imprimerie Mame, Tours, Bernard Zehrfuss et Drieu-La-Rochelle architectes, 1950. (ADMM)

5 → Maquettes de maisons Coque. (ADMM)

La collaboration de Prouvé avec Beaudouin et Lods avait produit au cours des années 1930 une étonnante synergie. D'autres équipes d'architectes, plus jeunes, prennent le relais au lendemain de la Seconde Guerre mondiale. Prouvé travaille, à plusieurs reprises, avec Guy Lagneau, Michel Weill et Jean Dimitrijevic (l'atelier LWD), d'abord sur le petit projet parisien de la Maison de l'étudiant (« C'était le début d'une communauté d'idée »), puis en Afrique pour la construction de l'Hôtel de France à Conakry (avec Charlotte Perriand, 1953-1954).[40] Pour lutter contre la chaleur humide, l'atelier LWD avait imaginé un bâtiment à ossature béton, surmonté d'une dalle pare-soleil et largement ventilé. L'air capté par des persiennes pouvait circuler partout dans l'édifice grâce à un aménagement intérieur ouvert, avec mobilier en tubes d'acier gainés de vinyle et placards ajourés.[41] La salle de restaurant, rotonde de vingt mètres de diamètre, pouvait s'ouvrir complètement grâce à sa façade en panneaux pivotants : « Jean a fait toute la menuiserie aluminium. C'est d'une netteté impeccable. Il a étudié toute la machinerie du restaurant. Les menuiseries de cette rotonde, ça, c'est typiquement Jean avec sa tôle magnifique [...]. »[42] Toutes ces recherches climatiques se prolongent dans la maison du Sahara présentée en 1958 à Paris au Salon des arts ménagers (avec Perriand et l'atelier LWD). Cette maison du désert devait s'adapter à de fortes amplitudes thermiques : « Dans la journée, il faut fuir le soleil... se replier chez soi, s'enfermer, si possible climatiser [...]. La nuit, c'est la vie à l'extérieur, tous locaux ouverts, tant pour la fraîcheur que pour la beauté du ciel. »[43] La protection solaire et la ventilation étaient assurées au moyen d'un toit-parasol abritant des cellules autonomes. « Avec Lagneau, Weill et Prouvé, déclare Charlotte Perriand, nous avons travaillé comme une véritable équipe [...]. Une fois défini le concept général, le travail de mise au point était facilement décomposable. Jean devait définir la coquille et moi l'équipement de la coquille [...]. »[44] Le prototype est fabriqué à Bordeaux dans les ateliers de wagonnage de la Compagnie industrielle de matériel de transport (CIMT) sous la direction de Prouvé. Parallèlement à cette expérience, l'atelier LWD travaillait à un système d'habitat industrialisé pour les pays tropicaux (1958-1962).[45] Le procédé visait la production en série de deux éléments standard en tôle d'aluminium striée : une plaque de couverture et une « onde » de façade. Les plaques constituaient des toitures réfléchissantes sous lesquelles étaient bâtis, en matériaux locaux, les volumes habitables. Les ondes s'assemblaient en panneaux légers et perforés pour assurer la clôture, la ventilation et l'éclairage des pièces d'habitation. Une maison-prototype fut réalisée. Cette tentative débouchera, en 1964, sur la réalisation de 600 classes au Cameroun comportant les ondes d'aluminium étudiées par Prouvé.[46]

### LE FRAGMENT EST UN TOUT

Un autre résultat de cette collaboration fructueuse entre Prouvé et l'atelier LWD est le musée du Havre (avec Bernard Laffaille et René Sarger ingénieurs, 1955-1961). Ce musée devait répondre, comme la Maison du peuple de Clichy, à un double programme. Il s'agissait, d'une part, d'abriter des collections de peinture, d'autre part, d'accueillir, en transformant certains espaces, les diverses activités d'une maison de la culture.[47] Le parti retenu fut de créer un grand volume flexible, parfaitement clos, « à l'abri des variations climatiques, mais pénétré par la lumière que l'on peut doser, diriger ».[48] Les fonctions ont été réparties dans ce parallélépipède de verre protégé par un brise-soleil horizontal en tôle

---

*Cf.* dans le même ouvrage J.-F. Archieri, « À partir de Maxéville », p. 135. La dynamique de Maxéville s'enraye en 1953 à la suite d'un conflit avec le principal actionnaire de l'entreprise : l'Aluminium français. Prouvé perd ses ateliers. *Cf.* « La rupture avec Maxéville », extraits de notes manuscrites de 1983 remises par Prouvé à sa fille Françoise Gauthier, in *Jean Prouvé « constructeur », op. cit.*, p. 59. Prouvé fonde à Paris en 1955 les « Constructions Jean Prouvé ». En 1957, la Compagnie industrielle de matériel de transport (CIMT) lui confie la direction de son département Bâtiment.

40. « Cette petite opération fut menée dans une atmosphère très sympathique [...]. Nous partagions avec Charlotte Perriand et Jean Prouvé un certain nombre d'idées sur la vie [...]. » G. Lagneau, entretiens avec J. Abram, Paris, 1993-1995.
41. *Cf.* « L'Hôtel de France à Conakry », tiré à part de la *Revue de l'aluminium*, n° 230, 1954, archives LWD. Voir aussi *Charlotte Perriand : un art de vivre*, Paris, musée des Arts décoratifs / Flammarion, 1985, p. 47.

42. « La collaboration avec Jean était extraordinaire. C'est comme si je travaillais avec une usine [...]. » Perriand, entretien avec J. Abram, Paris, mai 1994.
43. J. Prouvé, « La Maison du Désert », archives LWD.
44. « Je suis partie des gestes et on a conçu la coquille autour des gestes [...]. » Perriand, entretien, *op. cit.*
45. La recherche sur l'habitat tropical a été menée par l'atelier LWD pour la SETAP (Société pour l'étude technique d'aménagements planifiés) en collaboration avec Aujame, Variney, Chenut, Heinemann

et Prouvé. Le rapport de décembre 1958, intitulé « Habitat et urbanisme en zone tropicale humide : éléments d'une doctrine d'action » a été complété et publié sous le titre : *Habitat en zone tropicale humide*, Paris, 1962.
46. L'opération (600 classes avec logements de fonction) a été engagée à la suite d'un concours international lancé par le Fonds européen et remporté par l'atelier LWD. *Cf.* J. Abram, « Le rêve du réel : de la Maison du Sahara aux écoles du Cameroun », *Faces*, n° 37, automne 1995, pp. 48-54.

d'aluminium. « L'idée du *paralum* n'est pas venue tout de suite, explique Lagneau. Lorsque cette solution nous est apparue, nous en avons parlé à Jean Prouvé, qui a été immédiatement d'accord et qui l'a prise en charge, d'un bout à l'autre, de la conception à l'exécution. »[49] Prouvé a mis au point pour les lames de ce *paralum* un profil en aile d'avion. Il a aussi conçu les panneaux des façades sud et est et la grande porte de service de la façade ouest.

Cette prise en charge totale qu'évoque Lagneau à propos du *paralum* du Havre est une clé pour comprendre la contribution de Prouvé à l'architecture contemporaine. Un problème précis lui est soumis et il déploie toute son énergie pour le résoudre. Son approche implique d'emblée la fabrication. Elle aboutit à la réalisation d'un fragment de construction qui apporte des qualités spécifiques au projet qui l'accueille. On peut le vérifier dans les immeubles pour lesquels il crée des façades légères (tel celui de la Fédération nationale du Bâtiment, Raymond Gravereaux et Raymond Lopez, architectes 1948-1951) ou dans les grands équipements comme le CNIT (B. Zehrfuss, R. Camelot et J. de Mailly architectes, N. Esquillan ingénieur, 1954-1958).[50] Le rôle de Prouvé y est déterminant. La solution technique qu'il élabore est indissociable du caractère novateur du projet qu'il complète. La voûte en béton précontraint du CNIT lui offre des vides immenses qui deviennent le lieu d'un travail structurel à partir du métal et du verre. La façade et la voûte sont reliées conceptuellement, en tant que structures performantes fondées sur la même économie de matière. La verrière de Prouvé participe, au même titre que les fuseaux d'Esquillan, à l'identité architecturale du CNIT.[51]

La contribution de Prouvé est impressionnante, tant sur le plan quantitatif que sur le plan qualitatif.[52] Son apport est à la fois partiel, car il intervient sur des projets dont les grandes lignes ont été déterminées par d'autres (façade légère pour l'immeuble de Lionel Mirabeau et Didier Gondolff square Mozart à Paris, 1953 ; mur-rideau de l'hôtel de ville de Grenoble pour Maurice Novarina, 1956 ; panneaux de l'Institut de l'environnement à Paris pour Robert Joly, 1968-1969), et total, car ses inventions impliquent, quelle que soit l'échelle de l'objet traité, la globalité de l'acte de construire. Lorsqu'il dessine l'enveloppe du bâtiment de la rue Miollis à Paris (B. Zehrfuss, 1969) ou celle de la tour Nobel à la Défense (J. de Mailly et J. Depussé architectes, 1967), il se trouve confronté à la conception d'un fragment d'édifice, mais il aborde ce fragment comme un tout. Et c'est cette spécificité qui fait l'unité de ses recherches. Murs-rideaux, portiques, meubles sont des structures, et cette commune mesure définit un champ d'investigation où les transferts heuristiques sont possibles. Les sheds de l'imprimerie Mame engendrent les premières maisons Coques. Le principe du noyau porteur expérimenté dans les habitations individuelles trouve son prolongement dans les tours. Les panneaux de l'Institut de l'environnement (édifice détruit) annoncent la perfection technique des façades de la faculté de médecine de Rotterdam, etc. Prouvé puise dans la pratique du matériau, par essais et déductions, les éléments d'un langage essentiel (lignes, formes, articulations), dont il décline toutes les possibilités. Il débouche ainsi sur une nouvelle élégance constructive, tant dans ses tables en tôle d'acier laqué que dans ses réalisations de plus grande envergure comme le Pavillon du centenaire de l'aluminium à Paris (Henri Hugonnet ingénieur, 1954), la buvette d'Évian-les-Bains (Maurice Novarina architecte, Serge Kétoff et Jean Boutemain ingénieurs, 1956), l'école de Villejuif (Kétoff ingénieur, 1957), ou le palais des Expositions de Grenoble (Claude Prouvé et Serge Binotto architectes, Léon Pétroff et Louis Fruitet ingénieurs, 1967-1968).[53]

---

47. *Cf.* J. Abram, « Le musée des Beaux-Arts du Havre », *Le Moniteur-Architecture-AMC*, octobre 1990, pp. 50-53.
48. G. Lagneau, présentation du musée, 1962, archives LWD.
49. G. Lagneau, entretien avec J. Abram, Paris, juin 1990.
50. C'est une des particularités de l'œuvre de Prouvé que de s'être épanouie à travers un grand nombre de projets conçus par d'autres.
51. À propos de cette façade, P. Rice écrit : « c'est une façade suspendue depuis la voûte, contreventée horizontalement par des passerelles d'accès [...]. La double fonction, structurelle et de circulation, des passerelles et la façade ouvrante, qui autorise le remplacement des éléments tout en favorisant l'aération, est le fruit d'un esprit d'ingénieur au meilleur sens du terme, libre de tout préjugé, capable de se pencher sur les vrais problèmes et de concevoir des solutions d'une simplicité évidente. » *Cf.* « L'ingénieur », in *Jean Prouvé « constructeur »*, *op. cit.*, p. 59.
52. Prouvé participe à la construction de nombreuses écoles. Qu'il s'agisse de l'école Fabien à Saint-Denis (Lurçat, 1952-1953) avec ses façades légères qui s'intègrent au portique en béton, des classes Coques à Mesnil-le-Roi (Lopez, 1954), des écoles industrialisées GEEP (Silvy et Belmont, 1960), du centre d'enseignement technique du Havre (Zehrfuss, 1961), de l'école de Balizy (avec l'atelier LWD, 1965), du lycée d'Orléans-la-Source (Michel Andrault et Pierre Parat, 1966), ses interventions sont toujours innovantes.
Il en est de même dans le domaine de l'habitation. Sa maison à Nancy (1954) est une structure légère. L'intérieur est séparé de l'extérieur par une peau active faite de panneaux de bois, de tôle pliée et de pans de verre. En projetant l'effort de conception vers l'enveloppe (construire une structure et la clore), Prouvé libère l'espace pour l'usage.
À propos de la « Maison des jours meilleurs », Le Corbusier écrivait : « Jean Prouvé a élevé sur le quai Alexandre III la plus belle maison que je connaisse ! Le plus parfait des moyens d'habitation, la plus étincelante chose construite ! », in C. Coley, *Jean Prouvé*, *op. cit.*, p. 54.

## TECHNIQUE ET ESTHÉTIQUE

Les quatre œuvres que nous venons de mentionner témoignent de la diversité de l'apport de Jean Prouvé. Pour le Pavillon de l'aluminium, il imagine une toiture autoportante en aile d'avion et un portique articulé constitué de poteaux minces et de poutres-caissons.[54] Les poteaux servent de feuillure et reçoivent directement les vitrages. Pour la buvette d'Évian, il dessine des béquilles dissymétriques articulées à leur base, reliées entre elles par des poutres-caissons et retenues par des tirants. La courbure de la toiture et l'élancement des supports confèrent à cette buvette un dynamisme aérien. Pour l'école de Villejuif, il invente un Meccano fait de béquilles asymétriques en tôle pliée, de profilés d'acier et de panneaux de bois Rousseau. Les allèges qui contreventent les béquilles servent à séparer les classes du couloir de desserte ; elles sont raidies par des tablettes qui délimitent des rangements. Les panneaux de couverture fixés aux extrémités des béquilles sont tendus par des montants en tôle pliée ajourée qui reçoivent les vitrages des façades, tout en assurant la ventilation. L'architecture se réduit à sa construction. L'enveloppe de bois et de verre est une membrane active aussi légère qu'une bulle de savon.[55] Pour le palais des Expositions de Grenoble, Prouvé propose un jeu de construction géant : sur des grandes travées carrées constituées de poutres en acier portées par des supports évasés (tubes reliés à leur base, s'écartant vers le sommet), il pose une immense nappe couverte de bacs aciers. Cette structure développe des portées de trente-six mètres et des porte-à-faux périphériques de dix-huit mètres. Les façades, simples parois de verre raidies par des poteaux en tôle, sont suspendues aux porte-à-faux. L'échelle annule l'expressivité structurelle, qui quitte la forme pour se fondre dans l'articulation des éléments et des plans de la boîte : nappe légère, poutres d'acier, poteaux tubulaires, pans de verre continus... La structure n'a plus besoin d'exprimer la gravité, elle l'accompagne.

Prouvé rejoint ici Buckminster Fuller, Stéphane Du Château et Robert Le Ricolais.[56] Il se rapproche de ces inventeurs par les rapports qu'il instaure entre la matière résistante et l'espace vide. Comme eux, il participe à l'inversion des valeurs constructives, qui substitue à l'édifice millénaire solidement implanté dans la terre, des bâtiments ultralégers posés à même le sol comme des zeppelins.[57] Extensibles, démontables, ces structures abritent une étendue isotrope que l'on pourrait assimiler (comme le fait Rayner Banham à propos des projets de Fuller) à un « environnement contrôlé ».[58] Mais par sa prise en compte discrète des données de l'édification, Prouvé s'écarte de cette tendance. Il prolonge, sans le dire, la tradition de l'architecture. On comprend, dès lors, la remarque de Françoise Choay qui, s'interrogeant sur la place de Prouvé dans notre modernité, refusait de s'en tenir au seul domaine de la construction. « Il faut aller plus loin. Pour décrire son travail, Prouvé utilisait indifféremment deux types de métaphores, organique et mécanique, d'habitude exclusives l'une de l'autre. Le (vrai) mur-rideau, simplement accroché à la façade, dont il fut l'inventeur, il en faisait une peau. Ossature, peau, articulations : d'emblée, sans l'avoir lu, il retrouvait le langage ancestral d'Alberti. Mais une pièce porteuse devenait aussi béquille, une structure légère, parapluie. L'association insolite de l'organique et du mécanique, comme celle du concret et de l'abstrait, de la technique et des échelles familières, livre une clé de cette œuvre de calcul, jamais asservie au calcul. »[59]

---

54. Sur ce projet, voir le livre récemment publié par Axel Vénacque, *Jean Prouvé, le Pavillon du centenaire de l'aluminium, un monument déplacé*, Paris, Jean-Michel Place éditions, 2001.
55. Cette école a été démolie quelques années après sa construction pour faire place à des bâtiments « en dur ». Hubert Damisch voit dans cette destruction d'une architecture respectueuse « du sol qui l'accueillait autant que de l'industrie avec laquelle elle avait partie liée », tout ce qui opposait fondamentalement Prouvé au système de production du bâtiment. *Cf.* « Le parti du détail », in *Jean Prouvé « constructeur »*, op. cit., p. 51.
56. Il est intéressant de comparer le palais des Expositions de Grenoble à celui édifié à Nancy, à la même période, par S. Du Château.
57. Cette inversion est la conséquence de l'allégement de la masse des bâtiments. Le vide, qui avait triomphé dans les halles métalliques du XIXe siècle et dans les édifices à ossature en béton armé, gagne encore du terrain par rapport à la matière grâce à la précontrainte, à la tôle pliée et aux nappes tridimensionnelles. Les structures de Prouvé sont deux fois plus légères que les constructions en profilés.
58. R. Banham, *Le Brutalisme en architecture*, Paris, Dunod, 1970.
59. F. Choay, « Souvenirs d'ailleurs », in *Jean Prouvé « constructeur »*, op. cit., p. 217.
60. *Jean Prouvé. Une architecture par l'industrie*, édité par Benedikt Huber et Jean-Claude Steinegger, Zurich, Artemis, 1971.
61. « Jean Prouvé exprime d'une manière singulièrement harmonieuse le type de constructeur [...] qui est réclamé par l'époque que nous vivons. » Le Corbusier, in *Architecture 54*, n° 11-12, 1954, cité par Axel Vénacque, *Jean Prouvé [...]*. op. cit., p. 6. Pour Norman Foster, Prouvé était à la fois « technicien / visionnaire », « pionnier / travailleur en équipe » et « inventeur / constructeur », *cf.* P. Sulzer, *Œuvre complète*, vol. 1, op. cit., p. 10.
62. *Cf.* J. Abram, « Des hangars pour avions à la Maison du peuple de Clichy. L'expressionnisme tranquille de la nouvelle objectivité française », texte paru sous le titre « Le pragmatisme du hangar » dans la revue *Le Moniteur-Architecture-AMC*, n° 103, décembre 1999, pp. 100-105.

« Tout objet bâti, déclare Prouvé, procède d'une idée constructive. » Le constructeur peut voir cet objet dans l'espace complètement fini : « Les matériaux qu'il connaît l'ont inspiré, le parti est déterminé. On exécute ensuite. »[60] Le palais des Expositions de Grenoble relève d'une telle idée bien que restant, à tout moment, sur le terrain de l'architecture. Prouvé, dit Le Corbusier, est « indissolublement architecte et constructeur car tout ce qu'il touche et conçoit prend immédiatement une élégante forme plastique tout en réalisant, si brillamment, les solutions de résistance et de mise en fabrication ».[61] Deux ans après la mort de Le Corbusier, Prouvé bâtit à Grenoble un palais qui laisse en suspens, dans un espace insaisissable, la question de son expressivité. Tenue d'un bout à l'autre par la technique, l'architecture de Prouvé porte en elle tout ce qui nous importe aujourd'hui : elle est contemporaine parce qu'elle est « objective » (dans le sens qu'a donné l'art moderne à ce mot).[62]

*Joseph Abram, architecte, enseignant-chercheur à l'École d'architecture de Nancy.*

6 → Palais des Expositions, Grenoble, Claude Prouvé architecte, Serge Binotto, Léon Pétroff et Louis Fruitet ingénieurs, 1967-1968.
(ADMM)

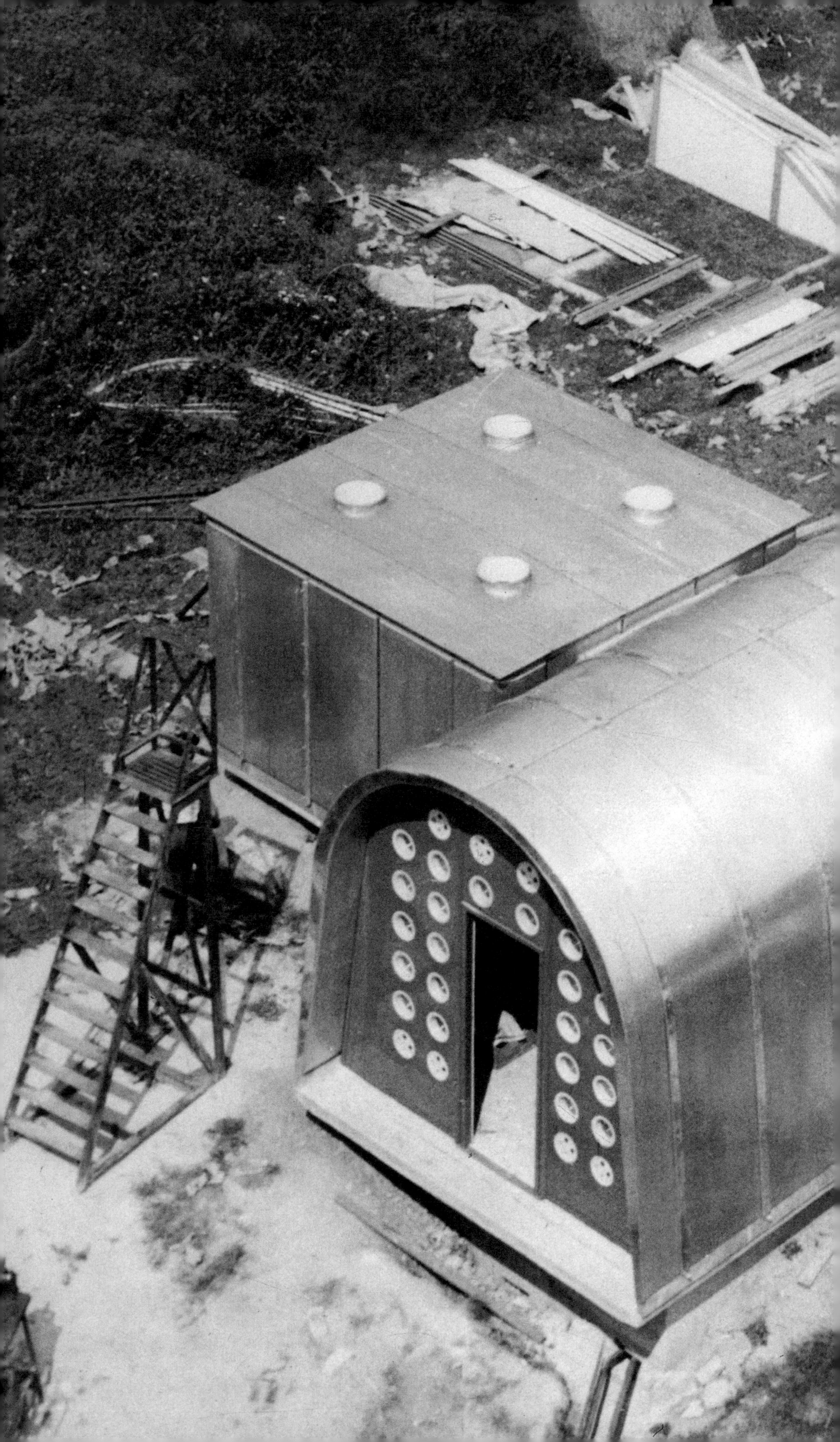

**SALLE MÉRIDIENNE DE L'OBSERVATOIRE, SALLE DES CHRONOGRAPHES, BUREAU**
Avenue de l'Observatoire et rue Saint-Jacques, Paris 14e
**Maître d'ouvrage** → Observatoire de Paris, M. Danjon directeur
**Maîtres d'œuvre** → M. Rémondet, architecte
Ateliers Jean Prouvé, conception et réalisation des panneaux de façade, de la couverture en alliages légers et des cloisons

# 1951
# PARIS
# LA MÉRIDIENNE DE L'OBSERVATOIRE

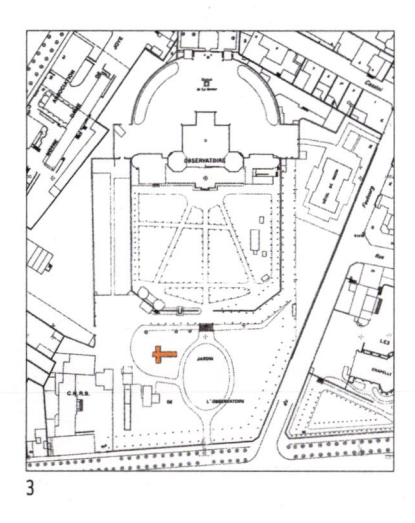

1 → Page de gauche
Salle méridienne en cours de construction dans les jardins de l'Observatoire, à Paris. (ADMM)

2 → La nef centrale de la méridienne est constituée de panneaux d'aluminium cintrés. (ADMM)

3 → Plan de situation. (D.R.)

En 1951, l'Observatoire de Paris fait édifier dans son parc un petit bâtiment destiné à mesurer le passage des astres au méridien de Paris, mesure nécessaire à la détermination de l'heure sidérale. Le pavillon doit abriter un nouvel instrument, appelé « instrument des passages », qui est une lunette mobile pointée vers le haut et devant rester dans le plan du méridien. L'organisation en plan revient à l'architecte Rémondet, les façades et la couverture sont réalisées par Jean Prouvé. Tout l'art et le savoir-faire du constructeur sont requis pour ce programme particulier et surtout très technique, puisque la couverture doit coulisser afin de permettre l'observation du ciel et que certaines parties de la toiture doivent être escamotables.

Le bâtiment est composé de trois éléments sur un plan en croix orienté est-ouest. Le corps principal est une nef de 16,40 x 3,45 m à sa base, et d'une hauteur hors tout, sur l'axe central, de 3,30 m. Deux petites salles sur plan carré, de 3,45 m de côté et 2,50 m de haut, sont disposées de part et d'autre. Des éléments de jonction assurent l'autonomie des toitures, préservant toute la pureté de la voûte en aluminium de la nef. Ces salles accueillent des fonctions distinctes qui spécifient leur toiture : celle du nord est la salle des chronographes, avec un plafond percé de quatre hublots à double vitrage d'environ 50 cm de diamètre. L'autre salle, destinée aux relevés astronomiques et équipée d'un astrolabe, est dotée en toiture d'une coupole tournante offrant une totale visibilité du ciel. Un socle en béton décolle le bâtiment du sol, avec un léger débord de la dalle dont les rives en acier reçoivent les éléments préfabriqués des façades.

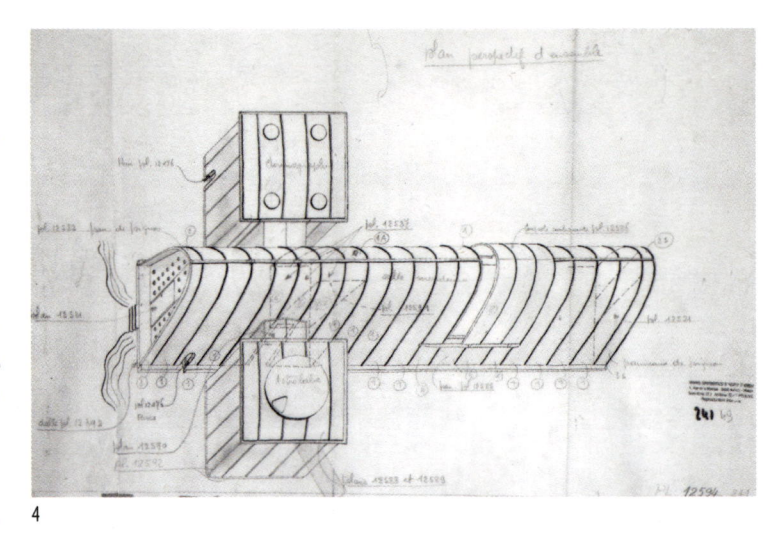

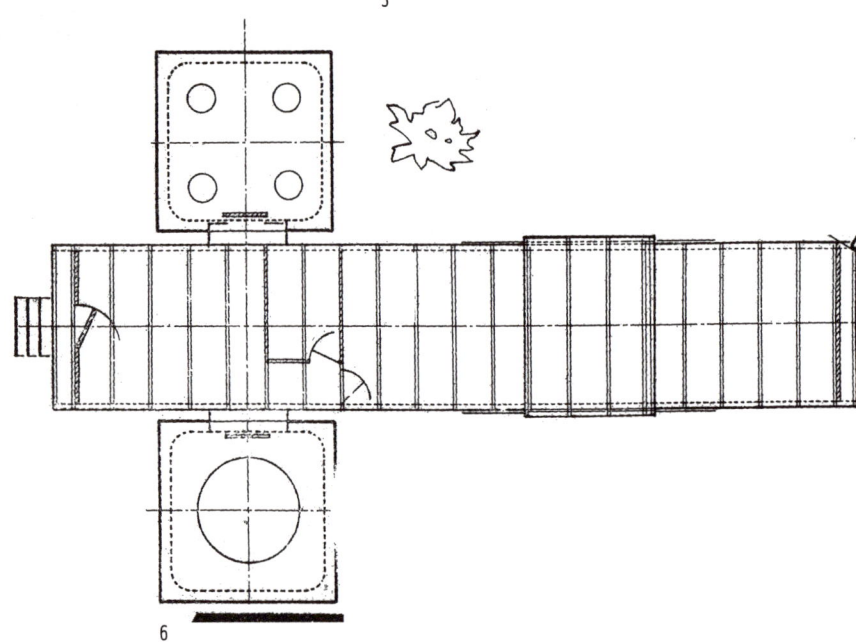

4 → Axonométrie des trois éléments constitutifs de la méridienne. (Documentation générale MNAM-CCI, fonds J. Prouvé)

5 → Angle nord-est avec la façade d'entrée. La jonction entre la voûte d'aluminium et les blocs latéraux est réalisée par un joint creux qui met la voûte en valeur. (Sébastien Frémont)

6 → Plan du rez-de-chaussée du bâtiment principal superposé à la projection de la structure et des toitures. On peut y lire les vingt modules qui composent la voûte centrale, terminée par deux demi-modules. L'entrée se fait par l'ouest. Une partie de la voûte est en léger décalage afin de pouvoir coulisser et permettre l'observation des astres. (Institut pour l'histoire de l'aluminium)

7

Chaque élément de la nef centrale est constitué de deux demi-coques en tôle d'aluminium poli de 10/10ᵉ d'épaisseur, gaufrées à l'extérieur, lisses et laquées vert à l'intérieur. Ces éléments forment un panneau sandwich, avec une isolation en laine de verre entre les deux tôles. Ces panneaux cintrés sont boulonnés deux à deux à leur sommet, formant en coupe une parabole parfaite. La jonction entre les coques est réalisée par des couvre-joints en forme de U sur bande isolante. Ainsi, le système est autoportant et combine en une seule pièce isolation thermique et étanchéité. La nef comprend vingt modules de ce type, dont deux demi-modules aux extrémités, jointoyés selon la technique utilisée pour la rive longitudinale au faîtage.

8

PARIS 1951
LA MÉRIDIENNE
DE
L'OBSERVATOIRE

7 → Les coques en tôle d'aluminium poli sont boulonnées deux à deux pour former un arc. L'un des éléments est posé sur le sol, en attente d'être appuyé sur le socle en béton. (ADMM)
8 → La totalité de la voûte est montée. La jonction entre chaque module est réalisée par un couvre-joint. (ADMM)

195

9 → La méridienne, vue du pignon, en 2000. (Sébastien Frémont)

10 → Vue latérale. Trois panneaux courbes coulissent sur des rails pour dégager l'ouverture en toiture. (ADMM)

11 → De l'intérieur, l'ouverture découpe une voûte céleste bordée de rives d'aluminium. Au fond, la paroi est percée de hublots. (ADMM)

12 → Vue latérale de la section de voûte en cours d'ouverture. Détail de la glissière et du système de galets à coulisse. (ADMM)

13 → Schéma du percement des panneaux qui forment pignons. (Documentation générale MNAM-CCI, fonds J. Prouvé)

14 → Façade d'entrée à l'ouest. (ADMM)

À l'arrière, trois de ces modules sont mobiles, s'ouvrant sur 2,32 m de large pour permettre l'observation des astres. Ils reposent, de part et d'autre de la nef, sur deux rails fixés aux parois et coulissent, au moyen de galets à billes. Les extrémités de la nef sont obturées par des panneaux sandwichs en aluminium laqué vert, percés de hublots et d'orifices de ventilation. L'entrée du bâtiment se situe à l'ouest. L'intérieur – qui comporte un bureau, un petit cabinet de toilette et une salle d'observation au toit coulissant – est divisé par des cloisons en alliage léger. Les cubes latéraux sont habillés de panneaux sandwichs en aluminium, totalement aveugles. Les angles sont traités par des panneaux cintrés, si chers à Prouvé. La toiture, réalisée avec les mêmes éléments, est en léger débord sur les façades.

# PARIS
## 1951
## LA MÉRIDIENNE DE L'OBSERVATOIRE

**Ce petit édifice** existe toujours, mais n'accueille plus de matériel astronomique, compte tenu sans doute des évolutions techniques. Elle sert désormais de cabane de rangement au jardinier du parc.

12

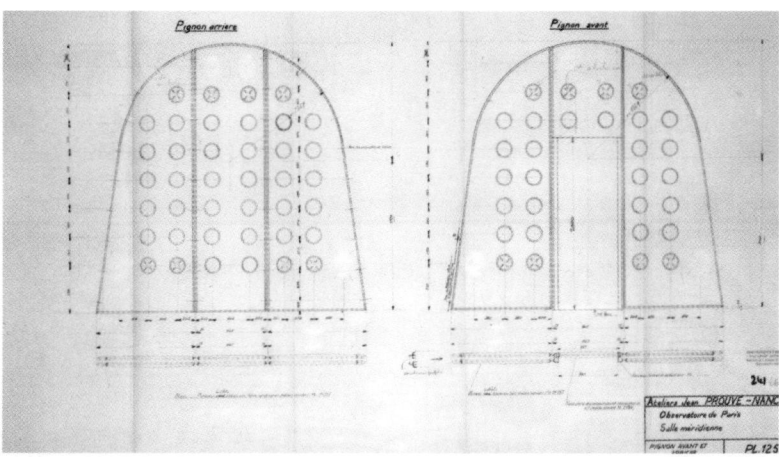

13

14

# L'INVENTEUR
# 1952 1953

# DÉPOSSÉDÉ
## PERTE DU CONTRÔLE DE L'ATELIER DE MAXÉVILLE

*Les recherches menées par Jean Prouvé sur l'industrialisation des écoles et la normalisation des éléments constructifs trouvent leurs applications dans de nombreuses réalisations un peu partout en France.*

*La Studal [1], « filiale » de la société Aluminium français [2], est devenue l'agent exclusif de Jean Prouvé pour la commercialisation des éléments de structure du bâtiment. S'appuyant sur la notoriété des ateliers et l'organisation fonctionnelle de Maxéville, elle accroît et diversifie les commandes.*

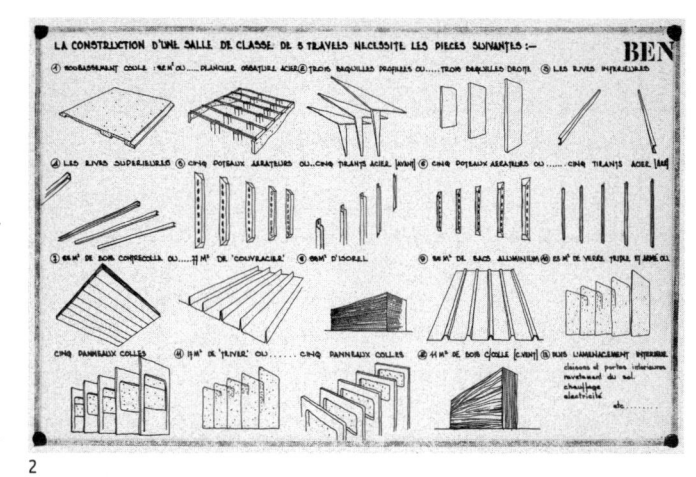

2

*Le développement des marchés de stations-service, de cloisons amovibles et de meubles est tel qu'il faut désormais produire en série pour accroître la rentabilité.*

*Cette augmentation d'activité impose à Jean Prouvé d'acquérir de nouvelles machines et d'agrandir les locaux de Maxéville. En 1952, il négocie l'investissement nécessaire avec l'Aluminium français, en échange d'une participation majoritaire de ce dernier au capital des Ateliers Jean Prouvé.*

*Persuadé que son entreprise est devenue une « usine-pilote », Jean Prouvé n'a pas conscience qu'il est en voie d'être dépossédé du contrôle de sa production.*

*En effet, l'Aluminium français, qui a déjà ouvert son capital aux « transformateurs » [3], détient presque 20 % des parts de la société en 1949, et installe progressivement des ingénieurs maison au sein de chaque département des Ateliers de Maxéville. La quantité et la diversité des productions sont telles que plusieurs des travaux réalisés sous leur direction échappent à la supervision de Jean Prouvé.*

*L'objectif n'est plus d'étudier une solution spécifique aux problèmes techniques de chaque commande, mais de trouver, pour répondre au besoin du client, le moyen d'utiliser au mieux les produits existants.*

*Jean Prouvé s'est imaginé que l'appui d'un grand groupe lui permettrait de disposer d'un véritable laboratoire de recherches et de développement de produits industriels. Mais c'est en fait le*

1 → (Archives privées)

2 → Éléments normalisés pour les constructions scolaires. (ADMM)

3

*principe de la production en série d'éléments standardisés qui s'imposera.*

*La mission de l'atelier de dessin n'est plus de créer, mais de proposer des solutions architecturales qui recourent exclusivement aux produits en série de l'usine. Il ne s'agit plus de perfectionner continuellement les mêmes éléments, mais de diversifier la gamme existante et de fixer les combinaisons possibles par un jeu aux règles invariables.*

4

*Cette politique accroît la rationalisation et entraîne une accélération du processus entre le dessin du produit et sa fabrication en série. Les ingénieurs mettent en place une séparation rigoureuse entre les différentes phases : conception, prototype, mise au point, réalisation. De surcroît, chacune de ces activités se fait dans un local spécifique, ce qui accentue l'écart entre les ingénieurs et les ouvriers.*

*Le principe des allers-retours permanents entre l'idée, la conception d'un produit et sa fabrication, qui avait été instauré au sein même de l'atelier, est aboli. La confrontation directe entre les créateurs et les compagnons, qui a toujours rendu si pertinentes les propositions de Jean Prouvé, est totalement laminée : c'est la fin de l'esprit d'équipe !*

*Jean Prouvé ne s'arrête pas de créer pour autant.*

*Ainsi, en 1952, il invente le remarquable procédé de façades étudié avec Robert Gages et Grimal dans le cadre du projet des 4 000 logements à Bron-Parilly, près de Lyon. Grâce à la machine Yoder qui nervure en continu la tôle d'aluminium, il conçoit un panneau doublement rigide : chaque plaque est raidie par un pli perpendiculaire aux nervures, et de part et d'autre de l'isolant en laine de verre ; le sens des nervures est en outre inversé - horizontal en face interne, vertical en face externe. Ce procédé permet d'atteindre, avec le moins de matière possible, une très grande résistance mécanique.*

3-4 → **Stand Butagaz au Salon des Arts ménagers.** (ADMM)

5 → **Façade métallique de l'école Boulle, Albert Laprade architecte, Paris, 1952.** (Jean-Marie Monthiers)

1952-1953
L'INVENTEUR
DÉPOSSÉDÉ
PERTE DU CONTRÔLE
DE L'ATELIER
DE MAXÉVILLE

*Les panneaux conçus pour les logements de Bron-Parilly, et qui porteront le nom de cette opération, ne seront en fait mis en œuvre qu'en 1954, sur un immeuble construit avec l'architecte Blanc à Saint-Jean-de-Maurienne (Savoie).*

*Toujours en 1952, il conçoit et réalise, avec Albert Laprade, les façades métalliques de l'école Boulle à Paris. Comme pour ses précédentes propositions parisiennes, les vitrages s'escamotent dans l'allège. Ainsi, les étudiants, futurs artisans, ont à portée d'yeux une démonstration de son savoir-faire en matière de traitement des multiples fonctions de l'enveloppe.*

*La même année, les architectes de la Fédébat [4] et Jean Prouvé reçoivent le prix du Cercle d'études architecturales pour les façades et les cloisons du bâtiment réalisé en 1949.*

*Au Salon des arts ménagers de 1952, Jean Prouvé expose une salle de classe industrialisée et du mobilier scolaire. Steph Simon qui est, depuis 1949, l'agent commercial exclusif de Jean Prouvé pour le mobilier, suggère à Charlotte Perriand de collaborer au département « Meubles » de Maxéville. Il réunit là, une nouvelle fois, deux anciens associés du BCC (Bureau central de construction).*

*Par ailleurs, toujours en 1952, le Groupe Espace auquel Jean Prouvé et Charlotte Perriand appartiennent depuis sa fondation en 1951, reçoit une commande de mobilier pour la Cité universitaire d'Antony. André Bloch, qui dirige le groupe, sollicite aussi deux autres de ses membres, Nicolas Schöffer et Sonia Delaunay, pour répondre à la commande.*

*À la suite de cette opération, Jean Prouvé et Charlotte Perriand réalisent divers meubles à la Cité universitaire de Paris, pour les maisons de la Tunisie*

5

*(Jean Sebag, architecte) et du Mexique (Jorge L. Medellin, architecte). Dans ce cadre, avec André Salomon, ils conçoivent notamment une table de lecture à éclairage intégré. Jean Prouvé a parallèlement mis au point la façade vitrée de la maison de la Tunisie.*

*Les meubles de cette période sont parmi les dernières conceptions et réalisations de Jean Prouvé dans ce domaine. En effet, après son départ de Maxéville, il ne dessinera plus de mobilier.*

LA RUPTURE

*Cependant, l'ambiance à l'usine continue de se dégrader pour les architectes, qui sont devenus indésirables aux yeux des actionnaires. Dans ce contexte, Joseph Belmont et Maurice Silvy préparent néanmoins, en vue du prochain CIAM [5], une synthèse des recherches menées, au sein des Ateliers de Maxéville, sur l'industrialisation des éléments de construction.*

*Jean Prouvé ne changeant rien à sa manière d'être et continuant à créer et à améliorer ses produits à l'atelier, on lui adjoint un directeur chargé de la production et on lui demande de se limiter au dessin.*

*Les jeunes architectes venus se former auprès de Jean Prouvé et de son équipe pour travailler le métal en atelier et confronter la matière à leurs idées, déçus, repartent. En effet, on ne leur confiait plus qu'un emploi de dessinateur au sein d'un bureau d'études chargé de répondre aux commandes par des combinaisons de produits préfabriqués, sans aucune créativité.*

*Jean Prouvé et tous ses compagnons, encore actionnaires, deviennent des intrus dans leur propre usine, dont l'activité repose pourtant sur la notoriété de son fondateur.*

*Progressivement, les architectes qui tenaient la créativité et l'esprit de Jean Prouvé pour essentiels cessent de s'adresser aux Ateliers de Maxéville. Pour eux, ces derniers sont devenus une entreprise quelconque qui ne les « comprend » plus et qui ne se différencie des autres que par le prix.*

6 → Les ministres André Marie et André Cornu derrière la maquette d'une salle de classe industrialisée pour Palaiseau, présentée à l'École des beaux-arts de Paris, 1952. (Roger-Viollet)

7 → Table de lecture avec éclairage intégré, Charlotte Perriand, Ateliers Jean Prouvé et André Salomon, 1953. (D.R.)

### 1952-1953
#### L'INVENTEUR DÉPOSSÉDÉ
#### PERTE DU CONTRÔLE DE L'ATELIER DE MAXÉVILLE

*Pour Jean Prouvé, le plus douloureux est d'assister à la rationalisation de ses inventions par des ingénieurs « qui ne connaissent rien au bâtiment ». Par exemple, la tôle d'acier ou d'aluminium, pliée pour former des ensembles monoblocs à double courbure, est remplacée par de la tôle incurvée sur des charpentes classiques. De l'extérieur, cela ressemble à du Prouvé, mais la forme a perdu sa raison d'être.*

*Les actionnaires majoritaires poursuivent leur logique de contrôle de la création : ils écartent bientôt Pierre Prouvé et ferment l'atelier de « prototypage ».*

*Simultanément, ces « nouveaux dirigeants » prennent la décision de confiner Jean Prouvé dans son bureau. Ils lui interdisent l'accès aux ateliers et au travail direct sur la matière. Non seulement il est contraint de ne plus travailler de ses propres mains, mais il est aussi séparé de ses compagnons qui étaient, en quelque sorte, son prolongement naturel. En effet, les actionnaires majoritaires licencient nombre d'anciens ouvriers et renouvellent le personnel d'encadrement.*

*Fin juin 1953, Jean Prouvé démissionne en plein Conseil d'administration de son poste de président-directeur général et décide de ne plus jamais franchir les portes des Ateliers Jean Prouvé, à Maxéville.*

7

1. Studio des alliages légers, créé en 1931 par l'Aluminium français. En 1949, la Studal reprend une activité commerciale pour assurer la vente des productions des Ateliers Jean Prouvé.
2. L'Aluminium français est une société créée en 1911 par l'ensemble des producteurs français d'aluminium.
3. Depuis 1948, l'Aluminium français détient des parts dans la société Omnium de préfabrication d'entreprises et de construction (OPEC) qu'il associe à ses opérations. Les membres de l'OPEC sont appelés les « transformateurs » en raison de leur place dans la chaîne de l'aluminium.
4. Voir p. 155.
5. Congrès international d'architecture moderne.

Messieurs,

Les usines, dans leur existence, et d'autant plus dans leur évolution, ne sont pas exemptes de remous.

Nous en vivons un en ce moment, dont j'estime avoir le devoir de vous entretenir.

J'ai dernièrement, au cours d'une conversation avec deux administrateurs, Messieurs Pubellier et Baron, et en présence du Directeur Monsieur Chaudron, proposé de m'en aller. Une telle décision, vous l'imaginez, a été longuement mûrie. Il s'agit pour moi, devant une telle destruction, d'effacer trente années d'action.

Les causes en sont simples et naturelles.

Vous me savez très intransigeant sur mes doctrines constructives. Il s'y ajoute des conceptions des méthodes de travail et des rapports avec le personnel, qui ont étayé de nombreuses années de production.

Une récente évolution s'est produite, pour laquelle il m'a été demandé d'admettre l'autonomie d'action d'un Directeur désigné. J'y ai immédiatement consenti en confiance; d'autres méthodes se sont aussitôt implantées, que je me suis imposé d'accepter, les espérant valables. Qu'il me soit permis, Messieurs, de ne pas être du tout d'accord avec l'actuelle.

Etant donné la déformation de mes idées, les mises en oeuvre incohérentes quant à moi, les opérations actuelles me font dire que ma décision n'est pas grave quant à la Société, puisqu'il semble intentionnel d'en modifier l'esprit et la production.

Soyons logiques, et permettez moi, n'étant – je le dis bien – pas d'accord, de faire un cas de conscience d'y présider.

Vous jugez donc que c'est clair et honnête.

Si les usines ont leurs remous, elles y entrainent les hommes; c'est normal, et c'est bien ainsi que je considère ma proposition d'effacement. Une décision pleinement justifiée, mais que vous allez peut-être juger trop impulsive m'a fait vendredi soir réunir le personnel, comme je l'ai souvent fait autrefois, pour l'aviser très simplement de mon état d'esprit concernant mon propre problème.

Des manifestations de sympathie se sont aussitôt déclarées spontanément, dont je remercie les auteurs. Certaines ont, dans leur sincérité, paru excessives, et je regrette que des répressions, déjà commencées, viennent sanctionner des élans humains. Dans ce cas, que la répression soit pour moi.

L'usine est là, avec son organisation et ses commandes J'affirme que le personnel sait que le plus grand plaisir qu'il puisse me faire, et il le fera, est de réaliser au mieux et aux bonnes cadences. Ma conviction de toujours est que cette usine peut et doit être prospère.

Si, pour terminer, vous m'autorisez à révéler une dernière et ultime opinion, je vous dirai que, sans la compétence et la foi en ce que l'on construit, à laquelle tous doivent participer, il ne peut y avoir certitude de réussite.

Ma foi est inébranlable.


Ce texte avait été préparé pour être lu à l'Assemblée Générale du 30 Juin 1953. Cette assemblée n'ayant pas cette question à son ordre du jour, il était logique d'en reporter la lecture au Conseil d'Administration improvisé du même jour.

En fait :
1°) j'ai demandé une secrétaire pour sténographier mon exposé, ce qui m'a été refusé.

2°) connaissant mon sujet, je me suis expliqué oralement plus en détail que par ce texte.

3°) quant au texte, il m'a été refoulé, sous prétexte que :" moins il y a d'écrits, mieux cela vaut ".

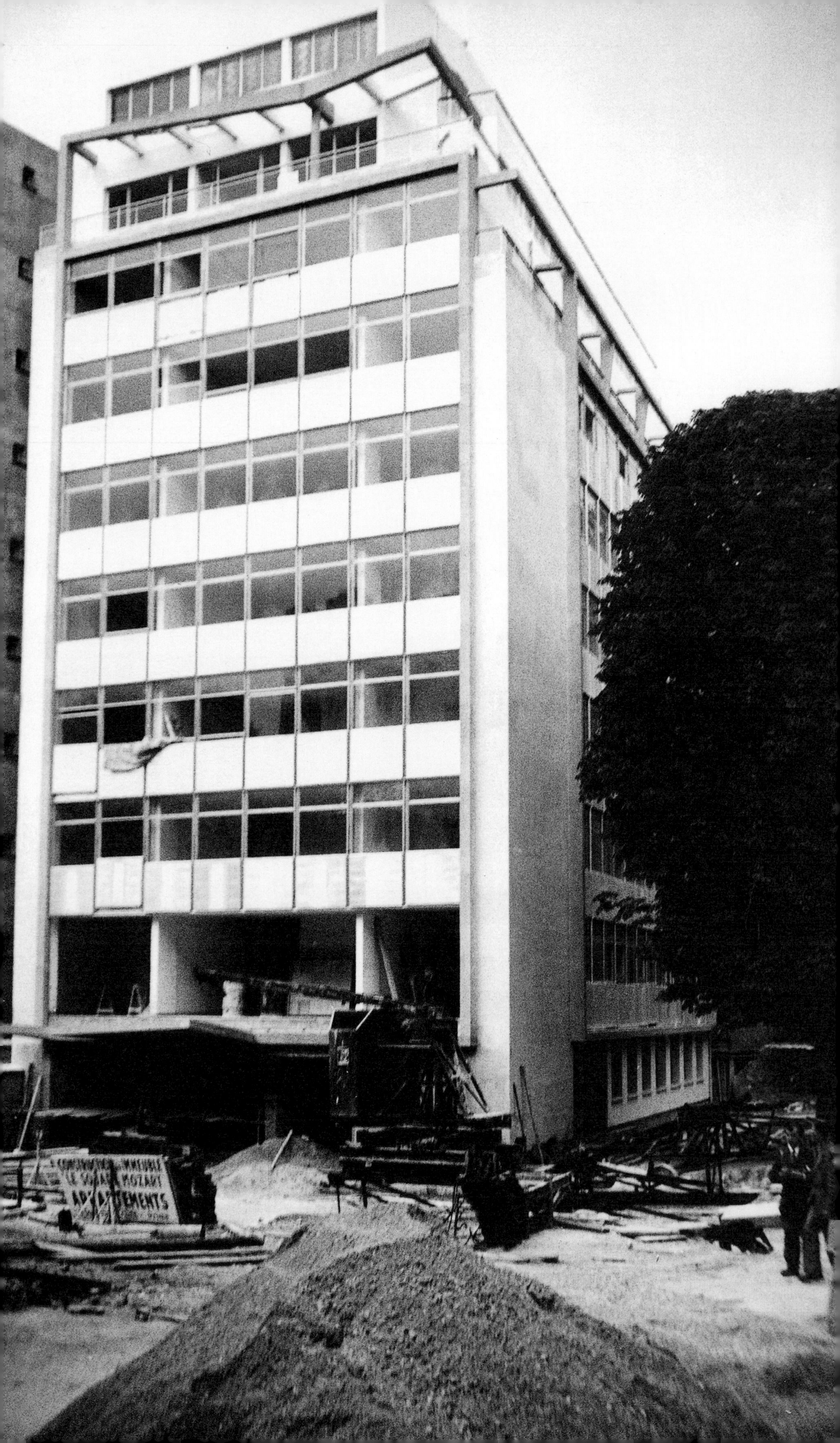

**IMMEUBLE DE LOGEMENTS R+9, 35 APPARTEMENTS ET 14 CHAMBRES DE DOMESTIQUES**
5, square Mozart, Paris 16ᵉ
**Maître d'ouvrage** → Société civile immobilière de construction
**Maîtres d'œuvre** → Lionel Mirabeau, architecte ; Didier Gondoff, assistant
Ateliers Jean Prouvé, conception et réalisation des panneaux de façades

# 1954
# PARIS
# IMMEUBLE D'HABITATION SQUARE MOZART

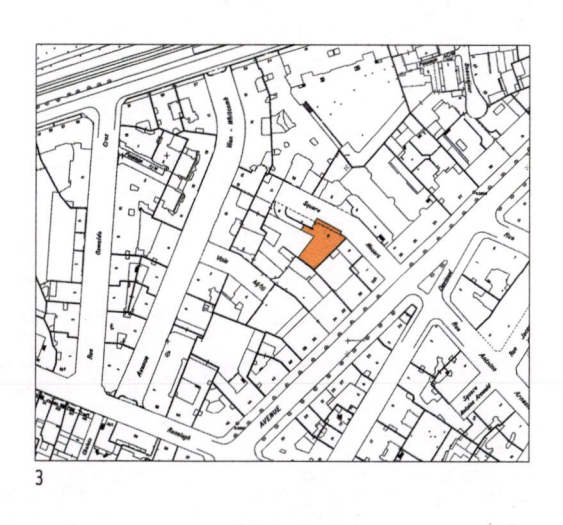

2

3

1 → Page de gauche
Immeuble du square Mozart, à Paris, en phase de chantier. (ADMM)

2 → Détail de la façade avec panneau « persienné » coulissant et à projection à l'italienne. Le mécanisme d'équilibrage de la fenêtre à guillotine apparaît lorsque le volet est relevé. (Documentation générale MNAM-CCI, fonds J. Prouvé)

3 → Plan de situation. (D.R.)

**L'immeuble de logements** situé square Mozart laisse clairement apparaître l'intelligence technique de Jean Prouvé, toujours à la recherche de solutions astucieuses. L'édifice est remarquable de l'extérieur par ses éléments en aluminium munis d'auvents amovibles, qui couvrent ses trois façades principales. Le plan de l'architecte est quelque peu complexe, compte tenu de la forme du terrain : deux corps d'habitation R+9 sont reliés entre eux par un volume regroupant les distributions verticales et les services. Le plus petit est mono-orienté sur le square Vion-Whitcomb à l'ouest ; le second forme un L à angle aigu avec une large façade nord-ouest, qui donne sur le square Mozart, et une autre exposée sud-est. Les appartements sont distribués en peigne, pièces de séjour et cuisines étant regroupées sur la même façade.

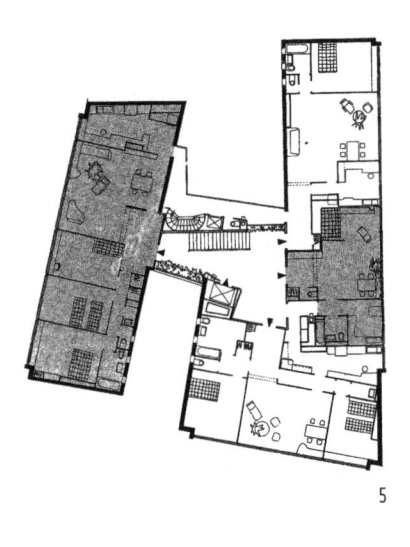

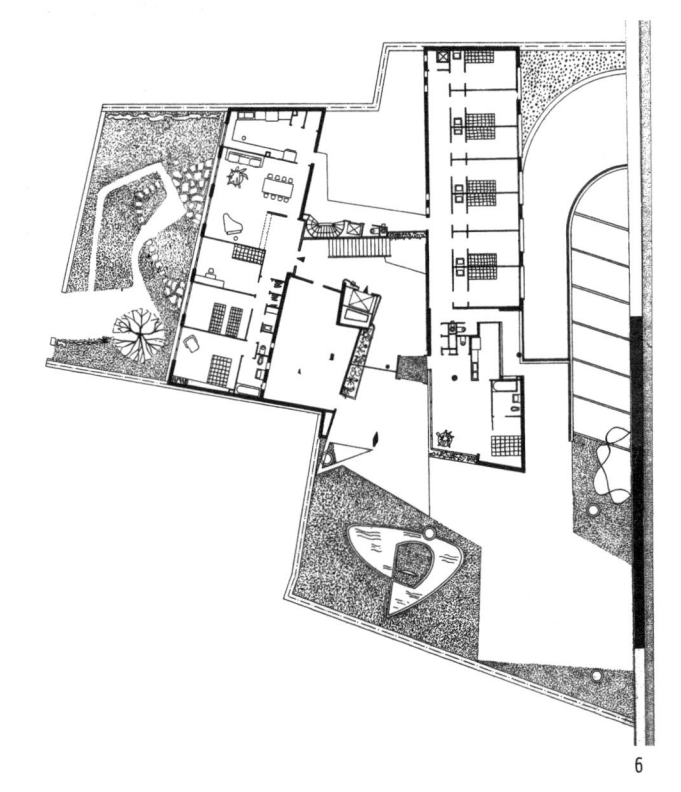

**La trame de l'ossature** de béton et le dessin des éléments de façade sont le fruit d'une réflexion menée de concert entre l'architecte Lionel Mirabeau et le « façadier » Jean Prouvé. Les murs-rideaux sont composés de lisses verticales sur lesquelles coulissent des panneaux métalliques. D'une hauteur de 3 m, correspondant à la distance de dalle à dalle, les modules de façade ont un entraxe de 1,54 m. Ce dimensionnement fixe ainsi la largeur des plus petites pièces à 3 m. Les panneaux sont entièrement montés en usine, constitués de l'assemblage d'une imposte vitrée, d'un ouvrant, d'une allège et d'un volet autour d'une ossature en acier. Les cadres sont fixés en nez de dalle et reliés latéralement par des couvre-joints qui dessinent des lignes verticales filant sur sept niveaux. Ils permettent, à l'intérieur, de relier les cloisons à la façade. La partie ouvrante des panneaux est composée d'un châssis en aluminium dans lequel une vitre est sertie. Cet élément coulisse verticalement sur un mécanisme d'équilibrage à couple variable, l'ouvrant pouvant être maintenu dans n'importe quelle position.
Il en résulte un épiderme complexe totalement variable : chaque panneau qui le constitue est muni d'une fenêtre à guillotine à descente mécanique, d'un système de ventilation et d'un volet projetable à l'italienne. Ce volet est en même temps brise-soleil, il coulisse le long de la façade, assure l'occultation en position haute et recouvre l'allège en position basse.
Il peut être facilement relevé, grâce à un système de contrepoids.

# IMMEUBLE D'HABITATION SQUARE MOZART
## 1954
### PARIS

**4 → Façade dotée de panneaux métalliques « persiennés ».** (ADMM)

**5-6 → Plan de l'étage courant et du rez-de-chaussée :** Jean Prouvé intervient uniquement sur les façades de ce bâtiment construit par Lionel Mirabeau. (D.R.)

**7 → Le mur-rideau dessiné par Jean Prouvé est en saillie par rapport à la base et l'attique.** (ADMM)

**Chaque élément** de l'immeuble a une vocation multiple : « Partisan du tout cohérent en bâtiment, Jean Prouvé a toujours refusé l'architecture par composants. Même quand il s'attache à étudier un détail, celui-ci n'est jamais unidimensionnel, soit fonctionnel, soit esthétique. »[1]
L'allège recouvre la dalle jusqu'à l'imposte inférieure. Elle est constituée, à l'intérieur, d'un complexe isolant recouvert d'un panneau d'Isorel laqué et, à l'extérieur, d'une tôle en aluminium oxydé qui protège le mécanisme d'équilibrage de la fenêtre à guillotine. En façade, cette coque est « persiennée » en son centre. La conception de ces panneaux s'inscrit dans une réflexion qui nous conduit bien en amont et dépasse le cadre de ce chantier. L'immeuble de la Fédération française du Bâtiment, réalisé quatre ans plus tôt, témoigne déjà de cette démarche. Pour les logements du square Mozart, le mécanisme se complexifie, développant la notion d'animation aléatoire corrélative

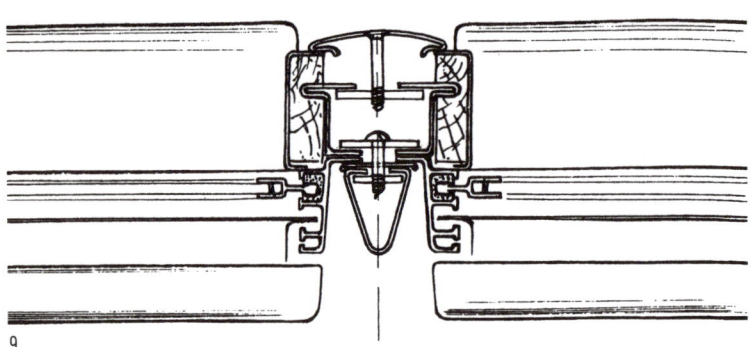

# IMMEUBLE
# D'HABITATION
# SQUARE MOZART
### 1954
PARIS

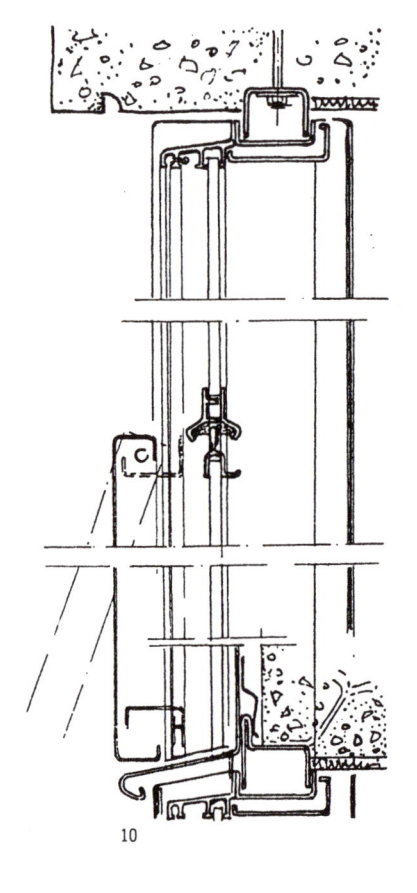

aux grands systèmes de façades répétitives. Et ce sont les panneaux de Prouvé qui donnent tout le caractère de l'édifice. Comme pour de nombreux bâtiments auxquels Prouvé a collaboré (rappelons qu'il n'était ni architecte ni ingénieur), le nom de l'architecte est souvent oublié au profit de celui du constructeur : « [...] c'est bien que Jean Prouvé produit une architecture dont la valeur ne repose pas sur des conceptions de l'espace, mais sur l'apparence et la fabrication » [2].
Aujourd'hui, les panneaux à coulisse fonctionnent toujours. Ils font l'objet d'une restauration attentive. Ce procédé a été réinterprété quarante ans plus tard par l'architecte Marc Mimram, pour un immeuble de logements situé boulevard Barbès, à Paris 18e.

1. Alain Pelissier, in *Jean Prouvé « constructeur »*, Éditions du Centre Pompidou, 1990, p. 154.
2. Pierre Chemilier, in *Jean Prouvé « constructeur »*, op. cit, p. 54.

8 → Façade de l'immeuble en 2001 : certains panneaux ont été remplacés par de nouveaux, d'apparence plus lisse, toujours « persiennés » et fonctionnant selon le même principe. Le rythme demeure aléatoire.
(Jean-Marie Monthiers)

9-10 → Détails de panneaux : coupe horizontale sur le profilé du rail et les assemblages des panneaux ; coupe verticale sur l'accroche des nez de dalle.
(Institut pour l'histoire de l'aluminium)

11 → Chaque panneau est fixé sur des rails métalliques filant sur six niveaux du bâtiment. Un système de ventilation haute est parfois inclus dans le panneau.
(Jean-Marie Monthiers)

12 → Détail de la façade de l'immeuble en 2001
(Jean-Marie Monthiers)

1

1 → (D.R.)

**Philippe Potié**

CHERCHANT QUEL OBJET IL POURRAIT OFFRIR À MARCEL LODS à l'occasion de la naissance de son fils, Jean Prouvé opte pour un habitat minimum : un Moïse en ruban d'acier inoxydable. Cette coque d'acier, qui tout à la fois protège, prolonge et habille le corps à la manière des armures d'apparat médiévales présentées lors de l'exposition « La beauté » (Avignon, été 2000), pourrait symboliser l'échelle du projet d'« architecture » que privilégiera Prouvé dans son approche de l'espace. Le corps représente l'élément discriminant de ces micro-espaces fonctionnels qu'il se plaît à magnifier. Cette tôle qui enveloppe le corps, Prouvé la proposera à nouveau à l'enfant d'âge scolaire en mettant au point un ensemble chaise-bureau articulable et même déplaçable grâce à deux roulettes. Puis pour l'étudiant de Nancy, il créera l'un de ses premiers ensembles mobiliers. Nombre des projets de Prouvé

# UN MEUBLE
# UN BÂTIMENT
## APPROCHES ET INCIDENCES

naissent à cette échelle [1] à la fois corporelle, fonctionnelle et « technique ». Ainsi aimait-il rappeler comment l'idée de la maison-coque lui était apparue, alors qu'il observait la manière dont ses ouvriers se servaient de façon détournée des sheds non montés comme abris de repos. La « hutte primitive » de Prouvé est un objet technique. Ses nombreux projets d'habitat minimum – maison de week-end, pavillon pour les réfugiés de Lorraine ou la maison pour l'abbé Pierre – se situent dans le prolongement de cette exploration d'un champ à la limite entre le simple meuble et l'aménagement d'espace intérieur, dont le détournement d'objets issus de la culture technologique constitue tout à la fois le révélateur et l'opérateur. Cette démarche, aux frontières des disciplines, accède aujourd'hui à la reconnaissance, ce qui permet de mieux saisir les nombreux malentendus et rendez-vous manqués ayant ponctué une carrière souvent marquée par l'incompréhension.

### DE L'« IDÉE CONSTRUCTIVE » AU MOBILIER STANDARD

Jusqu'à une époque récente, clôturée par l'exposition du CCI à Beaubourg en 1990, l'interprétation du travail de Prouvé est placée sous l'icône de l'« idée constructive ». Les émules ont à juste titre valorisé cette approche constructive prônée par Prouvé lui-même et dont témoignent les titres des publications qui lui sont consacrées. Celui-ci a initié la série en éditant *Une architecture par l'industrie* en 1971. Ont suivi un *Jean Prouvé, l'idée constructive* en 1983, puis un *Jean Prouvé entre artisanat et industrie* et un *Jean Prouvé « constructeur »* en 1990. Cette ligne d'interprétation, à force de répétitions, a peut-être occulté un apport essentiel de l'œuvre que la décennie 1990 a commencé à révéler. Le retour au premier plan des expériences de Prouvé a lieu en effet sur un registre tout différent. C'est autour de son mobilier que s'est orchestrée la redécouverte du travail. Les éditions Taschen publient en 1991 un *Jean Prouvé, meubles* en version trilingue. C'est la première publication consacrée à l'aspect mobilier de l'œuvre (mais elle fait suite à l'exposition qui a eu lieu au musée des Arts décoratifs en 1989). En 1998, le catalogue de l'exposition réalisée par la galerie Jousse-Seguin mêlant mobiliers, panneaux de façade et habitats démontables, connaît un véritable succès. Dans le même temps, la cote des meubles s'est brusquement envolée. Outre-Atlantique, un nouveau regard est porté sur le travail de Prouvé. Tout un public se reconnaît dans ces objets en tôle pliée incarnant les valeurs de la ville contemporaine et son mode de vie. Ce changement de perspective invite à une relecture de l'œuvre architecturale en prenant pour référence la démarche de « designer ».

---

1. Sur cette échelle d'architecture, on consultera le n° 48 de la revue *Faces*, consacré à « La petite taille en architecture », automne 2000.

*I - Le serrurier : charnières et pivots*

La production mobilière de Jean Prouvé rassemble des objets extrêmement diversifiés : chaises, fauteuils, tables et bureaux bien sûr, mais également cloisons mobiles, cabines d'ascenseur, kiosques, rampes d'escalier, grilles, fenêtres, aménagements divers. La tôle pliée qui vit Prouvé, jeune ferronnier d'art, devenir « tôlier », constitue leur célèbre dénominateur commun. Mais une seconde caractéristique lie ces différents objets : tous mettent en scène un mouvement, que ce soit par un jeu d'articulation, de pivotement ou de glissement.

La chaise pliante comme le fauteuil des années 1930 par exemple, s'articulent simplement autour d'un axe. Plus élaborées, les portes dont il fera breveter le principe pivotent grâce à un système de roulement à billes. Les cloisons amovibles utilisent ressorts et vérins. Les huisseries de fenêtres, basées sur le principe du coulissement de type guillotine, invitent à utiliser des contrepoids, chaînes et autres mécanismes permettant de créer un mouvement. Les pare-soleil des maisons coloniales sont inclinables, tout comme les fameux « volets » du bâtiment du square Mozart... On remarquera que ce travail d'articulation de pièces métalliques qualifie habituellement la démarche du serrurier. C'est d'ailleurs cet intitulé qui apparaît, conjointement à celui de ferronnier d'art, sur l'en-tête de ses premiers ateliers.

Cette référence à la serrurerie évoque le célèbre ouvrage de Sigfried Giedion, *La Mécanisation au pouvoir*[2], qui pourrait servir d'introduction à l'œuvre de Prouvé. Giedion, qui analyse l'évolution de la serrure dans le premier chapitre de son ouvrage, fait de cet objet l'une des icônes de cette « mécanisation de la vie quotidienne » à laquelle il consacre sa thèse. Mais plus largement, il propose de voir dans la prolifération des systèmes d'articulation, de fermeture et de pliage la manifestation d'une nouvelle catégorie d'objets propres, à l'origine, à l'Amérique des pionniers : le « meuble breveté », caractéristique de la seconde moitié du XIXe siècle. Produits par des industriels, ces meubles fonctionnels, destinés aux lieux de travail (bureaux, atelier, hôpitaux, gares, etc.), échappent à l'orbite artistique et à la question stylistique. Leur ergonomie est étudiée selon les seules règles de l'efficacité et du confort. Ces objets sont les précurseurs des futures « machines » mises au service du confort de l'habiter et qui donneront au fonctionnalisme sa base matérielle. On peut donc voir dans cette expérience du meuble pliant américain une filiation qui éclaire la démarche de « designer industriel » de Prouvé.

Mettant en exergue cette figure du serrurier-tôlier, Giedion ne pouvait manquer d'évoquer, parallèlement, la manière dont les artistes contemporains en ont redessiné le profil. Depuis les mobiles d'Alexander Calder jusqu'aux machineries de Jean Tinguely, les approches bricoleuses ont déconstruit cette figure du monde industriel en révélant comment elle s'était introduite dans le quotidien pour imposer, avec ces jeux d'articulation, le principe de la mobilité comme médiateur de notre rapport au monde. La démarche artistique laisse ainsi entrevoir la manière dont l'œuvre de Prouvé est aujourd'hui réinvestie par un public en quête de valeurs mêlant à l'image classique de la technologie celles de la mobilité et de l'éphémère.

**Le tapissier : le ressort.** Les tapissiers décorateurs du XIXe siècle disputent aux architectes le marché de l'aménagement. Ce sont eux, nous révèle Giedion, qui imposeront le style des salons capitonnés couverts de tentures et de coussins. Les boursouflures des fauteuils, canapés et poufs qui les accompagnent sont dues à une nouvelle technologie du confort : le ressort. Inventé à la fin du XVIIIe siècle, ce ressort en forme de double cône inversé reçut l'une de ses premières applications avec la conception d'un siège devant palier à l'inconfort des transports en bateau... Le ressort poursuit sa carrière avec la mise au point de nombreux fauteuils transformables ergonomiques ou celle des matelas et sommiers métalliques. Simultanément, il entre dans la maison pour y prendre la place d'honneur en dessinant les courbes généreuses du « confortable », qui deviendra le modèle du fauteuil de salon.

La série des sièges Prouvé qui aboutit au « fauteuil de grand repos » de 1930 retrouve le ton des premières expérimentations liées au monde technologique du transport. Elle s'inscrit dans cette histoire, finalement assez récente, du ressort, à laquelle elle redonne une dynamique que son embourgeoisement et son immobilité lui avaient fait perdre.

---

2. Cet ouvrage, publié sous le titre *Mechanization takes command* en 1948, ne sera traduit en français qu'en 1980. Il nous semble que ce retard de publication est à mettre en parallèle avec la distance que le public et les professionnels ont eue à l'égard de l'œuvre de Prouvé.

2 → Dessin de mobilier scolaire sur roulettes, 1937-1938. (ADMM)

3 → Berceau en rubans d'acier inoxydable, cadeau de Jean Prouvé au fils de Marcel Lods, 1936-1937. (prêt Peter Sulzer/collection privée)

4 → Chambre de la résidence universitaire d'Antony, 1954. (D.R)

Le premier modèle résulte d'une commande unique à laquelle Prouvé répond par une simple articulation du dossier autour d'un axe fixe, mais dont le mouvement est cependant guidé par un rail-accoudoir demi-circulaire qui sera repris dans les modèles suivants. Une seconde expérience repose sur la disjonction entre le socle métallique et le siège. Le principe, également mis en œuvre par Le Corbusier et Charlotte Perriand pour la chaise longue de 1928, s'inspire du mobilier médical. Mais là où Le Corbusier met en scène une simple juxtaposition des deux éléments, Prouvé cherche lui à mécaniser ce rapport. Alors que Le Corbusier choisit de bloquer les mouvements potentiels par un caoutchouc qui freine le glissement du tube d'acier chromé, Prouvé dote son siège de quatre roulettes et la structure devient le rail qui les guide et les supporte. Puis, afin d'accompagner le mouvement du siège, il place sous un capot métallique une série de ressorts qui lient le cadre au siège. Finalement, dans la dernière version, le système est simplifié pour n'utiliser plus qu'un ressort de forte section, rendu visible.

Cette recherche de mécanisation se place dans une tradition fonctionnaliste qui avait vu, par exemple, Martin Gropius, architecte et père de Walter, concevoir vers 1850 une chaise de repos pourvue également de nombreux ressorts. La critique de l'époque avait ironisé sur l'invention qui, disait-on, éjectait son utilisateur.[3]

Mais le ressort devient célèbre dans l'œuvre de Prouvé en donnant sa courbure au panneau de la Maison du peuple de Clichy. On sait que pour palier au défaut de planéité des panneaux de l'aéroclub de Buc qui se déformaient inégalement sous l'effet de la chaleur, Prouvé eut l'idée inspirée de placer un ressort guidant la déformation des panneaux. La tôle ainsi se gonfle, sans référence culturelle à l'art des tapissiers du XIXe siècle, mais en reprenant leur outil. On retrouvera par la suite ce ressort dans de nombreux panneaux. La démarche de « bricoleur » transfère le ressort d'un univers technique à un autre, du mobilier à l'immobilier, du design à l'architecture, pour créer un nouvel objet, le panneau léger démontable standardisé. Cet élément ergonomique définit une nouvelle catégorie de rapport du corps à la « paroi », dont l'oxymore du « mur-rideau » dit l'ambiguë hybridation. Ni mur, ni rideau, le panneau « habitacle » de Prouvé travaille aux limites de nos repères culturels.

*II - La carrosserie : un train dans la ville*
La tôle d'acier se prête naturellement à un travail d'enveloppement ou de recouvrement de surface. Prouvé aménage ainsi des intérieurs de cabines de bateau et des salles d'opérations chirurgicales. L'un des premiers carrossages proprement dit concerne des cabines d'ascenseur, en 1929. Dans le même temps, il expérimente et fait breveter une porte sur pivot qui, jouant sur la légère incurvation de la tôle, acquiert une rigidité lui permettant de se dispenser de cadre structurel. Apparaissent également à cette période les cloisons démontables qui, produites en grand nombre, fournissent aux Ateliers Jean Prouvé des commandes régulières. Ces expérimentations diverses ouvrent la voie à l'« invention » des premiers panneaux de mur-rideau. Le panneau de Clichy dérive ainsi des cloisons métalliques, le principe de la courbure des portes à pivot étant retravaillé grâce, cette fois, à l'artefact du ressort. La paroi se génère à partir de la juxtaposition de ces éléments de « mobilier » produits en série dans les ateliers.

L'expérience des espaces minimaux créés autour des outils de la mobilité - voiture, bateau, avion -, qui fascinaient Prouvé, va constituer le fond où il puisera son inspiration. Ces « habitacles » mis au point par l'industrie vont lui procurer le matériel nécessaire. L'exemple du panneau de la Fédération nationale du Bâtiment (FNB), qui succède, après l'interruption due à la guerre, à l'expérience de Clichy, est significatif. En l'occurrence, la conception du wagon de chemin de fer sert de modèle. À ce dernier, il emprunte la tôle d'aluminium ondulée caractéristique pour construire le capot métallique escamotable, qui couvre et cache la « machinerie » de la fenêtre à guillotine. Le système de l'ouvrant est également construit à l'identique de celui des fenêtres de wagons. Prouvé va même jusqu'à utiliser, comme mécanisme « équilibreur » aidant à soulever le vitrage, un système à ressort produit par un fabricant de matériel ferroviaire (système Farnier). Caché sous le capot du panneau de la FNB, ce même mécanisme s'exhibe par contre sur la façade de l'immeuble du square Mozart, dévoilant ses deux bras articulés munis à leurs extrémités de

---

3. S. Giedion, *op. cit.*, p. 327.

roulettes, qui permettent de suivre le mouvement du vitrage. Pour faire glisser l'ouvrant, Prouvé se fournissait chez un fabricant qui livrait à l'industrie automobile (et ferroviaire) un profil en toile enduite.

C'est « en habit de carrossier » que Prouvé « designe » ses façades. Il transfère ainsi, en même temps qu'une technologie, une image issue, matériellement, du monde des objets évocateurs de mobilité. Ce faisant, l'esthétique ferroviaire entre dans la ville, processus inverse en quelque sorte de celui qui avait conduit à l'édification, au XIXe siècle, d'une façade urbaine en pierre de taille devant les halles des gares. Métaphores de la célèbre photographie de l'accident de la gare de Montparnasse, les façades de l'immeuble de la FNB et de celui du square Mozart, tous deux dans le 16e arrondissement de Paris, inscrivent l'imaginaire du rail dans la capitale. Étrangement, cette incursion ne provoqua aucun mouvement de protestation, tout juste un peu d'incompréhension et beaucoup d'indifférence. La pleine « reconnaissance » de la transformation qu'opèrent les choix de Jean Prouvé n'a lieu qu'aujourd'hui... Symptomatiquement, la façade de la FNB, malgré les protestations, a été détruite en 1996 alors que sa restauration était possible et, inversement, les façades de Clichy ou du square Mozart ont été récemment restaurées.

Si l'image de la mobilité préside au dessin des projets, c'est bien « l'industrie » qui, pragmatiquement, en articule le langage. Cet idiome industriel mérite cependant quelques remarques. Prouvé emprunte sans conteste à la grande industrie ses outils, mais il ne les utilise pas à la même échelle. L'usine de Maxéville produisait des petites séries, de manière plus manufacturière que véritablement industrielle. Cette erreur d'échelle a été entretenue par Prouvé lui-même qui, dans *Une architecture par l'industrie,* en appelle à l'industrialisation « fermée », c'est-à-dire productrice de bâtiments complets (et non de composants). Ce rêve, partagé par beaucoup des « Modernes », peut rendre compte de l'alliance opérée avec la société Aluminium français, qui entre dans le capital des Ateliers pour finalement en exclure Prouvé en 1953, au nom de la rentabilité industrielle. Paradoxalement, ce dernier rejoindra ensuite l'industrie en entrant à la CIMT (Compagnie internationale de Matériel de transport), où il concevra, selon le principe de l'industrialisation « ouverte », des composants en très grand nombre. La plupart des murs-rideaux de Prouvé seront produits dans ce contexte qui déplaisait à son auteur. En passant sous silence ce second rendez-vous « réussi » avec l'industrie, Prouvé n'a sans doute pas facilité la compréhension d'un mouvement de production d'éléments standard propre à notre modernité. Les réalisations de Prouvé trouvent plus certainement leur filiation dans la série d'objets fonctionnels qui ponctuent l'histoire du design. Ce monde des objets manufacturés, à l'inverse des chantiers du bâtiment, fut interpellé dès l'origine par la question industrielle à l'échelle manufacturière. Les Ateliers Jean Prouvé, comme l'école de Nancy dont Prouvé est l'héritier légitime, se placent dans cette constellation éloignée des pesanteurs de la construction et en étroite symbiose avec la petite industrie dont l'entreprise d'Émile Gallet constitue le modèle.

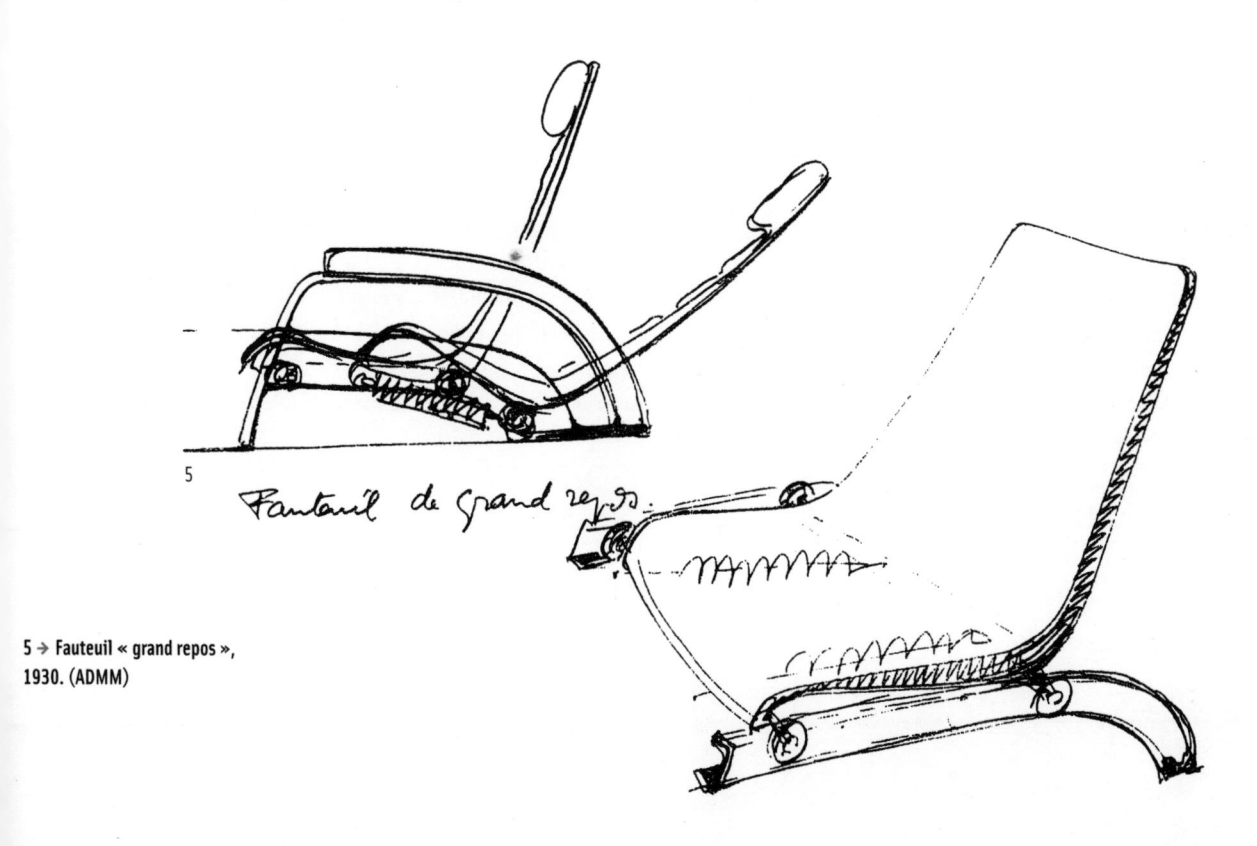

5 → Fauteuil « grand repos », 1930. (ADMM)

En même temps que Prouvé réécrit le présent de la ville à l'image du wagon de chemin de fer, Giedion réinscrit cet instrument de transport dans une histoire de l'habiter moderne, en publiant les premières pages consacrées à l'épopée de cet outil de conquête du territoire. Des premiers wagons sans confort jusqu'au Pullman, il restitue la longue série d'expérimentations « d'habitat fonctionnel » dont Prouvé est l'héritier. Dans cet historique, on pourrait retenir, en pensant à la généalogie des innovations de Prouvé, la création du train de Napoléon III dont le châssis a été conçu par Camille Polonceau et l'aménagement par Eugène Viollet-le-Duc. Mais on s'intéressera plus encore au commentaire révélateur du rédacteur américain du *Ladies'Home* qui, en 1921, s'offusque de voir des clientes demander que leur appartement soit aménagé selon « certains styles de décoration et de tenture qu'elles avaient vus dans les voitures Pullman » (p. 379). Prouvé s'inscrit dans ce mouvement de retour du langage de la mobilité vers celui de l'architecture, dont le mur-rideau représente l'élément le plus saillant.

### DE L'ÉTHIQUE AU RELIGIEUX

La reconnaissance à laquelle accèdent aujourd'hui les objets produits par les Ateliers Jean Prouvé convoque le plus souvent le terme d'éthique (celui d'esthétique semblant être évité). Gilbert Simondon évoque, dans son introduction à *Du mode d'existence des objets techniques*, une situation du même ordre concernant les objets techniques : « La culture est déséquilibrée parce qu'elle reconnaît certains objets, comme l'objet esthétique, et leur accorde droit de cité dans le monde des significations, tandis qu'elle refoule d'autres objets, et en particulier les objets techniques [...]. Les hommes qui connaissent les objets techniques [...] cherchent à justifier leur jugement en donnant à l'objet technique le seul statut actuellement valorisé en dehors de l'objet esthétique, celui de l'objet sacré. »[4] Les objets produits à Maxéville revendiquent leur statut d'objet technique utilitaire et fonctionnel et ils tiennent à distance une possible reconnaissance esthétique, par la volonté même de Prouvé qui n'hésitait pas à rétorquer à ses interlocuteurs avides, eux, de cette reconnaissance : « Je n'ai pas de style. » On comprend un peu mieux, en reprenant la thèse de Simondon, pour quelle raison ses créations furent frappées d'une telle « méconnaissance ». Symétriquement au terme d'éthique, on peut invoquer une démarche de « sacralisation », qui érige les productions de Prouvé en icônes. Au premier rang de celles-ci, on ne peut manquer d'évoquer la « Maison des jours meilleurs », conçue pour l'abbé Pierre, qui met la série industrielle au service des plus pauvres avec la bénédiction d'un homme promis à la béatification. C'est dans cet esprit que les pavillons 6 x 6 mètres pour les réfugiés de Lorraine furent, au nom de leur « éthique », exposés (en série) lors de la Biennale de Venise en 2000.

Le travail de Prouvé possède cette force caractéristique des œuvres irréductibles à une quelconque rhétorique formelle et qui font de leurs auteurs des « passeurs » d'idées. Se posant comme révélateur des objets créés par la puissance et la raison de l'industrie, Prouvé déplace le lieu de l'énonciation du projet, « l'indétermine », ne revendiquant l'assujettissement à aucun des rôles d'artiste, d'architecte ou d'ingénieur. Il autorise du même coup que se développe autour de son personnage une sorte d'aura que ses élèves contribueront à magnifier. En repoussant tout enfermement « esthétisant » au nom de l'industrie érigée à la fois en modèle et en mythe fondateur, Prouvé remet en tension dans le projet les temps de l'éthique et de l'esthétique. C'est autour de la question du rapport du corps à ses diverses « machines à habiter » qu'il met au travail cette dialectique, en produisant un univers d'objets qui tous dialoguent avec un corps proche qu'ils protègent, reposent, aèrent et soignent. Étrangement hétéroclite aux regards de nos repères culturels, cet ensemble a longtemps dérouté les interprétations. Aurait-on imaginé, il y a seulement une décennie, qu'un panneau de façade entre un jour sur le marché de l'art ? L'œuvre de Prouvé introduit par ses objets techniques à une spatialité nouvelle, dans laquelle le début du XXIe siècle semble se reconnaître.

*Philippe Potié, architecte, enseignant-chercheur à l'École d'architecture de Grenoble.*

---

4. G. Simondon, *Du mode d'existence des objets techniques*, Aubier, 1958, p. 10.

6 → Immeuble de la Sécurité
Sociale du Mans,
Jean Le Couteur architecte,
1952. Auvent, Ateliers
Jean Prouvé. (ADMM)

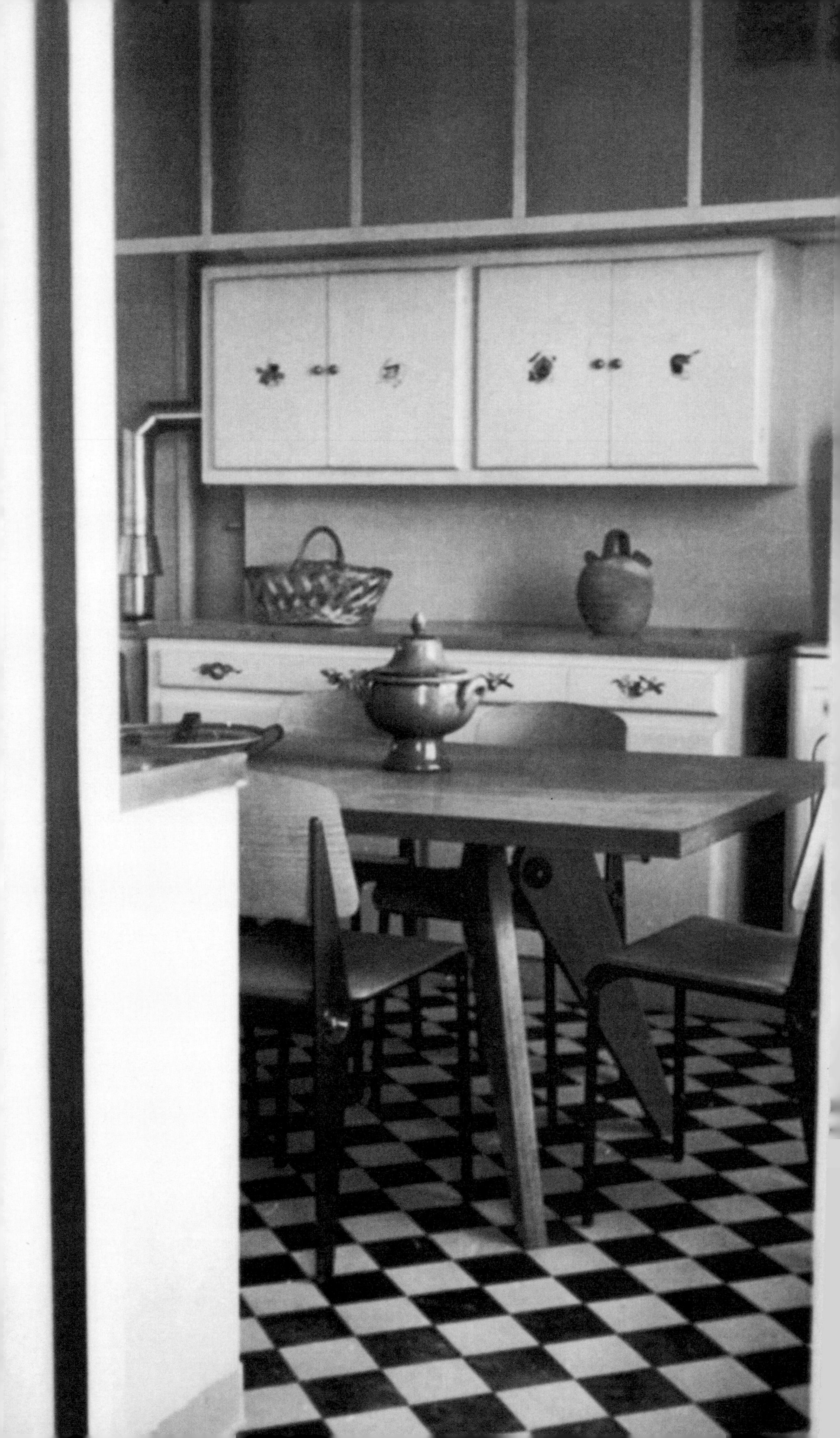

# LE MOBILIER

Avec Jean Prouvé, le terme qui fait le désespoir des lexicographes comparatistes du français et de l'anglais, ce mot honni de tous les traducteurs, « designer », ne fait enfin plus problème. L'homme réunit en effet en lui toutes les connotations dont cet anglicisme, dans son usage courant en français, ne rend pas compte, par-delà la seule acception officielle de « spécialiste du design », cette « discipline visant à la création d'objets [...] à la fois fonctionnels, esthétiques et conformes aux impératifs d'une production industrielle ». Et le *Petit Larousse* d'ajouter, à titre d'exemples d'emplois courants du mot : « des meubles design » ; « vendre du design ». Dans le *Robert & Collins Super Senior anglais-français*, apparaissent aussi les notions de dessein, d'intention, de dessin, d'élaboration, de projet au sens large du terme, qui dépassent de loin la conception des seuls objets, fût-elle industrielle. Prouvé n'est certes pas le seul « architecte » « moderne » (ces deux termes étant, on le sait, plutôt impropres, s'agissant d'un « constructeur » réfutant tout *a priori* formel) du XXe siècle à avoir conçu des meubles aujourd'hui encore largement diffusés et reconnus. Il suffit de songer à Walter Gropius, Ludwig Mies van der Rohe, Le Corbusier ou, plus récemment, Norman Foster ou Jean Nouvel. C'est en revanche certainement le seul créateur pour lequel les deux activités sont aussi consubstantielles : en effet, les hypothèses, les thèmes et solutions de structure et d'assemblage, les matériaux, les modes de fabrication et le vocabulaire formel en résultant, sont, tout au long de la période durant laquelle il conçoit et réalise du mobilier (des années 1920 aux années 1950, alors qu'il dispose de son propre appareil de production), d'une similitude et d'une constance absolument remarquables.
Il n'est dès lors pas surprenant que sa fameuse sentence « il n'y a pas de différence entre la construction d'un meuble et d'une maison » ait été si souvent relevée.
Les six pages consacrées par Prouvé à ses meubles dans le livre que l'on peut considérer comme à la fois son autobiographie intellectuelle et son œuvre (quasi) complète – *Jean Prouvé. Une architecture par l'industrie* [1] – sont si

2

1 → Page de gauche
**Cuisine en 1945-1950 avec du mobilier Jean Prouvé** (D.R.)

2 → **Tabouret, vers 1950.** (ADMM)

éloquentes, dans leur texte comme dans leur mise en page et leurs légendes, qu'un large extrait de celles-ci est plus éclairant qu'un commentaire extérieur *a posteriori* :
« Construire un meuble est chose sérieuse, très sérieuse, s'il s'agit de composer des objets dans l'espoir d'une diffusion importante. Que de sévices ne subissent-ils pas, nos meubles ? Que de résistance à l'effort, aux contraintes ne leur demande-t-on pas ?
Les problèmes à résoudre sont aussi complexes que ceux des grandes constructions. Je les assimilai à des bâtis de machines destinés à travailler durement, ce qui me conduisit à les composer avec les mêmes soucis, donc les mêmes règles de résistance des matériaux, voire les mêmes matériaux. Les tubes d'acier cintrés ne pouvaient pas me satisfaire. C'est la tôle d'acier qui m'inspira. Pliée, emboutie, nervurée, puis soudée. Les sections d'égale résistance et les tracés rigoureux en découlèrent, mis en valeur par le raffinement de détail et les qualités de finition. De 1924 à 1950, tous les très nombreux meubles que je fabriquai découlent immuablement des mêmes principes. Un meuble ne se compose pas sur une planche de dessin. Je considère comme indispensable de l'ébaucher dès qu'il est pensé, de l'éprouver, de le corriger, de le faire juger, puis, s'il est valable, d'en préciser alors seulement tous les détails par des dessins très stricts. La déception ou l'enthousiasme des participants – on n'est jamais seul – décide donc de la poursuite du projet. Donc, dans mon esprit, même processus que pour toute autre construction ; un meuble, c'est sérieux !
En 1950, n'ayant plus d'atelier, je renonçai totalement à la construction de meubles. Ce fut pour moi très sévère. »
Ce témoignage rassemble tous les thèmes qui traversent l'ensemble de l'œuvre de Prouvé : l'absence de désinvolture par rapport à la tâche, l'importance de la résistance, notamment aux efforts mécaniques et à l'usure ; la référence à la machine, non comme icône d'une modernité abstraite tel que c'est le cas chez un Le Corbusier, mais bien comme ancrage dans la réalité de la production industrielle tournée vers la grande série ; l'affinité

# LE
# MOBILIER

pour la tôle d'acier (même si le bois sous différentes formes, le tissu, le cuir, l'aluminium, voire le Plexiglas sont aussi mis à contribution), pliée et raidie par de nombreux procédés en accord avec la structure même de la matière – procédés toujours testés en vraie grandeur, sur des prototypes successifs et par un travail rigoureux du détail ; la permanence d'un travail collectif ; le lien indissoluble entre conception, fabrication et outil de production. Chaises fixes, pliables, inclinables, démontables ; fauteuils de plus ou moins grand confort ; tables basses ou hautes, de grande taille ou simples guéridons ; bureaux (de la dactylo au directeur) ; lits, paravents, étagères ; meubles répondant à l'origine à des commandes précises, puis maintes fois modifiés et améliorés ; ensembles, notamment scolaires ou pour des collectivités : la gamme de Prouvé répond à une grande variété de fonctions. D'abord diffusée par les Ateliers Jean Prouvé à Nancy puis par la galerie parisienne de Steph Simon, elle a été rééditée par la firme allemande Tecta. Aujourd'hui, certains meubles sont réédités par Vitra.

Le moindre des paradoxes de cette production – que Nouvel dit « sans concession, abrupte, pas gentille, directe, quelquefois iconoclaste », faisant « peur au bourgeois », qu'on ne peut jamais « soupçonner d'avoir cherché à "faire joli" » [2] – est de désormais faire partie des « classiques » branchés et de bon goût d'une classe sociale émergente, celle des « nouveaux bourgeois ». En mai 2000, *Le Nouvel Observateur* évoquait notamment tel banquier parisien riche et branché, la quarantaine, qui se targue de posséder « du Jean Prouvé dans un plein hangar ».

1. Zurich, Artémis, 1971, pp. 142 *sqq.*
2. Catalogue *Jean Prouvé*, galeries Jousse-Seguin et Enrico Navarra, 1998, p. 23.

3-6 → Variantes de tabourets, assises en tôle d'acier pliée, laquée ou gainée de cuir, vers 1950. (ADMM)

6

MOBILIER
# CHAISES

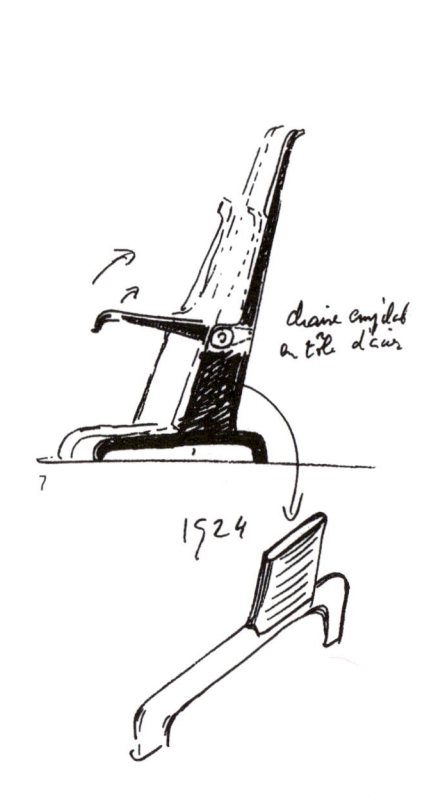

224

11

12

7 et 10 → Chaise à assise rabattable, en tôle d'acier emboutie et toile tendue, présentée à la première exposition de l'UAM, 1929. (ADMM)

8 → Chaise pivotante, 1920 ; bureau de direction, 1930. (D.R.)

9 → Chaise pivotante (collection privée) 2001. (Jean-Marie Monthiers)

11 → Chaise en tôle d'acier pliée et contreplaqué moulé, 1934. (Jousse Entreprise)

12-13 → Chaise n° 4, pied avant en tube, assise et dossier en contreplaqué galbé, 1935. (ADMM)

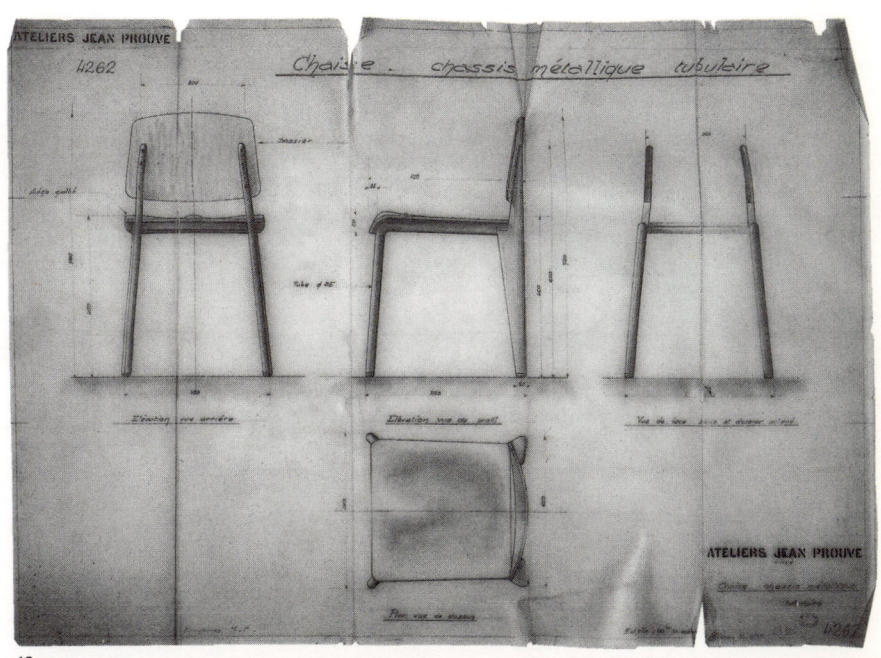

13

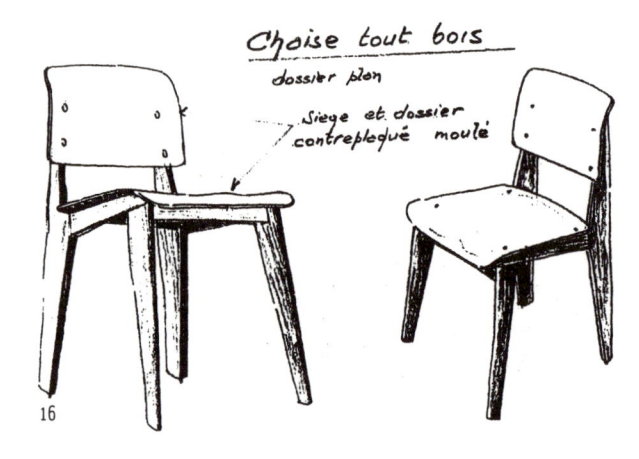

14-15 → Chaise démontable, en tôle d'acier pliée et contre-plaqué moulé, 1947. (Courtesy galerie Patrick Seguin, Marc Domage) (ADMM)

16-17 → Chaise en bois, 1942. (ADMM)

18 → Chaise « Standard », en tôle d'acier pliée et skaï, 1950. (Courtesy galerie Patrick Seguin, Marc Domage)

MOBILIER
## CHAISES

19 → Chaise « Standard », variante en tôle d'acier pliée et contreplaqué moulé, 1950. (Jousse Entreprise)

20 → Chaises « Standard », (collection privée). (D.R.)

21 → Chaise pivotante, pied en tôle d'acier inoxydable, siège et dossier en contreplaqué, 1944. (ADMM)

22 → Chaise « Antony », en métal et contreplaqué moulé, 1954. (Courtesy galerie Patrick Seguin, Marc Domage)

23-24 → Fauteuil « grand repos » réglable, en tôle d'acier et toile, 1930. (ADMM)

25-26 → Fauteuil à siège et dossier réglables, en tôle d'acier emboutie et cuir, 1924. (ADMM et D.R.)

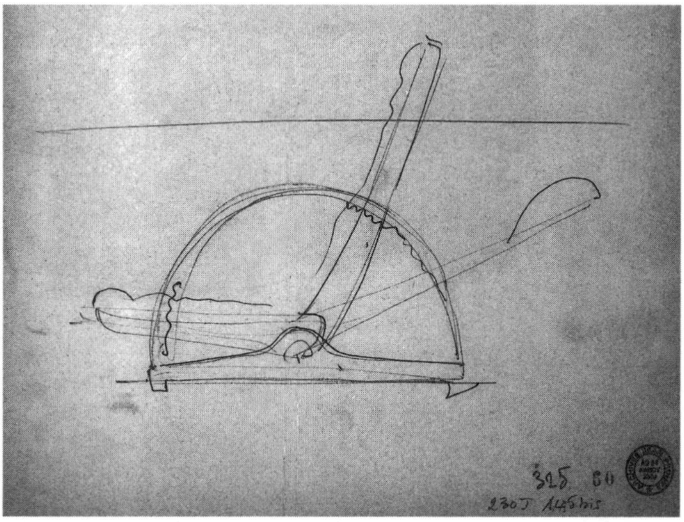

MOBILIER
# FAUTEUILS

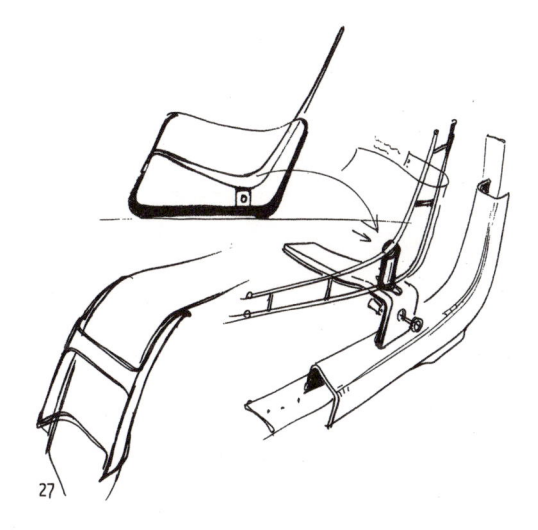

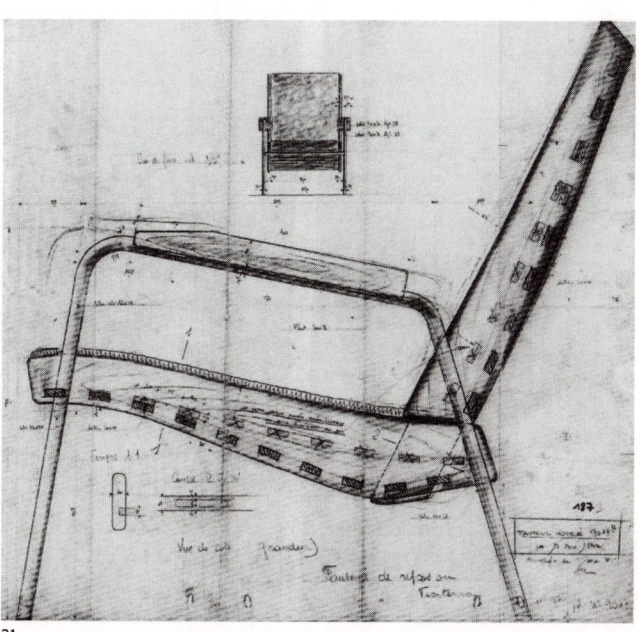

27-28 → Fauteuil « Cité » pour la Cité universitaire de Nancy, en tôle d'acier, accoudoir en toile, 1933. (ADMM et Marc Domage)

29 → Fauteuils inclinables, présenté à la première exposition de l'UAM, 1930. (ADMM)

30 → Salon dans les années 1950 avec fauteuils « Visiteur ». (D.R.)

31 → Fauteuil « Visiteur », 1942. (ADMM)

MOBILIER
# FAUTEUILS

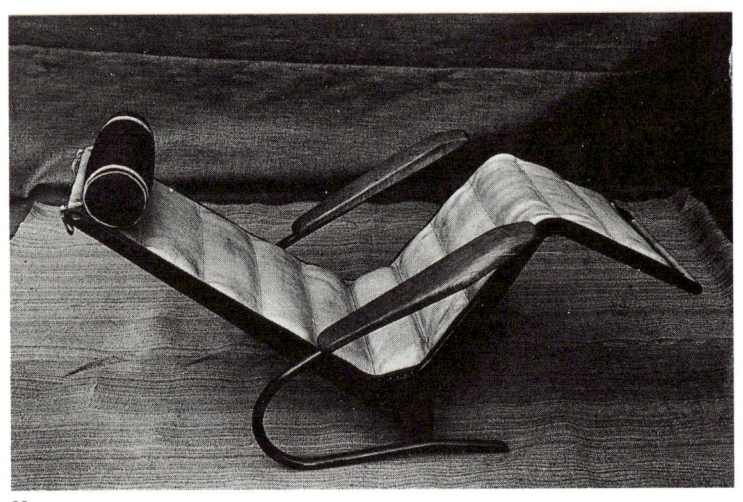

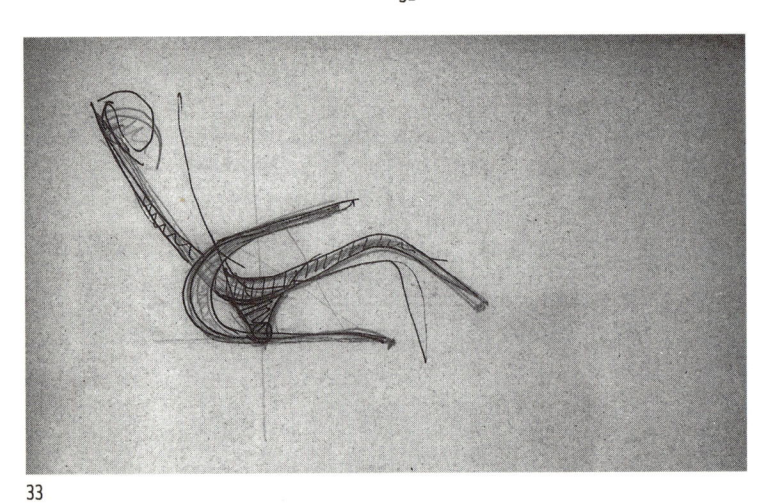

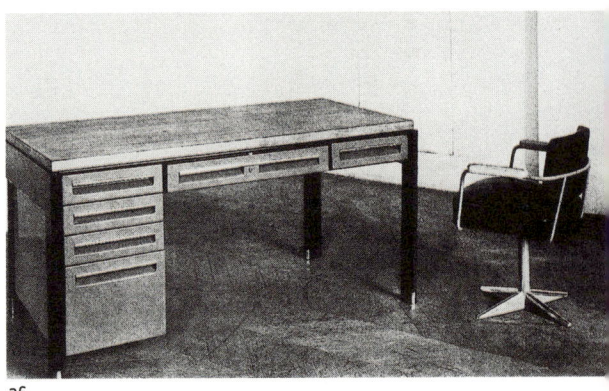

32-33 → Fauteuil
« Chaise longue », 1945.
(ADMM)

34 → Fauteuil
« Bridge Présidence », 1950.
(Jousse Entreprise)

35 → Fauteuil «Kangourou»,
1951. (Jousse Entreprise,
Marc Domage)

36 → Fauteuil et bureau
métalliques conçus en 1935,
pour la Compagnie parisienne
de distribution d'électricité.
(D.R.)

MOBILIER
## AMPHITHÉÂTRES

37 → Sièges d'amphithéâtre pour l'École de médecine, Paris, 1950. (Lucien Hervé, Archipress)

38 → Sièges d'amphithéâtre pour l'École de sciences politiques, Paris, 1934. (Jean-Marie Montiers)

39 → Sièges d'amphithéâtre pour l'École sportive, Joinville. (Documentation générale MNAM-CCI, fonds J. Prouvé)

40

40 → Sièges d'amphithéâtre pour le CREPS, Aix-en-Provence, 1952. (ADMM)

41 → Sièges d'amphithéâtre pour l'IFP, fauteuil avec assise basculante, Rueil-Malmaison, 1958. (Inventaire général, cl. Décamps)

42 → Sièges d'amphithéâtre pour le CREPS (collection privée, 2000). (Antonio Martinelli)

MOBILIER
## AMPHITHÉÂTRES

41

42

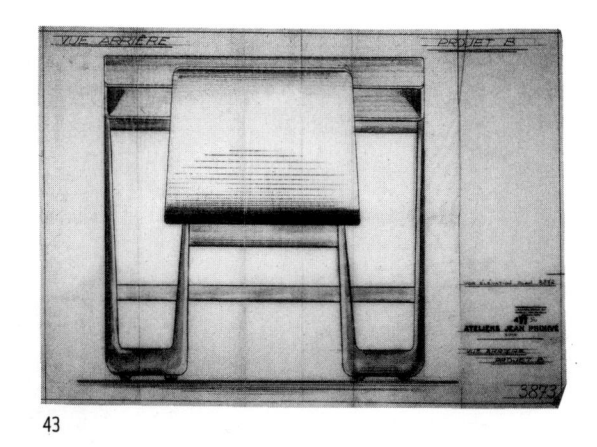

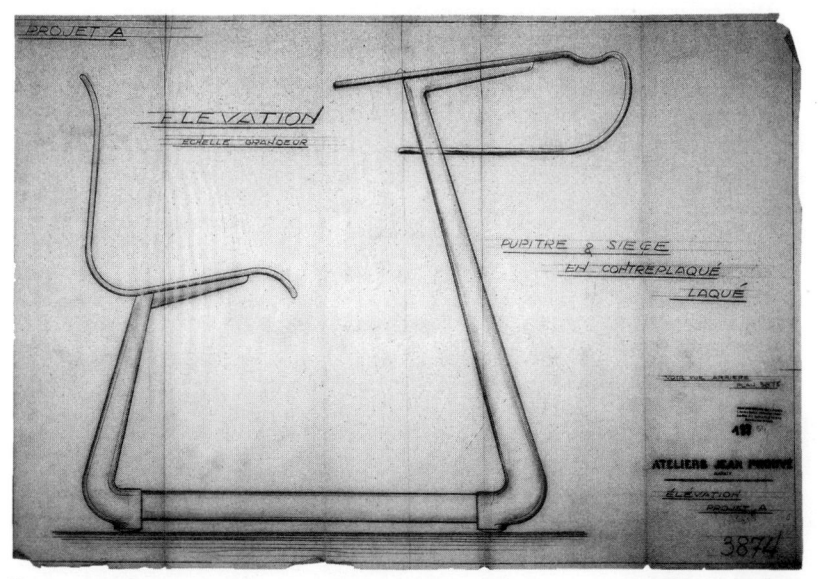

MOBILIER
# SCOLAIRE

43 → Esquisse de mobilier scolaire pour l'école de plein air de Suresnes, pupitre et siège en carton durci, piétement en tôle pliée, 1934. (ADMM)

44 → Esquisse de mobilier scolaire pour l'école de plein air de Suresnes, pupitre et siège en contreplaqué laqué, piétement en tôle pliée, 1934. (ADMM)

45 → Étude pour un pupitre à deux places, pied en tôle d'acier pliée et plateau en chêne massif, Metz, 1935. (ADMM)

46 → **Prototype d'un pupitre type école de plein air de Suresnes, 1936.** (Documentation générale MNAM-CCI, fonds J. Prouvé)

47 → **Pupitres,** (Extrait du catalogue de Steph Simon) 1937. (ADMM)

48 → **Pupitre scolaire individuel à roulettes modèle CPA, 1938.** (ADMM)

49 → **Table et chaise pour école maternelle, 1938.** (Collection Bibi Lavinia Fuksas, 2000). (Antonio Martinelli)

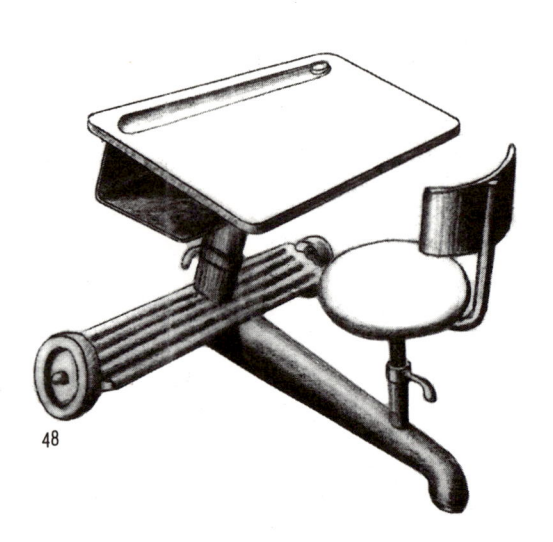

46

MOBILIER
SCOLAIRE

47

48

49

MOBILIER
## TABLES
## BUREAUX

50

51

52

**50-51 →** Tables aérodynamiques, en acier nickelé, dessus en caoutchouc tendu, 1924. (ADMM)

**52-54 →** Table en bois, à armature métallique, 1945. (D.R. ; Courtesy galerie Patrick Seguin, Marc Domage)

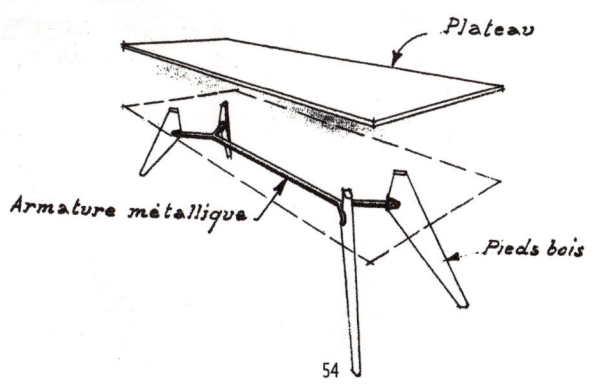

53

54

MOBILIER
# TABLES
# BUREAUX

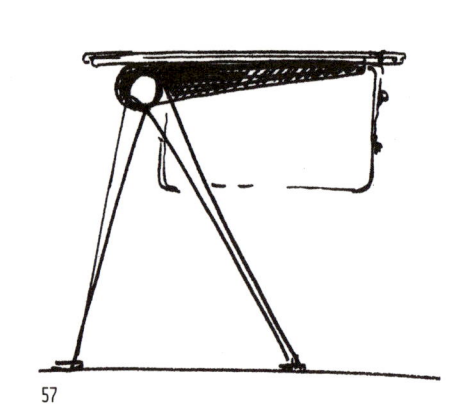

55 → Table « Granito » - « Terrazzo », en tôle d'acier pliée et marbre reconstitué, 1945. (D.R.)

56 → Table à piétement « Compas », en tôle d'acier pliée, plateau en gomme, 1950. (Jousse Entreprise)

57 → Bureau « Compas », 1950. (D.R.)

58 → Bureau « Présidence », en tôle d'acier pliée, bois et aluminium, 1950. (ADMM)

59 → Piétement de table d'atelier, en tôle d'acier, 1950. (D.R.)

60 → Guéridon, en tôle d'acier pliée, plateau en gomme, 1951. Chaises démontables, 1947. (Jousse Entreprise, Marc Domage)

61 → Table « Trapèze », en tôle d'acier pliée, plateau stratifié, Cité universitaire, Antony, 1954. (D.R.)

62 → Présentation dans une galerie d'un bureau et d'une vitrine à piétement « Compas ». (Jean-Marie Monthiers)

63 → Table « Trapèze » et chaises « Standard », (collection privée, 2000). (Antonio Martinelli)

64 → Bureau, en tôle d'acier pliée et bois conçu sur poutre cintrée (collection privée, 2001), vers 1950. (Jean-Marie Monthiers)

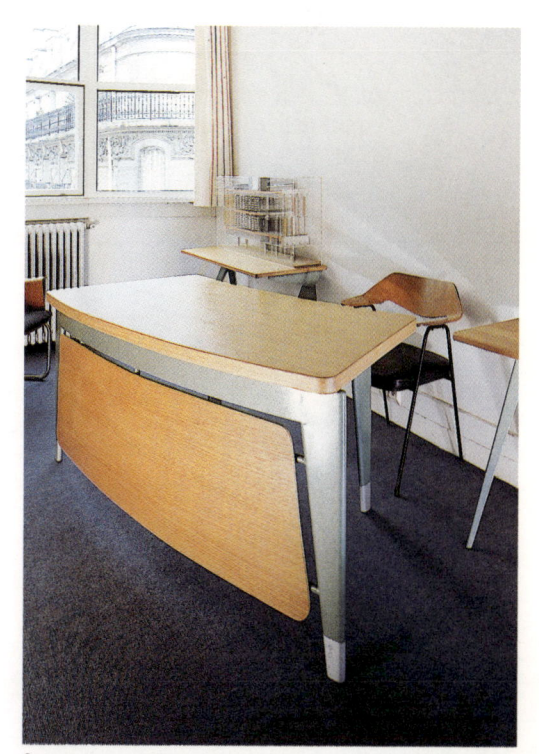

1 → Intérieur de la galerie
Patrick Seguin, rue des
Taillandiers, Paris.
Table de 1950, armoire
de 1950 et chaise en bois
de 1942 installées devant
des panneaux de la CIMT.
(Jean-Marie Monthiers)

EN 1998, VOUS AVEZ ORGANISÉ DANS VOS GALERIES UNE EXPOSITION CONSACRÉE À JEAN PROUVÉ. COMMENT AVEZ-VOUS EU L'IDÉE DE RACHETER, CONSERVER, INVENTORIER SON MOBILIER ET SES ÉLÉMENTS D'ARCHITECTURE ?

**Patrick Seguin** • Il est vrai que jusqu'alors, les marchands comme les collectionneurs s'intéressaient surtout au mobilier. À la fin des années 1980, début des années 1990, nous avons commencé à collectionner, à nous intéresser par un travail de recherche à tout ce qui est périphérique, tels que les éléments d'architecture, pour nous essentiels. Notre première acquisition avec Philippe a été les bureaux de l'usine de Ferembal à Nancy. À l'entrée de cette usine, il y avait un petit poste de

*Jousse Entreprise, Galerie Enrico Navarra, Galerie Patrick Seguin. Propos recueillis par Alexandre Labasse et Rafaël Magrou*

# PASSION DE COLLECTIONNEURS
## PHILIPPE JOUSSE
## ENRICO NAVARRA
## PATRICK SEGUIN

garde qu'on a acheté avec les bureaux. Cet édifice de Prouvé a été réutilisé : c'est la fameuse 4 x 4 mètres qui, d'après nous, est la seule existante. C'était initialement un poste militaire construit et utilisé pendant la Seconde Guerre mondiale. Il y a eu quelques postes de ce type - détruits pour la plupart. Prouvé a ensuite remonté l'un d'eux comme poste de gardien, comme guérite, à l'entrée de cette usine.

Ensuite, les choses se sont succédées. Il y a un bâtiment - si on peut appeler ça un bâtiment - absolument magnifique devant la Sécurité sociale du Mans qui est tout simplement un auvent. Et là on retrouve toute la logique de Prouvé notamment quand il disait : « Il n'y a pas de différence entre construire un meuble et un immeuble. » C'est le dessin de la table Compas, non plus avec deux pieds mais avec trois pieds et cinq mètres de hauteur. Nous avons d'ailleurs le projet de reconstruire cet auvent de 13,5 x 6 x 5,5 mètres, qu'Enrico Navarra a racheté depuis, devant le Pavillon de l'Arsenal, pour la durée de l'exposition consacrée à Jean Prouvé.

Puis les choses se sont enchaînées. Aberration, d'abord la destruction de l'École nationale supérieure des arts décoratifs[1], où nous avons racheté tous les panneaux de façade que nous avons pu récupérer. Ensuite a suivi la CIMT [Compagnie internationale de matériel de transport]. Nous avons d'ailleurs reconstruit, à l'occasion de cette exposition en 1998, une partie de ce bâtiment en aluminium nervuré, magnifique - six étages tout en aluminium -, qui a été détruit. Et puis la grosse aberration, ça a été la Fédération française du Bâtiment, la « Fédébat » qui, comme son nom l'indique, rassemblait tous les constructeurs. Construit en 1949, c'était le premier mur-rideau aluminium. Il a été détruit.

**Philippe Jousse** • Ce n'est pas faute d'avoir essayé de le conserver.

Ce sont, d'une manière instinctive, les meubles qui m'ont d'abord attiré, mais qui, en réalité, sont les éléments premiers d'une pratique intégrale. Ce n'est que par la suite (1987) que je me suis rendu compte de la globalité de son travail et que j'ai compris l'intérêt des éléments architecturaux.

**P. S.** • L'association des Amis de Jean Prouvé, la famille Prouvé, tout le monde a essayé de sauver la Fédébat. Prouvé disait régler le problème de la construction traditionnelle : partis très tôt le matin de Nancy, les camions arrivaient sur le site, et en une journée, un étage était construit. En 1949, cinq

---

[1] Institut de l'environnement, à Paris.

étages en cinq jours, c'est un progrès énorme. Le bâtiment a été détruit en 1997. Il a fallu tourner autour pendant seize mois pour « reconstruire » ce que Prouvé avait fait, à l'époque, en cinq jours. Le résultat est quelque chose d'absolument abominable.

**Prouvé est donc un inventeur. Le définiriez-vous comme un constructeur, un designer ?**
P. S. • Tout cela, constructeur d'abord, artiste et artisan.
P. J. • Designer... Le meuble l'intéressait énormément, mais il ne s'est jamais positionné comme designer. Je pense qu'il travaillait dans la globalité. Plutôt que de travailler le volume, il travaillait les éléments, du plus petit au plus grand, et, considérant que le meuble était petit, il avait l'idée constructive d'aller vers le plus grand. Donc constructeur dans ce sens-là : une succession d'éléments qui créent une architecture ou qui créent du mobilier. Artisan, oui. Par sa volonté d'avoir son atelier, où il avait un suivi quotidien, notamment avec la section « prototypes » que son frère Pierre dirigeait. Et puis artiste, par le fait que, dès son enfance, il a vécu dans le bouillonnement culturel de l'École de Nancy (fils de Victor Prouvé et filleul d'Émile Gallé).

**Pensez-vous que l'œuvre de Jean Prouvé représente une synthèse du xx$^e$ siècle puisqu'elle est celle d'un industriel qui est aussi un artisan ?**
P. S. • Industriel. Toutefois, l'outil industriel est un peu la cause des problèmes que Prouvé a connu avec l'Aluminium français durant leur association. Prouvé n'a jamais considéré que parce que la technique était industrialisée, il fallait produire en série. Par exemple, la chaise, depuis celle de 1934 jusqu'à la chaise standard des années 1950 en passant par la chaise démontable, il n'a eu de cesse de la faire évoluer. Prouvé a toujours eu ce besoin de recherche, d'aller de l'avant dans une perspective d'industrialisation.

Mais cette constante remise en question posait évidemment un problème à l'Aluminium français.

À un moment, il s'est entendu dire : « Il s'agit d'industrialisation, que ce soit du mobilier industriel ou pas. » Donc s'il s'agit de mobilier industriel, un outil spécifique à sa fabrication est conçu pour une production en série. Mais Prouvé aimait à remanier ses formes pour les améliorer - d'où ces séries de meubles variant à l'infini.

P. J. • Effectivement, du fait qu'il utilisait les technologies les plus pointues issues de l'industrie automobile et aéronautique et un fonctionnement quasi artisanal.

**Jean Prouvé n'a pas fait des meubles dans un but esthétique, mais à des fins fonctionnelles. N'est-ce pas surprenant de présenter ce mobilier de série dans une galerie d'art ?**
P. J. • Du mobilier de série en partie... Déjà, cette remise en question permanente, cette amélioration dans l'atelier des prototypes font, qu'il y a toujours eu une évolution. En même temps, on pense que c'est un mobilier majeur du XX$^e$ siècle ; et il est évident que pour faire reconnaître ce mobilier, il a fallu le détourner du contexte pour lequel il a été créé. Nous avions une activité double que nous revendiquions et nous présentions l'œuvre de Jean Prouvé dans le contexte d'une galerie de mobilier.
P. J. • Il n'a pas créé des meubles pour qu'ils soient esthétiques, il n'a pas non plus cherché à élaborer un style. Mais par la force des choses, il existe un style Prouvé, qui est la résultante d'une économie de moyens, une esthétique de résistance, mais dynamique, à l'opposé de tout académisme et sa pratique constructive débouche sur une véritable esthétique industrielle.

**Pensez-vous que l'on puisse parler d'une mode Prouvé ?**
P. S. • Il n'y a pas de mode Prouvé.
P. J. • Je pense qu'on a dépassé le stade de la mode, car on peut considérer maintenant que Jean Prouvé fait partie des noms les plus importants du XX$^e$ siècle, donc qu'il est devenu un grand classique. Le fait qu'il soit trop novateur a peut-être retardé cette évidence. Il faut savoir également qu'il faut environ cinquante ans de recul pour qu'une œuvre soit vraiment reconnue. Les grands noms de l'Art déco se

2

3

2 → Lit « Antony », Cité universitaire, Antony, 1954. (Courtesy galerie Patrick Seguin, Marc Domage)

3 → Potence (élément d'une « maison tropicale »), Brazzaville, 1950, et chaise « Standard », Paris, 1951. (Jousse Entreprise)

sont imposés il y a une vingtaine d'années. Prenons cet exemple, que je cite depuis longtemps, d'une table trapèze réalisée pour la cafétéria d'Antony. Je trouve que c'est une des plus belles tables du XXe siècle, et elle a été faite pour une cafétéria de Cité U. Considérant que la plupart des objets importants du XXe siècle ont été commandés par des mécènes, cette situation décalée est à mes yeux fondamentale. Je crois que la différence est là.

P. S. • Prouvé a travaillé en collaboration avec Charlotte Perriand sur la bibliothèque de la maison du Mexique de la Cité internationale universitaire de Paris. C'est un objet qui a réellement marqué le XXe siècle, c'est un des objets phares de ce siècle. Effectivement, la bibliothèque du Mexique, le fauteuil Cité de 1929, il y a réellement des objets qui sont...

P. J. • ...qui viennent de l'idée constructive. C'est-à-dire que dans les années 1920, Prouvé réalise des lustres, des luminaires ou des meubles très intéressants, qui étaient encore un travail de ferronier. Comme Chareau, Mallet-Stevens ou d'autres qui sont encore très influencés par le cubisme. Et le fait de développer un mobilier à travers le cubisme où le tube peut paraître très, très moderne, c'est, en réalité, un peu un enfermement. L'idée constructive emmène Prouvé vers une autre dimension, celle de la tôle pliée. Ce matériau est beaucoup plus en rapport avec les technologies du XXe siècle.

**Comment expliquez-vous l'engouement actuel pour Jean Prouvé ?**
Enrico Navarra • Je crois que c'est le temps du constat de l'importance d'un artiste et de son œuvre qui naît. Vous parliez tout à l'heure de artiste/pas artiste. L'artiste, c'est celui qui fait l'œuvre ; peu importe que ce soient des éditions ou des multiples, il laisse quelque chose qui présente un intérêt pour un public, averti ou non. Il a laissé une œuvre, et c'est bien ce qui fait l'artiste.

P. J. • Jean Prouvé représente une synthèse majeure du XXe siècle. Pour cette raison, nous nous retrouvons confrontés à son extrême actualité. Introduisant le nomadisme, l'architecture d'urgence, il est l'un des passeurs inévitables vers le XXIe siècle.

**Cette œuvre n'est elle pas devenue difficile d'accès ?**
E. N. • Non, parce que si elle devient difficile d'accès à l'achat, elle reste au moins accessible, visible pour le public... Il y a un véritable intérêt du public. On ne monte pas une exposition uniquement pour un marché. Philippe a monté plusieurs expositions et il y a eu l'exposition de Beaubourg en 1990. On savait que les gens voudraient voir un ensemble de meubles, au lieu de rencontrer un meuble une fois de temps en temps ou de ne jamais le voir parce qu'il passait de la galerie au collectionneur d'art.

**La création d'un musée Jean Prouvé vous semblerait-elle légitime ?**
P. J. • Déjà, il devrait y avoir un musée de l'UAM [Union des Artistes Modernes], c'est un mouvement important en France. Un musée de l'UAM consacrerait, j'imagine, une part importante à Prouvé.

**Votre travail de reconnaissance de Prouvé implique-t'il d'avoir une démarche de conservateur ?**
P. J. • Comme le travail de Prouvé a été difficile à faire reconnaître, nous avons dû improviser ce rôle, avec nos forces (passion, volonté) et nos faiblesses (organisation, finances).

**Pourquoi vous êtes-vous spécialisé sur l'œuvre de Prouvé ?**
P. J. • C'est la rencontre avec l'œuvre de Jean Prouvé qui m'a fait faire ce métier. C'était un marché vierge et le fait d'avoir pu monter ce marché sans qu'aucune personne assez puissante (argent, pouvoir) ne vienne parasiter l'esprit dans lequel nous travaillions a été une chance rare.

P. S. • Des galériens !
P. J. • Belle galère. Je pense que c'est un petit peu unique comme histoire.

**Quand et comment avez-vous commencé à percevoir que votre activité rencontrait un accueil favorable auprès du public ?**

P. J. • Il y a eu des prémisses vers 1985, puis à la fin des années 1980. Au début de la « crise », au début des années 1990, Patricia, Laurence, Patrick et moi, au lieu de faire le dos rond, nous avons décidé d'explorer une nouvelle activité, à savoir l'art contemporain, et de participer à des foires internationales, comme Bâle, Chicago et Cologne où nous présentions de jeunes artistes. Bien sûr, notre bureau et les chaises où nous recevions nos collectionneurs étaient de Prouvé. C'est ainsi que nous avons fait entrer le mobilier de Prouvé dans les plus grandes collections d'art contemporain américaines, allemandes... Cela nous a ouvert un nouveau marché qui nous a permis de traverser ces années difficiles Depuis 1997, le marché de Jean Prouvé est en pleine effervescence.

E. N. • Il y a aussi un phénomène qui est commun à beaucoup de marchands et sur lequel on n'a pas suffisamment de recul pour l'estimer à sa juste valeur ; quand on met les deux pieds sur le même bateau et qu'on n'a que celui-ci, on passe vite de l'intérêt à la passion, puisqu'on n'a qu'une solution, c'est d'y croire. Cela a été un peu leur aventure, c'est-à-dire qu'à un moment, Philippe et Patrick se sont mis à y croire, comme d'autres l'ont fait pour des artistes contemporains ou comme quand on est complètement impliqué dans sa vie professionnelle, qui ne fait qu'une avec sa vie personnelle. Quand on suit un artiste, on y croit souvent beaucoup plus que si on y avait cru avec un peu de recul. C'est vrai que là, ça a été un investissement total du point de vue de la conservation : déménager soi-même les objets, les stocker, trouver des lieux pour les stocker. Et à un moment, quand on est complètement impliqué dans quelque chose, on ne sait plus très bien si on y croit ou si on n'a pas le choix d'y croire, d'être obligé de trouver le bateau beau, puisqu'on a quitté le quai, et qu'on est dessus...

P. J. • Enfin, c'est d'abord une passion.

P. S. • Mais même la situation précaire dans laquelle on était, tu t'en souviens Enrico... Le bateau était quand même très beau, et ça nous a permis d'y croire.

**Vous collectionnez l'art contemporain et le mobilier de Jean Prouvé. Pourquoi votre attention ne s'est-elle pas portée sur d'autres architectes ?**

P. J. • De la même époque ?

**De la même époque ou plus contemporains. L'architecture high-tech, notamment.**

P. J. • Nous avons déjà pas mal de travail avec Prouvé... J'ai également une passion pour l'architecture utopique, « gonflable » ou non. J'ai commencé à l'assouvir en collectionnant quelques maisons « bulles 6 coques » en polyester en forme de fleur de Jean Maneval qui ont d'ailleurs été exposées à la dernière Biennale de Venise.

P. S. • Notre double activité, comme le faisait remarquer Philippe tout à l'heure avec les foires, a été notre spécificité pendant ces douze ans d'association. Il y a une vraie synergie, une vraie interaction entre les deux. D'un côté, il y avait l'art contemporain, de l'autre, ce mobilier moderniste, de Jean Prouvé essentiellement. Pas seulement Jean Prouvé - bien qu'il représente 70 % de notre activité -, mais aussi Charlotte Perriand, Le Corbusier, les luminaires de Serge Mouille, Pierre Jeanneret. Donc c'est vrai que ces deux « full-job » - l'art contemporain et le mobilier -, c'est déjà beaucoup. Il nous est très difficile d'étendre notre activité. Nous avons bien évidemment un regard sur la création d'aujourd'hui, sur ce qui se passe dans l'art et le design contemporains, mais nous restons très concentrés sur nos choix. [...]

Cette spécificité a aussi été notre équilibre. Avec le mobilier, même si nous étions considérés comme des antiquaires « modernes », nous avions plutôt tendance à regarder derrière, tandis que l'art contemporain nous permettait de regarder devant. C'est vrai que ces deux logiques de travail sont très différentes, sont réellement deux entités. Aussi, pour répondre à votre question, pourquoi ne pas élargir ? C'est parce que cela représente déjà beaucoup de travail.

**Vous avez prêté des pavillons 4 x 4 mètres, 6 x 6 mètres ainsi que l'auvent de la Sécurité sociale du Mans à la Biennale d'architecture de Venise en 2000, dont le thème était : « Less Aesthetics More Ethics » (« Moins d'esthétique, plus d'éthique »). Comment situez-vous la démarche de Prouvé en regard de cet énoncé ?**
P. J. • Le thème de la Biennale de Venise était parfaitement adapté au travail de Jean Prouvé, pour deux raisons essentielles : son refus de l'esthéticisme comme facteur de beauté. Et sur l'éthique : aucune concession. Prouvé a quitté son atelier en 1953-1954, il a quitté son atelier parce que l'Aluminium français voulait lui imposer certaines conditions de travail pour, soit-disant, plus de productivité. À ce moment-là, il a perdu son nom. Je crois que c'est faire preuve d'éthique.
**Après ce départ, la diffusion de son mobilier a-t-elle continué ?**
P. J. • Oui, édité par la galerie Steph Simon.
Dans les années 1960, Prouvé a eu le projet de créer des meubles. Malheureusement, comme il n'avait plus d'outils de production avec lesquels il aurait pu suivre le travail quotidiennement, il a abandonné l'idée.

**Jean Prouvé a-t-il eu ce projet pour poursuivre son travail ou pour continuer l'édition de modèles existants ?**
P. J. • Pour poursuivre son travail, pour créer, pour être un homme de son temps, sans plagiat, sans redite. Je pense qu'il était d'accord pour que l'on rééditte tous ses meubles, mais ça ne l'intéressait pas de s'en occuper.

**Et vous, Enrico Navarra, pourquoi vous êtes-vous joint au travail de la galerie Jousse et Seguin ?**
E. N. • Surtout parce qu'on était amis. Je les entendais parler de Prouvé sans arrêt, s'y intéresser, se passionner. Deux ans avant qu'on fasse le livre, nous parlions toujours de l'importance de son travail. « Vous devriez faire un ouvrage sur cet artiste. – Nous ne savons pas comment faire l'ouvrage. C'est compliqué. – Nous allons publier un catalogue de 50-100 pages. » Un jour, je leur ai dit : « Apportez toutes les archives à la galerie, nous allons commencer à faire le catalogue ensemble. ». Nous nous sommes rendus compte qu'en enlevant beaucoup de choses, on arriverait difficilement à se limiter à 300 pages et on a réalisé le catalogue en l'espace de trois mois. Une fois que les archives étaient à la galerie, Patrick et Philippe ont fait le tri. En fait, au lieu d'écrire les textes, ils ont contribué, participé à l'élaboration du catalogue, avec les assistantes et les maquettistes.
P. S. • Philippe et moi étions associés depuis dix ans, et nous avions ce projet de catalogue depuis bien longtemps. C'était l'Arlésienne : on en parlait tous les jours sans jamais le concrétiser. Puis, ce qu'on appelait un catalogue est devenu, grâce au savoir-faire d'Enrico, un ouvrage de 300 pages. C'est lui qui nous a donné l'impulsion et l'énergie pour le faire. La gestion quotidienne de la galerie est très accaparentes et envahissante. Je pense que nous aurions peut-être fait ce catalogue, mais jamais comme ça.

**Vous avez donc enrichi ce projet initial d'un recueil de vos acquisitions. Quel était votre fil conducteur ?**
P. S. • Il ne s'agit pas de notre inventaire, malheureusement ! Les derniers feuillets traitent d'architecture, mais pas d'une manière aussi exhaustive que dans le livre du Centre Georges Pompidou. Lorsque nous avons coédité ce livre avec Navarra, il y avait déjà des ouvrages existants sur l'œuvre de Prouvé. Donc, les pages sur l'architecture sont effectivement plus en relation avec les éléments que nous avons... « sauvés » ; le reste du livre est largement consacré au mobilier, dont la plupart des pièces sont passées par la galerie.

4 → Meubles Jean Prouvé,
(collection privée).
(Antonio Martinelli)

**L'un des meubles de Jean Prouvé vous semble-t'il particulièrement incontournable ou représentatif de sa démarche ?**

P. J. • La chaise rabattable de 1929 est un élément important, l'idée y est moderniste, mais pas encore constructive. C'est encore un travail de ferronnier, qui est vraiment charnière.

P. S. • C'est effectivement une période charnière : Jean Prouvé acquiert sa première plieuse industrielle mais utilise en même temps des méthodes artisananale, puisque la tôle est emboutie à la main. Le corps métallique est creux, ce qui est très important pour les créations de Prouvé puisqu'on retrouve toujours cette technique et cette ligne sublime, d'une grande simplicité. De la chaise standard au bahut et aux bibliothèques à plots, il s'agit toujours de cette même tôle pliée et de ce creux, c'est-à-dire économie d'énergie, économie de moyens et structure très légère. Ainsi, cette chaise de 1929, cadeau de Prouvé à sa sœur Marianne, est encore du domaine de l'artisanat, puisque l'emboutissement est réalisé à la main, mais déjà, elle annonce la suite.

P. J. • Cette chaise de 1929 représente un peu - je ne sais pas si je vais être vraiment objectif - le stade où les créateurs de l'époque se sont arrêtés. C'est une idée moderniste, mais avec une construction plutôt classique en ferronnerie. Juste après cette chaise, Jean Prouvé aboutit à l'idée constructive et, grâce à l'acquisition d'une plieuse, commence à réaliser, notamment pour l'Université de Nancy, des meubles en tôle pliée (1931-1933).

**Quelle a été votre démarche pour retrouver ces meubles ?**

P. S. • Nous sommes souvent passés par les Domaines publics ou d'autres administrations.

À la base, il y avait souvent un besoin de renouvellement du mobilier en place. Au terme des négociations avec la Cité universitaire d'Antony, nous avons acheté l'intégralité des quatre-vingt-six chambres, avec les bibliothèques, bureaux, chaises, lits à tablettes pivotantes. C'était en 1994. Il y avait réellement un besoin de remplacer ce mobilier. Les étudiants ne pouvaient plus vivre là-dedans. Les lits, avec leurs sommiers à treillis détériorés, n'étaient plus du tout adapté. Et les étudiants se succédant les uns aux autres dans ces chambres, l'un avait repeint la bibliothèque en noir, puis une autre avait collé du Vénilia rose à fleurs.

P. J. • Il y avait quelques traces des années 1970 - les petites fleurs, le violet.

P. S. • De même, à la Cité universitaire de Paris, quand, en 1992, nous avons acheté l'intégralité du mobilier, les gens ont dit : « Mais comment autant de pièces arrivent sur le marché maintenant ? » Nous avons acheté 454 chaises standard et 87 tables Compas. Ce mobilier lamellé en formica avait été utilisé dans le tertiaire - universités, lycées, collèges. Il a connu pendant cinquante ans une utilisation universitaire quotidienne, sans ménagement.. Ce mobilier devait être remplacé. En Afrique ou ailleurs, nous avons procédé comme à Paris : nous sommes allés rencontrer les administrations. À la Cité internationale universitaire de Paris, c'est un peu différent puisque chaque pays gère son bâtiment. Il y a la maison de la Suisse, la maison des États-Unis, la maison du Mexique... Il était indispensable de renouveler le mobilier des maisons de la Tunisie et du Mexique, mobilier qui avait été réalisé par Jean Prouvé et Charlotte Perriand.

P. J. • D'ailleurs, il y avait pas mal d'endroits où tout cela n'existait déjà plus, où ce mobilier avait été remplacé.

P. S. • Les meubles ont été achetés avec une valeur de remplacement plus un bonus pour refaire les locaux, acheter de l'informatique ou autre. Cela évite, dans beaucoup de cas, qu'ils soient mis à la poubelle.

P. J. • Nous avons organisé plusieurs expositions à la galerie et à l'étranger, souvent comme prêteurs, que ce soit pour des musées, des galeries, des institutions, pour faire entrer dans l'inconscient des gens sensibles au mobilier l'importance de Prouvé.

**Un travail de restauration a t'il été souvent nécessaire ? Quelle est votre position par rapport à cette question ?**

P. S. • Philippe et moi avons le même parti pris, à savoir que nous évitons réellement de restaurer. Pour prendre le cas de cette fameuse bibliothèque Antony que nous citions tout à l'heure, (la fille avec des fleurs, le garçon repeint tout en noir), nous avons effectué des restaurations. Bien évidemment, c'eut été beaucoup plus simple de changer les étagères et de replaquer le bois. Mais nous avons fait un travail plutôt à l'inverse, c'est-à-dire que nous avons fait intervenir un restaurateur de tableaux « art » qui est capable de restaurer un Yves Klein, pour qu'il décape et retrouve, autant que possible, les différentes peintures d'origine. Nous nous efforçons toujours de garder, comme on le voit d'ailleurs dans notre livre, des objets dans un état originel ; même s'il est vrai qu'une table Compas avec un plateau vert formica chiné est moins excitante que la même table avec un plateau lamellé noir… Et je pense qu'auprès des collectionneurs, puisque la question de la réédition se pose, la différence se fera à ce niveau-là.

**P. J.** • Nous avons quelquefois rencontré des commissaires d'exposition ou collectionneurs qui préféraient voir le mobilier comme s'il sortait de fabrication, c'est à dire, complètement restauré. Même si c'est peut-être une déviation, il nous est difficile de partager cette idée ; nous aimons bien le vécu de l'objet.

**P. S.** • Pour nous, il n'est pas très important qu'un pied soit rouillé ou qu'un morceau de placage manque. Bon, c'est la vie d'un objet.

**P. J.** • Nous avons de la chance que Prouvé soit synonyme de métal. Le métal vieillit bien.

*Philippe Jousse, Enrico Navarra, Patrick Seguin, galeristes.*

5 → Ancien atelier de Jean Prouvé, rue des Blancs-Manteaux, aujourd'hui appartement privé.
(Jean-Marie Monthiers)

# L'ALTERNATIVE: 1953 1955

# DIRECTION D'UN BUREAU D'ÉTUDE AVENUE KLÉBER

*L'éclatante démission de son poste de président-directeur général des Ateliers de Maxéville est une rupture majeure dans la carrière de Jean Prouvé : elle marque la séparation entre l'idée et le faire.*

*Jean Prouvé ressent comme un échec majeur la perte de ses ateliers, mais cela ne signifie pas pour lui la fin de ses inventions ni de sa persévérance : « [...] je n'étais heureusement pas d'âge ni de caractère à me laisser aller. Du désastre il ne me restait que des mains, un cerveau choqué, sans aucune réserve financière, aussi une grande famille à faire vivre »* [1].

*Le 9ᵉ CIAM (Congrès international d'architecture moderne) se tient à Aix-en-Provence durant l'été 1953, sur le thème de « L'habitat ». Jean Prouvé y fait un plaidoyer en faveur de l'industrialisation du logement, d'après une synthèse élaborée avec Joseph Belmont et Maurice Silvy. Il développe le principe du noyau porteur central, technique et sanitaire, de la maison Alba qu'il propose d'utiliser pour les immeubles industrialisés ; il présente également les systèmes raidisseurs, les panneaux nervurés et la « grille » qu'il a conçus pour la mise en œuvre de façades légères.*

*Ce message est apprécié des architectes, mais ne trouve pas d'écho, car les débats du congrès se limitent à la question de la fin ou de la poursuite des CIAM.*

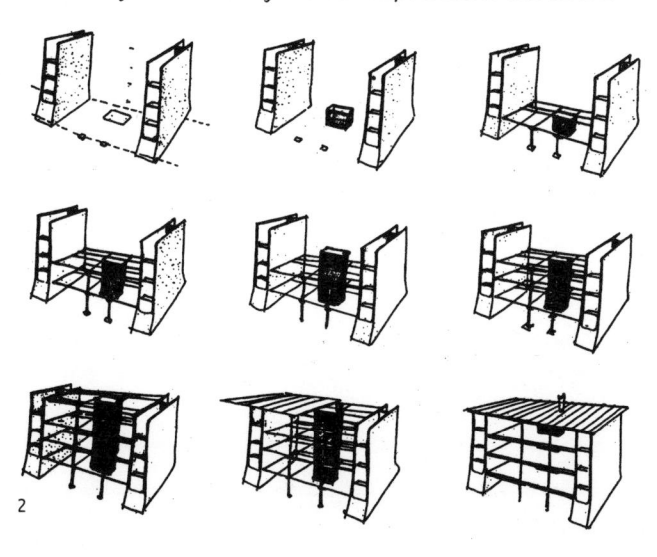

### JEAN PROUVÉ ET LA STUDAL : UNE COLLABORATION AMBIGUË

*Après son départ de Maxéville, Jean Prouvé devient ingénieur-conseil dans les bureaux de la Studal à Paris.*

*La Studal est consciente du fait que la renommée et, surtout, la personnalité de Jean Prouvé vont lui permettre de travailler avec les architectes et d'accéder à leurs marchés. Elle lui offre, en septembre 1953, la direction d'un bureau d'études à Paris, « pour y dessiner les formes de [son] style » ! L'avantage des*

1 → (Archives privées)

2 → Schéma de montage d'un immeuble industrialisé, 1951. (D.R.)

actionnaires de l'Aluminium français est triple : la Studal bénéficie de la notoriété de Jean Prouvé, le créateur est définitivement arraché à son atelier ; les ingénieurs prennent seuls en charge le passage du dessin à la production en série.

Néanmoins, Jean Prouvé conserve l'espoir de redevenir le « patron », persuadé que son expérience dans le domaine de la fabrication est vitale pour l'entreprise. En même temps, il veut tirer parti de la possibilité que lui offre la Studal de maîtriser l'aluminium. En effet, ce métal, plus léger, plus ductile, plus résistant à l'oxydation que l'acier ou le fer, est devenu, pour lui, le matériau de la construction moderne par excellence. En outre, au sein de cette filiale, il sait tout le bénéfice qu'il peut tirer de sa proximité avec la société mère, l'Aluminium français. Celle-ci lui permet d'expérimenter, à un stade industriel et non plus artisanal, la technique alors relativement nouvelle de l'extrusion.

Pour toutes ces raisons, il tolère d'être éloigné de ses ateliers. C'est également pour cela qu'il continue d'alimenter Maxéville de nouvelles commandes. Il a toujours la confiance personnelle des architectes et, grâce à eux, il peut réaliser des œuvres « phares » qui attestent de sa créativité. En 1953, dans le cadre de l'étude qu'il effectue pour l'aéroclub du bassin de Briey, réalisé par Le Corbusier à Doncourt-les-Conflans (Meurthe-et-Moselle), il propose et met en œuvre son système à double coque. En équipe avec Vladimir Bodiansky, sur une station scientifique en terre Adélie (Antarctique), il utilise de nouveau les coques. Avec l'architecte Notari, il met en œuvre les façades et la couverture en coques pour le siège de la station de radio Europe n° 1 à Monaco.

Son ami l'architecte Raymond Lopez, séduit par la maison que Jean Prouvé et son frère Henri ont édifié en 1951 à Saint-Clair (Var) pour la famille Dollander, lui commande un modèle rigoureusement identique, à monter sur son terrain de Guerrevieille. Cela fait bondir Jean Prouvé pour qui chaque maison devrait être l'occasion d'une innovation. « J'ai évolué, maintenant, je peux vous faire beaucoup

### 1953-1955
L'ALTERNATIVE :
DIRECTION
D'UN BUREAU D'ÉTUDE
AVENUE KLÉBER

*mieux », lui répond-il. Cette attitude, constante chez lui, fait ressortir toute l'ambiguïté qui consiste, simultanément, à prôner l'industrialisation et à toujours rechercher les perfectionnements possibles du produit.*

*Dans le même temps, la Studal réalise, avec différents architectes, de nombreux groupes scolaires sous le nom des Ateliers Jean Prouvé. Elle se borne à exploiter de manière répétitive ses brevets. Jean Prouvé est alors forcé de constater que ces réalisations, y compris pour son ami André Lurçat, en réalité lui échappent. Son rôle au sein de l'entreprise implique de citer son nom, alors qu'il n'apporte aucune idée nouvelle à ces projets.*

*Pendant cette période, Jean Prouvé ne peut donner la mesure de sa créativité que pour des bâtiments exceptionnels. Parmi eux, figure l'église de Morsang-sur-Orge (Essonne), construite en 1954 avec l'architecte Faraud. Jean Prouvé y décompose la structure porteuse et la toiture de chaque travée en trois éléments – poteau, poutre de répartition et bac de couverture –, créant ainsi un principe de structure qu'il mettra en œuvre dans toute sa pureté à l'école nomade de Villejuif [2], en 1957.*

*Son esprit créatif se manifeste ensuite dans deux de ses œuvres majeures : sa propre maison au Haut-du-Lièvre à Nancy, et le Pavillon du centenaire de l'aluminium [3] qu'il conçoit et réalise en 1954, à Paris, avec Henri Hugonnet. Là, il exploite et développe la plupart de ses recherches précédentes : les bacs de toitures autoportants à double courbure, les mises en tension des façades, les structures*

**3-4** → Maison Lopez, Guerrevieille,
Henri Prouvé, architecte, 1953,
similaire à la maison Dollander,
Saint-Clair, 1951. (ADMM ; D.R.)

**5** → École à Mesnil-le-Roi,
Raymond Lopez architecte, 1954.
(Institut pour l'histoire de
l'aluminium)

6

1953-1955
L'ALTERNATIVE :
DIRECTION
D'UN BUREAU D'ÉTUDE
AVENUE KLÉBER

*porteuses multifonctionnelles, ainsi que la construction par juxtaposition de travées. Pour le Pavillon de l'aluminium, il réalise une structure de grande portée, avec les poteaux placés en façades : il libère ainsi la totalité de l'espace projeté au sol. Ce Pavillon est une parfaite démonstration des possibilités de l'aluminium combinées à l'intelligence constructive de Jean Prouvé. Édifiée la même année, sa maison à Nancy témoigne de sa capacité à créer avec une variété d'éléments de récupération, rachetés aux Ateliers.*

*Paris devient le seul endroit où Jean Prouvé peut exercer et faire reconnaître sa créativité. Chaque dimanche, au volant de sa Triumph TR 3 blanche, il rejoint ses proches, restés à Nancy.*

*À Maxéville, dans ses propres ateliers, il est désormais considéré comme un « pestiféré ». C'est pourquoi l'organisation mise en place par la Studal lui apparaît irréversible. Il perd donc tout espoir de restaurer la cogestion et la création collective qui faisaient l'esprit des Ateliers. Dominique Clayssen relève à ce propos : « [...] l'organisation des ateliers était liée à son type de production : d'une part, une prise de décision collective, d'autre part, une recherche permanente de l'innovation technique : ces deux pans du « système Prouvé » sont inséparables. La mise en cause de Maxéville a été faite aux deux niveaux de la cogestion et de la production : "[...] ils [les nouveaux directeurs] n'y comprenaient rien, ils étaient capables de mener n'importe quelle usine, mais pas une usine de création. D'ailleurs ils ont tout démoli jusqu'à des choses très complexes. J'ai assisté à leur échec : ils ont transformé l'esprit de cet atelier pour y faire ce que font tous les petits constructeurs qui achètent des profils d'aluminium, qui coupent des onglets et qui font des fenêtres. Ce n'était pas la vocation de cette affaire-là." »* [4]

1. Extraits de notes manuscrites
de 1983 remises par Jean Prouvé
à sa fille Françoise Gauthier.
2. Voir p. 307.
3. Voir p. 257.
4. Dominique Clayssen,
*Jean Prouvé. L'idée constructive,*
Paris, Dunod, 1983, p. 59.

7

8

6-7 → Église de Morsang-sur-Orge, Faraud architecte, 1954. (ADMM ; Inventaire général d'Ile-de-France, cl. Vialles)

8-9 → Maison de Jean Prouvé à Nancy, entièrement réalisée à partir d'éléments rachetés à l'usine de Maxéville. Les amis et la famille ont participé à son montage.
(V. Cardot et P. Joly/ADMM)

9

*Puisque m'ennuyant, je suis en veine d'écrire, sachez :*
*Que je suis mort en 1952.*
*Depuis, déphasé, c'est uniquement, tout d'abord par affection, pour la famille espérant ne pas m'être révélé. Puis pour m'occuper le moins mal possible que j'ai entretenu une volonté épuisante.*
*De mes occupations après 52, des amis très chers m'ont affirmé que j'avais réussi.*
*Personnellement je n'en ai jamais été convaincu et cela m'a détruit un certain goût de la vie.*
*Je ne peux cacher que tout m'est alors apparu irréel, encore maintenant.*
*Puis-je croire que pour la famille et pour les proches, j'ai néanmoins été supportable ?*

<u>*La rupture avec Maxéville, puis mes activités ultérieures.*</u>
*Après deux années d'acharnement à tenter de sauver ce que j'avais édifié, j'étais conduit à la rupture.*
*Je l'ai effectué, certainement pas en coup de tête !*
*Le dialogue était impossible car les représentants de la nouvelle majorité financière étaient, d'une part incompétents et, imprégnés d'autre part de consignes d'effacement de ma façon de travailler.*
*J'ai été conscient de l'abandon de mes collaborateurs, dont beaucoup de mes débuts. (Plusieurs m'ont suivi !) Des Ateliers de mieux en mieux outillés depuis 30 années. Parti de zéro, il y avait alors 20 000 m² de terrain, de grands ateliers, le raccordement à la voie ferrée et au canal.*
*Alors, abandon de tous les brevets, de toutes les études.*
*En regard de tout cela, dont j'étais totalement conscient, il y avait en moi des impulsions meurtrières je dois l'avouer (vite refrénées !) c'était passionnel.*
*Je laisse à d'autres l'appréciation de mon état d'esprit en 1953-54.*
*Je n'étais heureusement pas d'âge ni de caractère à me laisser aller.*
*Du désastre, il ne me restait que des mains, un cerveau choqué, sans aucune réserve financière. Aussi, une grande famille à faire vivre.*
*Le comble est que c'est au cours de cette période que j'ai dû construire ma maison, principalement avec des éléments de récupération dans le stock à détruire des Ateliers. Ils me furent vendus assez chers, alors qu'ils étaient inscrits au bilan pour 1 franc.*
*C'était pour le moins gentil !*
*C'est en famille que la maison fut édifiée avec l'aide, quand ils le pouvaient, de quelques fidèles des ateliers.*
*Concernant l'étude de cette maison, je me dois de préciser que la collaboration de Martha Villiger jeune architecte suisse, qui était venue travailler à Maxéville après avoir collaboré avec Charlotte Perriand, a été dominante.*
*De cette jeune femme talentueuse, je garde un souvenir ému.*
*Cette maison devait être construite en coque, idée qu'il fallut abandonner après la perte de l'outil de travail.*

*Je crois avoir relaté l'essentiel !*
*Il y aurait cependant tant d'évènements à révéler ! Cela ne peut-être fait dans ce résumé.*
*Cependant, l'un d'eux très symptomatique est à révéler.*
*Les animateurs et les membres du cercle d'études Architecturales organisèrent une réunion de manifestation, à laquelle ils convièrent les dirigeants de l'Aluminium Français. Ils voulaient des explications. Ces architectes me connaissaient tous et nombreux étaient des amis très proches. La justification du Président de l'Aluminium Français - que je ne cite pas - a été la suivante.*
*"Prouvé est un mauvais homme d'affaire"*
*Après 30 années d'expansion continue c'était d'une grande lâcheté.*
*Ce qui s'est passé par la suite pour les Ateliers donne à réfléchir sur ce jugement aberrant ! Non seulement j'avais rayé ma raison d'être, il m'a fallu abandonner Nancy et gagner Paris. Jusqu'à maintenant, 30 années de navettes hebdomadaires entre Nancy et Paris. La vie de famille réduite aux seuls dimanches. Quelle leçon !*
*(De mémoire, sans précision)*
*Premier point de chute pour seulement dessiner : Le podium de la salle de conférence du centre technique de l'aluminium - de quoi remonter le moral !*
*C'est là je crois bien que s'est ébauché le pavillon du centenaire Péchiney.*
*Deuxième étape un bureau avenue Kléber dont la fenêtre était à quelques mètres du Bunker de la gestapo - maintenant détruit.*
*Troisième atterrissage dans un appartement-bureau, de l'avenue Kléber.*
*Qu'y ai-je fait ? Des études variées d'adaptation à des architectures aussi variées, en collaboration avec Studal, satellite parasite de Maxéville.*
*J'étais notoirement considéré comme le pestiféré pour tout ce qui concernait les Ateliers et les amis qui y étaient restés.*
*Premier sursaut, et recherche d'une totale indépendance en 1955 création d'une petite société avec Michel Bataille, auquel je voue une grande estime conjointe à l'amitié.*
*Les réalisations sont alors les suivantes : verrières du C.N.I.T. avec Zehrfuss - Camelot - De Mailly. Buvette d'Evian avec M. Novarina. L'école de Villejuif entre autres affaires*
*La Maison de l'abbé Pierre*
*Les verrières du C.N.I.T.*
*Fin 56 je constate deux faits indiscutables :*
*1° Cette société n'est pas viable*
*2° Je m'inscris dans le travail en agence que j'ai toujours condamné.*
*Situation intenable moralement !*
*Si la situation financière était alors encore saine, tous ceux qui travaillaient rue de Louvois (où était notre siège) le doivent à notre collaboratrice M$^{elle}$ M. Bernard qui gérait avec compétence, avec l'admiration de Monsieur J.-C. Aaron le grand promoteur qui était des nôtres.*
*Fin 56 début 57, nos relations d'exécution avec la C.I.M.T. Très importante firme métallurgique en mutation nous conduisent à l'absorption par cette industrie du matériel ferroviaire qui s'intéresse au bâtiment.*
*Cette absorption s'effectuera par le truchement des Ateliers de construction métalliques Goumy, installés rue de Picpus à Paris.*
*Je rejoignais des lieux de fabrication.*
*Mis à part des travaux assez fabuleux pour l'usine d'uranium de Pierrelatte. La CIMT développe son département bâtiment considérablement.*
*Les travaux à retenir sont principalement les suivants :*
*(a) Tous les cloisonnements isothermes de Pierrelatte*
*(b) La Tour Nobel*
*(c) Les bâtiments scolaires découlant du concours gagné avec Belmont et Silvy architectes*
*(d) Les immeubles d'habitation à plan libre*
*(e) Alpexpo et palais des congrès à Grenoble*

**Extraits de notes de Jean Prouvé**
**remises à sa fille Françoise en 1983**
**(Archives privées)**

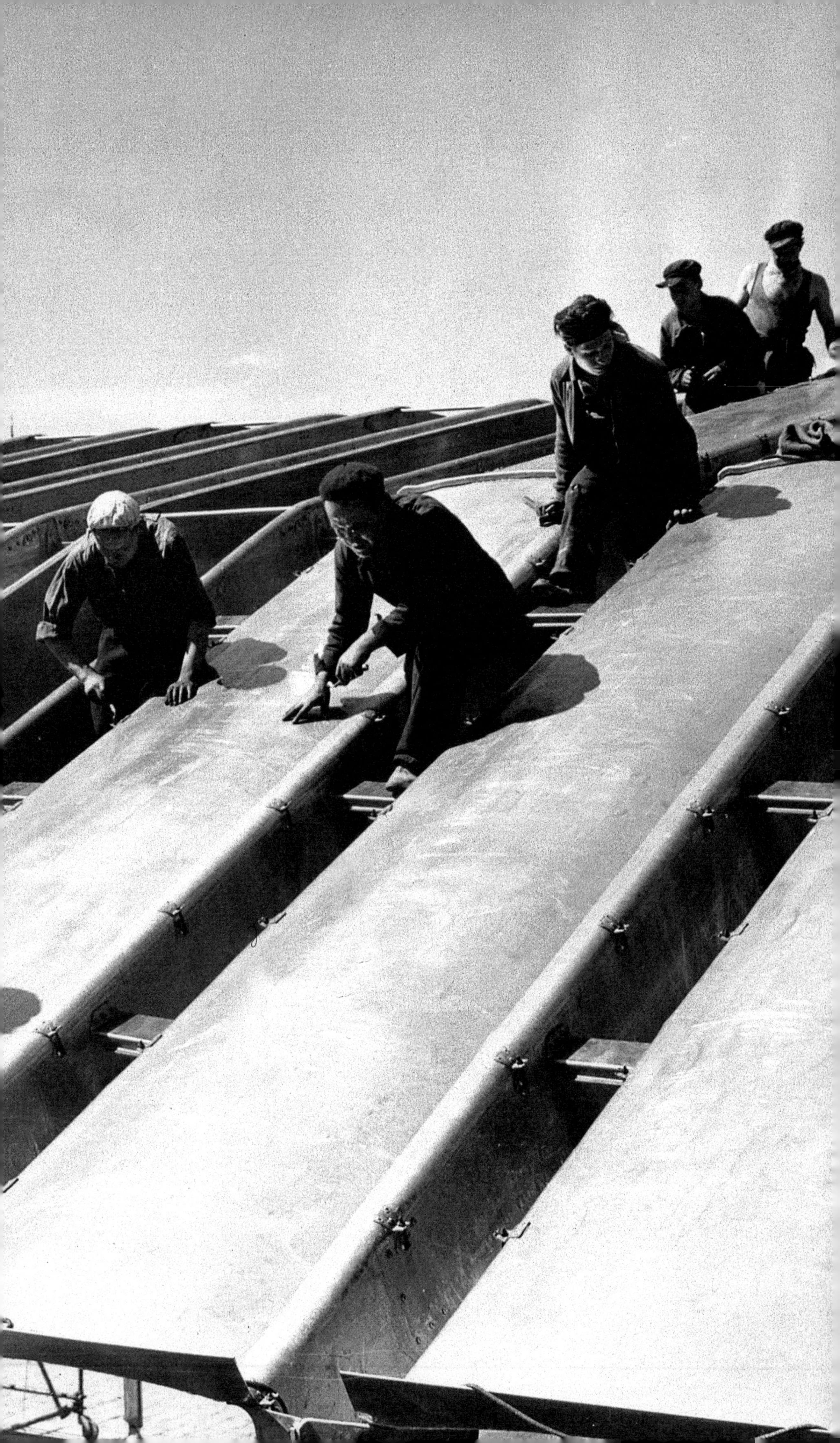

**PAVILLON DU CENTENAIRE DE L'ALUMINIUM**
• *Port du Gros-Caillou, Paris 7ᵉ*
**Maître d'ouvrage** → Aluminium français
**Maîtres d'œuvre** → Ateliers Jean Prouvé, concepteur-constructeur
Henri Hugonnet et Armand Copienne, ingénieurs
• *Foire de Lille (1956-1993)*
Entreprise André Lannoy/Vitralu (remontage en 1956, démontage en 1993 et stockage)
• *Parc des expositions de Paris-Nord Villepinte (depuis 1999)*
**Maître d'ouvrage** → Sipac (Société immobilière pour la construction du Palais des congrès), depuis 1998
**Maîtres d'œuvre** → Architecture Studio, architectes
Emmanuel Pain, architecte assistant
Setae, Bureau d'études techniques
SAM, Charpente

# PAVILLON PARIS 1954
# DU CENTENAIRE
# DE L'ALUMINIUM

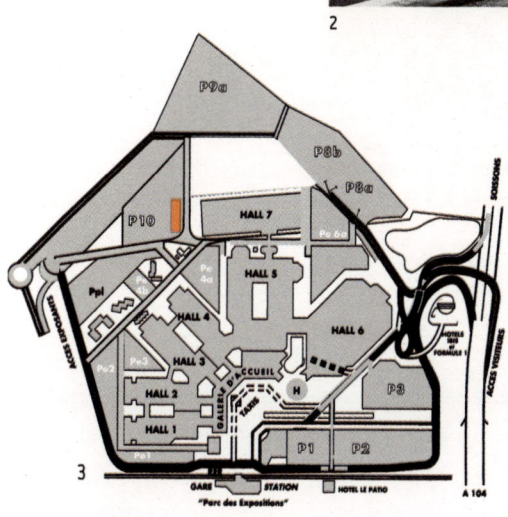

1 → Page de gauche
Montage en 1954, sur les quais de la Seine à Paris, du Pavillon du centenaire de l'aluminium. (ADMM)

2 → Implantation rive gauche du Pavillon d'exposition des dernières technologies de l'aluminium. (ADMM)

3 → Plan de situation du bâtiment remonté à Villepinte. (D.R.)

4 → Vue d'une des entrées du Pavillon, façade ouest, avec les portes à hublots caractéristiques du travail de Jean Prouvé. (Institut pour l'histoire de l'aluminium)

5 → Façade latérale Est. (ADMM)

6 → Dépliant publicitaire de présentation, destiné aux visiteurs. En bas, plan des machines exposées, hall d'accueil, salles de présentation et de cinéma. (Institut pour l'histoire de l'aluminium)

# PAVILLON DU CENTENAIRE DE L'ALUMINIUM
## 1954
PARIS

« **Dans un bâtiment**
en aluminium de 150 mètres de long, vous visiterez :
– un hall d'usine avec un ensemble de machines industrielles en fonctionnement : une presse à filer de 1 000 t. fabriquant des profilés de 16 m, une machine à couler sous pression, un laminoir à feuilles minces, une machine Hélio pour l'impression du papier d'aluminium, une presse à filer par choc, des machines à souder, un atelier d'oxydation anodique et de coloration, etc.
– un hall d'exposition et un vaste terre-plein présentant les plus récentes techniques de travail de l'Aluminium, ainsi que ses applications dans l'Industrie des Transports (Aviation, Automobile, Chemin de fer, Marine), le Bâtiment (Toitures, Menuiserie métallique, Quincaillerie), les Industries Chimiques, Électriques, l'Emballage, le Conditionnement, etc. » Tout était dit dans le texte publicitaire de 1954 pour le Pavillon de l'aluminium.

7 → Vue générale de l'exposition. (Institut pour l'histoire de l'aluminium)

8-9 → Le Pavillon du centenaire de l'aluminium abrite des machines de pointe dans le secteur : fileuse, plieuse, etc. (Institut pour l'histoire de l'aluminium)

Construit pour commémorer le centenaire de l'invention du procédé de fabrication de l'aluminium par le chimiste français Henri Sainte-Claire Deville (1854), le pavillon est destiné à montrer qu'il peut remplacer les traditionnelles structures d'exposition en charpente de bois ou de métal recouverte de toiles à banne ou de tôles ondulées. Les dirigeants industriels de l'aluminium font appel à Jean Prouvé (assisté de Henri Hugonnet) pour sa conception et sa réalisation. Celui-ci souhaite y exprimer les capacités structurelles du matériau, ainsi que le dernier état des techniques de façonnage et de mise en œuvre. Faisant référence aux dernières recherches développées sur les toitures autoportantes, il conçoit une structure légère, facilement démontable et transportable. Fabriqué à Nancy et monté en vingt et un jours seulement, en 1954, sur les quais de la Seine à Paris, le pavillon est alors doté d'une toiture autoportante composée de 114 fermes, constituées de tôle embouties en forme de V, de 15 m de portée, espacées de 1,342 m (au total, 152 m de long) et reposant sur des poteaux tubulaires en alliage léger. Ce système modulaire permet un fractionnement tous les 4 m, en correspondance avec les dimensions des stands d'exposition. Les fermes font 350 kg pièce, tandis que le poids de la couverture, composée de tuiles en tôle mince fixées par boulons aux fermes, n'excède pas 25 kg au m². Au total, 59 161 kg de métal léger sont nécessaires pour abriter les 2 250 m² au sol. Le contreventement horizontal est assuré par des câbles d'acier sur quatre travées, à chaque extrémité du bâtiment, tandis que des jambes de forces tubulaires absorbent les efforts du vent et que des tirants assurent la résistance à la poussée du vent sur les pignons. La stabilité est géométrique (par triangulation) et non mécanique (par encastrement).

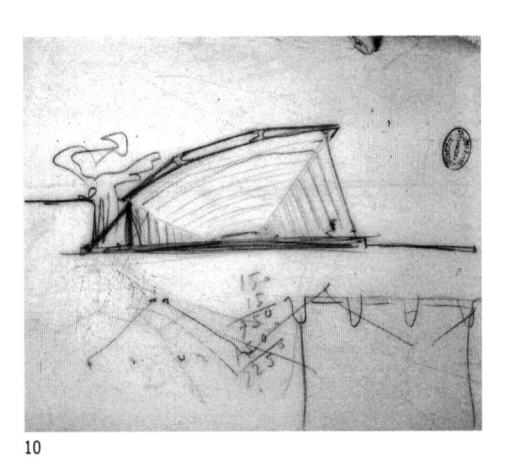

10 → Étude préliminaire de Jean Prouvé pour le Pavillon du centenaire de l'aluminium : le principe est mis en place. (ADMM)

11 → Phase de chantier : la structure est libre de tout remplissage. (ADMM)

12 → Des bielles, moulées en aluminium, facilitent l'assemblage entre les profilés particuliers des poteaux et des fermes. (ADMM)

13 → Une fois montée, la structure sert d'échafaudage pour la suite du chantier. Assemblage des panneaux de toiture, dits « tuiles ». (ADMM)

14 → Les fermes fabriquées en atelier et composées de trois éléments sont entreposées sur le site de montage, quai du Gros-Caillou, à Paris. (ADMM)

15 → L'aluminium autorise une structure fine, légère pour un montage rapide et aisé. La toiture forme une coque soutenue par des poteaux en façade : la surface intérieure, au sol, est ainsi entièrement libérée. (ADMM)

16 → Fixation des panneaux en tôle emboutie et nervurée, si caractéristiques du Pavillon, en alternance avec des vitrages. (ADMM)

# PAVILLON DU CENTENAIRE DE L'ALUMINIUM
### 1954
PARIS

**Le profil particulier** des poteaux est obtenu par assemblage de deux demi-profils soudés entre eux par points, en alliage léger et filés à la presse. Ils sont fixés au sol au moyen de pièces moulées (bielles) formant assises auxquels ils s'articulaient selon un axe ; le même système est mis en œuvre au sommet, par une pièce analogue. Aux extrémités des fermes, des pièces moulées forment gargouilles et assurent l'évacuation des eaux pluviales. De 7,60 m de haut pour la principale et 5,60 m pour la secondaire, les façades alternent panneaux de verre et d'aluminium suivant un dispositif modifiable et interchangeable selon les besoins ou l'effet souhaité : la fixation s'effectue par clips engagés dans les rainures *ad hoc* ménagées dans les poteaux de façade. Le poids particulièrement léger des éléments a permis la manipulation des pièces par un ou deux hommes – par exemple, un poteau de la façade principale pèse 32 kg, un poteau de la façade secondaire 18 kg.

17

**Après une existence**
éphémère d'un mois et demi pour l'exposition, le pavillon connaît un parcours chaotique, perdant en route une bonne moitié de ses pièces, mais conservant son potentiel technique et plastique. Dès 1956, il est acquis par la Foire de Lille et profondément transformé pour agrandir un hall. Recouvert en 1980 d'un bardage multicolore qui masque la structure et l'enveloppe originelles, il est méconnaissable. Au début des années 1990, il est désaffecté suite au projet de destruction de l'ensemble de la Foire pour céder la place à l'opération Eura-Lille. Le pavillon est finalement inscrit à l'Inventaire supplémentaire des monuments historiques en février 1993, échappant de justesse à la démolition. Lors de l'exposition « L'art de l'ingénieur », qui s'est tenue en 1997 au Centre Georges-Pompidou à Paris, trois de ses travées sont mises en place. Le monument suscite des démarches de plus en plus nombreuses pour tenter de le ressusciter. Le projet aboutit grâce à l'association des Amis de Jean Prouvé. Les pièces

18

sauvegardées du Pavillon de l'aluminium, complétées par des pièces de substitution, sont remontées pendant l'été et l'automne 1999 dans le cadre de l'extension du Parc des expositions de Paris-Nord Villepinte.

19

20

17 → Montage sur site de trois travées (15 m de long chacune, placées tous les 1,34 m). (ADMM)

18 → Les panneaux de toiture sont fixés entre les fermes, dont le profilé creux recueille les eaux de pluie. (ADMM)

19 → Pièce moulée servant de jonction entre les pièces de charpente. (ADMM)

20 → Les pièces moulées servent à l'articulation des poteaux et des fermes, ainsi qu'à l'évacuation des eaux pluviales à l'intérieur des poteaux. (ADMM)

# PAVILLON DU CENTENAIRE DE L'ALUMINIUM
1954
PARIS

21 → Réduit de moitié, le Pavillon du centenaire de l'aluminium est remonté en 1999 sur le site de Paris Nord-Villepinte. Les panneaux de façade en aluminium sont tous remplacés par des vitres. (Jean-Marie Monthiers)

22 → Vue intérieure en 1954. (ADMM)

23 → La façade latérale, décalée de onze trames par rapport à l'origine, crée un auvent qui permet de révéler la structure. (Jean-Marie Monthiers)

**Un travail** d'« archéologie du moderne » a été mené, afin de reconstituer les pièces manquantes, comme les portes caractéristiques en aluminium rainuré ou les butons inclinés de la façade nord. L'esprit constructif est repris à la lettre, bien que les technologies aient changé. Au total, cinquante-huit trames ont été remontées, soit 76 m de longueur. Les panneaux de façade d'origine en aluminium pur, qui ont presque tous disparu, ont été remplacés par des vitrages sertis et clippés sur les feuillures existantes le long des potelets. Quatre câbles ont été ajoutés à la demande des bureaux de contrôle pour satisfaire aux normes de construction actuelles, tandis qu'en 1954, le bâtiment répondait aux conditions imposées par le MRU, relatives aux effets de la neige et du vent. Onze trames à l'ouest sont traitées en auvent, pour mieux révéler la structure de Prouvé dans toute sa sincérité, en tant qu'exploration technique et plastique des potentialités d'utilisation de l'aluminium dans le bâtiment. Véritable emblème de l'architecture métallique industrielle, l'édifice témoigne de l'intuition constructive de Prouvé.

**Rafaël Magrou**

1

1 → (Extrait de film de A. Guvan,
1964, archives privées)

POUR ABORDER CE QU'IL EST IMPORTANT DE TRANSMETTRE et donc de sauvegarder avec les constructions de Jean Prouvé, il faut d'abord saisir en quoi elles ne sont pas « faites comme les autres ». Mais déjà l'ambiguïté pointe à travers cette expression qui rend indistinct le résultat du processus. Comme le document qui apporte à l'historien la trace d'un événement passé est un outil irremplaçable en même temps qu'un messager plus ou moins fidèle, l'édifice, document majeur de l'histoire de l'architecture, est un monument à considérer avec circonspection. Dans le cas de Prouvé et pour ceux qui connaissent un peu son travail, la visite et l'observation de ses réalisations encore existantes montrent à quel point la fixité habituelle du point de vue face aux différents aspects de l'ouvrage achevé, en phase

**Axel Vénacque**

# DU CULTE DES MONUMENTS AU PATRIMOINE ÉCOLE

d'utilisation et *a fortiori* d'abandon, nuit à la perception de ce qui s'est réellement joué au moment de l'édification. L'observateur d'aujourd'hui peut bien encore savourer, au-delà des volumes et des compositions spatiales plutôt rudimentaires, quelques savants dispositifs de l'équipement ayant échappé aux phénomènes pathologiques. Mais en général, l'examen physique dissimule plus qu'il ne révèle. En tout cas, il occulte certainement la performance du process de fabrication et avec elle le projet économique et social de Prouvé. À l'extrême, l'image du délabrement et le constat des dysfonctionnements des bâtiments mal ou pas entretenus s'insinuent au discrédit de l'auteur.

Alors qu'au cours d'une visite d'une villa de Le Corbusier, les éléments en présence sont à même de livrer l'essentiel du message – tant les dimensions constructives et économiques sont reléguées à l'arrière-plan des objectifs plastiques et utilitaires –, dans l'architecture de Prouvé, l'absence de lisibilité de la démarche constructive fait perdre à l'œuvre visible une part fondamentale de son sens.

On voit ici l'aporie qui menace toute tentative de valorisation du patrimoine Prouvé sous la forme traditionnelle de la seule restauration. Quand bien même celle-ci ne subirait pas les incontournables problèmes de mise aux normes comme au marché couvert de Clichy [1], il resterait à surmonter la nature dogmatique et inéluctablement dissimulatrice du résultat, voire son insaisissable intérêt sous cette unique forme achevée. Car, chez Prouvé, la substance de l'œuvre est dans le « construire » autant que dans le « construit ».

Si Clichy mérite un jugement plus nuancé, l'exemple caricatural des baraques bâties pour les sinistrés de Lorraine en 1944 permet d'illustrer le déplacement de valeur à accorder respectivement au processus et au produit.

« Chaque équipe de montage, composée de quatre spécialistes, quittait l'usine tôt le matin dans un camion chargé des éléments d'une maison complète. Le soir, ils étaient de retour, travail terminé et maison occupée. » [2]

---

1. « Les normes de sécurité actuelles obligent à de nombreuses prescriptions concernant les structures métalliques, toutes les pièces maîtresses devant être stables au feu durant au moins une ou deux heures. Une peinture intumescente, épaisse et peu plane, désagréable à l'œil, s'imposait un peu partout, un flocage général ou un enrobage en plâtre n'étant pas envisageable. » Dans son article pour le n° 1 paru en 2000 de la revue *Monumental* (nouvelle formule), Hervé Baptiste, Architecte en chef des Monuments historiques revient très honnêtement sur les différents problèmes de mise aux normes concernant la Maison du peuple.

2. *Jean Prouvé. Une architecture par l'industrie*, Artémis, 1971, p. 189. Maison pour les sinistrés de Lorraine et des Vosges 8 x 8 mètres et 8 x 12 mètres, 1944.

L'implication directe de cette constatation, c'est que le travail de mémoire doit s'attacher à conserver et à communiquer non seulement le produit fini mais aussi tous les aspects de la chaîne de production, de l'idée (« constructive », aurait dit Prouvé) à l'objet. Cela suppose également de mener un travail de rééquilibrage des valeurs entre ce qui a pu être transmis et tend à étendre son empire sur la mémoire et ce qui n'a pu l'être parce que naturellement soluble dans le temps, comme les gestes techniques par exemple, ou les cadences et la durée d'un chantier.

De là, et si l'on considère le caractère spectaculaire et événementiel de certaines opérations telles que le montage, au rythme d'un étage par jour, des façades de la « Fédébat »[3] ou la construction, en moins de sept heures, de la « Maison des jours meilleurs »[4] pour l'abbé Pierre, on peut effectuer un parallèle avec la pratique du happening qui recentre, jusqu'à l'exclusivité dans ce cas, la valeur de l'art sur le déroulement d'une action précisément limitée dans le temps, en portant l'accent sur l'intensité de ce moment.

Aussi, alors que parmi celles n'ayant pas disparu, de nombreuses réalisations de Jean Prouvé ont été sensiblement modifiées ou franchement dénaturées, il est peut-être utile de soutenir que les choses ne sont pas seulement comme on les voit mais au moins autant comme elles ont été. En d'autres termes : à quoi bon léguer des vestiges « re-lookés » ou ayant fait l'objet de transpositions normatives et qu'en adviendra-t-il dans l'esprit du public futur, d'emblée porté aux interprétations anachroniques ? N'est-ce pas faire injure à la subtilité d'un créateur que de le célébrer dans une représentation approximative de son œuvre ?

L'expérience récente du remontage partiel du Pavillon du centenaire de l'aluminium à Villepinte, bâtiment inscrit à l'Inventaire supplémentaire des monuments historiques en 1993, a permis d'étudier certaines de ces questions dans le cadre concret d'une opération et d'être confronté au défi d'avoir à témoigner de la « matière absente » dont il est aussi fait. Ce fut l'occasion de mesurer, d'une part, l'étendue de ce qui échappe à la perception du visiteur dans la version reconstruite et, d'autre part, les raisons qui conduisent à l'accroissement de cette étendue en même temps qu'à l'évanescence de l'œuvre.

## VALEUR SPÉCULATIVE DE L'ATYPIE

Tout d'abord, il faut signaler que l'histoire aventureuse de ce bâtiment démontable en fait un objet d'étude exceptionnel pour la recherche touchant au patrimoine récent, une sorte de « patrimoine-école ». En prenant à contre-pied les approches habituelles de plus en plus attachées à la notion de site (périmètre classé, secteur sauvegardé, ZPPAUP[5]), la « démontabilité » (courante chez Prouvé) se révèle être le terme d'une formule relativiste mettant en cause les doctrines établies pour le traitement des monuments. Cette disposition particulière invalide les limites des catégories existantes (meubles et immeubles) et suppose une actualisation des formes d'analyse, des pratiques de restauration et des modes de valorisation en vigueur.

Le Pavillon du centenaire de l'aluminium a été conçu pour une manifestation éphémère en 1954 et en fonction d'un emplacement déterminé : le port du Gros-Caillou, entre le pont de l'Alma et le pont des Invalides. Prévu également pour être utilisé dans d'autres circonstances, le bâtiment a été reconstruit à Lille en 1956, démonté en 1993 et remonté en 1999 sur le site du parc des Expositions de Paris-Nord Villepinte. Si Prouvé a doté sa construction des qualités lui permettant d'adopter, ailleurs, une forme émancipée du site initial, il a aussi dû intégrer les fortes contraintes du quai (gabarit et linéarité de la plate-forme, rythme d'un alignement d'arbres, façade arrière limitée en hauteur et adossée à un mur aveugle). Mais jusqu'à quel point l'orientation (façade principale plein nord), le voisinage miroitant des eaux de la Seine et l'arrière-plan de la tour Eiffel ont-ils influencé la conception ? On peut vérifier qu'au moins les plus impératives de ces composantes, en l'occurrence les premières, ont tangiblement marqué une architecture devenue, au cours de ses déplacements, le véhicule de la figure absente de l'implantation d'origine.

---

3. Fédération nationale du Bâtiment, 1949. R. Gravereaux et R. Lopez, architectes. 7, rue La Pérouse, Paris 16e.
4. Maison des jours meilleurs pour l'abbé Pierre, 1956. Quai Alexandre III, Paris 8e.
5. ZPPAUP : Zone de protection du patrimoine architectural urbain et paysager.

2 → Maison Tropicale en cours
de montage, 1949, Paris.
(Documentation générale
MNAM-CCI, fonds J. Prouvé)

Pourtant, à Villepinte, le bâtiment a fait volte-face. En même temps qu'il a perdu les éléments opaques de sa façade avant (plein sud), il dévoile désormais ses arrières à l'immensité d'un parking, en livrant des vues inédites. Dans ce nouveau contexte et compte tenu de l'échelle difficile du parc des Expositions, le calage est plutôt adroit. La proximité de l'aéroport de Roissy Charles-de-Gaulle offre même un décor de ballet aérien en sympathie avec l'esthétique du pavillon, et les photographes ne s'y trompent pas. En revanche, il n'est pas sûr qu'en éludant la question du rôle de la première situation, on n'ait pas porté atteinte à l'explication naturelle du bien-fondé de la solution apportée par Prouvé.

Outre son caractère démontable, le pavillon était, au départ, une construction de 152 mètres de long réglée sur la répétition linéaire d'un module de 1,34 mètre. On comprend vite que cette combinaison a des incidences sur la notion d'intégrité de l'œuvre. La répétition érigée en système rend floue la classique notion de composition d'ensemble et amène à s'interroger sur la valeur de la totalité par rapport à chaque module. Extensible par principe, la longueur du bâtiment peut-elle être à l'inverse réduite, à l'extrême, à celle du module de base sans que l'expression de la logique sérielle ait à en souffrir ? Sinon existe-t-il une longueur minimum capable de rendre justice à la fois à l'ingéniosité du concept et à la prodigieuse Galerie des machines qu'elle formait en 1954. On a, pour en juger, les images de la construction parisienne et les 76 mètres reconstruits à Villepinte.

Il faut dire que la longueur réalisée à Villepinte ne résulte pas d'un choix, mais de l'impossibilité d'en faire plus, étant donné les pièces disparues ou abîmées dans les différents transferts et notamment pendant la période lilloise. L'éparpillement volontaire, accidentel ou délictueux d'un bon nombre de pièces mériterait à lui seul un inventaire chronologique et raisonné.

Pour en donner un exemple instructif, il suffit d'évoquer la disparition, avant le remontage à Lille (1956), de certains poteaux de la façade arrière. En fait de disparition, ceux-ci pourraient bien avoir été utilisés et adaptés à Évian-les-Bains, pour les façades de la buvette construite à cette époque[6] sur la base d'une esquisse de 1953 du Pavillon de l'aluminium.

Cette propriété native qu'a le bâtiment de pouvoir être mis en pièces ou découpé en morceaux, ouvre également des perspectives étonnantes pour un monument historique. En effet, il n'est pas inimaginable, sous réserve des réponses apportées aux questions déjà abordées, de pouvoir monter des tronçons de pavillon dans des lieux différents et géographiquement éloignés. On pourrait même y voir une démonstration des facultés d'adaptation du système. Autrement, un ensemble d'éléments conditionnés pour voyager pourrait faire l'objet d'un jeu de construction à l'attention des étudiants architectes ou ingénieurs, comme cela a été fait avec un pavillon 6 x 6 mètres (datant de 1944) sous la forme d'une exposition itinérante[7].

Tous ces mouvements de redistribution et de dispersion potentiels ou appartenant déjà à l'histoire du bâtiment dressent un tableau nébuleux de l'œuvre et, réflexivement, de la protection qui s'y attache depuis son inscription. Pour ajouter à cette confusion, pensons seulement que le bâtiment a été protégé en 1993 alors qu'il était encore monté à Lille dans sa version la moins orthodoxe (plan en L : la linéarité du bâtiment était alors cassée pour former un angle et habiller deux façades d'un bâtiment rectangulaire existant). Attendu que certaines pièces toujours existantes n'étaient plus sur le bâtiment, voire qu'elles étaient intégrées dans d'autres constructions, on peut raisonnablement se demander ce qui a été réellement protégé ?[8]

Pour finir sur ce point, sait-on comment et à quoi, dans ces conditions, appliquer le périmètre de protection affecté à tout monument ?

## VERS UNE ARCHÉOLOGIE

On l'a vu, les reconstructeurs de Villepinte se sont efforcés d'exploiter au mieux les pièces disponibles. Mais tous les éléments récupérés avant le remontage n'étaient pas utilisables. Dans beaucoup de cas, il s'agissait de fragments impossibles à restaurer. Les attitudes adoptées vis-à-vis de ce reliquat

---

6. Buvette de la source Cachat, Évian-les-Bains, 1956. M. Novarina, architecte, S. Kétoff, ingénieur. Inscrite en 1986 à l'Inventaire supplémentaire des monuments historiques.

7. « Jean Prouvé, petites machines d'architecture », exposition produite par l'Institut français d'architecture (IFA), les Grands Ateliers de l'Isle-d'Abeau, les Archives modernes de l'architecture lorraine, avec le soutien d'Usinor, du ministère de la Culture et de la Communication, de la région Lorraine et la participation de la galerie Jousse-Seguin et des Amis de Jean Prouvé. Première présentation du 13 octobre 1999 au 8 janvier 2000 à l'IFA, 6, rue de Tournon, Paris 6e.

8. Extrait du procès-verbal d'inscription : « Considérant l'intérêt qu'il y a à préserver le Pavillon de l'aluminium, œuvre majeure de l'architecte [sic !] Jean Prouvé construite pour le Centenaire de l'aluminium à Paris en 1954 et remontée dans l'enceinte de la foire commerciale de Lille. [...] Est inscrite sur l'inventaire supplémentaire des monuments historiques la structure du Pavillon de l'aluminium démontable. »

3 → Pavillon du centenaire
de l'aluminium, Paris, 1954,
remonté à Paris Nord-Villepinte,
1999. Les façades sont
aujourd'hui entièrement vitrées.
(Jean-Marie Monthiers)

archéologique ont montré qu'en dehors de sa valeur de réemploi, la « ferraille » ne suscite spontanément aucune sollicitude, pas même scientifique ; bien moins en tout cas que le moindre éclat de céramique sigillée, au demeurant fort commune. La pièce métallique déchue de ses attributions constructives reste un produit de décharge. Il semble donc nécessaire de dire que ces reliques sont une source de connaissance supplémentaire sur le bâtiment et le vieillissement de ses composants. Elles représentent un matériau de première main pour la recherche expérimentale sur les techniques de restauration des alliages légers et peuvent constituer une base de données prospective pour les technologies du bâtiment. Moins qu'un sujet de vénération, elles ont donc vocation à devenir le support de nouvelles découvertes.

Il a beaucoup été question, à propos des pièces du pavillon, de la brillance qu'elles arboraient à l'origine et qu'elles ont perdue depuis. Dans la famille des réalisations carrossées d'aluminium, parmi lesquelles on peut citer, pour Paris, la salle méridienne de l'Observatoire ou le Club de jeunes d'Ermont, la luisance de la tôle jouant de la surface galbée des parois est une composante majeure de leur expression architecturale. À voir les photographies de chantier de ces réalisations, on comprend l'importance de ce traitement de surface et de sa connotation aéronautique. Il est particulièrement évident avec la salle méridienne, sans doute en raison de sa vocation, qu'on est en présence d'une forme pionnière de l'architecture aérospatiale. Or, l'esthétique de ces protostations est aujourd'hui diminuée par la perte d'un attribut symbolique : leur enveloppe argentée. Quand elle n'a pas été peinte comme à Ermont, la tôle a souvent viré au gris mat.

Sur le plan de la conservation, doit-on considérer ce changement d'aspect comme un phénomène inéluctable et indifférent à la pleine compréhension du sens de ces créations ? Ou faut-il accorder à cette dimension vulnérable de l'architecture de Jean Prouvé une attention exigeante, précisément parce qu'elle recèle la preuve, qu'au-delà du « constructeur » unanimement reconnu, il y avait un plasticien accompli ?

L'idée de restaurer l'éclat de l'aluminium est souvent contestée sur la base de l'argument qui veut que la dégradation superficielle est inscrite dans la nature du matériau et que celui-ci a été choisi en consentant à sa prévisible modification d'allure. Pour admettre ce raisonnement, il faudrait avoir constaté une transformation uniforme des parements d'origine. Au contraire, il semble que la mutation soit sensible à l'exposition et aux modes de protection et d'entretien. Ainsi, la tôle de la salle méridienne et des autres bâtiments de l'Observatoire a gardé un certain vernis, surtout celle des panneaux orientés au sud, alors que les éléments du Pavillon de l'aluminium se sont détériorés pour n'avoir jamais été nettoyés en plus de quarante ans. Ce qui est sûr, c'est que les techniques de restauration et l'approche de leur coût sont encore hésitantes sur le sujet.

### CONTREFAÇONS DE LA FORME ET DE L'ESPRIT

Pour revenir au répertoire des pièces du Pavillon de l'aluminium et notamment à celles entrant dans la composition du bâtiment reconstruit, la variété des niveaux d'authenticité a de quoi alimenter le débat sur la falsification inhérente au travail de restitution. Nous ne nous attarderons pas sur les éléments d'origine simplement nettoyés, pas plus que sur ceux endommagés et qui, après toilettage, ont été complétés par des parties également d'origine. Une fois récupérés et placés dans l'ensemble remonté, ils recouvrent un statut indiscutable. Il est plus intéressant d'évoquer, tout d'abord, les pièces neuves, morphologiquement identiques à leurs modèles. Non seulement, elles en reproduisent parfaitement la géométrie initiale mais en plus, elles restituent les effets de luisance perdus par la matière. Apparemment, elles ont donc tout pour faire valoir leur prétention à la fidélité en même temps qu'elles apportent l'évocation de la jeunesse du bâtiment, et beaucoup y trouveront leur compte. Mais c'est oublier que le Pavillon du centenaire de l'aluminium est un monument aussi et peut-être surtout parce qu'il est un repère précis et anniversaire dans la technologie d'un matériau. Or, les alliages légers d'hier ne sont plus ceux d'aujourd'hui. En remplaçant toutes les pièces anciennes par des nouvelles, ce qui ne fut pas le cas à Villepinte où les deux types sont présents, on aurait perdu des informations imperceptibles à l'œil mais qui touchent à l'histoire des techniques.

4

4 → Voûte du Club des jeunes,
Ermont, 1967. (ADMM)

Que l'on comprenne bien, le propos n'est pas ici de stigmatiser l'inobservance de la méthode scientifique en matière de restauration, mais de signaler par quels pores la substance patrimoniale s'échappe, en veillant à ce qu'elle disparaisse moins par négligence que par choix sciemment opérés.

Les pièces « inspirées » des composants d'origine nous fournissent un exemple plus accessible (parce que plus visible) des problèmes posés par la contrefaçon. Il s'agit de pièces dont certaines dimensions ont été modifiées pour satisfaire aux exigences réglementaires actuelles. Le vitrage de 4 millimètres a ainsi été remplacé par un vitrage de 9 millimètres avec pour répercussion, outre une surcharge non négligeable, l'augmentation dimensionnelle des profils de menuiserie, très importants pour l'expression de légèreté des façades. La face visible des traverses a été portée d'une largeur de 24,5 millimètres à 32 millimètres. Une variation aussi ténue trouble-t-elle la mémorable image du bâtiment ? Doit-on en ignorer l'impact ? Ou faut-il mettre autant d'exigence à préserver une mesure que Prouvé en a eu, à son époque, pour la définir en voulant alléger à l'extrême sa construction ? Certains n'y verront que 7,5 millimètres d'écart, les autres 30 % d'augmentation, et chacun fera l'expérience des nuances et des limites qu'il est prêt à considérer. On remarquera simplement que depuis 1954, en matière de record, on a plutôt constaté des progressions, fussent-elles minimes. Celui du 100 mètres s'est amélioré de onze dixièmes de seconde. Il est des domaines pour lesquels la précision a son importance.

La famille des pièces qui n'existaient pas dans la construction originelle nous amène à parler de la question de la conformité aux normes et règlements en vigueur. C'est l'occasion de dénoncer l'inadaptation des textes face au droit et à l'intérêt de conserver des dispositions n'ayant plus cours. Il ne faut jamais oublier qu'en prenant la décision de conserver un bâtiment et sur la foi d'une histoire plus ou moins longue, on rend aussi hommage à sa valeur d'utilisation. Par le passage à la toise des normes, de plus en plus contraignantes, et à des notions de confort elles aussi en perpétuelle mutation, on risque fort de perdre ou de dénaturer les plus délicats exemples (et donc peut-être les plus précieux) de l'architecture, déjà menacés par la « sélection naturelle ».

Dans la mesure où le « péril » n'est pas d'ordre à nuire à la stabilité de l'édifice, l'information ne peut-elle remplacer la modification coercitive quand elle s'avère mutilante ? Cela ne pourrait conduire qu'à une plus fine diffusion du patrimoine et du savoir technique dont il témoigne. Par cette voix du passé, l'entretien d'un rapport moins univoque à la technique profiterait certainement à la formation de l'ingénieur.

Il est courant, sur ce point, de fustiger l'incompétence des bureaux d'études ou l'incompréhension des bureaux de contrôle. Leur attitude est plus justement à mettre au compte du désarroi, étant donné qu'il entre dans leurs attributions de veiller au respect de la réglementation et des lois.

Jean Prouvé, lui, se défiait des calculs. Raymond Guidot rappelait en 1990 ses paroles agacées : « Les gens passent leur temps à faire des calculs ! »[9] Aujourd'hui, ce genre de déclaration aiguise la suspicion des techniciens à l'égard de constructions nées d'une logique hors normes. Pour le Pavillon de l'aluminium, les ingénieurs se sont trouvés confondus dans l'incapacité de vérifier les efforts repris par les pièces de contreventement dessinées par Prouvé. Il semblait, à les entendre, que ces pièces échappaient aux possibilités actuelles de la modélisation et du calcul de structure [sic !]. La confession n'aurait prêté qu'au sarcasme si, par voie de conséquence, elle n'obligeait à installer des pièces, calculables celles-là, sur des pans entiers de la façade principale, où il n'y en avait jamais eu par principe. En définitive, une âpre et subjective négociation permit de ramener la demande à quelques câbles peints en rouge.

*A priori* et sans extrémisme déplacé, ne peut-on imaginer à l'égard du patrimoine de simplement se comporter « à Rome comme à Rome » ou en 1954 comme en 1954 ?

Dans l'inventaire des composants les moins visibles du patrimoine que nous a laissé Jean Prouvé et avec la perspective de leur valorisation, il faut citer les moyens de production. Toujours commentés ou analysés, ils ont développé, autour des réalisations, un pouvoir de fascination inhabituel. Organisés de l'usine au chantier pour l'« édition » d'un bâtiment, ces moyens prennent une importance de premier plan au moment de restituer l'œuvre. D'un point de vue technique, on en comprend le poids quand se pose la question d'une re-fabrication. La disparition des outils est alors un obstacle sérieux à la contrefaçon,

---

9. R. Guidot, « Partir du matériau », in *Jean Prouvé « constructeur »*, Éditions du Centre Pompidou, 1990, p. 18.

10. Alors que les différents composants du pavillon exploitent les variétés d'alliages en fonction de leur destination, les panneaux de façade sont les seuls à être réalisés en aluminium « A5 » pur à 99,5 %, ce qui leur donne un éclat particulièrement vif. Ces pièces étant très légères, un premier lot a été volé à Lille au moment du démontage de 1993 et les 250 panneaux restants ont disparu, à l'exception d'un seul, après leur transfert à Villepinte en 1998.

11. Les panneaux de façade de 1,24 mètre de côté sont réalisés à partir d'une tôle de 8-10 millimètres finement ondulée. Pour donner à la pièce la tenue nécessaire, le panneau est embouti d'un motif de treize calottes disposées en quinconce. Mais le modèle de tôle galetée servant de

si le principe en est retenu. On apprend ainsi que les résultats les plus simples sont devenus les plus coûteux ; que la savante complexité de la pièce moulée est plus facile à « rendre », parce qu'issue d'un procédé traditionnel (la fonderie), que l'ondulation d'une tôle d'un modèle standard désuet. Dans la version restaurée du Pavillon du centenaire, l'absence des superbes panneaux d'aluminium pur [10] qui en étaient le fleuron est en partie due à des difficultés de cet ordre [11].

L'outillage industriel est souvent une merveille technologiquement bien supérieure à l'objet produit. Ce dernier doit donc être considéré pour lui-même, mais aussi comme la trace ou l'empreinte passive d'une série d'opérations de façonnage sophistiquées. La fabrication, la mise au point et la maintenance de ces outils (filières et presse à filer, matrices d'emboutissage, machines à molettes pour tôle nervurée…), rentables dans le cadre d'une production industrielle, perdent toute légitimité dans celui d'une opération unique de restauration. De là, on voit en quoi les progrès scientifiques et techniques, si appréciés des restaurateurs du patrimoine classique, risquent de se révéler inopérants et dérisoires face aux problèmes posés par la restauration du patrimoine récent. Les limites économiques qui pèsent sur l'opération de Clichy [12] en donnent un autre exemple significatif, quoiqu'une bien modeste préfiguration de ce qui attend les conservateurs du patrimoine high-tech.

Faut-il en conclure que l'outil de fabrication fait partie intégrante de l'œuvre et qu'à ce titre il doit être conservé ? Faut-il envisager dès la construction un archivage des moyens de production, seuls capables de garantir la fidélité d'une perpétuelle restitution ?

### LE CHANTIER COMME HAPPENING

Un autre aspect lié aux moyens de production s'efface avec l'achèvement de la construction : le spectacle du chantier. Difficile d'imaginer les « petites machines d'architecture » [13] de Jean Prouvé, sans penser aux images de fabrication et de montage qui y sont souvent attachées comme des justificatifs. Chez Prouvé, les composants qui sortent des ateliers sont conditionnés pour le transport et la manutention. Sur le chantier, se déroulent des opérations d'assemblage à sec dont les mouvements sont méthodiquement anticipés et réglés comme dans une mise en scène. On y voit quelques engins de levage légers en guise de machinerie ambulante, mais surtout les pièces et les hommes combinés dans une chorégraphie aérienne. L'accostage des panneaux de façade de la « Fédébat », l'atterrissage médiatisé du bloc cuisine de la maison pour l'abbé Pierre, l'envolée des poutres du Pavillon de l'aluminium et d'autres panneaux, poteaux et portiques sont autant d'instantanés qui retransmettent la performance du « construire » en acte.

Dans quelle mesure l'association entre ces reportages et l'image de l'objet fini a-t-elle été intentionnelle ? Était-elle chargée d'un message publicitaire précis ? On est tenté de penser qu'à travers ces jeux de surimpression du processus et du produit, la perception du résultat par le public doit profiter du spectacle de la façon d'y parvenir.

Que l'ouvrier soit l'aventurier de cet art de la rue est aussi à porter au crédit de « l'esprit Prouvé ». La mise en situation de performance du travailleur est alors porteuse d'une valeur sociale positive. Le fait que l'activité du chantier prend, par ailleurs, des allures sportives y contribue. La structure des bâtiments qui, comme pour le Pavillon de l'aluminium, sert parfois d'échafaudage, évoque des agrès. Les hommes la dressent et la parcourent en adoptant des postures d'athlètes ou d'alpinistes. Leurs efforts et les figures qu'ils interprètent pendant le montage sont compris dans la conception. Le travail devient un jeu de construction, un « ballet mécanique » où la plastique des pièces de l'édifice s'accorde à celle du beau geste technique. La condition ouvrière s'en trouve anoblie, comme dans la peinture de Fernand Léger où les « constructeurs » sont les héros d'un art issu de la vie ordinaire. L'architecture, elle, conserve secrètement des formes et des signes engourdis de cette période de gymnastique. « Ce qui était du mouvement chez le travailleur apparaît maintenant dans le produit comme une propriété au repos. » [14] Dès lors, réveiller les « propriétés au repos » des constructions de Prouvé s'annonce comme un enjeu patrimonial nouveau. Dans les années 1950, il ne pouvait encore être question de « la fin du travail » et il fallait croire à

---

base à la fabrication des panneaux n'existe plus et le coût de fabrication d'une matrice d'emboutissage a été évalué à 600 000 francs (la construction d'origine comportait environ 600 panneaux et 250 suffiraient à Villepinte).

12. Il semble que les coûts de restauration de l'ensemble du plancher mobile bloquent la restitution de cet élément essentiel du bâtiment.
13. Titre de l'exposition précédemment citée.

14. K. Marx, *Le Capital*, livre I, chap. 7, trad. J. Roy, Flammarion, coll. « Champs », t. 1.

l'utopie psychologiquement indépassable d'un épanouissement de la société dans le travail. Pour sa part, Prouvé chercha du moins à donner une humanité à la production du bâtiment dans les conditions de son époque. Ces bâtiments en pièces étaient destinés à être montés par des hommes complets, gratifiés par un travail qui devait procurer selon l'expression d'Emmanuel Kant, « l'estime raisonnable de soi »[15].

## UN PATRIMOINE ÉCOLE

En introduisant cette réflexion par la dénonciation de l'importance attribuée « démesurément » à l'« édifice-document », je n'ai effectué qu'un mouvement tactique destiné à exhumer, de sous la forme instituée et hiératique du monument, une substance historique plus volatile. Au moment de conclure, je ne voudrais pas avoir donné à penser que l'étude étendue de l'architecture puisse se passer un jour de l'expérience exploratoire de ses témoignages matériels, sans un dommage irréparable.

Il serait en effet étrange d'entreprendre la défense du patrimoine de Jean Prouvé à Paris en invoquant seulement de plus ou moins subtiles considérations théoriques alors qu'en 1993 disparaissait l'Institut de l'environnement[16] et qu'en 1997, l'immeuble de la « Fédébat » était défiguré après avoir été éventré malgré des « cris d'alerte » répétés. L'état d'autres réalisations, comme la salle méridienne ou le Club de jeunes d'Ermont, sans être vraiment catastrophique, n'a pas lieu d'être un motif de fierté. La surveillance, garante de leur conservation, est d'ailleurs moins assurée par les pouvoirs publics que par des amateurs ne parvenant pas toujours à éviter le pire. À partir de l'inscription à l'Inventaire des monuments historiques, il aura fallu cinq ans pour sauver le Pavillon de l'aluminium des menaces de destruction. Concernant l'Institut de l'environnement, on appréciera le poids de l'intérêt que lui a porté la direction du Patrimoine à la mesure du résultat. Quant à l'affaire de la « Fédébat », loin d'être l'occasion de doctes disputes sur telle ou telle option de conservation à retenir, elle aura montré que l'institution pouvait parfois se ranger, en dernière instance, du côté des casseurs.[17] C'est dire si la lutte pour la reconnaissance de l'architecture qui, comme celle de Prouvé, échappe aux critères classiques du chef-d'œuvre pour les avoir d'ailleurs refusés, reste encore à gagner. Peut-être faudra-t-il pour cela, passer de l'école du patrimoine à l'école de sa reconnaissance ? Les œuvres intéressantes du XXe siècle sont souvent des contre-monuments, à l'image du Pavillon de l'aluminium. Elles sont fragiles, éphémères, nomades, techniquement compliquées et esthétiquement déplacées. Piégée par leur feinte banalité dans le fourmillement de la production, la question de la sélection reste pendante. Leurs auteurs se sont voulus viscéralement contemporains des périodes qu'ils traversaient et Prouvé lui-même était le contraire d'un conservateur.

Les bâtiments de Jean Prouvé nous invitent donc à imaginer de nouvelles formes de conservation et de transmission du patrimoine. L'expérience revitalisante de la tournée du « Prouvé Circus » marque le passage de la collection de vestiges à des exercices de Meccano pour étudiants.[18] Elle représente un pas décisif vers une approche moins formelle, moins touristique ou moins fétichiste de l'œuvre. À la contemplation des reliques désarticulées proposée par les musées, elle oppose la transmission du savoir par la pratique, à la manière de celle adoptée par les centres de culture scientifique et technique.

Pour terminer par une proposition de mode d'accès générique au travail de Jean Prouvé, il me paraît intéressant de s'inspirer de ces paroles du théoricien du happening Allan Kaprow à propos de la peinture de Jackson Pollock : « Je suis convaincu que pour bien saisir l'impact de Pollock, nous devons être des acrobates constamment en train de faire la navette entre une identification avec les mains et le corps qui jetaient la peinture sur la toile et se tenaient « dans » le tableau et la soumission aux traces objectives, leur permettant de s'enchevêtrer et de nous assaillir. Leur instabilité est, en effet, loin de l'idée d'une peinture « achevée ». L'artiste, le spectateur et le monde extérieur sont beaucoup trop impliqués de façon interchangeable ici. (Et si nous faisons des objections devant la difficulté d'une compréhension complète, nous demandons trop peu à l'art.) »[19]

*Axel Venacque, architecte, enseignant-chercheur à l'École d'architecture de Lille.*

---

15. E. Kant, *Réflexions sur l'éducation*, Vrin, 1987.
16 Institut de l'environnement (École supérieure des arts décoratifs), 1969. R. Joly, architecte. 5, rue Érasme, Paris 5e.

17. Cf. l'article de B. Marrey dans *Le Monde* du 3 décembre 1996 : « Casseurs et conservateurs, même combat ».
18. Prouvé Circus est le surnom donné à l'exposition itinérante

« Jean Prouvé, petites machines d'architecture ».
19. A. Kaprow, *L'Art et la Vie confondus*, Éditions du Centre Pompidou, Paris, 1996.

5

5 → Pavillon 6 x 6 m en cours
de montage, EAB Rennes, 1999.
(AMAL/Catherine Coley)

CRÉATION À PARIS
DE LA SOCIÉTÉ DES

**1955 1957**

# CONSTRUCTIONS JEAN PROUVÉ
## UN AUTRE CHAMP D'EXPLORATION

*En 1955, Jean Prouvé doit se rendre à l'évidence qu'il ne reprendra pas la direction de ses ateliers de Maxéville. Dans le bureau de la rue Kléber à Paris, mis à sa disposition par la Studal, son travail se limite à des prestations de conseil pour les « Ateliers de Construction Prouvé-Maxéville ».*

*Certes, sa reconnaissance est établie : le Pavillon du centenaire de l'aluminium* [1] *se voit attribuer une distinction honorifique, le label « beauté France ».*

*Jean Prouvé continue à explorer des techniques et des matériaux nouveaux. À la demande de Raymond Lopez et de Marcel Reby, il entreprend des études pour les façades de la Caisse centrale des Allocations familiales, rue Viala, à Paris 15ᵉ. C'est la première fois qu'il envisage d'utiliser à grande échelle la matière plastique (polyester), pour les allèges des fenêtres. Ce projet restera sans suite.*

*Par ailleurs, il collabore en tant qu'ingénieur-conseil à l'Institut des pétroles de Rueil-Malmaison (Hauts-de-Seine) construit par l'architecte Pierre Dufau. Il met au point avec M. Colomb, un ingénieur de l'Aluminium français, les raidisseurs en tôle pliée développés sur toute la hauteur de la façade du hall d'accueil, suspendus en partie haute et fixés en partie basse. Une grille forme la structure secondaire qui reçoit les fenêtres et les allèges, ces dernières étant dotées, pour la façade arrière, d'opercules d'aération réglables depuis l'intérieur. Jean Prouvé réalise également la structure du restaurant installé sur le toit et l'escalier monumental du hall.*

*À la même époque, il met au point les structures des façades du Centre national des industries et des techniques (CNIT)* [2] *à la Défense.*

**1 →** L'abbé Pierre et Jean Prouvé en 1974. (Jean-Pierre Levasseur)

**2-3 →** Institut français des Pétroles, Rueil-Malmaison, Pierre Dufau architecte, 1955. Façade d'entrée avec ses raidisseurs et vue intérieure. (ADMM)

1955-1957
CRÉATION À PARIS
DE LA SOCIÉTÉ
DES CONSTRUCTIONS JEAN PROUVÉ
UN AUTRE CHAMP
D'EXPLORATION

## UNE NOUVELLE SOCIÉTÉ

*La qualité des chantiers réalisés par Jean Prouvé est incontestable. Cependant, malgré le soutien de certains administrateurs de l'Aluminium français, toutes les tentatives de Jean Prouvé pour rétablir une relation étroite avec ses ateliers sont rejetées par la Studal.*

*Sa rencontre, en juin 1955, avec le jeune architecte Michel Bataille, est décisive. Celui-ci lui conseille de se battre, de travailler pour ses propres intérêts, d'exploiter son réseau de connaissances et de se créer sa clientèle : il lui propose la création d'une société. Cette confiance portée à l'homme d'action redonne à Jean Prouvé la force d'entreprendre. Encouragé par ses amis, il fonde avec Michel Bataille, au milieu de l'année 1955, la Société pour le développement de la construction industrialisée. Cependant, les Ateliers de Construction Prouvé-Maxéville sont propriétaires des brevets et seuls détenteurs de la « marque Jean Prouvé ». Les deux associés ne peuvent donc pas bénéficier de la notoriété liée au nom de l'inventeur-constructeur.*

*Plus tard, la société s'installera dans un appartement de quatre pièces, square Louvois à Paris 2ᵉ, que le promoteur Jean-Claude Aaron met à leur disposition. Au fur et à mesure de son développement, Prouvé et Bataille associent à leur entreprise des amis ingénieurs comme Serge Kétoff et Antoine Roblot, puis, un peu plus tard, Jean-Claude Aaron suivi de Jean-Philippe Salmon. La société de charpentes métalliques Goumy sous-traite la réalisation de nombreux travaux. Jean Prouvé et Michel Bataille sont fidèles à une grande simplicité constructive. Ils recherchent des solutions économiques, rationnelles et adaptées aux capacités de l'entreprise. Le montage, en particulier, doit pouvoir se faire à sec, sans transformation de matériaux sur le chantier.*

*Steph Simon continue à commercialiser le mobilier conçu par Jean Prouvé avant 1953 mais fabriqué par les Ateliers de Construction Prouvé-Maxéville. En 1956, il ouvre une première boutique au 52, avenue des Champs-Élysées à Paris, puis achète un local à Saint-Germain-des-Prés pour y vendre exclusivement des meubles de Jean Prouvé et de Charlotte Perriand. Plus tard et avec l'accord de ces derniers, il accueillera d'autres créateurs. « Cette galerie allait devenir pour Jean Prouvé et moi-même le lieu très "branché" de notre diffusion auprès des architectes et du public. Elle devint un phare face à la statue de Diderot, pas loin de la galerie Knoll qui flirtait avec la place de Furstemberg, et se réjouissait de ce prestigieux voisinage. »* [3]

## LA BUVETTE D'ÉVIAN
### 1955-1956

En 1955, Steph Simon présente à Jean Prouvé l'architecte Maurice Novarina, avec lequel il va réaliser la buvette de la source Cachat à Évian-les-Bains. Jean Prouvé s'adjoint les compétences de l'architecte et ingénieur Serge Kétoff. Ce dernier contribue à la mise au point et au calcul des structures imaginées par Jean Prouvé. Le bureau de contrôle Veritas sera convaincu du bien-fondé de leurs propositions. Pour Novarina, ce projet correspond à son intention de réaliser un bâtiment léger et transparent. Cette buvette permet de donner une image nouvelle et attirante, quasi publicitaire, aux cures d'Évian.

Dans ce petit bâtiment, Jean Prouvé excelle dans l'expression de la distribution des forces. Il y développe en effet, dans toute sa pureté, un thème qui lui est cher : la mise en tension des façades équilibrant, par l'intermédiaire des bacs de toiture rigides à double courbure, la contre-poussée des supports intérieurs en Y. Les bacs de toiture, les « béquilles en Y », les raidisseurs-tenseurs sont fabriqués en tôle pliée et montés par l'entreprise Goumy. Des panneaux Rousseau, en bois contrecollé, isolent et habillent la sous-face de la toiture. Jean Prouvé impose une simplicité formelle rigoureuse qui favorise une économie de matière ; il travaille à l'élimination de l'inutile.

Ce petit chef-d'œuvre, qui marque le début de sa collaboration amicale et fructueuse avec Serge Kétoff, ne passe pas inaperçu.

4-6 → Buvette d'Évian-les-Bains, Maurice Novarina architecte, Serge Kétoff ingénieur, 1955-1956.
(Institut pour l'histoire de l'aluminium ; ADMM)

*En apprenant l'existence de la Société pour le développement de la construction industrialisée, la Studal riposte immédiatement et fait retirer, en septembre 1955, le nom de Jean Prouvé de toutes ses publicités. Les Ateliers de Construction Prouvé-Maxéville deviennent alors les Ateliers de Construction préfabriquée de Maxéville. Le 1ᵉʳ janvier 1956, la Studal exclut Jean Prouvé des Ateliers. Il a ainsi définitivement perdu son usine, ses brevets, ses archives et ses prototypes de recherche. En revanche, il a retrouvé sa liberté et récupéré le droit de disposer de son nom. Jean Prouvé et ses amis peuvent donc enfin transformer leur Société pour le développement de la construction industrialisée en une SARL, qu'ils nomment Les Constructions Jean Prouvé. Il abandonne ainsi à la Studal le travail de longues années qu'il n'a plus l'autorisation d'exploiter. Tourné vers l'avenir et l'innovation, il n'a aucune difficulté à inventer de nouvelles utilisations des matériaux et à renouveler la mise en œuvre de ses idées sur le pliage et le façonnage des tôles.*

*La « Maison des jours meilleurs »* [4]*, réalisée pour l'abbé Pierre, qui s'insurge contre le sort des plus pauvres et cherche les moyens de leur donner un toit, en est une illustration. Cette demande touche aux motivations les plus profondes de Jean Prouvé : mettre l'industrie au service du plus grand nombre et produire en série des logements de qualité. La construction, qui doit pouvoir s'effectuer en recourant à une main-d'œuvre non spécialisée, offre néanmoins le confort minimum : chauffage, eau courante, installations sanitaires, etc.*

*Jean Prouvé, maître d'œuvre sans partage de ce projet, reprend les principes constructifs de la maison Alba. Un noyau central supporte le toit auquel s'accrochent les façades. Dans ce noyau, il place la cuisine, la salle de bains et les toilettes, réservant ainsi toute la périphérie aux pièces de séjour et aux*

7 → « Maison des jours meilleurs »
pour l'abbé Pierre. Prototype
monté près du pont Alexandre III,
Paris, 1956.
(Documentation générale MNAM-
CCI, fonds J. Prouvé)

*chambres. La maison est entièrement préfabriquée et posée sur une cuvette étanche de maçonnerie grossière qui permet de se passer de vide sanitaire. Elle peut être transportée par camion et montée sur le site en moins de sept heures.*

*Trois exemplaires sont réalisés. L'un d'entre eux, de type F3 normalisé, est exposé au public et à la presse à Paris, sur les quais, à côté du pont Alexandre III : il reçoit un accueil enthousiaste. Pourtant, bien qu'approuvée techniquement par le Centre scientifique et technique du bâtiment (CSTB), la maison n'est pas agréée par les fonctionnaires du ministère de la Reconstruction et de l'Urbanisme car la cuisine n'a pas d'éclairage naturel direct. Jean Prouvé et l'abbé Pierre ne peuvent donc obtenir d'aides à la construction.*

*Claude Prouvé, fils de Jean, travaille en tant qu'architecte dans la société. Il écrit à propos de cette maison qu'elle fut montée « une première fois pour contrôle, démontée à la nuit, très médiatiquement remontée le lendemain en sept heures devant journalistes et télévision. Une grande horloge marque le temps. Il fait -15 °C, la peau de nos mains colle au métal. Mais notre passion et le sentiment de vivre un moment particulier nous réchauffe [...]. »* [5]

*C'est une période exaltante dont Jean Prouvé dira pourtant plus tard : « Fin 56 je constate deux faits indiscutables : 1. Cette société n'est pas viable. 2. Je m'inscris dans le travail en agence que j'ai toujours condamné. Situation insoutenable moralement ! »* [6]

### JEAN PROUVÉ ET LA CIMT

*Le rapprochement avec la Compagnie industrielle de matériel de transport (CIMT), basée à Bordeaux, assure la société Les Constructions Jean Prouvé du soutien d'une entreprise industrielle. En 1957, les deux sociétés signent un accord d'association dont les termes sont négociés par Michel Bataille. D'un côté, la CIMT obtient que Les Constructions Jean Prouvé lui confient l'exclusivité de leurs commandes ; de l'autre, toute affaire traitée par la CIMT en matière de construction devra passer par Jean Prouvé. Cet accord permet aux Constructions Jean Prouvé d'avoir un droit de veto sur la production. L'expérience douloureuse de la collaboration avec la Studal l'avait armé contre les dérives possibles.*

```
1955-1957
      CRÉATION À PARIS
    DE LA SOCIÉTÉ
DES CONSTRUCTIONS JEAN PROUVÉ
       UN AUTRE CHAMP
      D'EXPLORATION
```

1955-1957
CRÉATION À PARIS
DE LA SOCIÉTÉ
DES CONSTRUCTIONS JEAN PROUVÉ
UN AUTRE CHAMP
D'EXPLORATION

*La CIMT n'est pas à l'origine une société de construction. Pour développer son nouveau secteur bâtiment, elle s'associe avec Quillery, une entreprise de béton armé, et avec les Établissements Goumy, recommandés par Jean Prouvé et spécialisés dans la construction en métal.*

*L'accord passé avec la CIMT permet à Jean Prouvé, « ingénieur-conseil », de poursuivre des recherches à titre personnel. Il devient responsable des études techniques et profite des moyens du groupe pour développer la standardisation des façades légères – ainsi, en 1958, la CIMT deviendra leader dans ce domaine. Sur les publicités, figurent CIMT - Jean Prouvé - Goumy.*

*Jean Prouvé doit cependant faire le deuil de sa logique constructive qui impliquait une étude simultanée et conjointe de la structure et de l'enveloppe.*

*La réussite des productions de la CIMT en matière de façades est due, à l'évidence, au savoir-faire de Jean Prouvé. Il exploite en effet ici les recherches effectuées pour l'aéroclub de Buc, la Maison du peuple de Clichy ou encore le Pavillon du centenaire de l'aluminium. Le profil raidisseur s'impose comme l'élément essentiel de la façade légère qui peut enfin être industrialisée en série. Celui-ci, initialement fabriqué en tôle pliée, est désormais obtenu par extrusion de l'aluminium : ce n'est pas le principe qui*

8

8 → Fabrication de panneaux à la CIMT. (Archives privées)

9 → Panneaux de façades en attente de montage. (Archives privées)

9

*change, mais le système de façonnage. Les raidisseurs sont fixés à l'extérieur de la structure des bâtiments. Leur fabrication et leurs principes d'assemblage permettent d'apporter des solutions aux problèmes d'isolation et d'étanchéité, de s'adapter facilement aux nouveaux procédés techniques et de se plier aux exigences évolutives de la sécurité. Les raidisseurs ont une section fonctionnelle qui peut recevoir des châssis à rupture thermique. Le joint en Néoprène extrudé accroît la performance du procédé et rend possible la fixation tant de vitrages que de panneaux pleins.*

*Jean Prouvé met au point plusieurs systèmes de façades pour lesquels il étudie différentes méthodes d'emboutissage des panneaux, d'assemblage et de principes d'accrochage à la structure. Ces systèmes offrent une large possibilité de percements et l'éventail des éléments standardisés permet de répondre à des programmes très différents. De plus, la CIMT propose des traitements variés pour la surface des panneaux. La qualité de leurs finitions et leurs techniques de mise en œuvre donnent aux architectes qui s'intéressent aux procédés industrialisés de façades une grande liberté.*

*« Le squelette est effectivement une structure. Malgré tout, s'il arrive à tenir debout, c'est parce qu'il y a des muscles et autour des muscles de la peau. Ce qui donne une forme finale qui découle nettement du squelette. »* [7]

*Bien que Jean Prouvé considère que sa créativité est en partie bridée par un travail quasi exclusif sur les façades, son intervention a contribué à réaliser des édifices remarquables, dont la modernité et la qualité restent évidentes aujourd'hui.*

1. Voir p. 257.
2. Voir p. 341.
3. Charlotte Perriand, *Une vie de création*, Odile Jacob, 1998, p. 275.
4. Voir p. 287.
5. Joseph Abram, « Claude Prouvé », *AMC*, n° 87, mars 1998, p. 71.
6. Extraits de notes manuscrites de 1983 remises par Jean Prouvé à sa fille Françoise Gauthier.
7. Jean Prouvé, « L'avenir des structures », entretien avec M. T. Mathieu, *Recherche et Architecture*, n° 13, 1973, p. 15.

*Jean Prouvé a élevé sur le Quai
Alexandre III, la plus belle maison que
je connaisse : le plus parfait moyen
d'habitation, la plus étincelante chose
construite.
Et tout cela est en vrai, bâti,
réalisé, conclusion d'une vie de recherches.
Et c'est l'abbé Pierre qui la
lui a commandée !*

*Le Corbusier*

*Le 29-2-56*

Jean Prouvé a élevé sur le Quai Alexandre III, la plus belle maison que je connaisse : le plus ~~parfait~~ moyen d'habitation, la plus étincelante chose construite.

Et tout cela est en vrai, bâti, réalisé, conclusion d'une vie de recherches

Et c'est l'abbé Pierre qui le lui a commandée !

Le Corbusier

le 29/2/56.

(ADMM)

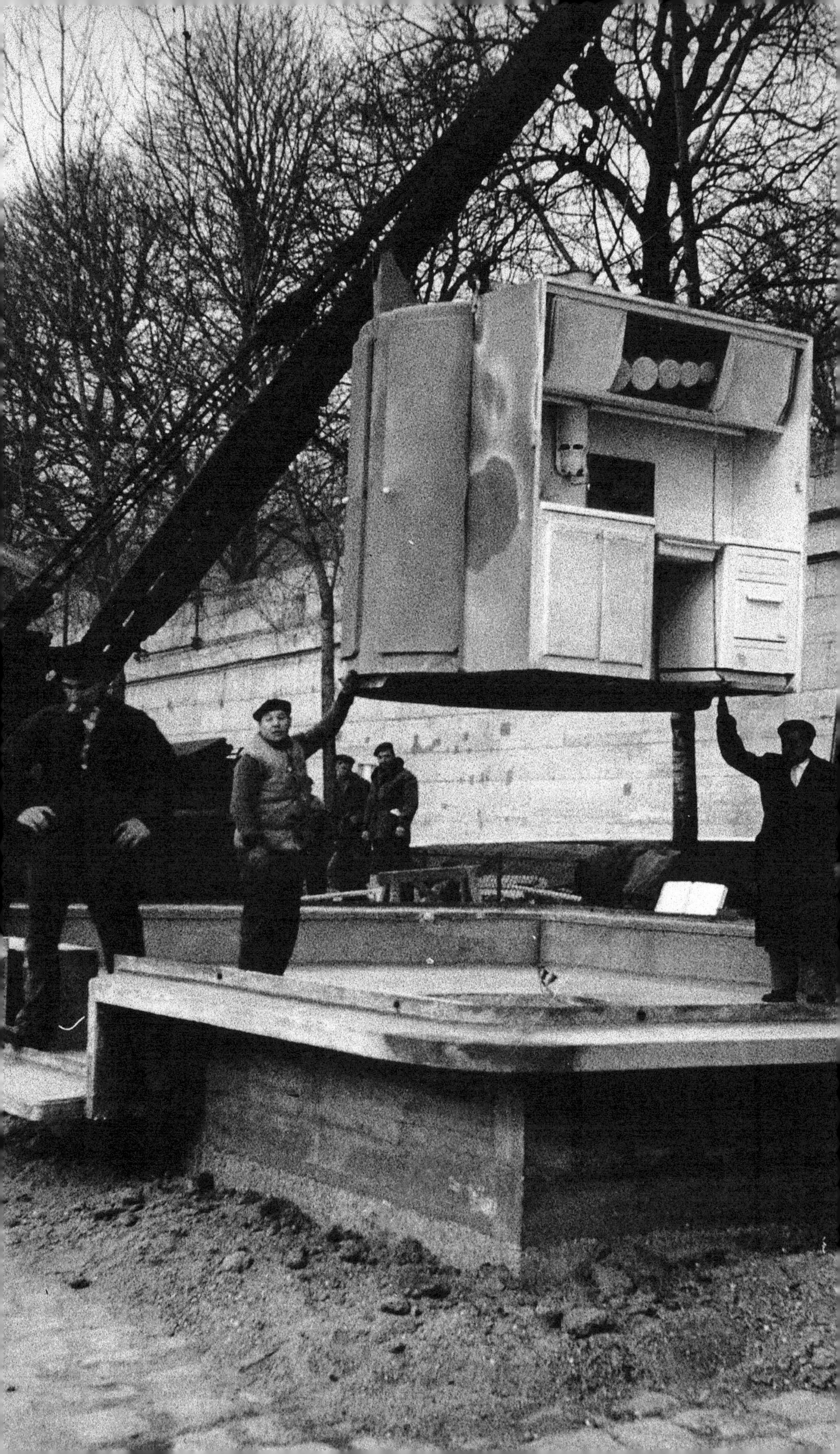

**MAISONS POUR LES SANS-ABRI**
Installation provisoire, entre le pont Alexandre III et le pont des Invalides, Paris
**Maître d'ouvrage** → association Les Compagnons d'Emmaüs
**Maître d'œuvre** → Jean Prouvé, concepteur-constructeur

# 1956
## PARIS
# LA MAISON DES JOURS MEILLEURS - ABBÉ PIERRE

2

1 → Page de gauche
Prototype de la maison dite
« des jours meilleurs » pour
l'abbé Pierre, sur les quais
entre les ponts Alexandre III
et des Invalides, entièrement
conçue par le bureau parisien
de Jean Prouvé.
Installation du bloc sanitaire
préfabriqué. Le concept ne
sera pas développé faute
d'homologation. (ADMM)

2 → Toiture en bac aluminium
Studal, avec un auvent qui
prolonge la baie du séjour
et abrite la porte d'entrée.
(ADMM)

3 → Prototype présenté à Paris. (ADMM)

4 → Plan type du F3. L'enveloppe est libre. Le regroupement des pièces humides en position centrale autorise une souplesse d'aménagement. (ADMM)

5 → Coupes sur la « Maison des jours meilleurs » : au centre, un noyau sanitaire et technique préfabriqué en chaudronnerie métallique supporte une poutre en tôle pliée qui soutient la couverture. Le socle en béton se retourne, à l'intérieur, pour former une banquette filante. (ADMM)

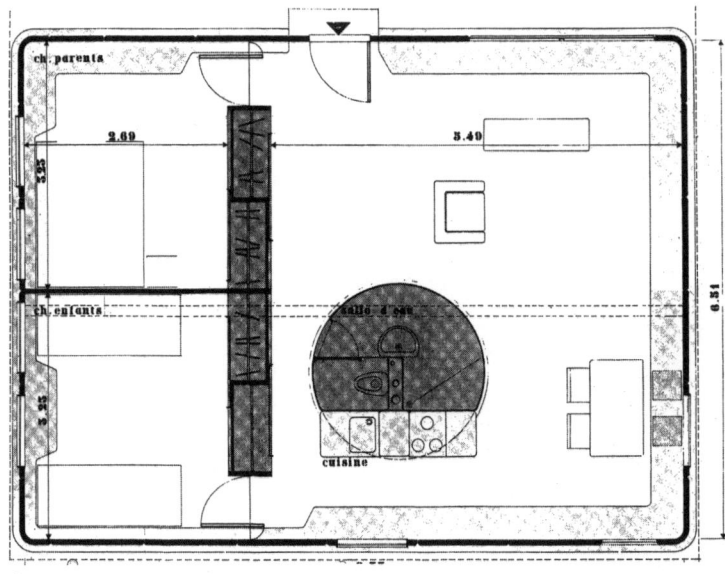

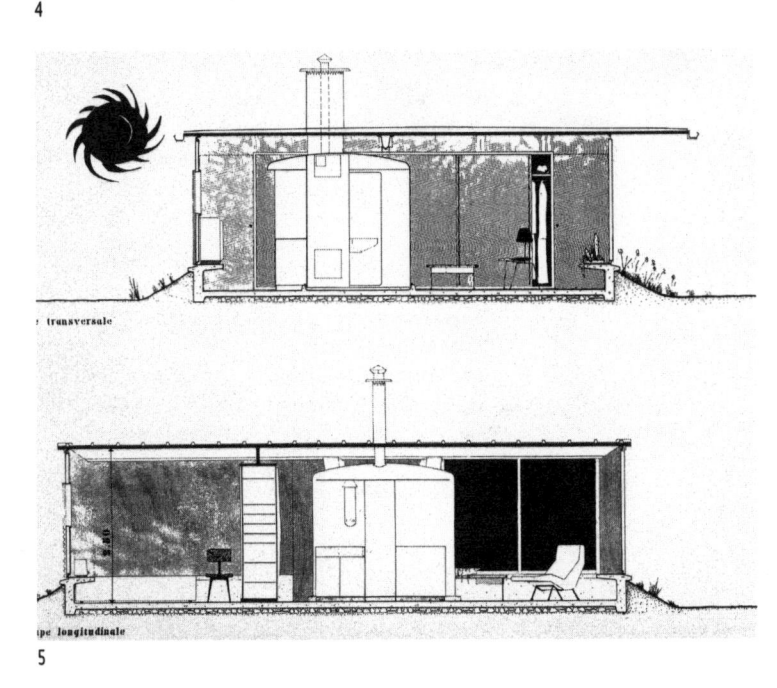

# LA MAISON DES JOURS MEILLEURS ABBÉ PIERRE
## 1956
### PARIS

En 1949, l'abbé Pierre fonde Les Compagnons d'Emmaüs, une communauté ouvrière qui veut lutter contre la misère des plus démunis. En 1954, à la suite d'hivers rigoureux, dans un climat de crise du logement, il lance une campagne d'aide aux sans-abri, puis il imagine la fabrication industrialisée d'habitations. L'abbé Pierre prend contact avec Jean Prouvé en 1955 et lui demande d'étudier un prototype démontable de maison bon marché. Ce défi conduit le constructeur à concevoir en six semaines une maison-appartement de type F3. Son procédé a pour origine la maison Alba (aluminium-béton armé) de 1951, réalisée en collaboration avec Maurice Silvy, architecte stagiaire aux Ateliers de Maxéville. L'habitation est composée à partir de quatre éléments principaux : un socle en béton armé, un bloc sanitaires/cuisine, une couverture unitaire et des panneaux de façade.

**La base de béton** est posée en hérisson sur un lit de pierres, après nivellement du sol. Le dispositif fait office de bac étanche. Le socle est surélevé et se retourne en tablette pour former une banquette sur tout le pourtour intérieur. Au centre de la maison, un noyau concentre des fonctions diverses : chauffage, aération, ventilation, cuisine, salle d'eau et toilettes. Ce bloc préfabriqué, de forme cylindrique, entièrement réalisé en chaudronnerie métallique dans l'usine de la CIMT (Compagnie industrielle de matériel de transport), était conçu pour être fabriqué en série. Son poids et ses dimensions permettent un transport facile de l'usine au site de montage.

« Le principe du bloc technique industrialisé apparaît très tôt chez Jean Prouvé sous la forme des différentes études et réalisations de blocs sanitaires : Maison BLPS (Beaudouin, Lods, Prouvé, Forges de Strasbourg), Club Roland-Garros à Buc, Maison du peuple-marché couvert de Clichy, Salle d'eau pour l'Exposition internationale de 1937 avec Le Corbusier, Pierre Jeanneret et Charlotte Perriand. »[1]

Il supporte une poutre centrale en tôle pliée, laquelle soutient la couverture en bacs d'aluminium Studal. Ces derniers franchissent l'espace intérieur d'une seule volée, s'appuyant au centre sur la poutre faîtière et en périphérie sur les panneaux de façade. La pente est assurée par la flexion des panneaux de toiture Rousseau mis en tension en sous-face. La toiture forme un débord de 0,50 m sur tout le pourtour du bâtiment et de 1,70 m devant la baie du séjour. De l'extérieur, la silhouette de l'édifice est soulignée par les horizontales de l'auvent et de la tablette du socle. Cette solution complète de Jean Prouvé ne peut accueillir aucune extension.

1. J.-F. Archieri et J.-P. Levasseur, *Prouvé, cours du CNAM 1957-1970*, Mardaga, 1990, p. 26.

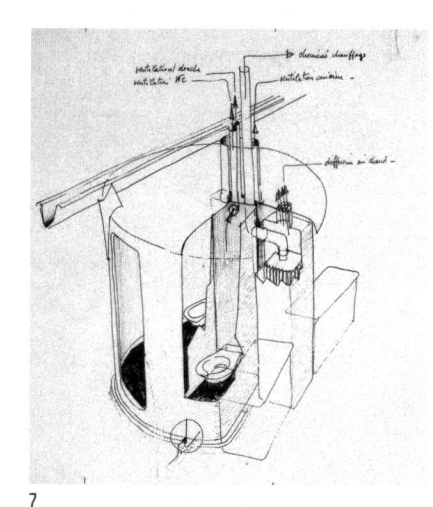

6 → Maquette d'étude de la Maison des jours meilleurs. (ADMM)

7 → Schéma du bloc sanitaire : chauffage, ventilation, salle d'eau, toilettes, cuisine sont regroupés dans un volume préfabriqué, réalisé dans les ateliers de la CIMT (Compagnie industrielle de matériel de transport). (ADMM)

8 → Étapes de montage et d'assemblage de la maison. Sept heures ont suffi lors de la démonstration devant la presse. (ADMM)

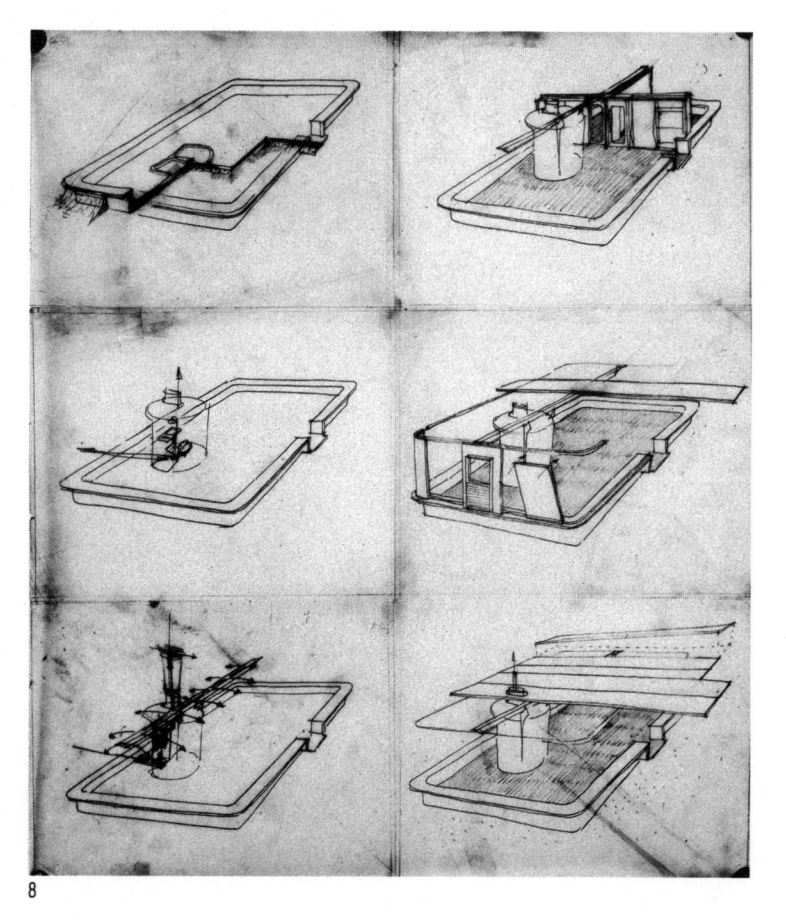

**Les panneaux** de façade se composent de deux parements de contreplaqué « bakélisé » collés sur une âme en fibres de bois aggloméré. D'autres modèles, interchangeables avec les premiers, ont un revêtement extérieur en tôle d'aluminium de 8/10e ondulé, collé sur une âme en mousse de Klégecell. Pour les façades, Prouvé crée quatre types de panneaux semi-porteurs : panneaux d'angle cintrés, panneaux pleins (en Bakélite), vitrés (avec équilibreur et volet en aluminium) et avec porte intégrée. La grande baie vitrée du séjour (2,25 m de large et 1,90 m de haut) fait exception. L'assemblage des panneaux se fait à l'aide de couvre-joints, des rives métalliques basses et hautes logées en face arrière assurant la tension. La mise en œuvre est rapide : moins d'un quart d'heure par panneau installé. Au final, le pavillon fait 8,77 x 6,31 m, soit 52 m². Cette superficie permet d'aménager un F3 normalisé (séjour et deux chambres) dans une composition fluide, un système de cloisons-placards articulant les espaces d'entrée, de séjour et des chambres.

9

10

11

12

**La construction** des prototypes est financée par à une large campagne publicitaire pour la marque de lessive Persil (« La grande quinzaine de solidarité Persil ») : à chaque paquet de lessive vendu, 10 francs sont reversés à la Fondation pour les sans-logis. Parallèlement à cette campagne, une maison-témoin est installée provisoirement sur les quais à Paris. Après une séance d'essai de montage et démontage, la première maison est remontée sur le même site le lendemain, en seulement sept heures, devant un parterre de journalistes de la presse écrite et de la télévision. Cette opération, spectaculaire par sa rapidité de mise en œuvre et par son faible coût (1,5 million d'anciens francs, soit l'équivalent de quatre 2 CV de l'époque), a un impact médiatique retentissant. Le projet est baptisé de plusieurs noms : « Maison préconventionnée », « Maison minimum », ou de manière plus poétique, « Maison des jours meilleurs », ce qui donne JMF3 (jours meilleurs F3, parce que

9-12 → Façades composées de panneaux pleins en contreplaqué bakélisé, de panneaux vitrés (avec volet en aluminium et équilibreur) et de panneaux cintrés aux angles. (ADMM)

13 → Essai d'application du système d'aérateurs verticaux en saillie de la façade, éléments qui trouveront leur pleine expression dans l'école nomade de Villejuif. (ADMM)

14 → Dépliant publicitaire de la « Maison des jours meilleurs ». (ADMM)

comportant trois pièces). Malgré la bonne participation des ménages au projet (un million de bons de lessive retournés) et le nombre de visiteurs sur le site (25 000 personnes), la solution proposée ne sera pas suivie de réalisations en série. En effet, le MRU (ministère de la Reconstruction et de l'Urbanisme) refuse l'homologation à cause de la position centrale du bloc cuisine, tandis que le CSTB (Centre scientifique et technique du bâtiment) avait donné son agrément à la construction. Seuls trois exemplaires sont donc finalement réalisés. Sur ce projet, Le Corbusier rend un hommage appuyé à Prouvé, pour son œuvre « d'architecte-constructeur ».
« Jean Prouvé a élevé sur le quai Alexandre III la plus belle maison que je connaisse ! […] » [2]
Ces maisons constituent une des rares expressions de la pensée de Prouvé dans sa totalité.

**Rafaël Magrou**

2. Lettre du 29 février 1956, voir page 285.

# LA MAISON DES JOURS MEILLEURS - ABBÉ PIERRE
### 1956
### PARIS

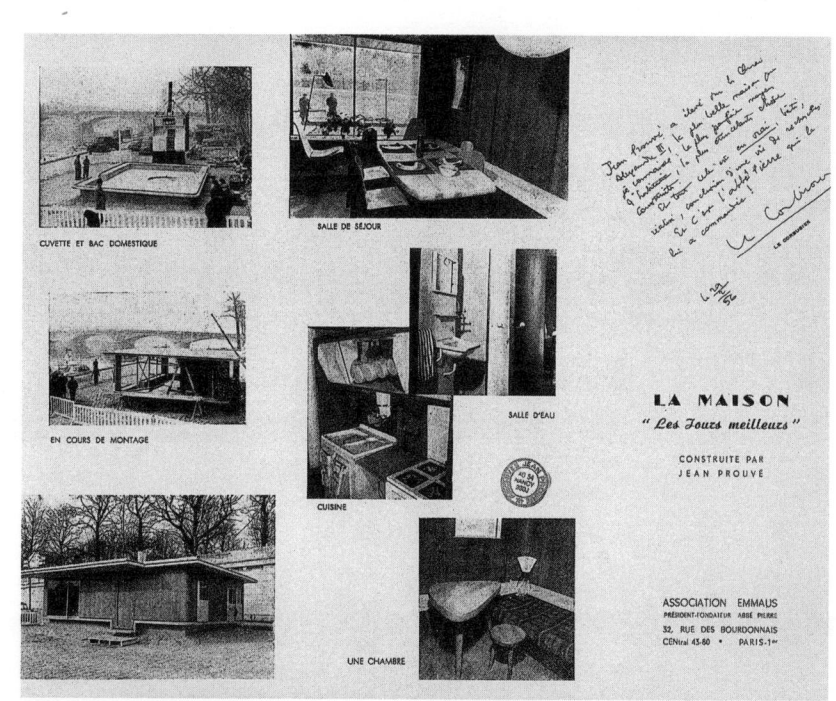

# 1957 1967

# CONSÉCRATION ET INSATISFACTION

*En 1957, Jean Prouvé retrouve, inchangées, ses insatisfactions malgré la reconnaissance de son expérience, de ses compétences et de sa créativité.*

*Au sein de la CIMT* [1]*, le nombre et l'importance des marchés qu'il obtient confirment son rôle de responsable du département Bâtiment. Même si, comme il l'a toujours recherché, il peut intervenir simultanément sur les structures et l'enveloppe, le plus souvent, il n'est consulté que pour les façades dont il est devenu un spécialiste réputé.*

*En outre, il reste toujours éloigné de la fabrication des produits. « J'ai horreur de dessiner sans construire. Dans mes ateliers, une idée était immédiatement réalisée, que ce soit une maison ou un meuble […]. C'est ça qui est terrible dans l'architecture actuelle : elle est le résultat d'une quantité de dessins qui passent par des filières telles, qu'il y a à chaque fois destruction. L'idée initiale est toujours fichue en l'air. Moi, je m'en fichais, je passais outre. Je faisais le « truc » et puis je le montrais. »* [2]

*En dépit de ses limites, cette situation n'empêche pas Jean Prouvé d'affirmer son indépendance et de continuer à créer de nouveaux produits. Qu'il agisse à titre personnel ou en tant que responsable du secteur Bâtiment de la CIMT, sa manière de travailler est la même : dans chaque cas, il innove.*

*En 1957, il termine le chantier de l'école « nomade » de Villejuif* [3]*, dont il a conçu la structure avec Serge Kétoff. La commune lui avait commandé des bâtiments légers, démontables et économiques, à implanter transitoirement sur des terrains adjacents aux immeubles d'habitation sociale qu'elle venait de faire construire.*

*Dans cette école, Jean Prouvé applique, comme pour la buvette d'Évian, le principe dit de la « béquille ». Celle-ci est asymétrique et décentrée par rapport au bâtiment. Par souci d'économie, il recourt à des profils du commerce, qu'il combine à des tôles pliées spécialement. Il prolonge les bacs de toiture au-delà de la façade afin de limiter l'ensoleillement des salles de classe. Les raidisseurs des façades, qui contribuent à la stabilité de l'ouvrage, assurent également l'aération des salles de classe grâce à des opercules réglables. Cela permet de faire l'économie d'ouvrants dans les façades vitrées. Cette innovation, déjà proposée pour la « Maison des jours meilleurs », sera encore exploitée au Centre océanographique à Nantes et au palais des Expositions à Grenoble, en 1968.*

1-2 → Jean Prouvé au CNAM en 1964. Il y enseigne treize ans, de 1957 à 1970. (Extrait de film de A. Guvan, 1964, archives privées)

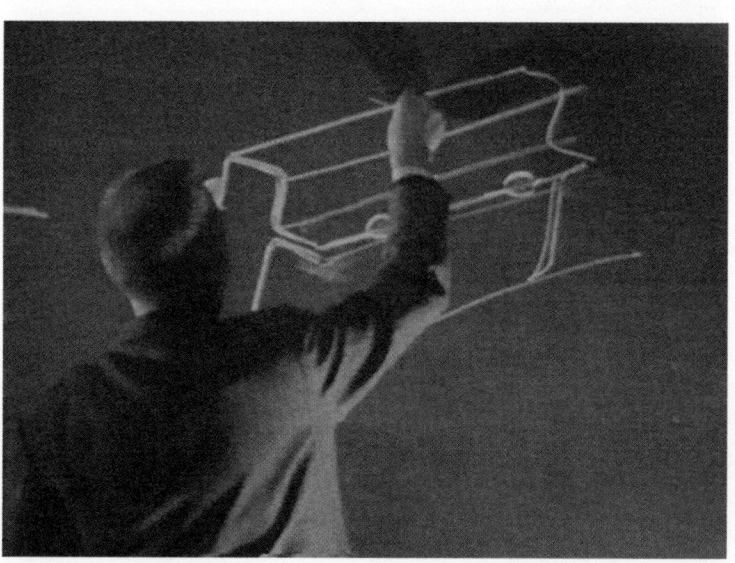

2

### LE CNAM

*Toujours en 1957, Jean Prouvé, sollicité par le Conservatoire national des arts et métiers, y débute ses cours. Il y tient la chaire des « arts appliqués aux métiers » et oriente son enseignement vers l'analyse de « l'actualité du cadre de vie de l'homme ». C'est l'occasion pour lui de transmettre, non seulement son expérience, mais surtout sa connaissance des systèmes constructifs. Sans recourir aux calculs, il procède à une véritable enquête, pour reconstituer le processus qui mène de l'idée d'une structure à sa forme finale. Il y montre, surtout par le dessin, les différentes phases de fabrication, d'assemblage et de finition. Pour chacune, il expose les raisons, les avantages, les inconvénients des choix effectués par les concepteurs, les fabricants et les entrepreneurs. Il transforme ainsi les descriptions des structures en autant d'analyses raisonnées, demandant à ses auditeurs un travail d'intelligence sur ce que l'on pourrait appeler « la mise en forme des structures ». Jean Prouvé dirige aussi un atelier de travaux pratiques avec Serge Binotto comme assistant. Les étudiants peuvent donc se confronter au travail direct sur les matériaux, tout comme il l'a lui-même fait lors de son apprentissage chez les ferronniers d'art.*

*Cette manière de comprendre et de faire comprendre la construction est si rare, passionnante et efficace, que se pressent à ses cours du soir, outre les futurs ingénieurs étudiants du CNAM, de très nombreux et divers professionnels du bâtiment : artisans, constructeurs et jeunes architectes insatisfaits de l'académisme de leur formation.*

*« Le cérémonial d'introduction au cours était toujours le même. Un amphi bondé, il fallait arriver en avance pour avoir une bonne place. Monsieur Prouvé apparaissait par une petite porte en bas à gauche, un paquet de feuilles volantes à la main. Puis, timidement, faisant face au public, les deux mains à plat sur le long bureau qui le séparait de son public, il saluait la salle dans un silence religieux qui m'est toujours apparu venant de l'infini respect qu'il avait pour ses élèves. Il étalait ensuite patiemment sur le bureau, les unes à côté des autres, toutes les feuilles remplies de dessins pour les reproduire sur un très grand tableau noir. »* [4]

*Ces cours inaugurent une formation sur deux ans, qu'il assurera jusqu'en 1970. Ils se réfèrent toujours aux différents concepts des constructions contemporaines, y compris des siennes. En outre, ils bénéficient des interventions que Jean Prouvé continue d'effectuer sur différents bâtiments et qui assurent des allers-retours toujours renouvelés entre ses analyses théoriques et sa pratique.*

3-4 → Bâtiments Renault
à Flins-sur-Seine, Bernard Zehrfuss
architecte, 1957.
(ADMM ; Jean Biaugeaud)

5 → Pavillon de la France
à l'Exposition internationale de
Bruxelles, Guillaume Gillet
architecte, René Sarger ingénieur,
1958. (Documentation générale
MNAM-CCI, fonds J. Prouvé)

1957-1967
CONSÉCRATION
ET INSATISFACTION

4

## AUTRES RÉALISATIONS

*En complément des nombreuses réalisations qu'il conduit avec la CIMT, Jean Prouvé participe avec l'architecte Georges Candilis à la construction d'HLM au Blanc-Mesnil (Seine-Saint-Denis). Il étudie aussi, en reprenant le principe des poteaux porteurs décalés, le projet d'églises « nomades » en métal et verre, dont trois exemplaires sont réalisés dans la région de Forbach (Moselle).*

*Surtout, pour la Régie Renault, qui vient de décentraliser à Flins-sur-Seine (Yvelines) une de ses plus grosses unités de production, il est appelé par son ami l'architecte Bernard Zehrfuss, pour la conception et la construction du hall d'entrée des bâtiments. La structure de façade qu'il propose est d'une transparence presque totale, grâce à l'extrême finesse de ses raidisseurs. La pureté du dessin conjointe à la grande dimension et aux proportions des vitrages, proches du nombre d'or, montrent le niveau de synthèse et d'harmonie qu'ont atteint l'architecte et l'inventeur-constructeur dans la maîtrise de l'opération.*

*Ces qualités sont immédiatement sensibles, même si, délibérément, elles ne sont pas spectaculaires. Ainsi, l'architecture et la technique, mises au service de l'effet d'ensemble, font de ce hall d'entrée un symbole cohérent de la puissance et des performances de la Régie Renault.*

*Entre 1956 et 1959, Jean Prouvé voit par ailleurs la réalisation d'un projet qui lui est cher : le Centre d'apprentissage de Béziers dont il avait conçu, dès 1951, les structures de toiture et de façades pour l'architecte Pierre Jeanneret, son ami de plus de vingt ans. Cette construction est la plus importante réalisée en France par ce dernier. Jean Prouvé a conçu une toiture en coques d'aluminium à double courbure en forme d'aile d'avion et des vitrages de façades de 4,30 m de haut. Ceux-ci, en pivotant sur un axe horizontal situé à mi-hauteur, libèrent un passage de 2,15 m de haut vers les balcons. La toiture débordante repose d'une part sur des structures porteuses en béton armé, d'autre part sur les raidisseurs des châssis vitrés. Grâce à ces dispositions, la construction peut s'effectuer, une fois le gros œuvre achevé, par la juxtaposition de travées préfabriquées.*

*En 1958, l'équipe Jean Prouvé/ Charlotte Perriand/Piotr Kowalski et les architectes Guy Lagneau, Michel Weill et Jean Dimitrijevic*

5

présentent au Salon des arts ménagers leur « maison saharienne »⁵, destinée à l'habitat provisoire des ouvriers du pétrole qui travaillent dans le désert algérien. Cette proposition est radicale. Elle comporte deux cabines d'habitation séparées, chacune ayant un noyau central spécialisé. Celle du jour reçoit le bloc cuisine, tandis que celle de la nuit accueille le bloc sanitaire. Leur enveloppe est réalisée en panneaux normalisés d'aluminium isothermes, dont certains étaient vitrés. Les deux cabines, climatisées, sont abritées sous une même couverture, à l'imitation d'une tente berbère. Cette couverture est séparée du toit par un vide qui limite la transmission thermique et assure la ventilation dans l'entre-deux. La couverture déborde tout autour des cabines, augmentant la zone habitable fraîche. L'ensemble de ces dispositions introduit une véritable révolution des usages. Ce projet est une nouvelle amélioration des recherches de Jean Prouvé. Les « maisons tropicales » qu'il avait réalisées en 1949 à Niamey (Niger), étaient comparativement plus traditionnelles. Les pièces formaient un seul bloc et les circulations, rejetées à l'extérieur de celles-ci, étaient protégées dans le bâtiment lui-même par la véranda et ses brise-soleil.

Toujours en 1958, l'Institut français des pétroles à Rueil-Malmaison (Hauts-de-Seine) fait de nouveau appel à Jean Prouvé, cette fois pour concevoir les sièges de l'amphithéâtre.

La même année, pour le pavillon de la France à l'Exposition internationale de Bruxelles, l'architecte Guillaume Gillet conçoit, en deux semaines d'esquisse, un très grand volume libre de tout point porteur, qu'il couvre de surfaces gauches. Il reprend ainsi la tradition du chef-d'œuvre technique que fut la grande Galerie des machines à l'Exposition universelle de 1900. René Sarger met au point une structure de couverture en poutres-caissons et câbles, entièrement en acier, et sollicite Jean Prouvé pour les tôles pliées des poutres et les raidisseurs de façades. Grâce à une forme en paraboloïde, le maillage des câbles qui supportent les panneaux de toiture travaille en tension. Le report des forces sur les poutres de rives, auxquelles s'accrochent les raidisseurs de façades, est contrebalancé par le poids des vitrages. Ce dispositif, équilibré par une flèche oblique qui fait fonction de signal, permet de concentrer 80 % des charges sur un seul massif de fondation. Le terrain, tout en remblai et traversé en sous-sol par un tunnel, l'imposait !

6 → Usine Roclaine,
Saint-Étienne-du-Rouvray, Alain
Gillot architecte, 1958. (ADMM)

7 → Collège technique du
vêtement, rue des Taillandiers,
Paris, Jacques et Bernard Ogé
architectes, 1959. (Michalidés)

## 1957-1967
### CONSÉCRATION ET INSATISFACTION

*Toujours en 1958, Jean Prouvé participe à d'autres bâtiments avec la CIMT : l'usine Roclaine à Saint-Étienne-du-Rouvray (Seine-Maritime ; Alain Gillot architecte), la « Tour du fer à cheval » à Roubaix (Gillet architecte), cinquante logements à Dijon (Jacques Blanc, Pivot et Junillon architectes).*

*Confirmant sa notoriété et la qualité de ses travaux, il est fait cette année-là chevalier de l'ordre Léopold en Belgique, et reçoit le diplôme de participation à la 10ᵉ Triennale de Milan.*

### DE LA FIN DE L'UAM AU CERCLE D'ÉTUDES ARCHITECTURALES

*Du fait des désaccords entre certains de ses membres, l'UAM [6] se dissout en 1958. Sous la présidence de René Herbst, l'exposition « Formes utiles » qui présentait, lors de chaque Salon des arts ménagers, les travaux des artistes et créateurs de l'UAM, se transforme en association. Bien qu'ayant un temps songé à démissionner de l'UAM, Jean Prouvé est membre, tout comme son amie Charlotte Perriand, de la nouvelle association. Celle-ci a pour objectif un thème cher à Jean Prouvé : l'amélioration du cadre de vie pour le plus grand nombre. Par ce biais, il poursuit la collaboration avec des artistes, architectes et plasticiens, collaboration qui lui avait auparavant permis d'obtenir l'importante commande de mobilier pour la Cité universitaire d'Antony.*

*En 1959, avec les architectes Jacques et Bernard Ogé, Jean Prouvé intervient sur le Collège technique du vêtement (aujourd'hui lycée Paul Poiret), rue des Taillandiers à Paris 11ᵉ.*

*Pour l'aérogare sud d'Orly, avec l'architecte-ingénieur des ponts Henri Vicariot, il reprend le principe des raidisseurs de façades en T qu'il avait utilisé pour l'Institut français des pétroles. Cette fois, la grande dimension l'impose, il recourt à l'extrusion plutôt qu'au pliage pour former des raidisseurs d'un seul tenant sur toute la hauteur de la façade.*

*Parallèlement, avec la CIMT, Jean Prouvé répond à de nombreuses commandes. À Cachan (Val-de-Marne), avec Serge Kétoff et l'architecte Candilis, il construit un gymnase. À Grenoble, il est appelé par les architectes Pivot et Junillon pour la conception du bâtiment du Centre d'études nucléaires. À Nanterre (Hauts-de-Seine), il réalise des panneaux de façade pour l'immeuble d'HLM « Les Pâquerettes », dont les architectes sont Charles Sébillotte, Darras, Anatole Kopp et Jean Nicolas.*

7

1957-1967
CONSÉCRATION
ET INSATISFACTION

*Jean Prouvé est également sollicité pour des opérations prestigieuses.*

*Ainsi, avec son fils Claude et son plus proche collaborateur Jean Boutemain, il travaille à la conception du Centre national des industries et des techniques [7] à la Défense, qui sera terminé en 1958. Il propose de multiples solutions de structure et d'enveloppe aux architectes Robert Camelot, Jean de Mailly, Bernard Zehrfuss et à l'ingénieur Nicolas Esquillan. Même si, finalement, son projet de structure métallique en selle de cheval n'est pas retenu pour la voûte, son intervention sur les façades est remarquable, car elle résout avec élégance un problème délicat. En effet, les trois verrières des tympans doivent répondre aux contraintes verticales de la voûte dont les déformations peuvent atteindre 20 cm au sommet, et reprendre, horizontalement, les efforts du vent. Pour cela, il conçoit une grille porteuse indépendante, constituée de raidisseurs verticaux et de passerelles de nettoyage qui servent en même temps de raidisseurs horizontaux. L'ensemble, réalisé en tôle d'acier inoxydable, est placé en arrière-plan de la façade, si bien que ne restent visibles, depuis l'extérieur, que les joints creux et les fixations du verre. Devant cette structure, les vitrages sont disposés en « clins » de façon à permettre leur nettoyage depuis l'intérieur du bâtiment. Le maître d'ouvrage imposait aux entrepreneurs de garantir l'entretien des façades pendant dix ans. Cette contrainte donne à Jean Prouvé un motif supplémentaire d'attribuer plusieurs fonctions aux éléments constructifs, un souci constant chez lui.*

*La plupart des interventions de Jean Prouvé suscitent de nouvelles commandes, car les architectes pour lesquels il travaille lui restent presque toujours fidèles. Ainsi, Jean de Mailly l'appelle à nouveau pour la centrale et l'usine souterraine EDF de Serre-Ponçon (Hautes-Alpes) : avec la CIMT, il y conçoit et réalise des bâtiments administratifs et des ateliers.*

*En 1960, Jean Prouvé est nommé vice-président du Cercle d'études architecturales.*

## RECONNAISSANCE DE LA CIMT-JEAN PROUVÉ

*C'est l'année où il intervient sur la Maison de la culture du Havre, avec les architectes Lagneau, Weill et Dimitrijevic et les ingénieurs Bernard Laffaille et René Sarger. Ils réalisent ensemble une boîte de verre dont les volumes intérieurs peuvent être utilisés de manière extrêmement souple.*

8

À Lyon, Jacques Perrin-Fayolle l'appelle pour de nombreux bâtiments, dont l'Institut national des sciences appliquées (INSA). Il met en œuvre une grille qui comporte des raidisseurs toute hauteur ; il utilise des profilés du commerce car la façade est fixée au bâtiment par les murs de refend en béton armé. L'année suivante, il interviendra pour le compte du même architecte sur la faculté des Sciences de Lyon.

Entre 1960 et 1965, Jean Prouvé collabore à l'édification de l'usine « atomique » de Pierrelatte (Drôme). Le général de Gaulle veut doter la France d'une force de dissuasion. Avec la CIMT, il a remporté le concours concernant, entre autres éléments, la fabrication de bardages de toiture et de façades ainsi que de caissons mesurant 20 x 20 x 12 m. Ces derniers doivent offrir une excellente étanchéité à l'air et au bruit et, de plus, des parois lisses, facilitant la décontamination en cas d'accident nucléaire. Il est nécessaire que l'ensemble soit démontable pour pouvoir être modifié, si besoin est. Le montage doit être rapide, et possible quasiment en gants blancs. L'ingénieur Jean Swetchine écrit à propos de cette opération : « Vingt ans après, j'ai pu visiter les lieux avec Joseph Belmont. Les caissons de Prouvé étaient en parfait état. Cette usine sera démantelée, ayant rempli sa mission. Sa dimension architecturale reste parfaitement confidentielle. La méconnaissance des grandes réalisations de Jean Prouvé est-elle due à sa trop grande modestie, ou à un manque d'intérêt en France pour tout ce qui va bien ? Ou bien au secret attaché à certains aspects de cette réalisation, ou encore parce que la face noble des caissons se trouve à l'intérieur de ceux-ci, où règnent une température de 60 à 80° et un vacarme de 110 dB et où il n'y a donc personne : en somme des façades parfaites que personne ne voit ! » [8]

En 1961, toujours avec la CIMT, Jean Prouvé intervient sur de très nombreuses opérations.

8 → Maison de la culture,
Le Havre, Guy Lagneau, Michel
Weill et Jean Dimitrijevic
architectes, 1960. (ADMM)

9 → Centre protestant,
Cité universitaire de Paris,
Roger Le Caisne architecte, 1960.
(Erika Sulzer-Kleinemeier)

1957-1967
CONSÉCRATION
ET INSATISFACTION

*Au Havre, il réalise pour Zehrfuss une école d'enseignement technique. À Cantebonne, près de Ville-rupt (Meurthe-et-Moselle), il construit un centre paroissial pour les aciéries de Micheville. À Grenoble, avec l'architecte Blanc, il édifie les bureaux d'une société d'ingénierie, la Sogreah. À Cachan, avec Pol Abraham, il intervient sur le pavillon des étrangers du Centre national de l'enseignement technique (CNET). Avec René Gagès, il réalise une station-service à Bron-Parilly (Rhône), et avec René Bornarel, le centre d'essais Berliet de Saint-Priest (Rhône).*

*En 1962, Jean Prouvé construit la maison de sa fille et de son gendre le docteur Gauthier à Saint-Dié (Vosges) 9, ainsi que la maison de M<sup>me</sup> Seynave à Beauvallon (Var ; Neil Hutchinson architecte, avec J. Parente, M. Sauzet, C. Vilfour).*

*En 1963, Jean Prouvé reçoit le prix Auguste Perret qui lui est décerné par l'Union internationale des architectes (UIA).*

*Sa notoriété est devenue telle que nombre de nouveaux architectes font appel à lui comme Le Caisne qui lui demande de collaborer au Centre protestant construit à la Cité universitaire de Paris ; Deschler qui lui commande le siège social de la CIMT à Neuilly-sur-Seine (Hauts-de-Seine) ; Picot qui le fait participer à l'église de l'Haÿ-les-Roses (Val-de-Marne).*

*Avec la CIMT et ses amis Jean Le Couteur et Paul Herbé, il réalise le centre d'essais d'EDF « Les Renardières » à Moret-sur-Loing (Seine-et-Marne). Cette opération est l'occasion d'une rencontre importante pour Jean Prouvé, celle de l'ingénieur Louis Fruitet. Traditionnellement, les ingénieurs d'entreprise comparaient l'inventeur-constructeur à Le Corbusier : « quelqu'un qui faisait prendre des risques, qui faisait faire des choses qui ne marchaient pas toujours ». Mais le travail de Fruitet avec Jean Prouvé l'amène à penser autrement : « [il] proposait des principes qui sur le moment semblaient infaisables. Sur le moment je marquais de la réticence. Une fois dans mon bureau je reconsidérais la proposition de Jean Prouvé et arrivais à la conclusion que c'était possible. Depuis, à chaque fois que j'ai travaillé avec Prouvé, je n'ai jamais plus dit on ne peut pas le faire, j'ai toujours gardé un temps de réflexion pour voir s'il n'y avait pas une idée, et il y avait toujours une idée intéressante. »* 10

*En 1962-1963, au concours du ministère de l'Éducation nationale pour des modèles de collèges, Jean Prouvé, avec la CIMT, Quillery, la société Mulca (mobilier scolaire) et les architectes Joseph Belmont,*

10 → Dessin sur calque,
concours Conception-Construction,
Belmont, Perillier, Silvy architectes,
1962. (ADMM)

11-12 → Lycée J.-J. Rousseau à
Sarcelles, Joseph Belmont architecte,
1966. (coll. Pavillon de l'Arsenal)

10

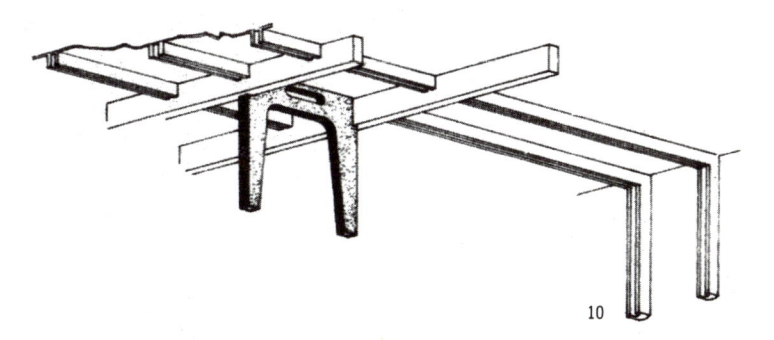

Jean-Claude Perillier et Maurice Silvy de l'Équipe 120, fait une proposition qui est retenue.

« Le lycée Jean-Jacques Rousseau à Sarcelles à été réalisé (en 1965) à la suite du concours Conception-Construction organisé en 1962 par le ministère de l'Éducation nationale [...]. Ce lycée est constitué d'une ossature en béton armé contreventée par une arête de grands portiques. Il est entouré d'une enveloppe industrialisée comprenant trois types de panneaux : un plein, un vitré fixe et un vitré ouvrant. On retrouve dans cet édifice des idées chères à Jean Prouvé : une intégration totale des fonctions, des techniques et des formes, et des éléments industrialisés découlant d'un ensemble (jamais conçus ex nihilo). On retrouve également le souci de Jean Prouvé d'humaniser des édifices très radicaux à cette époque. Le lycée a été composé de volumes isolés et autonomes, comme le voulaient les théories du mouvement moderne. Mais ces volumes, très intégrés à la nature environnante, s'organisaient autour de nombreux lieux d'accueil et de rencontre (dont les structures annonçaient les espaces intérieurs). »
*Joseph Belmont, mars 2001.*

11

*Le même modèle est aussi développé à Saint-Égrève, à côté de Grenoble, aux Vans (Ardèche), à Bressuire (Deux-Sèvres) et à Flaverges.*

### ÉTUDES ET RECHERCHES

*En 1963, Jean Prouvé dessine de nouvelles structures porteuses pour les écoles, à base de « tabourets », qui associent dans un ensemble entièrement en métal quatre poutres et quatre poteaux préfabriqués en usine. L'intérêt de ce dispositif est de fournir une structure rigide et autostable sur laquelle peuvent être posés différents systèmes de toiture. Il n'est plus nécessaire de recourir à des murs de refend en maçonnerie ou en béton armé.*

*La même année, Jean Prouvé étudie avec Georges Candilis, Alexis Josic, Shadrach Woods et Charlotte Perriand, un projet, qui restera sans suite, de station de ski à Saint-Martin-de-Belleville (Savoie). Il envisageait de recourir à l'injection de mousse de polyuréthane pour assurer l'isolation thermique des coques*

12

avec lesquelles il était prévu de construire les différents bâtiments.

En 1964, au pavillon de Marsan (musée des Arts décoratifs, Paris), Jean Prouvé a l'occasion de présenter la majeure partie de ses recherches et de ses propositions dans une exposition personnelle montée par l'architecte Ionel Schein et par le CEA (Centre d'études architecturales). Il y montre ses travaux sur les maisons, les façades-grilles, les panneaux, les raidisseurs-aérateurs-tenseurs de façades, les blocs cuisine, les blocs sanitaires, etc. Plus qu'un hommage ou un couronnement de carrière, cette exposition permet surtout à Jean Prouvé de transmettre l'ensemble de ses idées. Mais, tout comme lors de ses précédentes présentations de produits au cours des salons successifs, il laisse le soin aux œuvres de « parler ». Il estime en effet que ses explications sont inutiles et que l'évidence est le meilleur avocat de ses travaux.

À l'automne 1964, Jean Prouvé effectue un voyage de trois semaines aux États-Unis avec Jean Swetchine pour fêter la fin de Pierrelatte. « Quel souvenir ! J'ai vu combien Prouvé était connu et estimé là-bas [...]. »[11] L'année suivante, sa carrière est distinguée en France : il est élevé au grade de chevalier des Arts et Lettres.

En 1965, Jean Prouvé et la CIMT, en équipe avec les architectes de l'AUA (Atelier d'urbanisme et d'architecture) Jean Deroche et Jean Perrottet, étudie un prototype de « club des jeunes » préfabriqué. Il s'agit d'une proposition économique recourant à des éléments simples qui doivent pouvoir être montés par des équipes de jeunes, bénévoles et non spécialisés. Ils choisissent une structure à portique en profilés d'acier surmontée de deux poutres longitudinales en I. Pour la couverture, des panneaux monobloc en bois collé Rousseau sont recouverts de tôle d'aluminium nervurée. Pour les façades, des raidisseurs permettent de poser des panneaux pleins en tôle laquée, des vitrages fixes ou coulissants, ou encore des portes. Les angles transparents et arrondis sont réalisés avec des éléments de Plexiglas cintrés. On retrouve cette typologie d'angle, opaque ou transparent, dans certaines des maisons particulières réalisées par Jean Prouvé tout comme dans les cabines de la « maison saharienne ». Ce prototype est exposé au Salon des artistes décorateurs au Grand-Palais, à Paris, puis reconstruit à Argenteuil (Val-d'Oise), où il sert aujourd'hui de garderie d'enfants.

13 → Pavillon des Floralies,
Orléans, 1964-1965.
(Documentation générale
MNAM-CCI, fonds J. Prouvé)

## 1957-1967
### CONSÉCRATION ET INSATISFACTION

*Cette même année, Jean Prouvé réalise, entre autres, deux pavillons aux Floralies d'Orléans. Il y reprend le principe des portiques, qu'il décline cette fois en leur donnant la forme d'un H où la traverse horizontale est repoussée vers le haut.*

*En 1966, malgré sa mise à la retraite, le constructeur continue de suivre les nombreux chantiers de la CIMT-Jean Prouvé. Ainsi, il intervient à Saint-Maur-des-Fossés (Val-de-Marne), pour l'architecte Félix Madeline, sur les façades du centre sportif ; à Argenteuil, pour Roland Dubrulle, sur le groupe scolaire Paul Éluard ; à Orléans-La-Source, pour les architectes Michel Andrault et Pierre Parat, sur le lycée de jeunes filles ; à Grenoble, pour Maurice Novarina, sur les façades du nouvel hôtel de ville.*

*Par ailleurs, avec la CIMT, au « Villagexpo » de Saint-Michel-sur-Orge (Essonne), il montre deux maisons et l'école « tabouret », et réalise le hall d'accueil.*

*En quittant la CIMT à 65 ans, Jean Prouvé sait qu'il n'aura plus d'activité industrielle. Il officialise donc à ce moment-là son statut d'ingénieur-conseil. Les bâtiments sur lesquels il va désormais travailler ou qu'il va proposer en s'associant avec son frère ou son fils sont encore des ensembles cohérents ; tel est le cas du Club des jeunes d'Ermont ou du palais des Expositions de Grenoble. Mais, le plus souvent, il intervient en tant qu'ingénieur-conseil, uniquement sur des éléments d'enveloppe, cherchant toutefois à les relier à sa réflexion sur les structures, comme cela apparaît dans les façades de la tour Nobel [12] ou de l'Unesco [13].*

*Les solutions avancées par Jean Prouvé, toujours créatives, montrent à la fois le renouvellement permanent de sa pensée de constructeur et son respect constant des contraintes spécifiques à chaque projet. Toujours attentif aux progrès techniques, il n'hésite pas à faire appel aux matériaux de synthèse, démentant ainsi sa réputation d'homme de l'acier et de la tôle pliée. Il est vrai que sa nouvelle position d'ingénieur-conseil le rend indépendant de toute entreprise. Chaque fois, il veille donc à utiliser les matériaux – acier, verre, caoutchouc, bois, contreplaqué, matières plastiques – pour leurs qualités propres, et dans le respect du rapport entre les besoins, les formes et les forces.*

*Cependant, si les nombreuses commandes qu'il reçoit, de la part des architectes les plus prestigieux, consacrent la reconnaissance de ce savoir-faire, elles ne parviennent pas à effacer le regret de Jean Prouvé d'être devenu un inventeur en « bureau » sans liaison directe avec l'atelier. Pour lui, le créateur doit être au sein de l'entreprise, et il ne se résout toujours pas à approuver la séparation concepteur-constructeur, traditionnellement consacrée par la division du travail.*

1. Compagnie industrielle de matériel de transport.
2. Jean Prouvé, in Dominique Clayssen, « Industrialisation ouverte », *Techniques et Architecture*, n° 327, novembre 1979.
3. Voir p. 307.
4. Jean-Pierre Levasseur, in *Prouvé, cours du CNAM, 1957-1970*, (Essai de reconstitution du cours à partir des archives Jean Prouvé), textes de Jean-François Archiéri et dessins de Jean-Pierre Levasseur, Liège, Mardaga, 1990, p. 15.
5. Voir p. 135.
6. Union des Artistes Modernes.
7. Voir p. 341.
8. Jean Swetchine, in *Les Amis de Jean Prouvé*, bulletin de liaison des membres de l'association, n° 5, mars 1998.
9. Voir p. 135.
10. Entretien de Laurence Allégret et Valérie Vaudou avec Louis Fruitet, 14 décembre 2000.
11. Jean Swetchine, *Les Amis de Jean Prouvé*, bulletin de liaison des membres de l'association, n° 5, mars 1998.
12. Voir p. 346.
13. Voir p. 350.

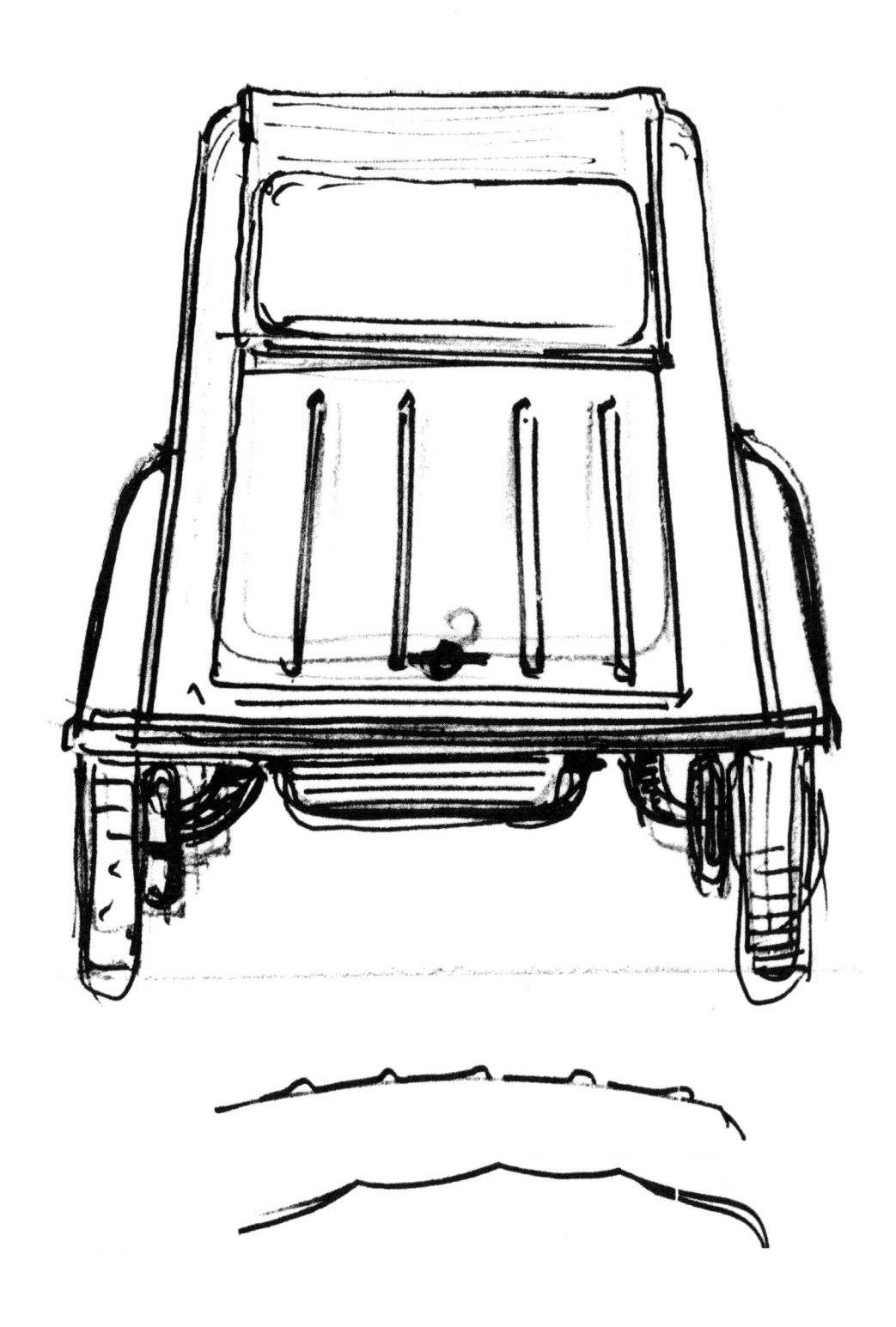

(ADMM)

## 1ᴱᴿ COURS DE JEAN PROUVÉ

ACCUEIL DES NOUVEAUX ÉLÈVES
5 NOVEMBRE 1965

Nous nous retrouverons deux fois par semaine. Certains d'entre vous savent ce que nous ferons. Pour les autres, il est nécessaire de nous expliquer. Cette chaire est celle des "Arts appliqués aux métiers", c'est vaste, peut-être aussi ambigu. Ce titre, à première vue pourrait être interprété comme une simple analyse esthétique de la forme des choses. Tout de suite, pour ceux qui se seraient fourvoyés, je vous affirme qu'il n'en sera rien.
Les Arts appliqués aux métiers ! Imaginez et réalisez qu'il s'agit de tout ce qui englobe, tout ce qui sert de cadre à la vie de l'homme en société ; de l'urbanisme, de l'équipement du territoire, de la grande construction à l'objet usuel, les uns et les autres pensés et réalisés pour tous. L'œuvre d'art unique et l'artisanat seront certes évoqués, mais dans le seul cas d'un apport positif à l'évolution qui seule nous intéresse. Ils seront mineurs. Pour en acquérir la connaissance, nous avons tous les musées, les publications et les expositions rétrospectives. Je vous conseille à ce sujet d'en apprendre le maximum, pour votre bagage personnel bien sûr, mais aussi pour mieux comprendre ce qui, à notre époque se fait de bien, de médiocre et de néfaste. Mises à part les comparaisons "anatomiques" qui nous paraîtront opportunes, c'est à l'actualité que nous consacrerons le temps qui nous est ainsi imparti. L'actualité est bien pour vous, j'ose l'espérer, votre principal souci. Il s'agit de votre vie et de celle de vos enfants. Vous arrive-t-il d'analyser et de constater le désarroi de notre époque ? D'en découvrir les raisons, les causes ?
Avez-vous comparé le magistral développement des réalisations scientifiques au misérable cadre dans lequel nous vivons les 24 heures de la journée ? C'est rarement réjouissant. Nous chercherons pourquoi, et quelques courageux exemples nous rendront optimistes. Si vous en acquérez des convictions, vous n'aurez plus qu'à lutter pour aboutir.
Me méfiant de l'anticipation, c'est très rarement que nous l'effleurerons. Pouvons-nous, en effet préjuger de ce qui se fera demain ?
J'en reviens au sujet. Deux années scolaires de chacune 40 cours sont consacrées au sujet. La première année traitera de l'habitation, de son équipement. La deuxième année traitera de la rue, la route et les ouvrages d'art.
Comment pratiquerons-nous ?
Notre point de départ sera une documentation photographique par laquelle nous essaierons de faire le point des techniques de construction les plus nouvelles.
Partant ainsi d'un exemple concret que ce soit un type d'habitation collectif ou individuel, rural ou urbain, nous examinerons chaque composante de ce bâtiment.
Étudiant séparément chaque construction, nous verrons en quoi les conceptions retenues sont intéressantes techniquement et bien entendu économiquement tout en restant harmonieuses et adaptées aux exigences de la vie moderne.
Donc, pour chaque élément de la construction, la chronologie sera la suivante : L'idée, La conception technique, Les procédés de fabrication, La mise en œuvre.
Il sera beaucoup dessiné, beaucoup démontré et parlé le moins possible. En résumé, je m'efforcerai de reconstruire chaque œuvre devant vous avec l'aide du dessin et de la photographie.
Enfin, un de nos buts sera de détecter si l'industrie a toujours fait son devoir vis-à-vis de la communauté, si elle a toujours gardé l'esprit de renouvellement dont nos ancêtres avaient fait une tradition.

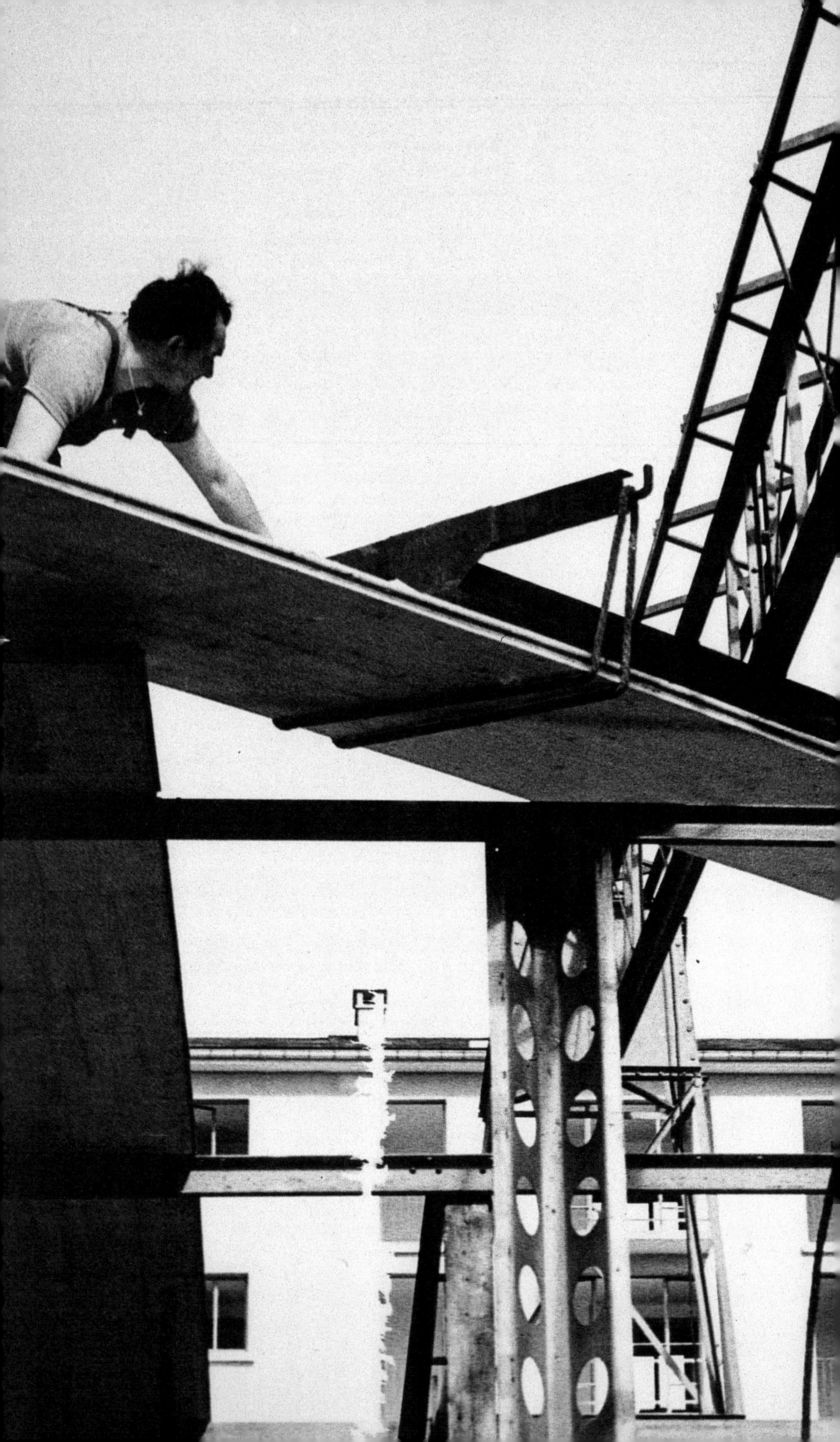

**18 SALLES DE CLASSE PROVISOIRES AVEC PRÉAUX** (bâtiment aujourd'hui démonté)
Villejuif (Val-de-Marne)
**Maître d'ouvrage** → ministère de l'Éducation nationale
**Maîtres d'œuvre** → Ateliers Jean Prouvé, concepteur-constructeur
Serge Kétoff, ingénieur
Jean Masson et R. Guidici, collaborateurs
Entreprise Goumy, réalisation technique

# 1957
# VILLEJUIF
# L'ÉCOLE
# NOMADE

2

1 → Page de gauche
Installation d'un panneau de toiture en bois contrecollé à l'école « nomade » de Villejuif (Val-de-Marne). (ADMM)

2 → Constructions légères pour les équipements scolaires. (D.R.)

3

**Les années 1950** constituent une période de construction effrénée de logements collectifs. Pour compenser la croissance à la fois urbanistique et démographique de l'après-guerre, de nombreux équipements scolaires doivent être réalisés dans l'urgence. Située au sud-est de Paris, la ville de Villejuif a besoin de nouveaux locaux d'enseignement. Ces salles de classe devaient répondre à un montage-démontage ainsi qu'à un stockage aisés, en vue d'une reconversion possible de la structure pour des colonies de vacances ou de toute autre utilisation. L'option préfabriquée s'imposait donc, alliant légèreté structurelle, flexibilité et souplesse de mise en œuvre. C'est à Jean Prouvé, déjà remarqué pour ses recherches dans ce secteur, que l'opération est confiée. Pour cette commande, il met en place un principe de construction entièrement basé sur la préfabrication en atelier.

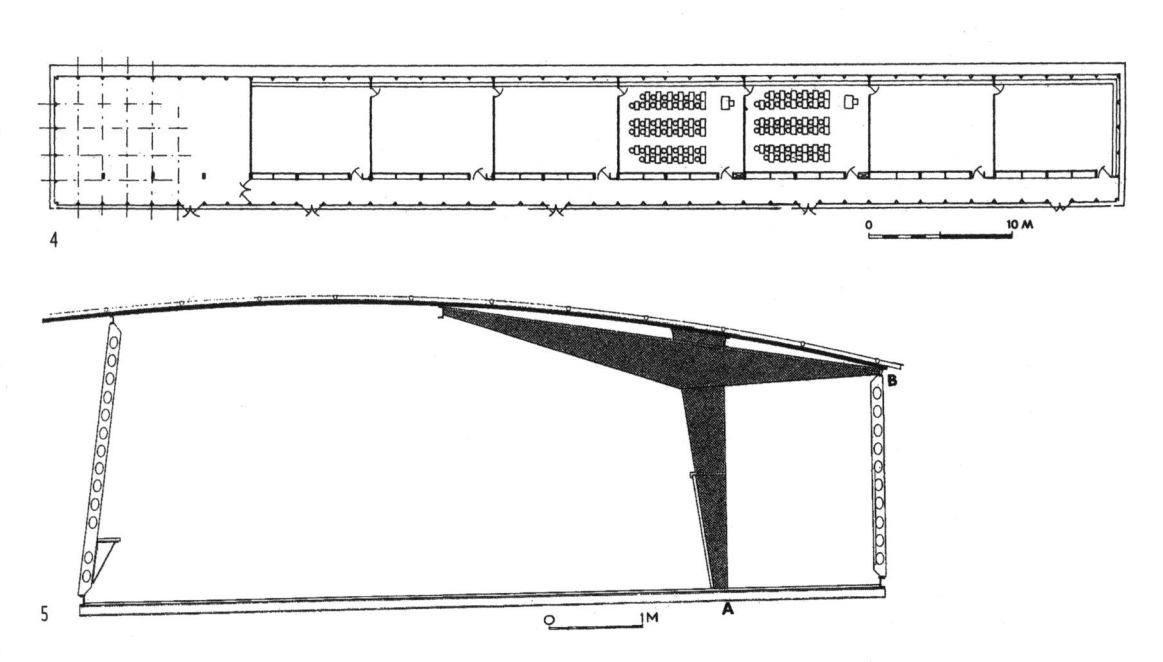

4

5

3 → Les trois modules exhibent leurs toitures légèrement courbées. (ADMM)

4 → Plan de rez-de-chaussée : entre les points structurels sont intégrés des rangements, vestiaires, cloisons et blocs-portes qui séparent les classes de la distribution latérale menant au préau. (D.R.)

5 → Coupe transversale montrant les trois éléments structurants : la « béquille », les raidisseurs périphériques et la toiture cintrée constituée de panneaux Rousseau. (D.R.)

6 → La façade est constituée de panneaux vitrés et de raidisseurs verticaux. La toiture file sur toute la longueur des modules. (Documentation générale MNM-CCI, fonds J. Prouvé)

# L'ÉCOLE NOMADE
### 1957
#### VILLEJUIF

**Trois blocs** sont réalisés : les deux premiers abritent sept salles et un préau chacun, tandis que le troisième n'en compte que quatre et un préau. Tous les préfabriqués ont la même exposition : les classes sont orientées plein sud, afin de capter une lumière optimale. Répondant aux normes de l'Éducation nationale, la trame constructive a un entraxe d'1,75 m. Chaque classe fait cinq travées sur la façade et quatre de profondeur, soit 8,75 x 7 m. Au nord, une travée développée sur toute sa longueur distribue les salles. Posés sur des fondations en dés de béton formant un vide sanitaire, les planchers des modules sont composés d'un sommier métallique et doublés par des panneaux de bois. Des pieds-supports appelés « béquilles » (terme donné par Serge Kétoff) constituent la colonne vertébrale de l'édifice.

Calés sur la première trame dans le sens longitudinal du bâtiment, ils sont constitués de pièces d'acier moisées en forme de T et montés en parallèle pour supporter la toiture d'un seul tenant. Ce principe structurel avait déjà été expérimenté en version double pour la structure du hall de l'ISRID (Institut de recherche de la sidérurgie) de Saint-Germain-en-Laye (Coulon architecte, 1949-1950), dans le projet de l'école de Zurich (Prouvé, 1953), à l'Institut français des pétroles de Rueil-Malmaison (Dufau architecte en chef, 1955) et dans la buvette d'Évian-les-Bains (M. Novarina, architecte avec S. Kétoff et J. Boutemain, 1956). Il était magistralement exprimé dans ce dernier projet : l'état d'équilibre était accentué du fait de la silhouette dissymétrique quasi sculpturale des profilés, renforcés par la courbure inversée de la toiture. Ce dispositif constitue en soi une déclinaison des solutions à base de monocoques autoportantes, développées à partir des travaux sur les sheds d'usines (ateliers de l'imprimerie Mame à Tours, avec Bernard Zehrfuss et Drieu-la-Rochelle, 1950) : « pour l'école provisoire de Villejuif, Jean Prouvé reprend l'idée des écoles-coques à pieds-supports et la réinterprète à partir de l'utilisation des panneaux de bois contrecollés Rousseau comme élément structurant de support de toiture. L'ensemble coque peut alors être remplacé par un système à béquille, l'équilibre est assuré par les raidisseurs de façade. » [1]

---

1. J.-F. Archieri et J.-P. Levasseur, *Prouvé, cours du CNAM 1957-1970*, Mardaga, 1990, p. 184.

7 → Montage des fermes de l'école nomade : « béquilles » assemblées au sol, avant leur montage. (ADMM)

8 → Plancher en panneaux de bois posé sur son sommier métallique. (ADMM)

9 → L'école, clos et couvert réalisés (ADMM)

10 → Perspective mettant en évidence la pertinence de la structure : les façades sont libérées des points porteurs contraignants. (Documentation générale MNAM-CCI, fonds J. Prouvé)

À l'école de Villejuif, le procédé est moins esthétique, urgence de l'opération et budget serré obligent. Ces éléments polymorphes forment la structure principale en prenant appui sur un seul point articulé au sol. L'ensemble est équilibré par des raidisseurs sous tension positionnés en façade.
Ce procédé dégage ainsi une surface maximale au sol. Les tirants soulagent le porte-à-faux de la toiture, composée d'un contrecollé de 40 mm d'épaisseur. La grande résistance des panneaux employés a permis au constructeur de réduire la portée des « béquilles » à la moitié de la classe et, de l'autre côté, à la largeur de la galerie.

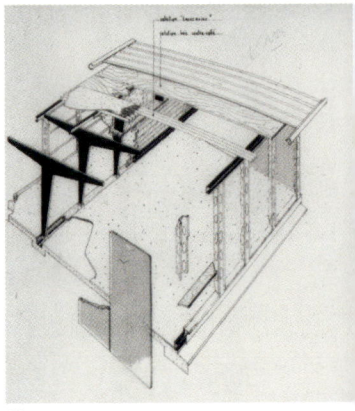

Déjà utilisés dans des réalisations antérieures, ils présentent en outre une bonne isolation thermique. En surtoiture, des bacs acier sont posés sur un Isorel mou, isolant phonique. La légère courbure du plan de toiture permet d'accentuer la portée et rapporte l'édifice à une échelle proportionnelle à la taille de l'enfant. Prouvé souhaitait ainsi créer une architecture qui fasse référence à l'époque dans laquelle évoluaient ces enfants, écartant les modèles traditionnels, selon lui inadaptés : « [...] l'école ne devrait-elle pas révéler aux enfants l'architecture de leur temps plutôt que celle du passé honteusement plagiée ? »[2]

2. *Jean Prouvé. Une architecture par l'industrie*, Artemis, 1974, p. 136.

# L'ÉCOLE NOMADE
### 1957
### VILLEJUIF

**11-12 →** Une fois la toiture posée, la structure prend tout son sens. (ADMM ; Documentation générale MNAM-CCI, fonds J. Prouvé)

**13 →** Béquilles asymétriques disposées selon un pas de 1,75 m. (ADMM)

**14 →** Les raidisseurs inclinés sont percés pour permettre la ventilation naturelle – un système décliné dans de nombreux projets ultérieurs. (ADMM)

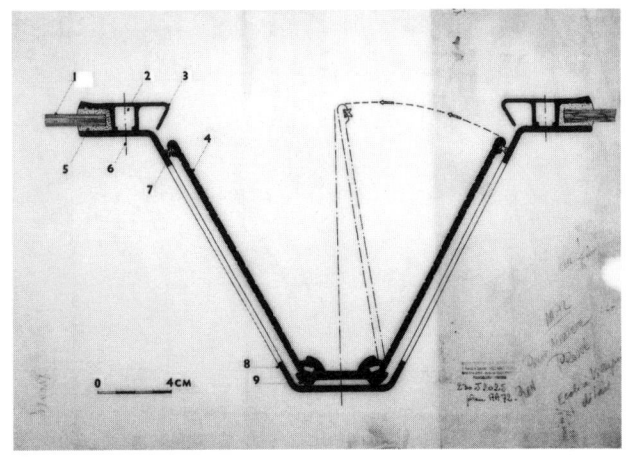

# L'ÉCOLE NOMADE
### 1957
### VILLEJUIF

15

**Ingénieux**, le système constructif fait en même temps office de cloison séparative : entre chaque élément peuvent être montés portes, châssis vitrés ou cloisons pleines. Ces modules sont combinés avec des porte-manteaux, des casiers de rangements ou des tablettes. Toutes ces fournitures sont standardisées et complètement modulables, selon l'esprit Prouvé. Les façades sont entièrement composées de châssis métalliques vitrés. Ceux-ci prennent appui sur un complexe de « raidisseurs-aérateurs » en tôle pliée perforée, qui conjuguent renforcement structurel de l'édifice et ventilation des locaux. Des volets mobiles en aluminium installés sur les aérateurs contrôlent les entrées et sorties d'air. Prouvé proposait une variante de ce système constructif se résumant à un pied-droit sur lequel reposait une toiture plate, moins intéressante des points de vue technique et esthétique. Aujourd'hui, les éléments de ces préfabriqués sont diffus ; certaines pièces sont exposées (section Architecture de l'exposition permanente du Centre Georges-Pompidou à Paris), d'autres ont été récupérées par des architectes comme Maurice Silvy, pour constituer leur atelier.

**Rafaël Magrou**

16

17

15 → Détail d'un raidisseur-aérateur avec volet mobile contrôlant la ventilation. (ADMM)

16 → Pignons vitrés selon le même principe que les panneaux de la façade principale. (ADMM)

17 → Façade sud : pose des vitrages fixes entre les raidisseurs, l'allège est en verre armé. (ADMM)

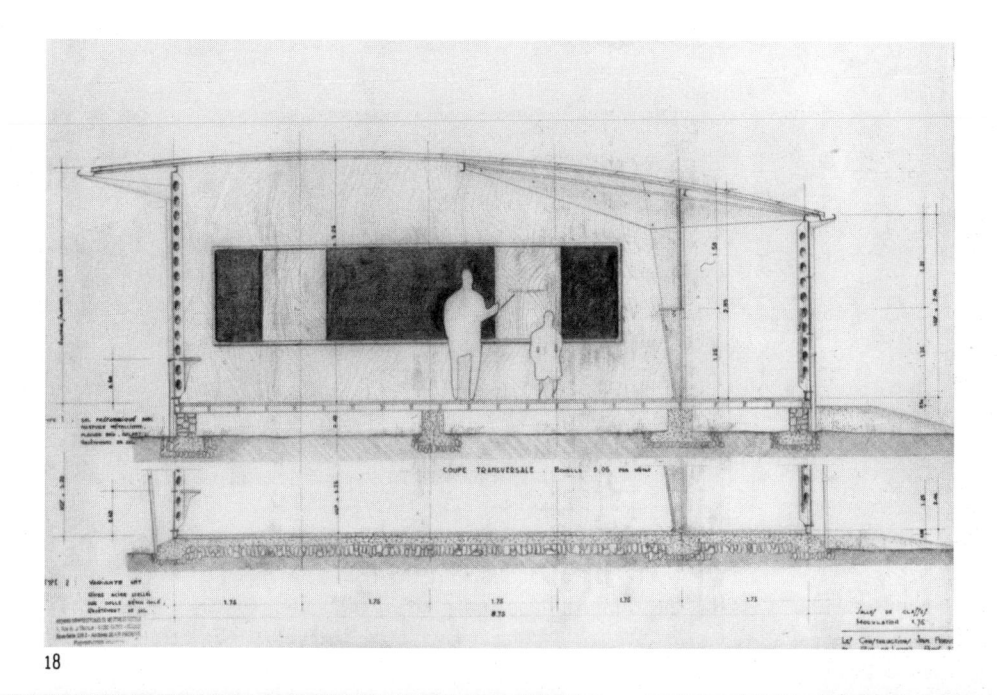

18 → Coupe schématique
(Documentation générale MNAM-
CCI, fonds J. Prouvé)

19 → Vue du couloir intérieur :
d'un côté, les façade vitrées, de
l'autre, les cloisons séparatrices
aménagées en vestiaires surmontés
de vitres. (Institut pour l'histoire
de l'aluminium)

20 → Vue intérieure : le principe
permet des adaptations – espace
ouvert ou cloisonné – selon
les besoins des utilisateurs.
(Documentation générale MNAM-
CCI, fonds J. Prouvé)

1

1 → (Documentation générale
MNAM-CCI, fonds J. Prouvé)

EN FRANCE ET AILLEURS, nombre de projets d'architecture et de réalisations mettent en scène de façon parfois très ostentatoire des assemblages qui se veulent être l'expression d'une pensée constructive. Ces questions qui touchent à la technique sont revenues en force, et se sont transformées en une mode, à laquelle le développement de la mouvance high-tech n'est pas étranger. Nombreux sont les architectes et les ingénieurs à se revendiquer de Jean Prouvé, dès l'instant où les problématiques sur la technique reprennent un rôle moteur, sinon dans la conception du projet, tout du moins dans le discours qui le porte. Pourtant le rapprochement avec Prouvé est-il aujourd'hui encore pertinent et si oui, quelles démarches est-il possible de fonder sur l'approche expérimentale développée par le « tortilleur de tôle » ?

Rémi
Rouyer

# JEAN PROUVÉ : CULTE OU MODÈLE ?

Il n'est pas question de dresser ici une liste exhaustive des « enfants spirituels » de Prouvé qui, année après année, semblent toujours plus nombreux. Le propos sera plutôt de dégager les influences et les principaux modèles d'interprétation qui ont été opérés sur le travail et la démarche de Jean Prouvé, tant au travers du discours de personnalités de l'architecture et de l'ingénierie que de l'analyse de leurs réalisations.

Prouvé semble à présent traité par beaucoup d'architectes et d'ingénieurs comme un objet de culture, dont on ne pourrait plus rien dire, ni tirer. Il serait devenu une forme de figure symbolique, en passe de sanctification. Paradoxalement, sa production est à présent instrumentalisée comme un élément de doctrine. Pour quelles raisons se réfère-t-on à quelqu'un comme Prouvé qui est très probablement un personnage a-doctrinal, n'ayant jamais cherché à énoncer une théorie de l'architecture ? Prouvé pense probablement davantage en termes de constructions qui débouchent sur des formes, comme l'aboutissement d'un processus, qu'en termes de formules spatiales ou de figures de composition. On comprend la difficulté qu'il y a à utiliser ses dessins qui ne sont en rien des exercices de composition et montrent qu'il n'y a pas de dissociation possible entre un espace architectural et une structure qui viendrait le faire tenir. La citation « je n'ai jamais dessiné des formes, j'ai toujours fait des constructions qui ont des formes » illustre la contribution de Prouvé à l'architecture, et en même temps marque l'impossibilité de le récupérer en tant que producteur de modèles, d'exemples à copier ou à suivre fidèlement. La compréhension de l'œuvre de Jean Prouvé s'opère probablement plus dans son travail que dans son discours. L'idée constructive produit une « intelligibilité » qui est présente dans l'œuvre, ne renvoie pas à un concept ou un corpus théorique, encore moins à une doctrine dont Prouvé se serait fait le médiateur. Son expérience pédagogique montre combien son influence porte bien au-delà de l'apologie de sa propre production, et marque le début de son passage dans l'histoire de l'architecture.

## LA DÉMARCHE PÉDAGOGIQUE
## ET LA TRANSMISSION D'UNE PENSÉE SUR LA CONSTRUCTION

C'est entre 1957 et 1970 que Prouvé enseigne au Conservatoire national des arts et métiers (CNAM), où il occupe la chaire d'Arts appliqués aux Métiers. Sa préoccupation première est de transmettre au travers de ses exposés une démarche critique sur la production du cadre bâti. Son cours du soir est principalement destiné aux professionnels du bâtiment désireux de se doter d'un diplôme d'ingénieur. Par ailleurs, des étudiants en architecture de l'École des beaux-arts, mais également des architectes, viennent suivre en nombre ce cours. Ils recherchent une approche pédagogique davantage orientée vers les questions techniques et la réévaluation des rapports entre architecture et production industrielle, que les grandes compositions formelles, apprises dans les ateliers académiques de la rue Bonaparte, ignorent totalement. Non pas rédigé à proprement parler, le cours se déroule sur deux années et s'organise autour de trois thèmes principaux : l'habitation (des matériaux au mobilier), la rue et la route, les ouvrages d'art. Il est frappant de noter qu'à aucun moment, Prouvé ne délivre des formules toutes faites que l'on pourrait appliquer quel que soit le problème posé. *A contrario*, il expose et décortique un sujet essentiellement sous la forme de croquis, qui rendent compte jusque dans le moindre détail d'une démarche, de la recherche d'une adéquation entre une problématique constructive et architecturale posée et les solutions qu'il est possible d'apporter. Prouvé ne cherche pas à élaborer une théorie, mais fabrique un ensemble de cours basés sur l'analyse pragmatique, dans lequel il combine magistralement son propre travail à celui de Le Corbusier, de Robert Maillart ou d'Oscar Niemeyer. Il s'agit, non pas de composer une grande fresque de l'histoire de la construction, mais de démonter des objets et d'en proposer une analyse critique. Le regard qu'il porte sur la Cité radieuse est celui du professionnel qui a participé aux premières études en 1946 avec Le Corbusier, et discute la frilosité de certains choix techniques, le jeu qui s'opère entre ossature et enveloppe, ainsi que les scénarios constructifs qu'il aurait été possible d'imaginer. Dans la logique qu'il fait sienne, Prouvé ne récite pas un alphabet de solutions constructives, il dessine ce qui peut être construit et façonné. La difficulté à élaborer un tel cours réside sans doute dans ce paradoxe : quel type de savoir est-il possible de transmettre aux auditeurs tant les idées constructives analysées ne peuvent se penser en dehors des logiques de production, loin des ateliers et des façonneurs de matériaux ? Prouvé en est indubitablement conscient et se fait pédagogue par le truchement du dessin, sous la forme d'axonométries, de coupes, de détails constructifs. Les auditeurs sont davantage face à des morceaux de chantier qu'à de précieux dessins techniques dont la parfaite précision renverrait plus à un mode de représentation académique qu'à une idée constructive en cours d'élaboration.

Dessiner sans construire [1] n'a pas de sens pour le Nancéien. L'ensemble de ce corpus graphique ne renvoie pas aux tables anatomiques d'une encyclopédie, il restitue l'intelligibilité de chaque projet au travers de ses logiques d'assemblage. Par ce processus, Prouvé montre que le point de départ n'est pas la forme, qui s'exprimerait par l'esquisse du « parti », mais une pensée envers les autres qui se manifeste dans le travail technique. Toute idée constructive est systématiquement replacée dans une problématique architecturale et une méditation sur l'usage, au sens vitruvien du terme. L'anecdote évoquée par Prouvé pour justifier de la genèse de la maison à coques métalliques monoblocs est à ce titre exemplaire : c'est en observant des ouvriers en pause, installés sous des sheds destinés à la toiture d'une usine, que l'idée de détourner ces éléments pour concevoir des maisons lui est venue. Adapter, transformer et réinventer sans cesse, telle est la leçon que Prouvé transmet dans ses exposés. Il présente cependant dans ses cours les exemples d'une période révolue, Prouvé parle d'un Prouvé qui n'existe plus. De façon probablement nostalgique, il propose peu de stratégies d'invention à ses auditeurs pour se frayer un passage dans le monde de la construction contemporaine. C'est peut-être davantage une capacité de jugement critique qu'il leur offre en portant un regard sur sa propre culture constructive, qu'un savoir-faire de constructeur ou une propension à maîtriser les techniques constructives du moment.

## DE LA QUÊTE D'UN NOUVEAU RAPPORT À L'INDUSTRIE À LA REVENDICATION DE L'INGÉNIEUR-CONCEPTEUR

Au cours des années 1970, des équipes de recherche se constituent sous l'égide du « Plan Construction » pour remédier à la modélisation extrême des types de bâtiments développée au cours des années 1960 dans les systèmes de standardisation des commandes publiques, et produire une plus grande diversité architecturale au travers de modèles alternatifs [2]. Jean Prouvé est alors utilisé de manière récurrente, à titre de figure exemplaire et de symbole d'un équilibre entre production industrielle et invention architecturale [3]. Sa démarche semble pourtant presque contraire à celle de l'industrialisation ouverte, les dispositifs qu'il invente sont conçus dans le cadre de projets singuliers et ne s'adaptent pas à merci, quel que soit le contexte. Alors que le monde du bâtiment s'organise selon une idéologie basée sur un

---

1. « Un entretien avec Jean Prouvé », propos recueillis par D. Clayssen, in *Techniques et Architecture*, novembre 1979, n° 327, pp. 143-146.
2. A. Thiébault, « L'industrialisation, la filière métal et le savoir-faire des professionnels », in F. Seitz (dir.), *Architecture et métal en France, XIX<sup>e</sup> et XX<sup>e</sup> siècles*, Paris, Éditions de l'EHESS, 1994, pp. 131-142.
3. Voir les numéros spéciaux de *Techniques et Architecture* sur l'industrialisation ouverte : n° 327 « 1. Principes - expérimentations », novembre 1979 et n° 328 « 2. Systèmes constructifs - composants », décembre 1979-janvier 1980.

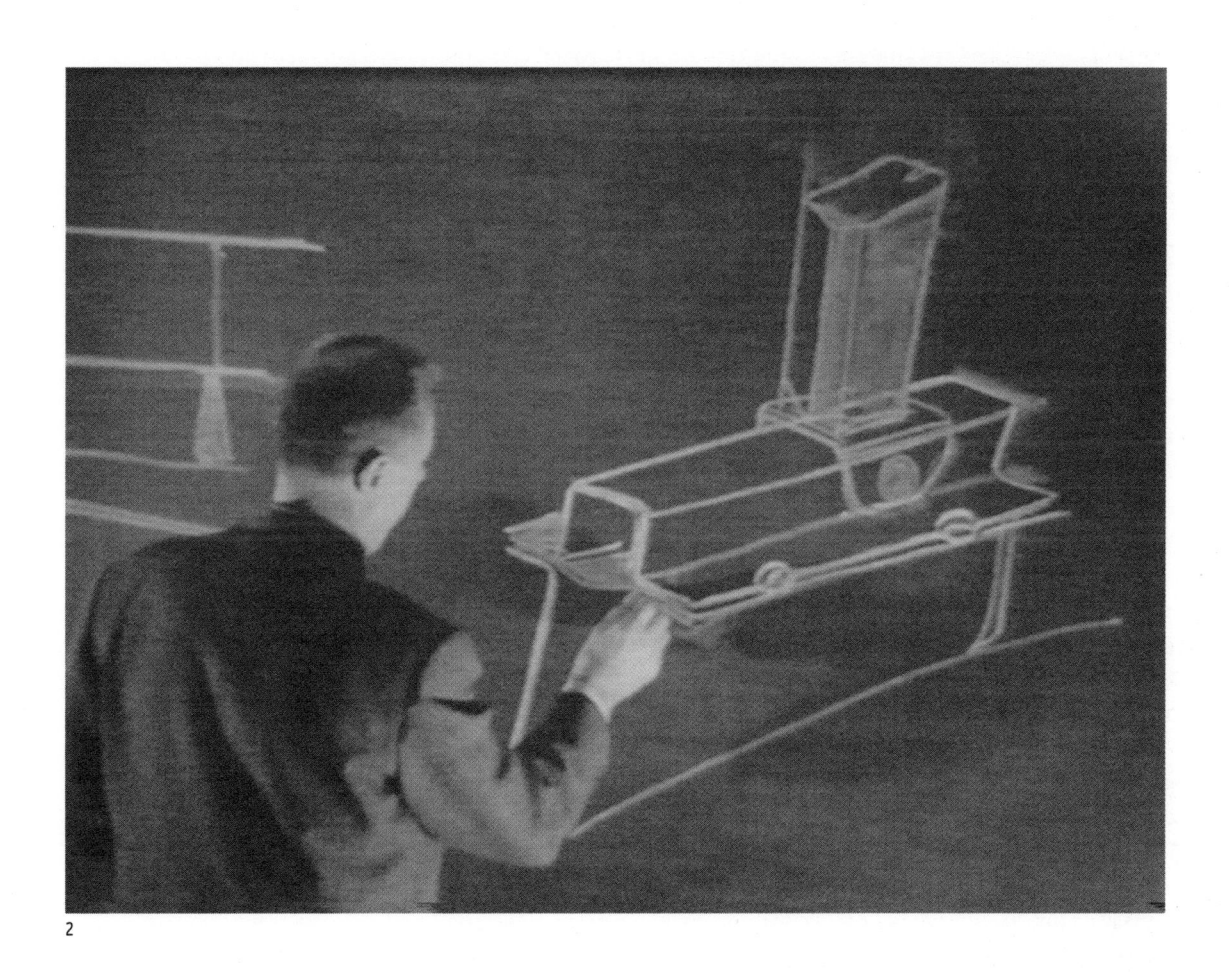

2 → Jean Prouvé dessinant
au CNAM. (Extrait de film de
A. Guvan, 1964, archives
privées)

système délibérément prescriptif, Prouvé revendique la nécessité d'une imagination technique qui est liée à la nature du produit et à sa destination, et ne peut se modéliser à l'avance. Ainsi, la conception qu'il se fait des éléments de façade s'inscrit dans une pensée globale du projet, et ne peut être traitée de façon isolée : « Quand on parle de « mur-rideau » tout seul, cela m'amuse car j'estime que c'est stupide ! [...] c'est justement parce que je fabriquais des structures qu'il m'est venu à l'idée de les habiller de façades légères »[4] ; l'enveloppe, si elle est indépendante de l'ossature, est élaborée de façon consubstantielle à la structure.

C'est au moment où la pensée par composantes, dans laquelle conception, production et assemblage sont clairement dissociés, montre ses propres limites que Prouvé, *a contrario* impliqué dans la production d'objets singuliers, est l'objet sinon d'une réhabilitation, tout du moins d'une forte reconnaissance. Sa démarche, basée sur un rapport étroit entre conception et production, dans un monde de la construction où les tâches et les responsabilités ont été soigneusement séparées entre architectes, ingénieurs, entrepreneurs, interpelle nombre d'architectes et d'ingénieurs. D'aucuns s'accordent pour dénoncer une forme de dissolution générale de ces responsabilités, ainsi qu'une opposition systématique des compétences des différents acteurs du monde de la construction qui conduit moins à une cohérence des qualifications de chacun qu'à un épuisant rapport de forces, où s'affrontent les pouvoirs technocratiques et économiques des protagonistes. Prouvé lui-même, alors qu'il cherche à transmettre une pensée sur la construction, n'a-t-il pas été profondément ralenti dans sa dynamique créatrice lorsqu'au rachat de son usine de Maxéville par la société Aluminium français, il se voit privé de son outil de production et *de facto* de son principal moteur conceptuel ? Devenu alors ingénieur-conseil, titre qu'il a toujours rejeté, il obtient une forme de reconnaissance dans le milieu architectural qu'il n'a jamais particulièrement revendiquée. Si par la suite, au travers de sa collaboration avec la CIMT (Compagnie industrielle de matériel de transport), il poursuivra ses recherches dans le domaine des plastiques notamment, la maîtrise de la production n'est alors plus sienne.

« Que ce soit pour une chaise qui est un petit objet ou même pour une tour de 300 mètres de haut, on ne pourra réaliser un bel objet économiquement valable et une bonne architecture que si on regroupe les hommes »[5]. Quand Prouvé prononce ces mots, le monde de la construction est pourtant déjà régi par de tout autres principes : dissolution des responsabilités, éclatement des logiques productives et conceptuelles. La difficulté est grande pour réussir à naviguer et à innover dans un cadre normatif lourd et parfois inadapté aux dynamismes de l'invention et de l'innovation, et où les recoupements hasardeux conduisent inexorablement à une perte de l'unité de la technique. Prouvé se voit alors cité par des architectes et des ingénieurs qui tentent de reposer des questions sur les rapports du projet à la technique, et qui discernent dans sa démarche celle d'un inventeur maîtrisant le process de l'idée constructive. C'est la figure d'un ingénieur concepteur qui est avancée, de manière parfois apologétique, quand il s'agit de revendiquer une filiation à Jean Prouvé. Sa démarche est jugée comme exemplaire car son travail ne disparaît pas derrière les arcanes d'un bureau d'études ou d'une entreprise de construction. À l'ingénieur des méthodes, les thuriféraires de Prouvé opposent la démarche de l'artisan maître de son outil de production, seule voie possible vers la création et la reconnaissance de ses pairs. Dans le courant des années 1980, l'émergence de personnalités se jouant des limites entre le monde de l'ingénieur et celui de l'architecte et revendiquant une double identité, a beaucoup contribué à restaurer la personnalité du constructeur nancéien, et à l'inscrire au Panthéon des grandes figures de la modernité. Ainsi Marc Mimram est un des principaux protagonistes de cette tendance quand il identifie l'idée constructive à l'élaboration complexe du matériau, et fait de Prouvé un « théoricien des vertus de l'artisanat »[6].

Au-delà de cette reconnaissance, Mimram légitime son propre travail en l'inscrivant dans la continuité d'une culture historique. À ce titre, la passerelle Solférino est une réalisation intéressante parce que son auteur insiste davantage sur les process convoqués que sur l'économie de la construction. La proposition de lier par une seule arche les berges et les quais hauts et d'utiliser son extrados pour le cheminement des piétons est certes très astucieuse, mais la volonté de privilégier l'acier moulé au

---

4. Propos de J. Prouvé recueillis par P. L. Debomy, *CIMUR*, n° 33, 1968, p. 32 et cité in J.-F. Archieri et J.-P. Levasseur, *Prouvé, cours du CNAM 1957-1970*, Liège, Mardaga, 1990, p. 98.

5. Conférence de Prouvé à l'IFA (Institut français d'architecture, Paris) au moment de l'exposition « L'imagination constructive » qui lui fut consacrée en 1983. Cité par J.-F. Archieri et J.-P. Levasseur, *op. cit.*, p. 174.

6. M. Mimram, « L'ingénieur concepteur », in B. Lemoine et M. Mimram (dir.), *Paris d'ingénieurs*, Paris, Picard et Éditions du Pavillon de l'Arsenal, 1995, p. 155.

3 → Façade de l'immeuble de logements square Mozart, Paris, Lionel Mirabeau architecte, 1953-1954. (Jean-Marie Monthiers)

4 → Immeuble de logements, 73, boulevard Barbès, Paris, Marc Mimram architecte, 1995. (Jean-Marie Monthiers)

détriment d'autres matériaux révèle avant tout la défense d'une culture constructive. Bertrand Lemoine parle d'une technique ancienne réactualisée.[7] Tant par son discours que par sa démarche, Mimram attribue à l'ingénieur le rôle de concepteur, et défend ardemment la nécessité de rompre les barrières entre le monde de l'architecte et celui de l'ingénieur. Il voit dans le travail de Prouvé une forme de réconciliation entre architecture et technique, et s'appuie sur la personnalité du Nancéien pour défendre sa double identité d'architecte et d'ingénieur, que d'aucuns dénoncent car brouillant les limites entre les compétences et les savoirs de l'ingénierie et de l'architecture. Si cette antienne remonte à la naissance même de la figure de l'ingénieur au XVIII$^e$ siècle et à son rôle croissant au XIX$^e$ siècle[8], elle révèle aussi la volonté d'un courant de l'architecture de reconsidérer les rapports, parfois conflictuels, entre architectes et ingénieurs. Marc Mimram prône, par sa démarche et ses réalisations, la nécessité de « s'abstraire de l'abstraction »[9]. L'œuvre de Prouvé, selon lui, est exemplaire non seulement car elle symbolise « l'absolue nécessité d'une ouverture de l'architecture sur le monde des techniques en renouveau »[10], mais surtout parce qu'elle rend criante, à l'aune du tout numérique et du diktat de la pureté de la solution technique, la « perte des savoir-faire qui révèlent la matière du lieu » et qui « s'accompagne d'une perte du savoir-construire ». Cette idée de retrouver le plaisir des matériaux au travers de leur façonnage, leur expérimentation et leur mise en œuvre, s'inscrit dans un courant de pensée que Peter Rice a longtemps défendu en rattachant son propre travail à une généalogie de l'histoire de la construction dans laquelle Prouvé tient une place prépondérante.

### LE FAÇONNAGE DES MATÉRIAUX COMME STRATÉGIE DE PROJET

D'aucuns accordent beaucoup d'importance à l'influence que Jean Prouvé aurait eue à l'occasion du concours du Centre Georges-Pompidou, pour choisir le projet de Renzo Piano, Richard Rogers et Gianfranco Franchini, associés à Ove Arup & Partners. Prouvé insiste pourtant davantage sur la logique élaborée entre l'idée constructive et les qualités urbanistiques qu'elle engendre, que sur l'esthétique industrielle et l'image machiniste qui s'en dégagent ou le soin apporté aux détails d'assemblage des matériaux. Il rejette même vigoureusement toute analogie entre ses recherches passées sur le métal et le parti constructif défendu par les concepteurs, et Jean Prouvé de réaffirmer la quasi-unanimité du jury face à un tel projet ou encore d'évoquer la façon dont ses concepteurs ont magistralement répondu à la question programmatique.[11] Pourtant, la portée institutionnelle du Centre Georges-Pompidou va projeter l'image de l'édifice bien au-delà de la logique du projet, et marquer une étape importante dans le courant de l'architecture high-tech. Les architectes, mais également Peter Rice, concepteur des « gerberettes » au nom d'Arup, ont exploité l'idée constructive pour produire un ensemble de signifiants, en rendant structurants tous les composants du bâtiment, tel un écorché architectural. Rice justifiera plus tard le recours à l'acier moulé par la filiation culturelle qu'il souhaitait opérer entre les éléments porteurs de Beaubourg et ceux des édifices majeurs de l'histoire de la construction en France - des pièces de la tour Eiffel à la fonte moulée des bouches de métro d'Hector Guimard -, ainsi que par la nécessité de procurer aux visiteurs au travers de fragments d'ossature singuliers, des points d'accroche visuelle et créer ainsi une rupture dans l'échelle mégastructurelle de l'édifice.[12] L'ingénieur anglais se réfère à Prouvé dans le plaisir à manipuler les matériaux que les constructions de ce dernier dégagent. Bien plus, par l'analyse de sa logique de pensée[13], Rice, de façon astucieuse, dénonce le rôle actuel de l'ingénieur-prescripteur qui, par la responsabilité qui lui incombe, se retranche derrière un cadre normatif excessif, et délaisse le champ de l'invention constructive. En décrivant le process de conception de la maison tropicale (1949-1951) par le pliage de la tôle combiné à une réflexion sur la ventilation naturelle et la lumière, Rice énonce la maîtrise et la connaissance des propriétés techniques d'un matériau comme prolégomènes à tout projet de construction. Les projets que Rice développe, tant au nom d'Arup qu'en son nom propre avec son bureau parisien RFR fondé en 1982 aux côtés de Martin Francis et Ian Ritchie, s'appuient sur ce principe fondateur.

---

7. B. Lemoine, « La Seine et ses ponts », in B. Lemoine et M. Mimram (dir.), *op. cit.*, p. 88.
8. Pour un éclairage de cette problématique, *cf.* A. Picon, *Architectes et ingénieurs au siècle des Lumières*, Marseille, Parenthèses, 1988.
9. M. Mimram, « S'abstraire de l'abstraction », conférence du 6 mai 1997, Pavillon de l'Arsenal, Paris. *Cf.* sa dernière publication qui semble tenir lieu de manifeste : *Matières du plaisir. Rugosité, Raideur, Assemblage, Lumière, Durabilité, Densité*, Paris, Éditions du Pavillon de l'Arsenal, 2000.
10. M. Mimram, « L'ingénieur concepteur », *op. cit.*, p. 155.
11. « Jean Prouvé, la permanence d'un choix », in *L'Architecture d'aujourd'hui*, février 1977, n° 189, pp. 48-49, n° spécial consacré à Beaubourg lors de son ouverture.
12. « La nature des matériaux, de l'acier moulé au polycarbonate. Entretien avec Peter Rice », in *L'Architecture d'aujourd'hui*, février 1985, n° 237, pp. 10-16, propos recueillis par P. Goulet.
13. P. Rice, « L'ingénieur », in *Jean Prouvé « constructeur »*, Paris, Éditions du Centre Pompidou, 1990, pp. 227-232.

5 → Serres de la Villette, Paris,
Adrien Fainsilber architecte,
1986. (Jean-Marie Monthiers)

Pour les serres du musée des Sciences et de l'Industrie (Adrien Fainsilber architecte, 1981-1986) dans le parc de la Villette, Rice, Francis et Ritchie exploitent les caractéristiques mécaniques du verre trempé que les deux derniers ont déjà eu l'occasion de travailler avec Norman Foster pour le siège de la société Willis, Dumas & Faber, à Ipswich (1971-1975). Fainsilber souhaitant retrouver la qualité des parois en verre, les trois ingénieurs s'attachent à travailler le matériau dans ses états limites, assurés des importantes déformations qu'il peut absorber, et imaginer un système de raidisseurs horizontaux en câbles pour garantir une grande transparence. L'intelligence technique porte sur les assemblages imaginés entre verre trempé et métal au moyen de rotules en acier moulé et de fraisures afin de mieux répartir les efforts. L'effet de tension obtenu par cette combinatoire produit une qualité spatiale inédite entre l'intérieur et l'extérieur, et la paroi vitrée, libérée de toute menuiserie, apparaît comme un voile de verre maintenu par l'équilibre d'une suspension.

Si les serres demeurent un projet d'exception, des coûts d'expérimentation à la précision du montage, leur conception suit le principe du transfert technique défendu par Prouvé. Ce dernier se plaisait à décrire l'intelligence avec laquelle une carrosserie de 2 CV était élaborée, non par pour imaginer des habitations en forme de voiture, mais pour réaliser des transferts du champ de l'industrie automobile vers celui de l'industrie du bâtiment. Une position très proche d'un Buckminster Fuller et de son principe Dymaxion, que les trois ingénieurs anglais feront leur en analysant la précision et la qualité des pièces métalliques de fonderie, obtenues par moulage à cire perdue, utilisées dans la conception des haubanages de voiliers.[14] Cette culture technique, qui remonte aux process de production et intègre le matériau et la machine qui le conditionne, est une des filiations les plus fortes à Prouvé que les concepteurs des serres revendiquent. C'est une démarche qui prend peut-être ses distances vis-à-vis d'une production architecturale qui, du milieu des années 1970 à la fin des années 1980, manifeste le retour en force de cette recherche d'unité par l'invention technique et l'attention apportée tant aux détails constructifs qu'aux assemblages.

Ce courant auquel on associe le qualificatif de « high-tech »[15] convoque un univers de références, du Crystal Palace de Joseph Paxton aux plates-formes off-shore et aux stations orbitales, dans lequel des producteurs d'objets singuliers comme un Prouvé ou un Fuller se distinguent très nettement. Pourtant, cette tendance de l'architecture des années 1980 ne représente en rien un mouvement structuré et mû par une doctrine commune. Il constitue plutôt une nébuleuse au sein de laquelle agissent des personnalités aux démarches singulières, qui se retrouvent dans la dimension expressive et spectaculaire qu'ils accordent aux assemblages. À la banalité des dispositifs techniques qui disparaissent dans les processus de mise en œuvre, les Foster, Hopkins ou Grimshaw opposent une architecture très articulée où chaque jonction entre deux matériaux fait l'objet d'une expression spécifique. Rogers analyse l'œuvre de Prouvé de façon métaphorique en termes de « langage architectural » et assimile les éléments préfabriqués à des mots qu'il faudrait combiner par le processus du projet ; il s'agit d'utiliser « la technologie pour traduire [les] idées dans des formes, comme des mots en poésie »[16]. Cette pensée sur la technique va bien au-delà d'une réflexion fonctionnelle et fait du détail constructif imaginé par Prouvé le reflet de cette pensée, jusqu'à peut-être en oublier le rapport indissociable à l'unité architecturale. Étrange paradoxe pour le Nancéien qui avoue sa difficulté à s'attarder sur le détail et clame le primat de l'idée constructive. S'agissant de l'architecture high-tech, l'industrialisation constitue plus un mythe qu'une réalité économique et sociale de la construction. C'est davantage dans les processus de projet développés par des équipes de conception où se retrouvent architectes et ingénieurs qu'il faut aller chercher l'influence de cette pensée constructive défendue par Prouvé, plutôt que dans la maîtrise de l'outil de production. C'est aussi pourquoi la démarche de Piano, et le discours qui s'y articule, diffèrent de ceux qui se construisent dans les milieux de l'architecture high-tech. Le Génois prône certes le rôle moteur de l'idée constructive dans la genèse du projet, mais fait preuve d'une dextérité dans la manipulation du matériau qui produit une diversité que l'on ne retrouve pas dans l'architecture high-tech.

---

14. « Martin Francis. Le discours de la méthode », in L'Architecture d'aujourd'hui, avril 1986, n° 244, pp. 77-89, propos recueillis par P. Goulet.
15. C. Davies, « Le High-Tech n'est-il qu'un style ? », in L'Architecture d'aujourd'hui, février 1985, n° 237, pp. 42-46. Du même auteur : High-Tech Architecture, Londres, Thames & Hudson, 1988.
16. « L'invention technologique au service d'un espace pour demain », in Techniques et Architecture, novembre 1983, n° 327, pp. 73-154, et plus particulièrement les propos recueillis par A. Pélissier, « Entretien avec Richard Rogers », pp. 81-82.
17. « Entre la mémoire et l'oubli. Entretien avec Renzo Piano », in Jean Prouvé « constructeur », op. cit., pp. 221-226. Aussi F. Fromonot, « Parcours de la méthode », in Renzo Piano, un regard construit, Paris, Éditions du Centre Pompidou, 2000, pp. 15-24.

## LA CULTURE TECHNIQUE DU RENZO PIANO BUILDING WORKSHOP

Si Piano insiste sur la filiation spirituelle avec Prouvé et le plaisir de leurs causeries à bâtons rompus, il évoque avec davantage de difficultés l'influence directe que ce dernier a pu exercer sur lui. Piano est issu d'un milieu de constructeurs, et il a posé d'emblée la pensée constructive comme dynamique conceptuelle. Ses premières réalisations sur les structures spatiales et la mobilité, qu'il présente à Prouvé (alors enseignant au CNAM) en 1964 à Paris, s'inscrivent dans cette logique entre matériau, process industriel et assemblage qui dirigera le développement des projets postérieurs. Ainsi, les logements de la rue de Meaux (Paris 19e, 1987-1991) montrent l'aboutissement d'une recherche sur les panneaux de façade en briques commencée avec l'extension de l'Ircam (Paris 4e, 1988-1990). L'ensemble de la rue de Meaux ne se résume pas à un jeu constructif entre une ossature en béton armé et des panneaux préfabriqués, mais instaure des savants rapports d'échelle entre les dimensions du jardin intérieur, celles des matériaux et de leur manufacture. La culture technique de Piano est trop complexe pour dépendre de la seule influence de Prouvé, mais de même que pour Fuller (maison Dymaxion, 1927-1933) ou pour Ray et Charles Eames (maison de Pacific Palisades, 1949), la pensée constructive ne peut être réduite à une architecture par composantes comme le prône le principe d'« industrialisation ouverte » à partir des années 1970. L'idée constructive, dont Prouvé s'est fait le plus ardent défenseur, produit une « intelligibilité » qui est présente dans l'œuvre, qui fait œuvre d'architecture et ne renvoie pas à un concept ou un corpus théorique, encore moins à une doctrine. Ce refus de la doctrine, au profit d'une approche pragmatique, est un des principaux traits de la démarche du Building Workshop.[17]

Bien sûr, nombre de projets qui y sont élaborés conservent la facture de l'engouement pour l'architecture high-tech, mais ils sont probablement de ceux qui ont le plus expérimenté la diversité des matériaux et de leurs potentialités, sans perdre l'objectif d'une réflexion sur l'usage. Non pas penser la matière comme un décor, un simple ajout pour satisfaire la photogénie d'un édifice, mais œuvrer une « déformation » des matériaux pour faire apparaître ce qui y est en puissance.[18] Ainsi, pour le pavillon itinérant d'IBM (1983-1986), installé le temps d'une exposition sur le Champ-de-Mars à Paris, le polycarbonate est associé aux arceaux en hêtre lamellé-collé par des pièces d'articulation en fonte d'aluminium, ce qui lui donne tant un rôle de revêtement que de structure. Si derrière la simplicité de cette voûte transparente en plein cintre qui couvre un espace d'exposition, se cachent des recherches complexes sur les matières plastiques et les colles de haute résistance par l'entremise de Fiat, c'est dans la manière dont l'édifice se pose au milieu de la végétation et laisse le visiteur regarder l'environnement changer, par l'architecture, que réside sa singularité. Cette attention au milieu et à la variation de ses éléments tangibles trouve une expression peut-être encore plus claire avec le musée de la Menil Collection (Houston, 1982-1986) ou le Centre culturel Tjibaou (Nouméa, 1991-1998).

Dans ces réalisations, et après la démonstration manifeste de rationalisme constructif et fonctionnel du Centre Georges-Pompidou, la démarche de Piano se tourne vers des idées constructives moins apparentes, et peut-être moins ostentatoires, sans négliger le plaisir de manipuler les matériaux et procéder à la réalisation de prototypes. La démarche sur un projet passe par une étroite collaboration avec les fabricants de matériaux et les entrepreneurs pour adapter ou transformer des procédures constructives. L'innovation technique ne réside pas dans l'absolue nécessité d'intégrer des matériaux nouveaux, mais de conformer un matériau, parfois courant et banal, à une logique de projet, en jouant sur ses process de fabrication et d'assemblage. Cette évolution dans la production du Building Workshop illustre aussi l'essoufflement d'une architecture pensée en termes de structures, où les caractéristiques de la construction sont mises en évidence par les articulations et la circulation des forces, où l'économie de la matière et des moyens mis en œuvre pour la réaliser doit conduire à une forme d'unité.

De Prouvé à Piano, le rapport à la technique et les discours qui s'y rapportent se sont profondément transformés. Prouvé conçoit un objet technique dans une logique de continuité et d'expérimentation entre conception et production ; Piano convoque une multitude de critères parfois hétérogènes, relatifs entre autres aux matériaux, intègre les paramètres de l'ingénierie liée à la thermique, l'acoustique

---

18. A. Rivkin, « L'architecture de Jean Prouvé », conférence du 15 mai 1990, cycle « L'Architecture : art et technique », Société française des Architectes, Paris.

et l'éclairage, et les identifie au sein d'un programme et d'un projet architectural dans une mise en cohérence globale. De plus, chaque projet ou réalisation du Building Workshop exprime une forme de refus et de résistance face à l'uniformisation des procédures constructives et à la production de masse, en dégageant des espaces et des moments de compromis entre production industrielle des matériaux et logiques artisanales d'assemblage. Cette démarche contribue pour une large part à l'identité de constructeur que s'est constituée l'équipe de Piano au fil des projets, qui n'obtiennent une reconnaissance qu'à condition d'être construits. Revendiquer une approche artisanale chez Piano ne consiste pas à mettre en œuvre un savoir-faire ou à reproduire les conditions de production des Ateliers Jean Prouvé, mais à défendre une approche expérimentale ; l'agence, le Workshop, est le lieu d'élaboration et de mise au point des idées constructives, tel un atelier où le matériau serait façonné, sinon de façon littérale, tout du moins par le truchement de maquettes et de prototypes. Il s'agit de travailler à une esthétique des matériaux par ces process d'expérimentations et de révéler des forces au sens où l'entend Benoît Goetz [19], comme contre-pied à l'architecture conçue à partir d'images.

Si l'idée de retrouver l'unité technique au travers de l'art de bâtir semble dénuée de tout fondement, comment désormais rendre pertinente l'idée constructive dans une discipline où domine un paradoxe entre la sophistication des produits de la construction et l'archaïsme, voire le manque d'intelligence de leur assemblage ? Couramment, Prouvé est considéré comme un héros rebelle qui s'est davantage positionné contre les logiques industrielles et commerciales dominantes en vigueur qu'en leur faveur. La référence à ce dernier est paradoxale dans la mesure où ses tentatives d'industrialisation de l'architecture sont jugées comme des échecs. De façon provocatrice, demandons-nous si les architectes ne verraient pas dans Prouvé leur propre difficulté à formuler les rapports entre architecture, production industrielle et mise en œuvre ? Mais bien plus, les multiples références au travail de Prouvé opérées par des architectes d'horizons culturels très différents, comme Jacques Ferrier ou Philippe Chaix et Jean-Paul Morel [20], révèlent surtout l'imaginaire technique qu'ils convoquent pour concevoir un projet et lui donner un sens. La redécouverte de Prouvé dans le courant des années 1980, et les multiples publications et expositions qui lui ont été consacrées à sa disparition, constituent indubitablement un hommage et une reconnaissance de son œuvre et des idéaux qui l'ont animée. Mais elles sont aussi l'une des manifestations du retour en force des problématiques techniques dans le projet architectural, à une époque où la diversité des matériaux n'a probablement jamais été aussi grande et où la légitimité des choix et des stratégies constructives s'avère de plus en plus complexe à argumenter face à la banalisation du chantier contemporain. À cette profusion quasi anarchique qui accroît les possibilités d'utilisation des matériaux à un point tel que la liberté d'invention des architectes devient difficile, d'aucuns se sont emparés de la figure de Prouvé pour élaborer leur propre discours et l'inscrire dans leur culture historique comme un système de références. Plutôt que de chercher vainement à dégager une forme de ratio globale des logiques techniques convoquées par Prouvé, leur démarche consiste davantage à dégager un modèle d'interprétation à partir d'une appropriation partielle de ses inventions techniques et à identifier les qualités spatiales engendrées par son architecture, sans pour autant restituer la généalogie constructive qui y conduit.

L'œuvre de Prouvé, s'il semble difficile et vain de tenter de la reproduire ou dans une piètre mesure de la pasticher, constitue une mise en lumière, parfois crue, des rapports actuels entre technique et architecture. La vertu inventive du Nancéien montre qu'il n'est pas question d'exhiber la technique par l'architecture, mais de faire valoir que l'architecture est produite à partir d'une invention constante, à partir de l'utilisation toujours prête de nouveautés techniques, en train de se produire. C'est peut-être une des leçons essentielles qu'il faut tirer de sa démarche, dont les origines s'ancrent dans les idéaux techniques, esthétiques et sociaux de l'école de Nancy. Il s'agirait en effet aujourd'hui de tenter de dégager des rapports mieux équilibrés entre architecture, construction et industrie, et de militer pour une esthétique des matériaux, non par le biais d'images spectaculaires, mais par une autre façon de les œuvrer.

*Rémi Rouyer, architecte, enseignant-chercheur à l'École d'architecture de Versailles.*

---

19. B. Goetz, « Matériaux et forces : intensités architecturales », conférence du 23 janvier 1990, cycle « L'Architecture : art et technique », Société française des Architectes, Paris.
20. Voir l'entretien de J.-P. Robert avec P. Chaix et J.-P. Morel, « Chercher pour trouver », in *L'Architecture d'aujourd'hui*, février 1997, n° 309, pp. 62-63.

6 → **Logements**
**64 bis et ter, rue de Meaux,**
**Paris,**
**Renzo Piano architecte, 1991.**
(Jean-Marie Monthiers)

# UN EXPERT SOLLICITÉ
## 1967 1984

# L'ATELIER DES BLANCS-MANTEAUX

*Jean Prouvé, désormais installé de façon officielle comme « ingénieur-conseil », continue de suivre ses opérations, même si, retraité, il n'a plus de rapport direct avec le monde de l'entreprise. Cependant, il ne peut se contenter du seul dessin. Dès qu'il en a l'occasion, il fait réaliser des prototypes par les sociétés qui répondent aux appels d'offres des chantiers où il intervient. Le Conservatoire national des arts et métiers et notamment son atelier de travaux pratiques sont donc un refuge privilégié pour le constructeur qu'il est. Contraint de se mettre exclusivement à la planche à dessins, ce qu'il abhorre, il n'abandonne pas l'expérimentation pour autant.*

*Son travail sur le mur-rideau de la tour Nobel [1], première tour de la Défense, à Paris, en témoigne.*

*La façade, étudiée par Jean Prouvé pour les architectes Jean de Mailly et Jacques Depussé, est une prouesse technique de plus de 100 m de haut, qui se constitue d'un double vitrage aux angles arrondis. La singularité et la finesse de son enveloppe distinguent encore cette tour dans l'ensemble architectural actuel de la Défense. Jean Pistre, chargé avec Denis Valode de sa « réhabilitation », s'exprime ainsi sur la tour, aujourd'hui nommée Hoechst-Marion-Roussel : « Il est extrêmement rare de retrouver une telle symbiose entre l'architecture et les choix techniques qui la dictent ou qui la servent selon les points de vue. Dans cette tour visionnaire, tout a été pensé dans les moindres détails, comme si ses concepteurs avaient réussi à chaque fois à aller jusqu'au bout de leurs ambitions. »* [2]

### LE CLUB DES JEUNES D'ERMONT

En 1967, Jean Prouvé répond, avec la CIMT, au concours des modèles de « clubs des jeunes » organisé par le ministère de la Jeunesse et des Sports.

Dans ce projet exemplaire, qui ne sera malheureusement réalisé qu'à Ermont (Val-d'Oise), on retrouve dans son entier « l'homme de Maxéville ». Tout est mis au point en vue d'une fabrication économique de série. En outre, les éléments sont allégés pour le transport et simplifiés pour le montage qui doit pouvoir être effectué par les futurs usagers, conformément aux impératifs du programme. Jean Prouvé propose donc une voûte demi-cylindrique de 5 m de haut. Comme cela a été fait à la méridienne de l'Observatoire de Paris, chaque travée est constituée de deux demi-arcs qui se rejoignent au faîtage. Chacune des coques préformée comprend deux parements, l'un en aluminium pour l'extérieur, l'autre en bois contreplaqué pour l'intérieur. Entre les deux est injecté un isolant en polyuréthane. Une nouvelle fois, Jean Prouvé cherche, avec le même élément répétitif, à régler à la fois les problèmes de couverture et d'étanchéité. Fort de son expérience des coques, il traite murs et toiture avec un seul composant. Trois quarts d'heure suffisent à dresser un arc complet de 1 m de large, en le disposant

1 → **Séance du jury de Beaubourg présidée par Jean Prouvé.** (D.R.)

2 → **Vue générale du Club des jeunes à Ermont, 1967.** (Documentation générale MNAM-CCI, fonds J. Prouvé)

3 → L'une des voûtes du Club d'Ermont vue de nuit. (Documentation générale MNAM-CCI, fonds J. Prouvé)

4 → Centre océanographique de Nantes, Olivier Vaudou et Raymond Luthi architectes, 1968. (Jean Biaugeaud)

5 → Club des jeunes de Pantin, Jean Deroche et Jean Perrottet (AUA) architectes, 1965. (Jean Masson/ADMM)

sur un rail placé dans des longrines en béton. À Ermont, le prototype réalisé est constitué de deux volumes reliés par une passerelle. La grande hauteur sous plafond de la voûte permet d'installer une mezzanine et les cloisonnements libres autorisent une grande flexibilité spatiale. Aux extrémités, les tympans reçoivent des baies en Altuglass teinté. Les raidisseurs sont en bois et reçoivent des parecloses en aluminium qui permettent de fixer tant des vitres que des panneaux pleins. Les cabines sanitaires sont des monoblocs en polyester.

1967-1984
UN EXPERT SOLLICITÉ :
L'ATELIER DES BLANCS-MANTEAUX

### EN 1968, DE GRANDS CONCOURS

*En 1968, installé dans son agence rue des Blancs-Manteaux à Paris 4ᵉ, Jean Prouvé demeure, comme il l'a toujours été, très accessible. Sa porte est ouverte aux nombreux architectes et étudiants qui viennent lui demander des conseils. Maintenant ainsi, avec ses collaborateurs, l'esprit d'échanges permanents qu'il avait institué à Maxéville, il continuera à travailler avec eux sur d'importantes études.*

*Cette année-là s'achève à Nantes la construction du Centre océanographique des architectes Olivier Vaudou et Raymond Luthi. Jean Prouvé a travaillé avec eux sur la façade du bâtiment des laboratoires en y plaçant des raidisseurs qui comportent les aérateurs. Cette fois-ci, les opercules sont obturés par un verre Securit clair placé à l'extérieur. Les vitrages fumés ou émaillés sont fixés aux raidisseurs en tôle d'aluminium par des joints Néoprène.*

*En 1968 également, il répond à deux concours importants : le palais des Expositions de Grenoble, et le pavillon de la France pour l'Exposition universelle qui se tiendra en 1970 à Osaka, au Japon.*

**6**

À L'OCCASION DU CONCOURS Conception-Construction pour le palais des Expositions de Grenoble, Jean Prouvé et son équipe – Serge Binotto, son fidèle collaborateur, Claude Prouvé, son fils architecte, Léon Pétroff, ingénieur et Louis Fruitet, ingénieur de l'entreprise de charpente métallique Besson & Lepeu – font une proposition de structure et d'enveloppe cohérente et audacieuse, qui peut en outre être montée très rapidement. Le délai imparti à la réalisation l'imposait. En effet, bien que le concours a été ouvert tardivement, il est impératif de respecter la date d'ouverture des Jeux olympiques, qui est aussi celle de la mise en service du palais des Expositions. L'équipe de Jean Prouvé conçoit une « couverture climatique » susceptible d'abriter l'ensemble des éléments du programme ; la structure, entièrement en acier, est constituée d'une nappe tridimensionnelle et de « tabourets ». Ce dispositif, qui permet de réduire le nombre des points d'appui au sol, offre la plus grande surface libre possible aux divers stands d'exposition, dont les formes et les volumes n'étaient pas encore définis lors du concours.

Fruitet raconte comment Jean Prouvé décide de la forme que prendra le bâtiment : « Voilà ce que je veux faire." Sur la planche à dessins, Jean Prouvé attrape un gros feutre et commence à dessiner le système tabouret, mais de 36 mètres de côté, de 10 mètres de haut ! Il voulait réaliser sous une nappe un microclimat artificiel et a dit "On fait un grand hall et dessous, on vient abriter toutes les fonctions. Dès le niveau zéro, je ne veux plus de plâtre, de béton ou de trucs humides." On a étudié et construit ce bâtiment en 8 mois. Jean Prouvé était très intuitif et si nous avons tenu les délais c'est grâce à l'idée de Prouvé. Il a tenu son parti jusqu'au bout, à l'extrême et nous avons suivi, c'était une expérience formidable. » [3]

L'ensemble réalisé est donc une nappe tridimensionnelle système Pétroff qui repose sur un quadrillage de poutres en I de 1,5 m de haut. Les poutres sont elles-mêmes portées par des poteaux, les « tabourets » à quatre branches, espacés de 36 m. La nappe et les poutres, en porte-à-faux de 18 m, maintiennent la façade sur tout le pourtour du bâtiment. Les raidisseurs, en forme de V, munis chacun de six aérateurs circulaires, supportent soit des panneaux métalliques soit des vitrages, qui demeurent interchangeables après leur mise en œuvre. La standardisation totale de l'édifice en fait une réalisation très économique ; la préfabrication en usine permet de tenir les délais ; et le bâtiment livré est parfaitement adapté à son programme fonctionnel.

Par ses performances, le palais des Expositions de Grenoble démontre, s'il en était encore besoin, à quel point les idées de Jean Prouvé et sa collaboration confiante avec de grands ingénieurs peuvent conduire à des réalisations exemplaires.

**6** → Palais des Expositions de Grenoble, Claude Prouvé architecte, Serge Binotto, Léon Pétroff et Louis Fruitet ingénieurs, 1967-1968. (ADMM)

**7** → Structure « Tabouret » et nappe tridimensionnelle, système porteur du palais des Expositions de Grenoble. (ADMM)

**7**

*Le principe de la nappe tridimensionnelle est mis au point par Léon Pétroff et Jean Prouvé dès le début des années 1960, sous le nom de « toiture réticulaire à surface variable ». Combinée au « tabouret », cette structure permet de disposer librement les cloisons et les façades ; elle est également superposable afin d'offrir plusieurs niveaux. Ces deux systèmes constructifs seront exploités ensemble ou séparément sur des programmes variés, et adaptés à chacune de leurs applications : universités, école d'architecture, stations-service, refuge de haute montagne, maison particulière.*

*Pour nombre de ces projets, Jean Prouvé emploie des panneaux de façade dont le revêtement extérieur est en polyester.*

*Il en sera ainsi, par exemple en 1970, des stations-service Total ou des bandeaux de l'École d'architecture de Nancy (Foliasson architecte).*

*Pour le concours du pavillon de la France à Osaka en 1968, le projet auquel Jean Prouvé participe propose un bâtiment gonflable. Bien que retenu, celui-ci ne verra jamais le jour sous sa forme initiale. En effet, il est demandé à l'architecte Jean Lecouteur de le réaliser avec une structure en métal : la proposition n'avait donc été retenue que pour sa forme. Jean Prouvé, comme Louis Fruitet, également consulté, ont refusé de se plier à cette demande. Ce n'était pas l'idée constructive !*

*Jean Prouvé interviendra tout de même pour le Japon, mais, à Paris, sur le projet de l'ambassade auquel l'architecte Sakakura, un ami de Charlotte Perriand, lui demande de participer.*

*En 1969, Jean Prouvé travaille, avec Robert Joly, à la réalisation d'une annexe de l'École des arts décoratifs, qui sera ensuite investie par l'Institut de l'environnement, rue Érasme, Paris 5ᵉ. Cette opération illustre parfaitement l'esprit de Jean Prouvé : il collabore à un projet global, où structure et façades ne peuvent être dissociées et où la préfabrication s'est imposée en raison des délais très courts et d'un budget serré. La nature de la commande avait*

**8** → **Maison Jaoul à Mainguerin, Jean-Claude Drouin architecte. (ADMM)**

**9** → **Station-service Total « Relais de l'Épi d'or », Saint-Cyr-l'École. Jean Prouvé, ingénieur-conseil. 1970. (Inventaire général d'Ile-de-France, cl. Vialles)**

## 1967-1984
### UN EXPERT SOLLICITÉ : L'ATELIER DES BLANCS-MANTEAUX

donc tout pour que la collaboration entre les deux hommes soit exemplaire. Le bâtiment, achevé en 1970, affiche, au cœur du quartier Latin, sa façade en acier galvanisé laqué et ses contreventements placés à l'extérieur. Gérard Monnier rappelle à ce sujet qu'« autorisée par un ordre de service signé par André Malraux, la construction dont Robert Joly a eu la charge est une réponse forte, porteuse des signes d'une architecture d'intervention : les éléments sont ceux d'un instrument expressif, où l'architecture technologique est pour une fois en situation. Avec ses parois métalliques et ses ossatures, qui mettent en évidence le contreventement de la construction par des croix de Saint-André, l'édifice combine la modernité flagrante de ces figures avec une bonne insertion du volume dans la morphologie du site [...]. Fabriqués par la CIMT sur les dessins de Jean Prouvé, les panneaux de façades introduisent pour la première fois dans un édifice public parisien les éléments d'une architecture par l'industrie [...]. » [4]

Cet édifice rigoureux et insolite sera démoli en 1994, malgré le scandale que représente alors la destruction d'un bâtiment en bon état et parfaitement flexible, et en dépit du plaidoyer des défenseurs du patrimoine contemporain. Ceci dit, Jean Prouvé ne pensait-il pas lui-même que les constructions préfabriquées, comme les voitures, n'étaient pas faites pour durer et qu'il fallait laisser de la place aux suivants ?

En 1970, Bernard Zehrfuss l'appelle sur une opération prestigieuse : l'annexe de l'Unesco, rue Miollis, Paris 15e. Jean Prouvé y propose un système de façade où les raidisseurs verticaux et les caillebotis horizontaux des passerelles sont tous en aluminium. Formant brise-soleil, ils donnent son caractère de dentelle métallique à la façade.

Au Vaudreuil (Eure), il est chargé par l'Établissement public de la ville nouvelle de réaliser ses locaux administratifs et d'études. Il intervient également, sur le même programme, pour les villes nouvelles de Marne-la-Vallée (Val-de-Marne) et de Melun-Sénart (Seine-et-Marne). Ces commandes du secteur moderne du ministère de l'Équipement confirment qu'il est

10 → Institut de l'environnement, Paris, Robert Joly architecte, 1969. (Documentation générale MNAM-CCI, fonds J. Prouvé)

11 → Laboratoires Sandoz, Rueil-Malmaison, Bernard Zehrfuss architecte, 1970. (Documentation générale MNAM-CCI, fonds J. Prouvé)

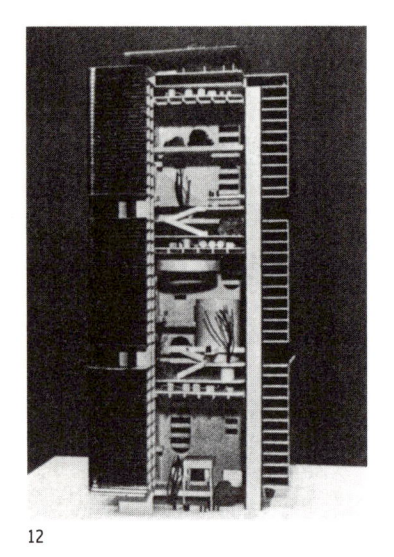

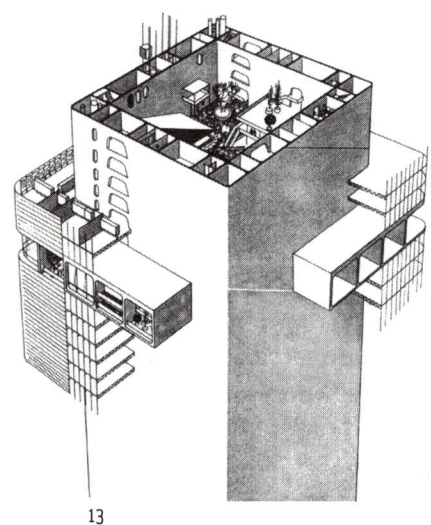

enfin écouté et qu'il n'est plus considéré comme l'utopiste des maisons individuelles en acier !

La même année, Zehrfuss fait de nouveau appel à lui, cette fois, pour la construction des laboratoires Sandoz, à Rueil-Malmaison (Hauts-de-Seine). Pour madame Jaoul, à Mainguerin, il réalise encore une de ces maisons en acier si bien dessinées et si différenciées qu'elles surmontent la critique de la préfabrication.

Un autre ami de longue date, Joseph Belmont, demande à Jean Prouvé et Jean Swetchine d'intégrer son équipe pour répondre au concours qu'organise le ministère de l'Éducation nationale, en vue de faire construire un bâtiment abritant l'ensemble de ses services à la Défense. Leur projet est lauréat mais, faute de crédits, l'opération n'aura pas de suite. La proposition est celle d'une tour compacte et épaisse d'environ 52 x 52 m par plateau et de 116 m de haut. Le volume vide du noyau central, très vaste, accueille à chaque niveau les grands équipements du programme : salles de conférences, bibliothèque, salles de réunions, etc. Au pourtour de ce noyau, une double enveloppe tubulaire, en béton armé, reçoit dans l'interstice des deux murs porteurs, les ascenseurs, les escaliers, les sanitaires, les locaux de services et d'entretien, ainsi que les diverses gaines techniques. Les bureaux se situent en couronne autour du noyau porteur. Ce dispositif offre un très grand rendement de plan aux étages, car les distributions et les locaux techniques n'occupent qu'à peine 20 % de la surface. La structure porteuse des bureaux est réalisée en charpente métallique accrochée au noyau en béton armé. Celui-ci, grâce à la forme tubulaire constante sur toute la hauteur de la tour, peut être réalisé au moyen de coffrages glissants. Des économies de temps et de coût en découlent, puisque les charpentes métalliques des bureaux et du noyau central, ainsi que les façades-rideaux en métal inoxydable d'aspect satiné, peuvent être préfabriquées en temps « masqué ».

L'intelligence de cette solution permet de répondre efficacement à des impératifs apparemment contradictoires : accueillir dans un même bâtiment des locaux de tailles et de fonctions très variées, faire face sans modifications structurelles majeures aux inévitables réorganisations des organigrammes fonctionnels du ministère, offrir à tous des conditions de travail confortables et agréables, contenir les coûts et les délais, le tout dans une forme architecturale extrêmement simple et lisible.

**1967-1984**
UN EXPERT
SOLLICITÉ :
L'ATELIER
DES BLANCS-MANTEAUX

*À n'en pas douter, la collaboration ancienne et amicale de Jean Prouvé, avec Belmont et Swetchine, a une grande part dans cette réussite. Mais plus encore, il faut souligner la qualité de la synthèse de leurs recherches communes sur l'association des propriétés des charpentes* 15 *métalliques, du béton armé et des façades-rideaux, qu'ils avaient inaugurées avec le projet pour l'université de Nancy, en 1951.*

*En 1970, s'achève le dernier chantier CIMT-Jean Prouvé : la maison des jeunes Gérard Philippe à Orly (Val-de-Marne), dont les architectes sont Jean Deroche, Valentin Fabre et Jean Perrottet, de l'Atelier d'urbanisme et d'architecture (AUA).*

*La même année, il étudie un projet d'hôtel aux Arcs (Savoie) et des prototypes de maisons individuelles pour Saint-Gobain. Surtout, il réalise les murs-rideaux du siège du parti communiste français* 5, *place du Colonel-Fabien, Paris 19ᵉ. La façade est d'une grande finesse, rythmée principalement par les raidisseurs verticaux. Pour la mettre au point, il travaille avec Jean Deroche et Paul Chemetov (AUA), qui représentent Oscar Niemeyer à Paris pour cette opération. Jean Prouvé admirait l'architecture contemporaine, surtout quand elle était novatrice et l'expliquait aux étudiants du CNAM. Deroche souligne : « [...] il est frappant de constater que Jean Prouvé "jusqu'au boutiste" du rationalisme était en même temps un défenseur convaincu de l'architecture de Niemeyer, héritière revendiquée du baroque brésilien. »* 6

### CONSÉCRATIONS OFFICIELLES ET DERNIÈRES ŒUVRES

*En 1971, Jean Prouvé, est plébiscité pour occuper la place difficile de président du jury international pour le concours du Centre national d'art et de culture à Paris.*

*Au premier tour de vote, par huit voix sur neuf, le jury qu'il préside choisit le projet de l'équipe Renzo Piano/Richard Rogers. Jean Prouvé est violemment critiqué : « [...] je me suis fait matraquer. Bien sûr que certains ont dit : Prouvé a choisi ça parce que c'est en métal. C'est entièrement faux, et c'est bien sûr mal me connaître. Je rappelle que nous étions neuf [...]. »* 7 *Mais ce choix, s'il surprend encore par sa modernité, est néanmoins approuvé par le président de la République, Georges Pompidou, dont le bâtiment portera son nom. Le 17 octobre 1972, celui-ci indique en effet au journal Le Monde : « [...] Pour le concours, nous*

12-13 → Projet pour le concours
du ministère de l'Éducation
nationale, Joseph Belmont architecte,
Jean Swetchine ingénieur, 1972.
(D.R.)

14 → Maison des jeunes
Gérard-Philipe, Orly, Jean Deroche,
Jean Perrottet, Valentin Fabre (AUA)
architectes, 1970.
(coll. Pavillon de l'Arsenal)

15 → Université de Lyon
à Bron-Parilly, René Dottelonde
architecte, Léon Pétroff ingénieur,
1972. (prêt agence R. Dottelonde)

1967-1984
UN EXPERT
SOLLICITÉ :
L'ATELIER
DES BLANCS-MANTEAUX

*avons eu recours à un jury composé d'architectes et d'utilisateurs universellement connus. Nous nous sommes inclinés devant leur choix, pensant qu'ils étaient mieux placés que personne pour donner un avis [...]. »*

*Jean Prouvé, vice-président du Cercle d'études architecturales depuis 1960, en devient le président en 1971. Il le restera jusqu'en 1977. Ayant cessé ses cours au CNAM, il est contacté pour faire des interventions dans une école d'architecture devenue Unité Pédagogique, mais il propose, à sa place, son ami Louis Fruitet.*

*Cette réussite morale vaut à Jean Prouvé une réputation internationale, et il est appelé par les architectes Choisy, Van Embden, Van Esinga, Roorda, Smelt, à intervenir dans leur projet pour la faculté de médecine de Rotterdam, aux Pays-Bas.*

*En 1972, il participe à diverses études : des panneaux en polyester pour Matra, le « speedway » de Paris-la-Défense projeté par l'architecte Richards et les ingénieurs Ove Arup et Dunlop, des établissements scolaires pour la société Desse. Il intervient en tant qu'ingénieur-conseil sur le projet de l'université de Lyon à Bron-Parilly (René Dottelonde, architecte).*

*En 1973, avec son frère Henri et son fils Claude, Jean Prouvé participe au concours des « Modèles Innovations » lancé par le ministère de l'Équipement et présente le projet SIRH destiné à la construction de logements collectifs et individuels.*

*Dans les années suivantes, ses interventions restent nombreuses : bureaux de la SEMEA XV à Paris (Jallat et Pérou architectes), grande gare de Lyon-Perrache (René Gagès architecte), bâtiments administratifs et commerciaux à Lausanne en Suisse (AAA architectes), lycée hôtelier à Guyancourt (Yvelines, Monge architecte).*

*En 1975, il collabore au projet de Belmont pour le concours du musée de la Villette à Paris. Ce projet, primé, ne sera pas réalisé. En outre, Jean Prouvé étudie et réalise d'après l'idée de Le Corbusier, le campanile de la Chapelle Notre-Dame-du-Haut à Ronchamps (Haute-Saône).*

*Jean Prouvé est promu officier de la Légion d'honneur en 1976 et est nommé doctor Honoris causa de l'École polytechnique de Lausanne. Il recevra en 1982 le Grand prix d'architecture de la Ville de Paris.*

*Dans les années 1980, les services de la Ville de Paris chargés de l'entretien de la tour Eiffel sont inquiets : il est dit que la tour avait été construite pour durer cent ans, il ne lui en resterait donc plus que vingt ! La Ville de Paris missionne Jean Prouvé pour diriger une expertise qui s'étendra sur plusieurs années. Se sentant fatigué, Jean Prouvé demande à son ami Louis Fruitet de l'aider et s'adjoint les conseils de spécialistes pour les ascenseurs et l'électricité. Enfin, Jean Prouvé est en contact direct avec la maîtrise d'ouvrage : il n'y a pas d'intermédiaire. Cependant, le travail de bureau d'études ne l'intéresse pas ; en tant qu'ingénieur-conseil, il ne fait pas les calculs. « Il ne savait pas calculer une poutre sur deux appuis et d'ailleurs il s'en fichait éperdument. »* [8] *L'équipe constituée propose en premier lieu de débarrasser le sol artificiel de la tour Eiffel de l'épaisseur de gravas qui l'alourdit inutilement. Des visites de la tour permettent à Jean Prouvé et ses collaborateurs de rejeter l'idée émise par l'entreprise de maintenance de raser la tour à partir du premier étage et de refaire à neuf la partie supérieure. Finalement, seules quelques traces de corrosion sont traitées et les éléments présentant un risque sont régulièrement remplacés ou simplement retirés. Lorsque l'escalier central est réalisé, certains des entretoisements s'avérant superflus sont supprimés.*

*Les services techniques de la Ville de Paris chargés de la tour Eiffel ont donc écouté « l'intuitif » et non les « savants », et la tour a pu ainsi rester quasi intacte.*

*Dans une liste déposée aux Archives départementales de Meurthe-et-Moselle (ADMM), où Jean Prouvé récapitule l'ensemble de ses opérations, il cite, en fin de carrière (1976-1982) : l'intervention sur les « parapluies » conçus par Jean Willerval pour le Forum des Halles à Paris, en réalité effectuée par l'ingénieur Pétroff ; les charpentes métalliques du nouveau vélodrome que construisent dans le quartier parisien de Bercy les architectes Michel Andrault et Pierre Parat, pour remplacer l'ancien « Vel d'hiv » ; l'abri visiteurs de la volière de Villars-les-Dombes (Ain) avec l'architecte Dosse ; et la Tour hertzienne d'Ouessant (Finistère) avec l'architecte Jacquin.*

*En 1979, Jean Prouvé analysant les conditions de production, confie à Dominique Clayssen : « Pour moi l'architecture, donc la construction, doit être simple, comme autrefois ! Ceci dit, je suis affirmatif, c'est l'industrialisation qui procurera la meilleure des diversités dans la cohérence. L'architecture ancienne est*

**16** → **Tour hertzienne à Ouessant,**
**Jacquin architecte, 1981. (ADMM)**

1967-1984
UN EXPERT
SOLLICITÉ :
L'ATELIER
DES BLANCS-MANTEAUX

17

*belle parce qu'elle est uniforme. Alors, quel est ce désir de diversifier ? Qu'est-ce qui est beau à Paris ? C'est la rue de Rivoli, c'est la place des Vosges, ce sont les quais de la Seine où toutes les fenêtres sont les mêmes architecturalement. C'était beaucoup plus industrialisé que maintenant. Si l'on s'attaque à ce que pourrait être la véritable industrialisation avec ce principe qui est de dire "on ne pourra pas diversifier", alors c'est perdu d'avance. [...] l'industrialisation ouverte ? C'est quoi ? Peut-être tous les concours de panneaux de façades, de fenêtres, de portes, etc. ? Personne n'a jamais pu vraiment s'en servir. Ces concours n'ont servi à rien. Parce que chaque architecte veut dessiner son "truc", il veut son panneau à lui. Et puis comme il dessine également "sa" structure, sa modulation qui n'est pas la même que les autres, les panneaux ne vont pas ! Donc la préfabrication ouverte ne doit pas apparaître au début. Je pense qu'il faut composer des bâtiments en industrialisation fermée, c'est-à-dire qui constitueront un tout cohérent et qui, espérons-le, procureront une belle architecture. Espérons-le, car ce n'est pas le cas en ce moment. Mais, pour que cette industrialisation procure une belle architecture, il faut que dans le processus, les architectes dominent. »* 9

Le 13 mars 1984, Jean Prouvé reçoit dans sa maison de Nancy Isabelle da Costa qui effectue, sans le savoir, le dernier entretien du constructeur. Il décède en effet dix jours plus tard, le 23 mars, dans sa maison ; cette maison construite trente ans auparavant et qui est le sujet de cette dernière conversation. Jean Prouvé raconte sa conception, son organisation, sa construction et conclut en ces termes : « *Il n'y a rien de gratuit. C'est une maison qui a été sérieusement étudiée.* » 10

Peut-être faut-il voir dans les dernières opérations de Jean Prouvé l'une des plus cruelles ironies de l'histoire. Les terminaux de bus qu'il réalise à Paris en 1983 pour la RATP sont le pendant imprévu de son premier projet de construction de 1933. En effet, le début de sa carrière (de constructeur) avait été marqué par le projet parisien de la gare routière de la Villette, qui portait en germe l'ensemble de ses idées constructives. Jean Prouvé a toujours mené, sans compromis, une vie nourrie de passions, une vie consacrée à l'analyse et à la maîtrise des conditions de « la fabrication », une vie d'inventeur.

1. Voir p. 346.
2. Catherine Sabbah, « La tour Nobel garde l'éclat de sa jeunesse », *Le Moniteur*, 15 décembre 2000, p. 393.
3. Entretien de Laurence Allégret et Valérie Voudou avec Louis Fruitet, 20 décembre 2000.
4. Appel lancé par la section française de Docomomo international pour le sauvetage de l'Institut de l'Environnement, juin 1994.
5. Voir p. 354.
6. Entretien de Laurence Allégret et Valérie Voudou avec Jean Deroche, 14 décembre 2000.
7. Hélène Doriane, « Jean Prouvé, la permanence d'un choix », *Architecture d'aujourd'hui*, n° 189, 1977 pp. 48-49.
8. Entretien de Laurence Allégret et Valérie Voudou avec Louis Fruitet, 20 décembre 2000.
9. Dominique Clayssen, « Un entretien avec Jean Prouvé », *Techniques et Architectures*, n° 327, novembre 1979, p. 143.
10. « Le dernier entretien avec Jean Prouvé », *A.M.C. (Architecture Mouvement Continuité)*, juin 1984.

18

17 → Abribus RATP, 1983.
(RATP Audiovisuel)

18 → Atelier rue
des Blancs-Manteaux.
(Patrice Richard)

ÉTABLISSEMENT PUBLIC
DU
Centre Beaubourg

Le 19 juin 1972

Monsieur Robert BORDAZ,   Conseiller d'Etat,
                          Président chargé de la Direction
                          de l'Etablissement Public du
                          Centre Beaubourg,

et

Monsieur Michel WEILL,    Architecte,
                          Secrétaire Général de l'Union
                          Internationale des Architectes,

tiennent à préciser les faits suivants concernant la personnalité de Monsieur Jean Prouvé et les conditions dans lesquelles il a été appelé à présider le Jury du Centre Beaubourg.

1°) Si Monsieur Jean Prouvé ne s'est jamais présenté comme architecte, il est par contre universellement reconnu comme tel en raison de la qualité exceptionnelle de ses travaux qui l'inscrivent déjà dans l'histoire de l'architecture contemporaine.

Industriel jusqu'en 1950, ingénieur-conseil de nombreuses entreprises, M. Jean Prouvé a participé (et participe encore aujourd'hui) à la construction de nombreux bâtiments: le CNIT, l'Institut Français des Pétroles, le Palais des Congrès à Liège, l'aéroport d'Orly, la Tour Nobel à Puteaux, l'Ecole d'Architecture de Nancy, etc... Il a joué et joue encore un rôle fondamental dans la conception et la réalisation de nombreux prototypes originaux de constructions industrielles.

Ingénieur au Conservatoire National des Arts et Métiers jusqu'en 1963, M. Prouvé est actuellement Président du Cercle d'Etudes Architecturales.

2°) Tous ceux qui le connaissent peuvent témoigner de la droiture scrupuleuse de Monsieur Jean Prouvé.

120, RUE SAINT-MARTIN, PARIS 4e / TÉL. : 277.38.20

230 J 27

(ADMM)

3°) Il est exact que Monsieur Jean Prouvé a été un défenseur convaincu des Pavillons de Baltard. La seule communication écrite à ce sujet consiste en un article d'environ 20 lignes. Mis à part cet article, il n'est l'auteur d'aucun ouvrage ni d'aucun projet sur la rénovation du Centre de Paris, ou d'aucun projet de construction (même réduit à de simples suggestions), analogue au projet lauréat.

4°) Monsieur Jean Prouvé, sans être candidat, a été élu Président du Jury. Il ne l'avait pas demandé. Il ne s'y attendait pas.

5°) On ne peut admettre l'affirmation selon laquelle Monsieur Jean Prouvé "auteur du Projet, serait fournisseur de matériel".

Messieurs Robert Bordaz et Michel Weill ne peuvent que regretter que Monsieur Jean Prouvé soit l'objet d'aussi vaines et basses attaques.

---

ÉTABLISSEMENT PUBLIC
DU
Centre Beaubourg

*Le Président
chargé de la Direction*

Le 19/6. 72

Voici le projet que nous avons établi à toutes fins utiles. Nous l'avons légèrement modifié. Qu'en pensez-vous ?

R. BORDAZ

120, RUE SAINT-MARTIN, PARIS 4e / TÉL. : 277.38.20

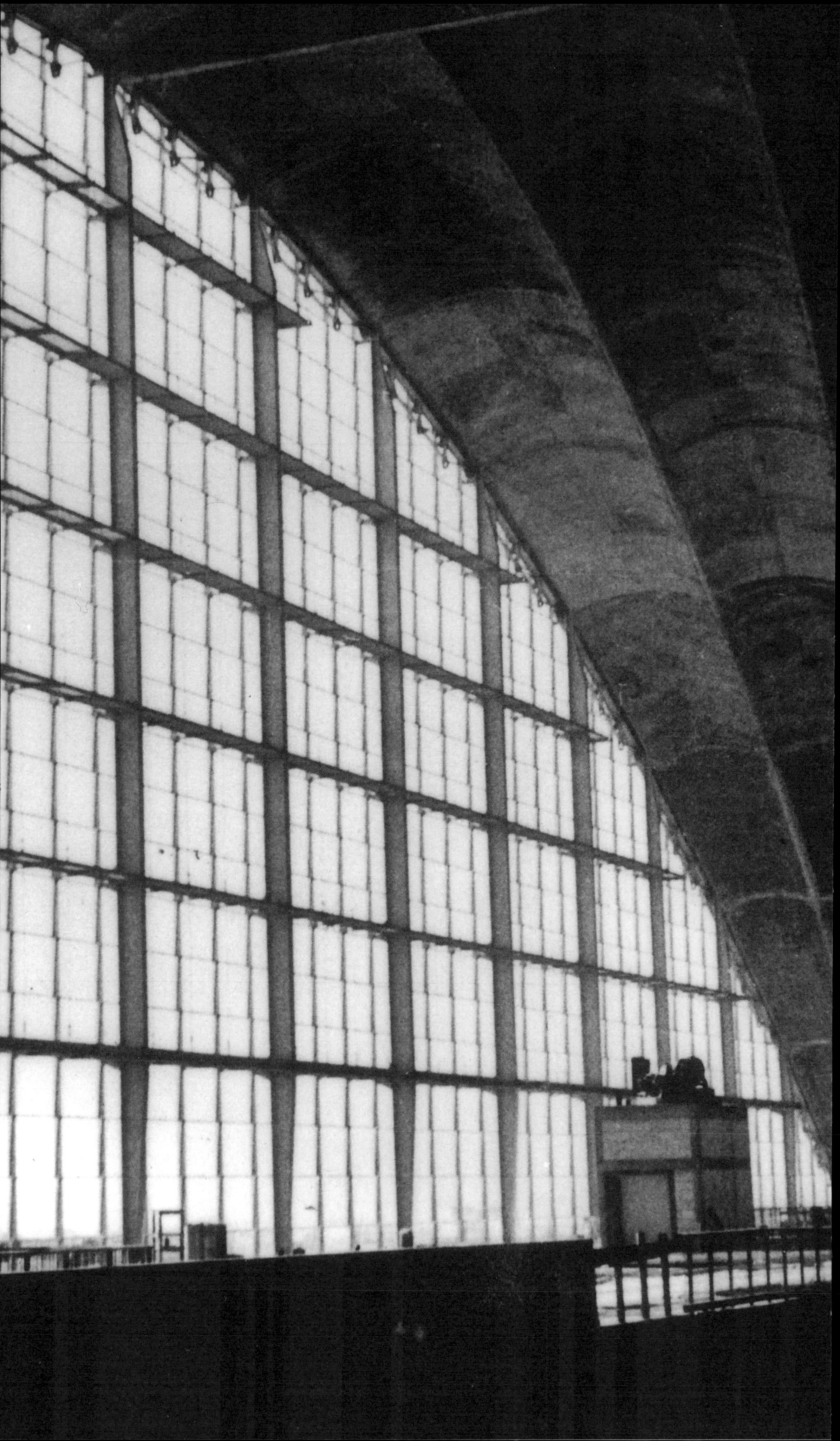

**CNIT (CENTRE NATIONAL DES INDUSTRIES ET DES TECHNIQUES)**
Parvis de La Défense, Paris-La Défense
**Maître d'ouvrage** → Syndicat des constructeurs français de machines-outils, président Emmanuel Pouvreau ; puis, à partir de 1985, SARI
**Maîtres d'œuvre** → Robert Camelot, Jean de Mailly et Bernard Zehrfuss, architectes
Nicolas Esquillan, ingénieur
G.-M. Présenté et Guerin, ingénieurs-conseils
Jean Prouvé, ingénieur-conseil pour la construction métallique/façades
Réaménagement en 1989 par M. Andrault, P. Lamy, P. Parat et E. Torrieri, sous la direction de B. Zehrfuss

# 1958
## PARIS-LA DÉFENSE
# LE CNIT

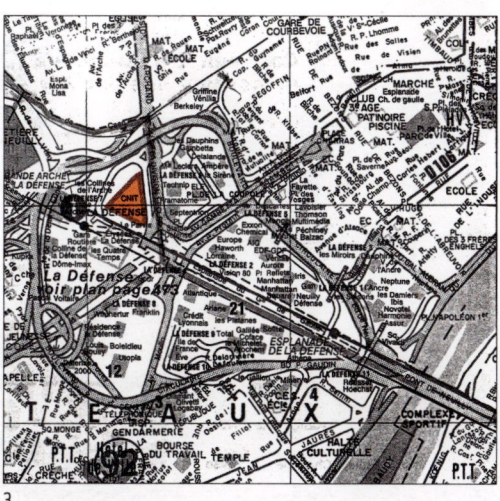

1 → Façade du CNIT à Paris en fin de montage. Vue de la mezzanine. (Bibliothèque Administrative)

2 → Vue aérienne du CNIT en 1959, avec la façade sud avenue Perronet (aujourd'hui parvis de la Défense). Le rond-point est depuis devenu la place de la Défense. La voûte, premier élément de modernité du futur quartier d'affaires, contraste avec le parcellaire environnant. (D.R.)

3 → Plan de situation. (D.R.)

341

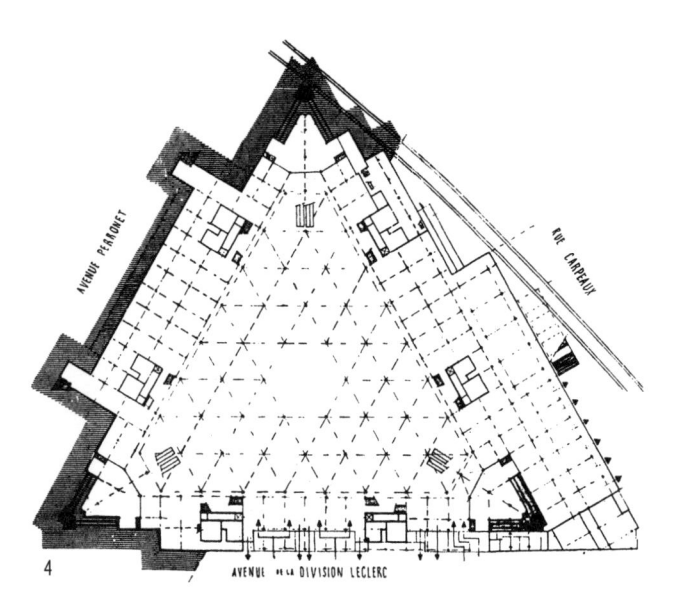

4 → Plan du rez-de-chaussée. Représentation du plancher haut, à structure triangulaire en partie centrale et à structure rectangulaire en périphérie. (D.R.)

5 → Schéma de principe des façades : *1* - Bandeau en acier inoxydable ; *2* - Âme de rive en béton armé ; *3* - Poutre métallique de suspension des passerelles ; *4* - Dispositif de coulissement vertical ; *5* - Suspente ; *6* - Ossature verticale métallique ; *7* - Platine d'appui ; *8* - Montants en acier inoxydable ; *9* - Vitres Securit ; *10* - Passerelles horizontales tous les 4,5 m. (D.R.)

6 → Croquis d'étude de Jean Prouvé pour les façades. (Documentation générale MNAM-CCI, fonds J. Prouvé)

7 → Façade de l'entrée principale (206 m de long), avenue Perronet. La pose en « clins » des vitrages évoque une paroi en écailles de verre. (Roger-Viollet)

**Dans le cadre** de l'aménagement du rond-point de la Défense sur l'axe historique Paris-Saint-Germain, le CNIT est la première réalisation de ce qui deviendra plus tard le quartier d'affaires de La Défense. Pour couvrir un terrain de forme triangulaire de 218 m de côté, les architectes Robert Camelot, Jean de Mailly et Bernard Zehrfuss proposent d'ériger une vaste coque. Plusieurs versions structurelles sont étudiées : en acier, en béton, en technique mixte. Le choix final se porte sur une solution présentée par Nicolas Esquillan et cautionnée par l'ingénieur Pier Luigi Nervi. Son projet consiste en une couverture autoportante à double coque, dont les fuseaux rayonnent à partir de trois points d'appui.

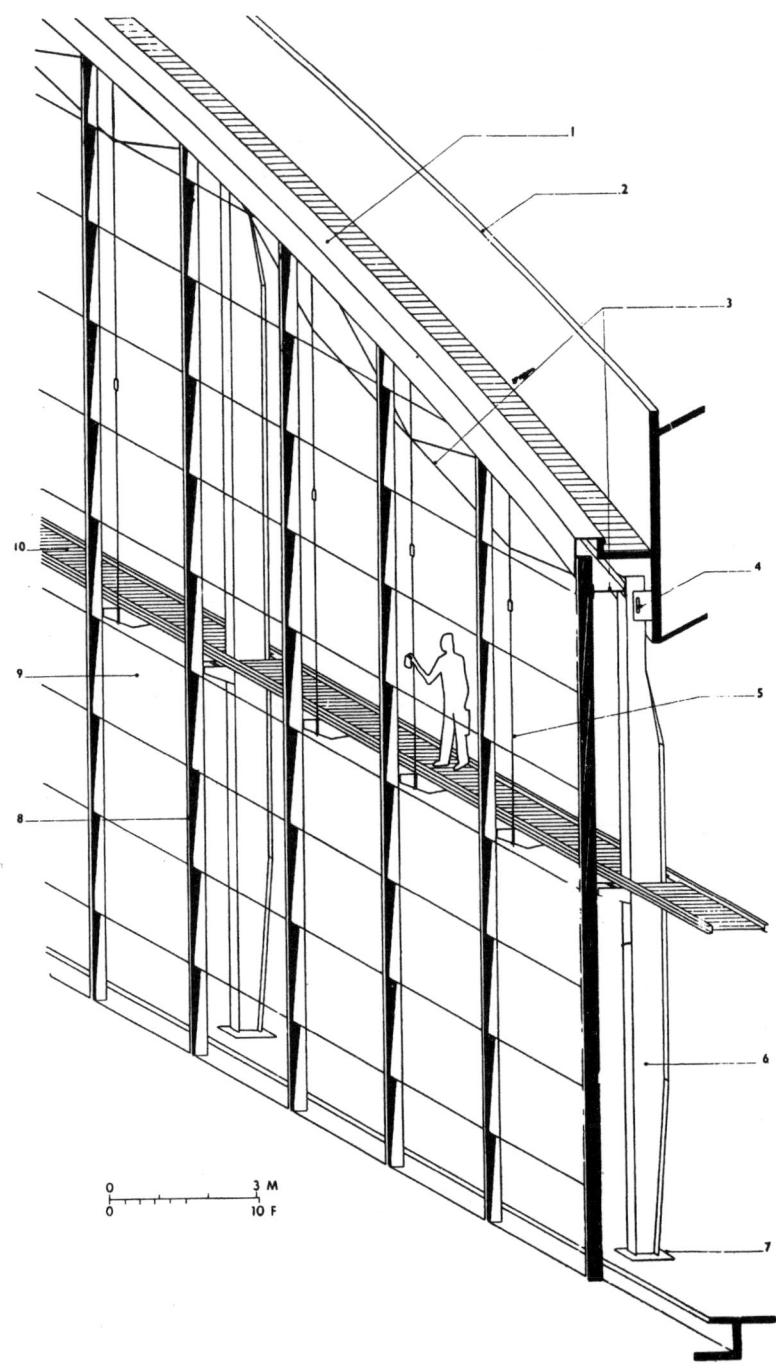

# LE CNIT
### 1958
### PARIS-LA DÉFENSE

6

7

8

**Une fois la coque** en béton réalisée, après le décintrement des fuseaux et le démontage des échafaudages, reste à clore l'édifice pour pouvoir l'occuper. La mission est confiée à Jean Prouvé. Celui-ci, aidé de son fils Claude (alors jeune diplômé en architecture) et de son plus proche collaborateur Jean Boutemain, dessine les trois façades, intégralement vitrées de façon à clore les tympans, tout en laissant visible la sous-face de la coque. Il réalise ces façades en verre Securit trempé non serti. « Pour pallier les mouvements verticaux de la voûte, qui peuvent dépasser 20 cm, et les mouvements horizontaux dus à la poussée des vents, ils (J. Prouvé, C. Prouvé et J. Boutemain) dessinèrent une structure en H très étroit, avec des passerelles de service servant de raidisseurs horizontaux. La commande fut assortie, peut-être pour la première fois en France, d'un contrat d'entretien sur dix ans... ce qui conduisit à utiliser des profilés en acier inoxydable, qui se révéla être le matériau le moins cher du fait de sa quasi-absence d'entretien. » [1]

1. B. Marrey, *Nicolas Esquillan, un ingénieur d'entreprise*, Picard, 1992.

8 → Vue de nuit. (D.R.)

9 → Montage de la façade. La structure primaire métallique est constituée de poteaux (60 cm de hauteur d'âme) reliés par des passerelles en caillebotis. La structure secondaire permet l'accroche en « clins » des vitrages. (Bibliothèque Administrative)

10 → Boîtes en saillie qui perturbent la pureté du volume. Elles ont été ajoutées en cours d'étude afin d'offrir davantage de surface intérieure. (ADMM)

11-12 → Détails de la façade : Jean Prouvé utilise le minimum de matière afin d'obtenir légèreté et transparence. (ADMM)

## LE CNIT
### 1958
PARIS-LA DÉFENSE

9

10

**Sur toute la longueur** des façades (206 m de long chacune), Jean Prouvé met en œuvre une structure métallique indépendante, légère, constituée de poteaux en profilés de 600 mm de hauteur d'âme. Ceux-ci sont reliés, en face intérieure, par des passerelles techniques en caillebotis suspendues. Des montants en acier inoxydable prennent appui sur cette ossature primaire, sur lesquels sont fixés les panneaux vitrés selon la technique en « clins », pour faciliter le nettoyage effectué depuis les passerelles à l'aide d'une raclette passée dans le vide entre deux glaces. La finesse du dessin de cette structure rapportée forme contrepoint à la masse de la voûte en béton.

À l'origine, les façades devaient former un seul plan à l'aplomb des rives de la coque. Un changement de programme tardif a provoqué l'ajout de boîtes en excroissance, qui viennent contrarier la pureté du volume. De plus, lors du réaménagement du CNIT en 1989, les façades sont épurées, totalement démontées et refaites, modifiant considérablement l'esprit Prouvé : tous les vitrages sont sur le même plan de façade, et désormais, pour leur entretien, il est nécessaire de faire appel à des alpinistes qui interviennent depuis l'extérieur.

11

12

**TOUR DE BUREAUX NOBEL**
1, terrasse Bellini, Paris-La Défense
**Maître d'ouvrage** → CIPN (Centrale immobilière du Pont de Neuilly)
**Maîtres d'œuvre** → Jean de Mailly et Jacques Depussé, architectes
Jean Prouvé, ingénieur-conseil pour les façades en mur-rideau
Denis Valode et Jean Pistre, restructuration en cours

# 1966
# PARIS-LA DÉFENSE
# LA TOUR NOBEL

1

**Première tour** de bureaux de La Défense avec la tour Aquitaine (frères Arsène-Henry et B. Schoeller, architectes), la tour Nobel annonce l'élan vertical du quartier d'affaires, après l'horizontalité relative du CNIT. D'une hauteur de 105 m pour trente et un niveaux, la tour, avec ses angles arrondis, exhibe sa silhouette si particulière et reconnaissable.
Bâtie de 1964 à 1966, elle est alors originale par sa forme et sa structure à noyau central. Ce dernier, qui reçoit les circulations verticales, est réalisé en béton grâce à la technique du coffrage glissant ou grimpant. Les planchers sont en tôle mince de type FOS Acieroïd et recouverts d'une chape en béton de 6,5 cm d'épaisseur. La charpente acier libère une surface d'environ 1 000 m² par niveau, ce qui permet de loger, à l'aide de cloisons amovibles, des bureaux cloisonnés ou en *open space*, selon les besoins. Les façades sont composées de panneaux en aluminium avec des doubles vitrages fixes.

2

1 et 3 → Montage des panneaux de la tour Nobel à Paris selon un système performant. Ils sont hissés, puis fixés par embrochement sur un axe qui supporte le poids total de l'élément. (ADMM)

2 → Panneaux d'angle en cours de montage. (ADMM)

3

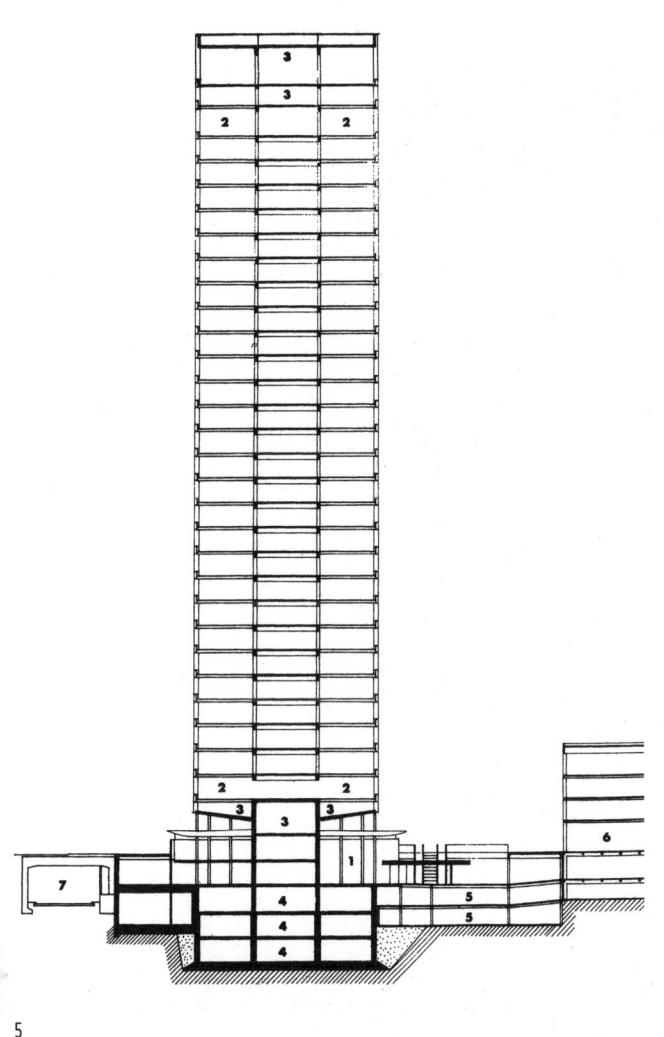

4 → Façade nord-ouest. (Inventaire général d'Ile-de-France, cl. Vialles)

5 → Coupe transversale. (D.R.)

6 → Plan d'un étage courant. Le noyau central est en béton armé. La charpente en acier libère des plateaux de 1 000 m² : les planchers en tôle mince sont recouverts d'une chape de béton et la structure est périphérique. (D.R.)

7 → Plan de situation. (D.R.)

8 → Vue depuis le pont de Neuilly. (Institut pour l'histoire de l'aluminium)

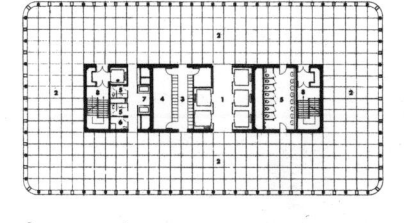

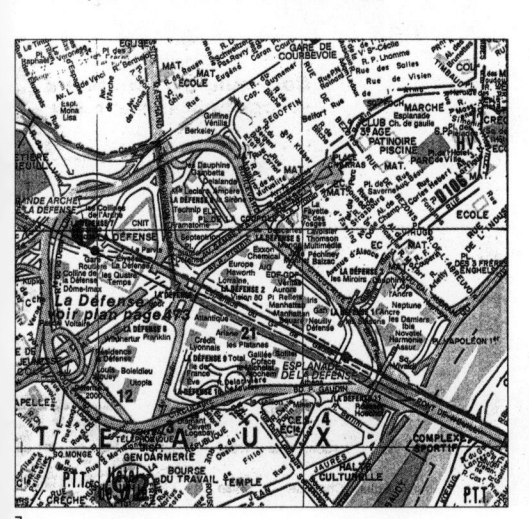

9

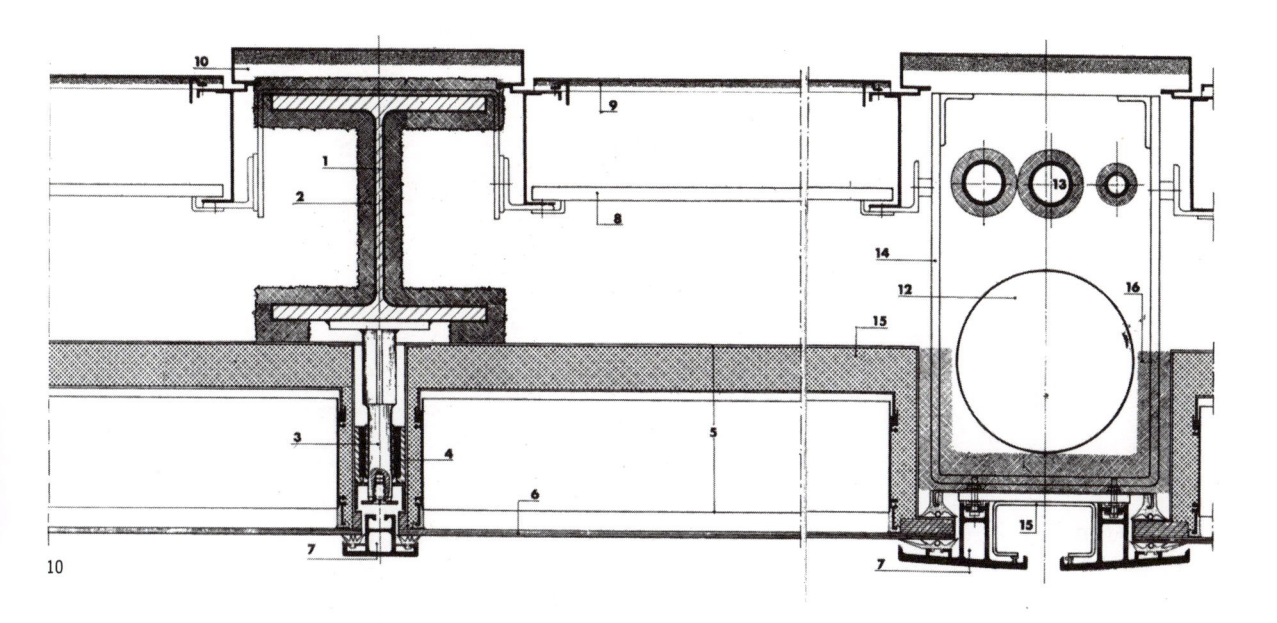

**Le noyau central** en béton, les structures métalliques et le mur-rideau développent, à grande échelle, les principes initiés par Jean Prouvé à l'usine de Maxéville entre 1945 et 1952. Le constructeur prend en compte, pour les murs-rideaux, les différentiels de température qui induisent un coefficient de dilatation des panneaux spécifique en face externe. Afin d'optimiser le confort, les doubles parois sont respirantes ; un système de ventilation entre les panneaux CIMT-Jean Prouvé permet de contrôler les déperditions et assure une isolation optimale vis-à-vis de l'extérieur, un système intelligent et d'avant-garde.

Un cloisonnement étanche entre niveaux est imposé par les pompiers pour éviter toute propagation du feu d'un étage à l'autre. En même temps, la mise en surpression de ces caissons limite les problèmes de poussière dans le vide du vitrage. Les angles arrondis de la tour

# LA TOUR NOBEL
### 1966
PARIS-LA DÉFENSE

permettent de n'employer qu'un seul joint et de le faire tourner, sans rupture thermique ni d'étanchéité.

L'immeuble n'est ni classé ni inscrit, mais protégé par le périmètre de visibilité d'un petit temple du XVIIe siècle classé, situé sur l'île de la Jatte. L'ouvrage fait actuellement l'objet d'une réhabilitation par l'équipe de Denis Valode et Jean Pistre, lesquels ont bien l'intention de respecter le génie des architectes et de l'ingénieur.

**9 →** La tour Nobel (aujourd'hui tour Hoechst-Marion-Roussel) en 2001. (Jean-Marie Monthiers)

**10 →** Coupe horizontale sur l'allège d'un panneau. Le mur-rideau est composé d'éléments de remplissage de 2,86 m de large, correspondant à la trame de la structure et de hauteur égale à un étage. Les fluides passent à l'intérieur des poteaux. Les profilés d'étanchéité en aluminium sont fixés à ce poteau. Ils serviront de guide aux nacelles de montage et sont aujourd'hui utilisés pour l'entretien du bâtiment. (D.R.)

**11 →** Détail de la façade. (Jean-Marie Monthiers)

**UNESCO (ORGANISATION DES NATIONS UNIES POUR L'ÉDUCATION, LA SCIENCE ET LA CULTURE), BÂTIMENT V**

1-7, rue Miollis, Paris 15e

**Maître d'ouvrage** → Organisation des Nations unies

**Maîtres d'œuvre** → B. Zehrfuss et M. Faure, architectes
A. Mayer, M. Cornuejols, Jean Prouvé et Louis Fruitet, ingénieurs-conseils
SEAL, façade ; Ets Couzinet, formage ; Cégédur, profils et tôles

# 1969
# PARIS
# L'UNESCO
# BÂTIMENT V

En 1962, la Conférence générale des Nations unies considère que les trois bâtiments situés place Fontenoy à Paris 7e sont devenus insuffisants pour accueillir les bureaux de l'Unesco. Deux nouvelles constructions voient alors le jour, la première en sous-sol de la place, la seconde – baptisée Bâtiment V –, rue Miollis. Ce dernier bâtiment est élaboré par l'architecte Bernard Zehrfuss, en collaboration avec Jean Prouvé pour les façades, qui sont étudiées simultanément à la charpente en acier. Suivant les contraintes imposées par la forme du terrain, le bâtiment a un plan en baïonnette. Il a une hauteur maximale de 28 m pour 12,60 m de large.

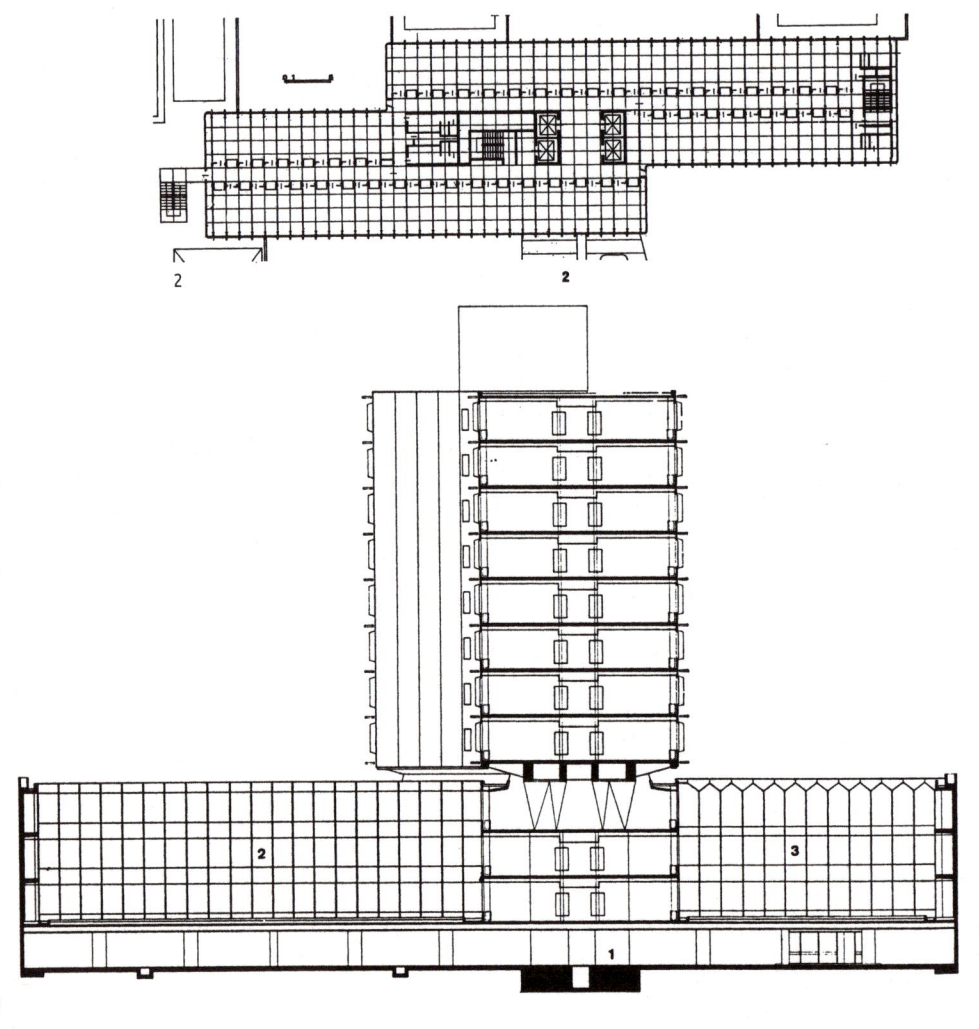

1 → Plan de situation. (D.R.)

2 → Plan en baïonnette d'un étage courant. (D.R.)

3 → Coupe transversale. (D.R.)

4 → Façade du Bâtiment V de l'Unesco, rue Miollis à Paris. (ADMM)

5 → Vue depuis le patio nord-est du hall d'entrée. Les brise-soleil verticaux, qui prolongent les châssis par une saillie de 25 cm, sont en tôle d'aluminium anodisé galbée. Un caillebotis en lames d'aluminium d'une largeur de 60 cm sert de passerelles techniques pour le nettoyage ainsi que de brise-soleil horizontaux. (D.R.)

6

7

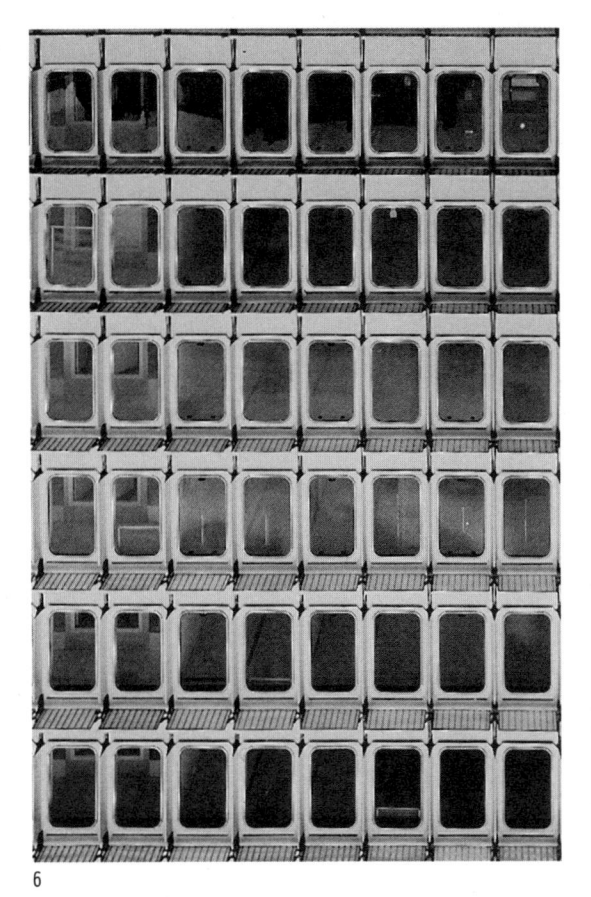

**Les façades**, réalisées par la société SEAL, sont composées de tôles d'aluminium, de tôles d'acier prélaqué, de profilés d'aluminium et d'aluminium moulé. Elles comportent 832 panneaux. Chaque élément (3 x 1,40 m) est autoportant. Il est constitué d'un panneau sandwich en acier laqué incluant une âme isolante. Une ouverture aux angles arrondis y est découpée, dans laquelle vient s'inscrire un châssis en profilé d'aluminium avec vitrage fixe ou ouvrant à l'italienne, de 12 mm d'épaisseur. L'encadrement des châssis se prolonge par une tôle d'aluminium anodisé galbée, en saillie de 25 cm par rapport au nu extérieur du panneau, et forme une protection solaire verticale. Une console en aluminium moulé, sur laquelle est boulonné un caillebotis en saillie de 60 cm, sert à la fois de brise-soleil et de passerelle technique pour le nettoyage des façades. Chaque panneau, de plancher à plancher, est fixé sur les poteaux de façade à l'aide de goujons. L'étanchéité est assurée par un joint Néoprène continu, intercalé entre le panneau de façade et la charpente métallique.
La fabrication des panneaux pleins toute hauteur a été très délicate, du fait de l'arrondi des angles. Des rouleaux appropriés ont été employés pour donner un aspect de surface uniforme. Trente ans plus tard, la sophistication épurée des façades est toujours moderne, remarquable dans ses détails et dans les jeux de lumière qu'ils produisent.

1969
PARIS
L'UNESCO
BÂTIMENT V

6 → Éléments autoportants composés d'un panneau sandwich en acier laqué et d'un châssis aux bords arrondis en profilé d'aluminium, avec vitrage fixe ou ouvrant à l'italienne. (ADMM)

7 → Vue de l'intérieur du bâtiment : des inducteurs sont positionnés devant chaque panneau. (ADMM)

8 → Détail de façade, traitement de l'angle en panneau arrondi. (D.R.)

9 → Vue des brise-soleil horizontaux avant la pose des encadrements en aluminium. (ADMM)

10 → Coupe-détail de façade. (D.R.)

11 → Coupe horizontale sur une trame. (D.R.)

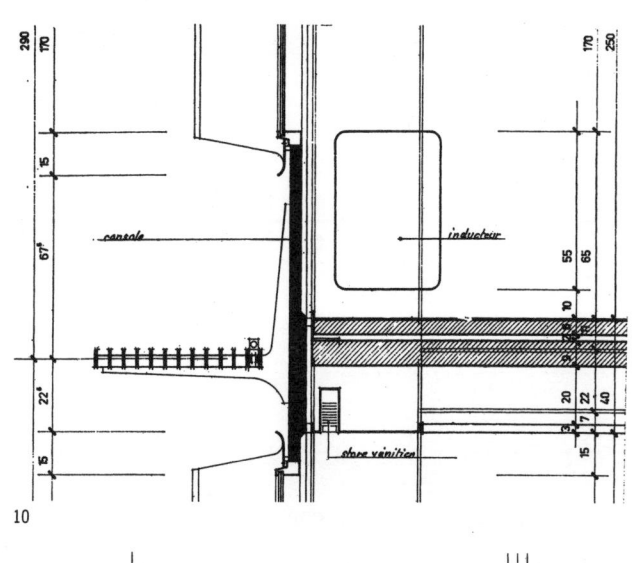

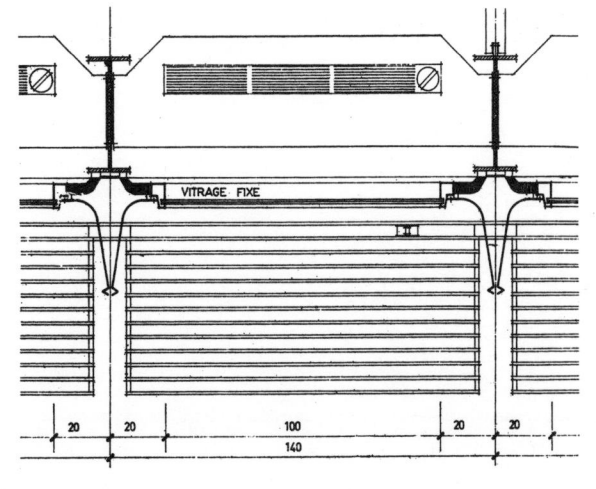

8

9

10

11

**SIÈGE DU COMITÉ CENTRAL DU PCF (PARTI COMMUNISTE FRANÇAIS)**
2, place du Colonel-Fabien, Paris 19e
**Maître d'ouvrage** → Parti communiste français
**Maîtres d'œuvre** → Oscar Niemeyer, architecte en chef, assisté de Hans Muller
Paul Chemetov et Jean Deroche, architectes d'exécution, assistés de A. Gattos
J.-M. Lyonnet, architectes collaborateurs pour la coupole
Jean Tricot, ingénieur, BERIM Bet
Jean Prouvé, ingénieur-conseil pour le mur-rideau

# PARIS 1971 SIÈGE DU PARTI COMMUNISTE FRANÇAIS

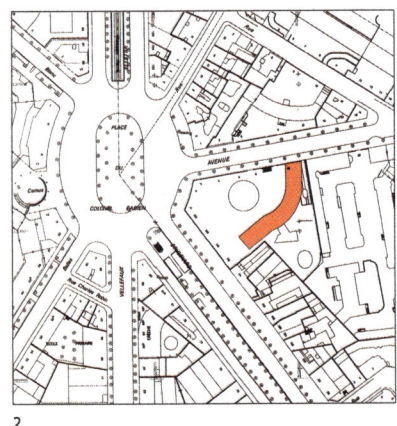

1

2

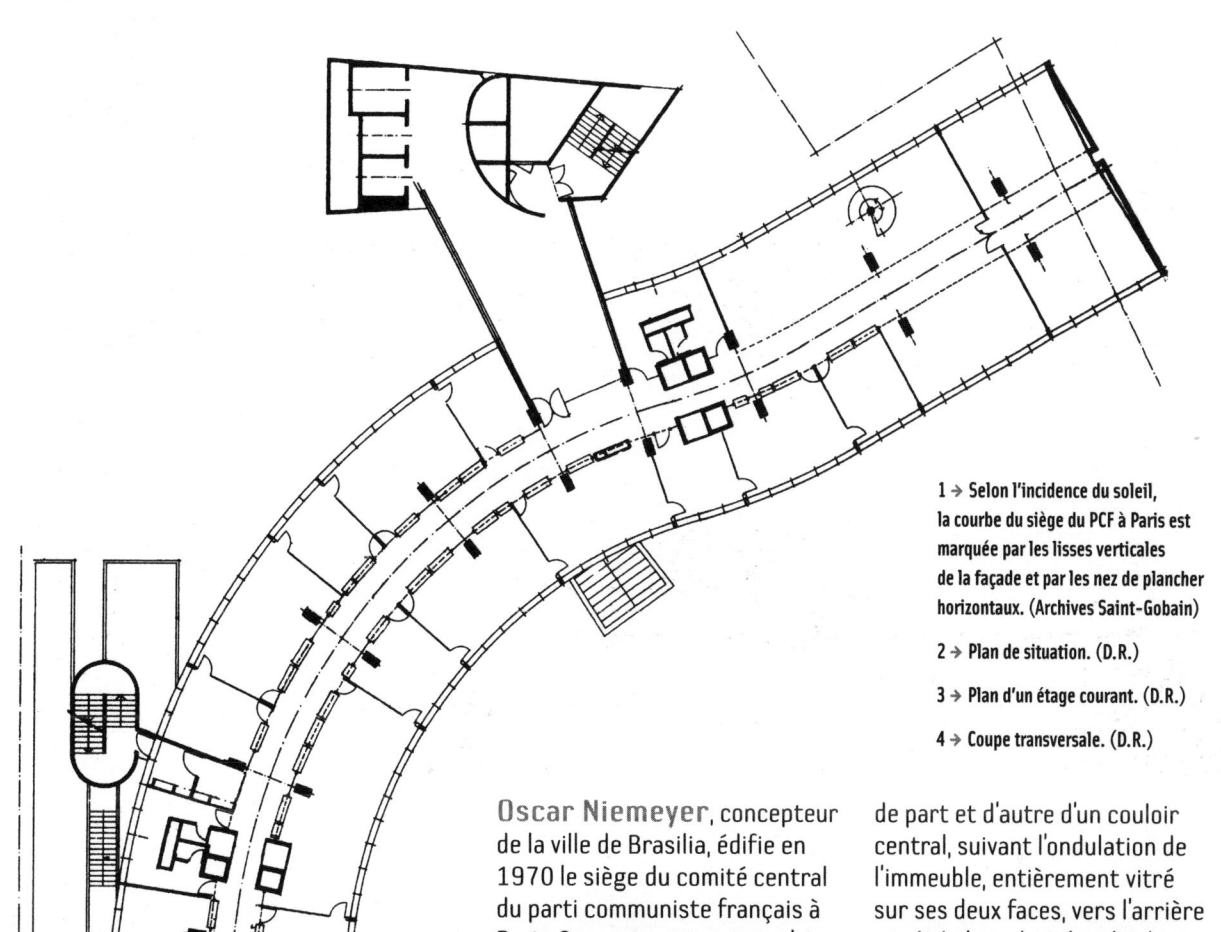

1 → Selon l'incidence du soleil, la courbe du siège du PCF à Paris est marquée par les lisses verticales de la façade et par les nez de plancher horizontaux. (Archives Saint-Gobain)

2 → Plan de situation. (D.R.)

3 → Plan d'un étage courant. (D.R.)

4 → Coupe transversale. (D.R.)

**Oscar Niemeyer**, concepteur de la ville de Brasilia, édifie en 1970 le siège du comité central du parti communiste français à Paris. Sur un terrain triangulaire, il dessine en fond de parcelle, cachant un bâtiment haussmannien, un édifice courbe sur pilotis. Devant celui-ci émerge du sol un dôme de béton, réalisé plus tardivement, qui accueille la salle du Conseil. En plan, des bureaux s'organisent de part et d'autre d'un couloir central, suivant l'ondulation de l'immeuble, entièrement vitré sur ses deux faces, vers l'arrière et côté place du Colonel-Fabien. Prouvé conçoit le système de mur-rideau appliqué à cet édifice de six étages. Il réalise selon le même « design » les vitrages des salles de réfectoire et des cuisines, situées au dernier niveau du siège et donnant sur des patios.

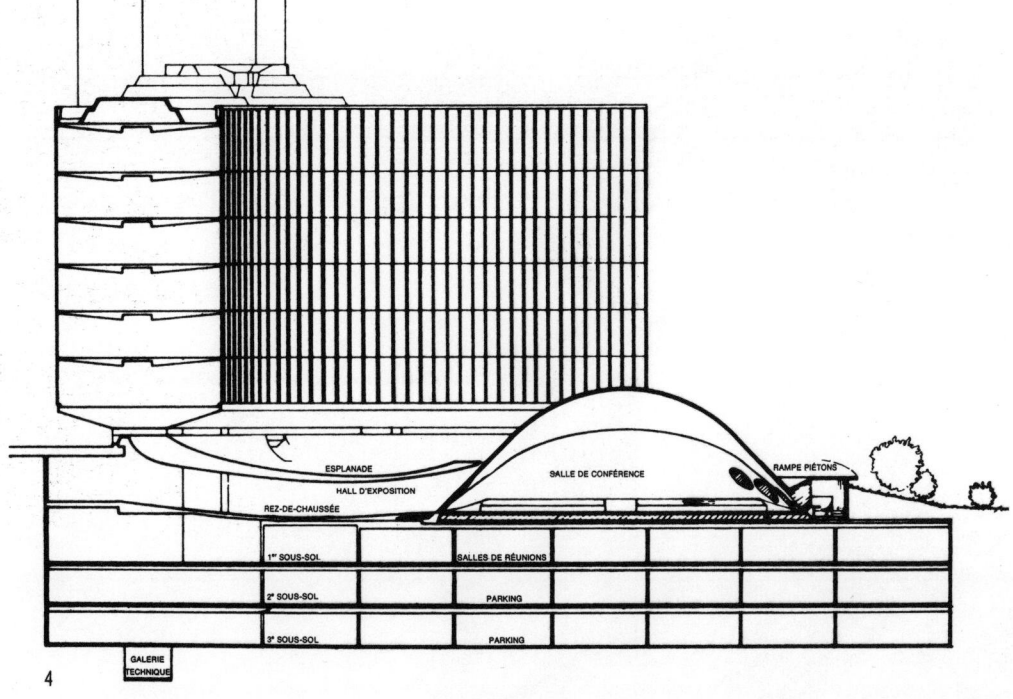

5 → **Les lignes verticales d'accroche des vitrages rythment la façade du bâtiment.**
(Jean-Marie Monthiers)

6 → **Vue depuis la place du Colonel-Fabien.**
(Jean-Marie Monthiers)

7 → **À l'intérieur du bâtiment, des tablettes sont intégrées à la structure porteuse des vitrages. Le système d'ouverture des châssis se résume à trois points : deux fixations-bascules et un loquet.**
(Jean-Marie Monthiers)

8 → **La structure porteuse du bâtiment est en retrait.**
(Jean-Marie Monthiers)

9 → **Vue de nuit.**
(Jean-Marie Monthiers)

**Il fallait trouver** un système qui ne « casse » pas l'effet de la courbe, mais la suive. À partir d'une idée originale de Niemeyer, Prouvé opte pour une solution à base de lisses verticales en acier filant sur toute la hauteur de la façade, sur lesquelles viennent se fixer des panneaux de verre. Ces lignes étroites, qui couvrent tout l'édifice, s'adaptent aux ondulations dessinées par l'architecte brésilien et les soulignent. Aucune horizontale ne vient perturber ce rythme vertical. Les planchers en béton, en forme d'aile d'avion s'affinant en façade, disparaissent derrière les vitrages. La fixation des lisses sur les nez de planchers est délicate, et les contraintes réglementaires de non transmission verticale du feu et du bruit sont résolues par une jonction spéciale entre le mur-rideau et la dalle.

# SIÈGE DU PARTI COMMUNISTE FRANÇAIS
### 1971
PARIS

**En position fermée,** l'étanchéité entre vitres est assurée par la compression d'un joint Néoprène. Des essais ont été préalablement effectués par le fabricant à La Rochelle. Comme pour le CNIT, le choix de l'acier inoxydable limite considérablement l'entretien des façades et permet un dessin élégant des montants verticaux. Le vitrage, pare-balles, est fumé pour atténuer le rayonnement solaire en façade sud. Niemeyer souhaitait, comme à son habitude au Brésil, installer une climatisation. Au lieu de cette installation coûteuse, des ouvrants basculant à l'italienne sont mis en œuvre.

Jean Deroche, architecte associé, précise que « le mur-rideau a été entièrement dessiné pour le projet. Habituellement, le fabricant impose ses profils. Là, tout a été fait pour le projet, y compris le système de poignées en fonte d'aluminium. [...] Le fait d'ouvrir vers l'extérieur permettait de régler les problèmes de ruissellement. Dans le travail de Jean Prouvé, on retrouve une parenté avec la technique de l'automobile, d'où le système d'écrasement de joints Néoprène. »[1] Les châssis d'origine sont toujours en place. S'il fallait les changer, la réglementation actuelle n'autoriserait plus le même dispositif...

La légèreté et la finesse du dessin de la proposition de Prouvé renforcent l'impression de légèreté de l'immeuble de bureaux. La transparence laisse lire les espaces intérieurs ainsi que les décrochés de toiture du dernier niveau.

**Rafaël Magrou**

1. Entretien avec Laurence Allégret et Valérie Vaudou, décembre 2000.

1 → Jean Prouvé (au centre),
à sa gauche Calder, vers 1958.
(Documentation générale
MNAM-CCI, fonds J. Prouvé)

GENGOULT PROUVÉ, PÈRE DE VICTOR, était modeleur dans les usines Gallé à la fin du XIXe siècle. Il travaillait la terre, façonnait les faïences, notamment des chats.

Victor, outre la peinture, modelait le plâtre, fondait le bronze et sculptait.

Jean est apprenti dans la région parisienne et à Paris, pendant la guerre de 1914-1918, chez Émile Robert qui se définissait comme « sculpteur-forgeron » ou chez Szabo. Il côtoie des ouvriers à l'heure du casse-croûte. Ça devait discuter ferme, dans les bistrots, entre tous ces garçons sauvés par leur jeune âge du massacre de la guerre. La révolution de 1917, en Russie, ne pouvait pas rester sans répercussion non plus : on imagine les prises de position passionnées, les espoirs suscités, les engagements pris.

**Catherine Prouvé**

# JEAN PROUVÉ ET LES ARTISTES

Jean s'est alors voulu « ouvrier ». Cela, me semble-t-il, impliquait qu'il s'interdise la dimension artistique, voire « artisanale ». Il avait 16-17 ans, l'âge de l'absolu. Il n'a pas adhéré au communisme, même s'il n'a pu qu'en être marqué ; qui ne l'aurait pas été alors ? Pourtant, il a toute sa vie appliqué, sans ostentation mais avec conviction et idéalisme, une morale socialiste, profondément humaniste. C'était aussi l'époque des « rad-sos », ces radicaux-socialistes, souvent intellectuels, parfois d'origine alsacienne, chez qui il était hébergé le soir.

Et puis le credo de l'école de Nancy dans lequel il avait été élevé n'était pas loin : alliance de l'art et de l'industrie.

Voilà, sa voie serait celle de l'industrie.

Et son industrie, celle du métal (même s'il n'a jamais oublié le bois, plus palpable, essentiellement le chêne). Dans ce démarrage, il « innovait » – n'était-ce pas le maître-mot ? – et entrait de plain-pied dans le XXe siècle.

Mais... je le soupçonne d'avoir couvé en secret une certaine nostalgie envers la sculpture. Ça devait lui démanger les mains qu'il avait, lui aussi, faites pour « modeler ». Ses grandes structures en acier compensaient, mais pas complètement.

« Le premier pas du prototype, c'est la création spontanée, je dirais, de la main qui suit tout de suite l'idée, sans passer par le dessin, comme le travail de la céramique. »[1]

Il y avait les amis peintres, sculpteurs alimentant le terreau dans lequel il avait germé, enfant, à l'École des beaux-arts de Nancy. Il a toujours aimé retrouver cette atmosphère qui lui était plus propice que celle des « hommes d'affaires ». Et, à l'occasion, il donnait un petit coup de pouce pour mettre une œuvre en valeur.

Il s'y essaie d'abord en forgeant un pied pour un vase d'Émile Gallé qui souffrait d'instabilité chronique (1923), puis des lampes (1924). Ensuite, pour l'ami de toujours, Étienne Cournault, peintre atypique issu de l'école de Nancy, érudit et curieux, dont les « fixés-sous-verre » et les miroirs gravés ont besoin de soutien, il réalise des supports en acier. C'est en 1929, tous deux participent à l'UAM (Union des Artistes Modernes) naissante.

Dans les années 1930, Jean Prouvé accueille Contantin Brancusi dans son atelier de la rue des Jardiniers, pour y pratiquer des essais de sculpture en acier inoxydable.

---

1. Interview de Jean Prouvé par Jean-Marie Helwig et Peter Sulzer in *Jean Prouvé. Œuvre complète*, vol. 1 : *1917-1933*, Berlin, Wasmuth, 1995, p. 12.

« La rencontre avec Brancusi est caractéristique. Brancusi a fait beaucoup de sculptures en métal qui, pour la plupart, étaient en bronze poli et, quand il les voulait brillantes, il les faisait nickeler. Puis il a appris qu'il y avait un nouvel acier, l'acier inoxydable.

Comment ai-je été en rapport avec Brancusi ? C'était en 30 ou 32 et je crois que c'est par Charles de Noailles qui admirait son œuvre et voulait faire réaliser dans sa propriété de Hyères *L'Oiseau dans l'espace* à 4 ou 5 mètres de haut. Charles de Noailles sachant que je travaillais le métal et l'acier inoxydable nous mit en relation, et Brancusi voulut d'abord faire un essai. Il a demandé de réaliser l'une de ses formes ovoïdes qui, pour lui, représente une tête ou un nouveau-né, je ne sais comment il l'appelle, une sorte de gros œuf, une forme parfaitement pure avec un accent.

Brancusi a tout de suite eu l'intention de palper l'acier inoxydable. Cette tête n'avait pas de raison d'être chaudronnée, elle avait 25 centimètres de long et sa forme ne s'y prêtait pas. Je me souviens de l'avoir fait fondre en acier inoxydable mais, à cette époque, cet alliage sortait de coulée avec une peau qui n'était rien de moins qu'une peau de crapaud. Or, Brancusi voulait une surface extrêmement lisse. Il est venu à Nancy, dans mon atelier. J'ai mis des meules à sa disposition et il a meulé sa tête pendant trois jours. Je crois qu'il a fini par caler parce que l'acier inoxydable, tellement plus dur et coriace, n'a rien à voir avec le bronze. Il est parti avec sa tête à Paris. J'ai étudié ensuite la possibilité d'agrandir *L'Oiseau dans l'espace*, il ne s'agissait plus de faire une pièce de fonderie, mais de tôles assemblées par soudage. Le projet n'a pas eu de suite, Charles de Noailles a abandonné l'idée. Ce qui ressort de tout cela, c'est le désir, la volonté de Brancusi de se rendre compte lui-même du comportement de l'acier inoxydable et ce qu'il pouvait en tirer. »[2]

L'histoire ne dit pas ce que Brancusi a pensé de l'acier inoxydable, mais les trois jours de polissage modérément probant ont dû le laisser sceptique...

Quelques années plus tard, durant l'hiver glacial 1939-1940, Jean Prouvé côtoie Fernand Léger à l'occasion de deux projets : d'une part, le camp de vacances d'Onville (Jacques et Michel André architectes), où Léger devait peindre, pour un réfectoire qui n'a pas été construit à cause de la guerre, une grande toile tendue sur une armature métallique servant de porte pivotante ; d'autre part, l'aéroclub de Doncourt[3], près de Briey-en-Forêt (Le Corbusier architecte), devait recevoir une grande fresque de Léger. Là aussi, la guerre a stoppé la commande dont des esquisses du peintre sont conservées au musée national d'Art moderne : Fernand Léger, *Projet décoratif pour un centre d'aviation populaire*, 1940, mine de plomb, aquarelle et gouache.

Jean Prouvé mentionne brièvement ces rencontres avec Fernand Léger dans des lettres à sa femme, Madeleine, alors réfugiée en Bretagne :

Hiver 40 « *Lundi, 21 H 30. Un petit arrêt pour toi.*
*Fernand Léger doit faire une grande peinture pour l'aviation de Doncourt. C'est une subvention des Bx Arts. Les artistes ne sont pas trop oubliés heureusement. Il est arrivé hier soir.* »

« *[...] Voici ma journée : Lever à 6 H*
*Atelier à 7 H avec Léger puis départ à 8 H 30 pour Briey but du voyage de Léger qui allait voir Serre. [...] Le tout sur la neige, dans la neige. Quel hiver !*
*Déjeuner chez Serre [...]. Les conversations ont été très variées et toutes intéressantes. Léger est un type, et tu le connaîtras bientôt je l'espère [...].* »

Entre le « type » Léger et le type Prouvé, je ne serais pas étonnée que le courant soit passé sans court-circuit. De même que les explications devaient être superflues avec un autre « type » de grande stature : Alexander Calder. Leur langue commune était le jeu avec la tôle. Il est vrai que l'échange verbal entre l'américain mâché de Calder et le français murmuré de Prouvé était avantageusement aidé par quelques rires, clins d'œil et contacts avec la tôle.

---

2. Dialogue entre Jean Prouvé et Michel Gérard (s. d., archives privées).
3. L'AMAL (Archives modernes d'architecture en Lorraine) et l'association La Première Rue préparent actuellement une exposition sur la collaboration entre « Le Corbusier et Jean Prouvé » et qui portera notamment sur Doncourt. Cette exposition aura lieu à Briey en automne 2001, à la Cité Radieuse.

2 → « Bonjour Prouvé ! »,
d'Alexander Calder. (ADMM)

Léger, Calder, Prouvé et beaucoup d'autres faisaient partie du mouvement créé par André Bloc, Synthèse des Arts. Et là, en fait d'innovation, on était dans la plus parfaite des continuités, car synthèse des arts, art et industrie... ça rappelle quelque chose, non ?

En 1958, Calder reçoit commande d'un stabile pour l'Unesco, à Paris. Prouvé, qui est dans différentes structures professionnelles peu satisfaisantes depuis qu'il a été évincé de Maxéville, dispose temporairement d'un atelier à Aubervilliers, rue de la Maladrerie. C'est la période « Goumy ». Petite oasis de créativité retrouvée grâce à un outillage à nouveau disponible. C'est là que vient Calder pour mettre au point avec Prouvé le pied du stabile [5].

Quelques années plus tard encore, en 1976, c'est Jean Dubuffet qui contacte Jean Prouvé, alors installé dans son bureau de la rue des Blancs-Manteaux, à Paris, afin qu'il étudie la structure de la sculpture habitable qui se trouve actuellement sur l'île Saint-Germain.

Toutes ces rencontres, bien sûr, ne se sont pas concrétisées par des projets communs, encore que Claude Viseux, peintre, sculpteur et néanmoins architecte ait participé à l'étude de la maison de l'abbé Pierre, mais se sont répétées au fil des années en dîners amicaux.

Ce fut le cas particulièrement avec François Stahly, chez qui Jean Prouvé allait souvent, et avec Étienne Martin.

Et avec beaucoup d'autres sans doute que mon ignorance voue au silence. Heureusement, Jean Prouvé avait quand même droit à un peu d'intimité !

« Je crois que ce n'est pas sur une planche à dessin que j'aurais pu inventer mes éléments constructifs. Il faut pratiquer, façonner soi-même, avoir les matières premières en main. »

Ta sculpture, je pense, vient du coup de marteau ou du coup de pilon. Tu observes ce que produit un outillage de pilon et immédiatement tu imagines ce que ça pourrait donner pour toi. » [6]

Laissons cette conclusion très simple à Jean Prouvé lui-même.
Il savait de quoi il parlait.

« Il y a assimilation entre l'acte créatif et l'acte constructif. »

**Catherine Prouvé**, historienne d'art.

---

5. *Cf.* photographie reproduite ici.
6. Dialogue avec Michel Gérard,
*op. cit.*

> d'avoir les materiaux ?
> Est-ce qu'il serait facile

8 Jan 58
CALDER
PAINTER HILL ROAD
R.F.D. ROXBURY,
CONN., U.S.A.

Cher Prouvé

Je compte toujours faire la <u>base</u> du Mobile pour UNESCO à Paris et j'espère que tu seras d'accord pour m'aider.

Ça sera en Tôle de fer ordinaire épais comme ça — environs

— et aura des "côtes" pour la renforcer

Bonjour à Marcellier !
Tous mes vœux pour 58 !
à vous deux

Calder

3 → **Lettre d'Alexander Calder à Jean Prouvé, janvier 1958.**
(ADMM)

(ADMM)

# LA MATIÈRE ET L'ESPRIT

**Laurence Allégret • Valerie Vaudou**

AU MOMENT DE REFERMER – provisoirement – cette relation de l'aventure humaine d'une des figures phares de la modernité du XX$^e$ siècle, persiste au cœur de l'énigme Jean Prouvé, cette aporie malheureusement si fréquente : comment un créateur si prolifique, un homme si authentiquement bon, un être de la matière, de l'outil et de la main, doublé d'un inventeur toujours à la pointe de l'innovation réaliste, a-t-il pu rester si longtemps méconnu, et subir dans sa vie des revers de fortune aussi cuisants ? Pourquoi celui qui a marqué de son savoir tant de chefs-d'œuvre architecturaux de la modernité française, se trouve-t-il si tardivement reconnu ?

Presque toujours sont évoqués, à propos de Jean Prouvé, l'intuition, la maîtrise exceptionnelle de la matière, le savoir-faire, la quête de justesse constructive devenant beauté comme malgré elle. Et, quand on parle de l'homme, c'est pour le louer : simplicité, générosité, humanisme. En homme droit, il fit son chemin avec cœur et intelligence, contournant les lourdeurs en vigueur dans le secteur du bâtiment pour créer une œuvre dont nous commençons seulement aujourd'hui à saisir les implications.

Par ses propositions, ses expérimentations, son travail pédagogique et ses critiques, il ne pouvait faire plus à son époque – en serait-il d'ailleurs autrement aujourd'hui ? – qu'ouvrir quelques brèches préparant l'avenir. Jean Prouvé est avant tout un inventeur, c'est-à-dire quelqu'un de déroutant, d'exceptionnel et d'inclassable. Il se bat pour essayer de faire passer de nouvelles idées, qui remettent le plus souvent en cause les comportements établis aussi bien dans les modes de production que dans les usages. En effet, au départ, l'innovation n'est jamais raisonnable. Elle excède la simple réponse aux nécessités et transforme les questions posées. Elle est conçue pour elle-même bien plus que pour un profit préalablement identifié. Elle implique une prise de risques et suscite à proportion des résistances. La place de l'inventeur est sans fin revisitée : faut-il l'isoler et consentir à la séparation des tâches à laquelle Jean Prouvé s'est toujours opposé ? Ou faut-il l'insérer dans l'entreprise, quitte à se confronter aux réorganisations permanentes du mode de production qu'impliquent ses innovations ? Qu'en advient-il alors de la production en série et de la diminution des coûts ? Jean Prouvé, l'inventeur-constructeur désintéressé et obstiné dans sa passion, est tout entier au cœur de cette problématique. En outre, l'idée de concurrence lui est totalement étrangère. Pour « construire intelligemment » et en équipe, seules la fidélité, l'amitié et la confiance déterminaient ses rapports aux architectes et ingénieurs, à ses « compagnons » de travail et à sa famille.

Digne et combatif, Jean Prouvé a déployé une énergie extraordinaire tout au long de sa vie. Au travers du patrimoine – matériel et intellectuel – qu'il nous laisse, l'esprit Prouvé est présent. L'intuition constructive résiste au temps.

## Bibliographie générale

*Structures nouvelles en architecture*.- Paris, Conservatoire national des Arts et Métiers, 1965
M. Emery .- *Un siècle d'architecture moderne en France 1850-1950*.- Paris, Horizon de France, 1971
A. Barré-Despont.- *UAM, Union des Artistes modernes*. - Paris, Éditions du Regard, 1986
B. Marrey.- *Le fer à Paris. Architectures*.- Paris, Picard éditeur, Pavillon de l'Arsenal, 1989, réédité en 1999
P. Potié et C. Simonnet (dir).- *Culture constructive*. - in « Les cahiers de la recherche architecturale » n°29, Marseille, Éditions Parenthèses, 1992
F. Seitz (dir).- *Architecture et métal en France, 19$^e$-20$^e$ siècles*.- Paris, Éditions de l'École des hautes études en sciences sociales, 1994
F. Seitz.- *L'architecture métallique au xx$^e$ siècle. Architecture et savoir-fer*.- Paris, Éditions Belin, 1995
J.-L. Cohen (dir).- *Les années 30, l'architecture et les arts de l'espace entre industrie et nostalgie*.- Paris, Caisse nationale des Monuments historiques et des Sites, Éditions du Patrimoine, 1997
Ch. et P. Fiell.- *1000 chairs*.- Cologne, Benedikt Taschen, 1997
Ch. Perriand.- *Une vie de création*.- Paris, Éditions Odile Jacob, 1998
P. Smithson, K. Unglaub.- *Flying Furniture*.- Cologne, Walther Köning, 1999

## Bibliographie J. Prouvé

*Jean Prouvé*.- Paris, catalogue de l'exposition au Pavillon de Marsan, Paris, musée des Arts décoratifs, 1964
B. Huber et J.-C. Steinegger.- *Jean Prouvé. Une architecture par l'industrie*.- Zurich, Artemis, 1971
D. Clayssen.- *Jean Prouvé, l'idée constructive*. - Paris, Dunod, Bordas, 1983
*Jean Prouvé, Serge Mouille. Deux maîtres du métal*. - New York, Antony Delorenzo, Paris, Alan Christine Counord, 1985
J.-C. Bignon et C. Coley.- *Jean Prouvé, entre artisanat et industrie, 1923-1939*.- Nancy, Archives modernes d'architecture lorraine, École d'architecture de Nancy, 1990
C. Coley.- *Jean Prouvé en Lorraine*.- Nancy, Archives modernes d'architecture lorraine, 1990
J.-F. Archieri, J.-P. Levasseur.- *Prouvé. Cours du CNAM 1957-1970. Essai de reconstitution du cours à partir des Archives Jean Prouvé*.- Liège, Pierre Mardaga, 1990
*Jean Prouvé « constructeur »*.- Paris, Éditions du Centre Georges Pompidou, 1990
J. van Geest.- *Jean Prouvé. Möbel, Furniture, Meubles*. - Bonn, Taschen, 1991
J.-F. Archieri.- *Recensement des œuvres de Jean Prouvé en Ile-de-France*.- Paris, Ministère de la Culture et de la Communication, Direction régionale des affaires culturelles, Service régional de l'inventaire général des monuments et des richesses artistiques de la France, 1991. Étude non publiée, consultable au centre de documentation du patrimoine de la DRAC Ile-de-France
C. Coley.- *Jean Prouvé*.- Paris, Éditions du Centre Georges Pompidou, 1993
P. Sulzer.- *Jean Prouvé. Œuvre complète, vol. 1 : 1917-1933*. - Berlin, Wasmuth, 1995
*Jean Prouvé*.- Paris, galeries Jousse-Seguin, Enrico Navarra, 1998
*Jean Prouvé, les maisons de Meudon 1949-1999*.- Paris, Étude réalisée dans le cadre de l'École d'architecture de Paris-Belleville, DAPA, 1999
J. Prouvé.- *Il faut des maisons usinées*.- Conférence prononcée à Nancy le 6 février 1946.- Paris, Éditions Messene, 1999
*Jean Prouvé, petites machines d'architecture*. - Plaquette de l'exposition itinérante produite par l'IFA, les Grands Ateliers de l'Isle-d'Abeau, l'AMAL, avec le soutien d'Usinor, du ministère de la Culture et de la Communication, de la région Lorraine et la participation de la galerie Jousse-Seguin et des Amis de Jean Prouvé. Première présentation à l'IFA du 13/10/99 au 8/1/00 à Paris
P. Sulzer.- *Jean Prouvé. Œuvre complète, vol 2 : 1934-1944*. - Basel, Boston, Berlin, Birkhäuser, 2000
*Jean Prouvé. La Biennale di Venezia*.- Paris, galeries Jousse-Seguin, Enrico Navarra, 2000
A. Vénacque .- *Jean Prouvé. Le pavillon du centenaire de l'aluminium. Un monument déplacé*.- Paris, Jean-Michel Place éditions, 2001
*Prouvé par lui-même*, propos recueillis par A. Lavalou.- Paris, Éditions du Linteau, 2001

## FILMOGRAPHIE

*Films de la Famille Prouvé.*- SCE Jean Prouvé.- 30 mn
*Eclair journal de janvier à juin 1956 actualités.*
   - Actualités Gaumont, 1956.- 29 mn
*La Maison des Jours meilleurs.*
   - Réalisation : Michel Zemer, 1956 ; production : Films du Rond-Point.- 5 mn
*L'architecture contemporaine ou la Maison de l'homme.*
   - Réalisation : Jean-Marie Drot, série « l'Art et les Hommes », 1961 ; production : ORTF ; diffusion : INA, Institut national de l'audiovisuel.- 52 mn
*Jean Prouvé, extraits inédits.*
   - Réalisation : Aydin Guvan, 1964.- 27 mn
*L'architecte et son temps.*
   - Réalisation : Jean-Marc Leuwen, 1973 ; production : ORTF ; diffusion : INA, Institut national de l'audiovisuel. - 65 mn
*Un outil pour demain.*
   - Réalisation : Yves Kovacs, 1975 ; production : ORTF ; diffusion : INA, Institut national de l'audiovisuel.- 28 mn
*La décade de l'illusion.*
   - Réalisation : Pierre Desfons, 1975 ; production : Antenne 2 ; diffusion : INA, Institut national de l'audiovisuel.- 34 mn
*Jean Prouvé, pour une architecture au présent.*
   - Réalisation : Jean-Pierre Saire, 1975 ; production : Salud Productions ; diffusion : INA, Institut national de l'audiovisuel.- 23 mn
*Jean Prouvé constructeur.*
   - Réalisation : Guy Olivier et Nadine Descendre, 1982 ; production : Antenne 2/CNDP ; diffusion : Heure Exquise !.- 40 mn
*Paris-Paris, où le temps d'une génération (1936-1958) : images de la vie artistique et intellectuelle – La réalité (1945-1958).*
   - Réalisation : Yves Kovacs, 1983 ; production : Antenne 2/Centre Georges Pompidou ; diffusion : INA, Institut national de l'audiovisuel.- 107 mn
*Le geste et la mémoire.*
   - Réalisation : Laurent Antonelli, Frédéric Hullin et Éric Molodtloff, 1990, Production et diffusion : Preview Movie.- 26 mn
*Le Pavillon de l'Aluminium.*
   - Réalisation : Odile Fillion, 1999 ; production : Mirage illimité avec l'aide de la direction de l'Architecture et du Patrimoine, ministère de la Culture et de la Communication.- 26 mn
*Architectures de l'habitat, la maison pour tous*, de Monique Eleb, Chantal Soyer et Frédéric le Bayon.
   - Réalisation : Michel Quinejure, 2000 ; coproduction Lieurac productions et La Cinquième.- 26 mn
*Jean Prouvé « Images rares »*, montage de documents d'archives sur une idée de Rémi Guinard.
   - Production diffusion : INA, Institut national de l'audiovisuel.- 44 mn

Photogravure
Colourscan/Edilog

Achevé d'imprimer en avril 2001
sur les presses de l'imprimerie
Ingoprint, à Barcelone

Dépôt légal : avril 2001